[이름 짓기 편하고 알기 쉬운 바른 **작명법**]

양음오행 人名用 漢字 성명학 개론

대법원 선정 인명용 한자 8,319자 수록

정인 蔡現友 편저

明文堂

… 머리말

사랑을 실천하는 자에게 무한한 행운이 따른다고 본다. 언제나 축복은 가까운 이웃에게 참다운 인간애와 바른 이치를 전하는 것이며, 이는 개개인의 성명에 큰 유익함이 되리라 본다. 신의로 화합을 이룰 때 진정으로 발전하고 삶의 질이 향상된다. 다른 사람의 가슴 속에 빛나는 햇살로 남는다는 것은 소중한 일이다. 상대의 말에 진심으로 귀 기울여주고 진심으로 고개를 끄덕여 줄 그런 사람은 귀중하다. 저의 오랜 연구와 성찰에 기인한 ≪양음오행 人名用 漢字 성명학 개론≫이 각계각층 누구나에게 바른 이름 짓기 길잡이로서 풍성하고 안락한 삶을 선사하기를 바란다.

역사적으로 선진국을 보면 각 주체가 시대의 변화에 따라 적응하며 성장잠재력을 갖추어 혁신적인 발전을 거듭할 때 다함께 번영을 누렸다. 경제가 어렵고 힘든 상황 속에서 마음을 터놓고 좋은 이름을 서로 편안하게 부를 때 조금이나마 심신의 도움이 될 것이다. 국민들의 성숙한 시민의식을 기반으로 ≪양음오행 人名用 漢字 성명학 개론≫은 21세기의 패러다임에 걸맞게 81수리학, 사주오행(자원오행 작명법), 성명사주(소리파동)의 깊이 있는 통찰과 이치에 병합해 뚜렷한 양상을 열어나갈 것이다.

저마다 복잡한 일상생활에서 열심히 노력하여 살아오면서 지나온 발자취를 되돌아볼 때 시행착오가 부지기수이다. '허물이 있다면 버리기를 두려워 말라 – 과즉물탄개(過則勿憚改)'는 공자의 명언처럼 잘못된 사고나 고착화된 아집은 주저 없이 내려놓아야 할 것이다. 지난 낡은 구조보다는 상생과 화합의 큰 장으로 거듭나며 작으나마 여러 대중에게 신의가 뿌리내리길 소망한다.

이같이 오늘의 시작을 또 다른 건강한 인연으로 삶의 시련과 고통을 바른 이름을 통해 더 나은 인생을 가꾸어보기 바란다. 이는 지역과 계층·세대 간의 벽을 허무는 등 주체들이 조화롭게 성장하는 데 일조할 뿐 아니라, 진정한 국민 행복시대를 만드는 데 비중 있는 역할을 하리라 확신한다. 흔히, 영혼이 맑고 아름다운 이가 더 많이 보고 듣는다고 한다. 인간은 참 여러 가지 속성을 가지고 있는데, 한편으로 근원적인 측면을 간과하기 어렵다. "누구든지 주의 이름을 부르는 자는 구원을 얻으리라."(로마 10:13)는 말처럼 '바울'은 하나님의 이름을 제대로 아는 것이 중요하다고 강조하고 있다. 이처럼 하나님의 이름을 안다는 것은 그 이름이 무엇을 뜻하는지 배워야 한다는 것이다. 또한 (시편 91:14)에서도 다음과 같이 말씀하고 있다. "저가 나를 사랑한즉 내가 저를 건지리라. 저가 내 이름을 안즉 내가 저를 높이리라."

사람은 어떤 환경에서 자라느냐에 따라, 어떤 혜택을 받느냐에 따라 달라지기 마련이다. 이기적이고 독선적인 사람들은 대부분 무엇인가 채워 넣기 어렵다. 하지만, 배움의 열정과 성실함이 있다면 많은 부분을 습득하고 깨달음의 길을 함께 갈 수 있다.

옛 글귀에 '불여일경(不如一經)' 즉 자식에게 황금을 물려주는 것보다 한 편의 경서를 가르치는 것이 낫다는 뜻으로 재산을 남겨주기보다는 글을 가르치라는 말이 있다. 자신이 여유로운 생활을 할 때, 무질서한 작명의 실태를 파악하고 불우한 이들에게 온정의 손길을 더함으로써 미래는 훨씬 밝아진다. 어느 때이든 내가 먼저 관심을 갖고 희생할 때만이 주위에서 갈채와 응원을 보내온다는 사실을 잊지 말아야 한다.

혹독한 겨울에도 황매화는 어떤 시련에도 뜻을 굽히지 않고 당당하게 꽃을 피워내는 것에 감동하지 않을 수 없다. 또한 주목은 살아서 천년, 죽어서 천년이라고 불교에서는 귀신 쫓는 나무로 통한다. 이에, 이름 있는 명승지 고찰에 가면 법당 앞에 수백년 된 주목을 볼 수 있다. 오색 빛깔 환한 웃음 속 보배로운 향연은 바로 이런 맥락에 있지 않나 싶다. 길 위에 옥빛처럼 화려한 날도 있었지만 삶의 고난과 역경 속에 어려운 지난날이 있었다. 너무 앞만 보고 달리다 보면 지나온 시절은 잊기 마련이다. "양심의 소리가 바로 신의 소리이다."라는 톨스토이의 말처럼 본인은 이에 귀 기울이며 살고자 했다.

사랑과 빛바래지 않는 갈채는 뜻하는 이들과 어울려 멋진 화합의 장을 만들어 가는 것이라 생각한다. 그동안 알게 모르게 든든한 정신적 조력자들의 끊임없는 조언이 있었기에 ≪양음오행 人名用 漢字 성명학 개론≫의 발간이 가능했으리라 여긴다. 열린 마음과 상호간 소통이 원활했기 때문에 주위에 빛을 발하게 되었다. 많은 분께 감사드리며 항상 가정에 행복이 깃드시길 기원한다.

이수작명연구원 원장 정인 채 현 우
2024년 갑진년(甲辰年) 춘화에 묻혀

··· 축 사

조그만 씨앗이 거목이 되는 것처럼 하루아침에 되는 것은 없다. 무엇보다 사회 구성원으로서 누구나에게 희망을 심어주는 것은 매우 바람직하다. 특히, 발전과 성장에서 멀어지지 않으려면 자신의 본래 자리를 잘 유지하고 지탱해 나가야 되리라 본다. 주위로부터 적절한 환경, 즉 물과 자양분(滋養分)이 잘 조성되어야 성장하고 발전한다. 더욱이, 무엇이든 피나는 노력을 하지 않으면 안 된다는 생각을 갖고 정진해야 소기의 결과물이 생기는 것은 틀림없다.

이같이 정인 채현우 원장의 ≪양음오행 人名用 漢字 성명학 개론≫의 희망이란 선물은 아무도 열어보지 않고서는 모른다. 우리가 밝은 미래를 위해 더불어 잘 가꾸고 정성을 쏟을 때 그 열매는 '보배로운 희망'으로 빛난다. '옛것을 알고 새로운 지식을 터득하면 능히 스승이 될 수 있다.(溫故而知新 可以爲師矣)'는 ≪논어≫의 명언처럼 배움에는 높낮이나 나이가 무관하리라 본다.

인간의 존엄성이란 종종 부에 의해 평가되기도 하지만, 그 기저에는 능력과 아울러 만인을 이롭게 하는 '성명(姓名)'이 매우 중요하다. 이를 통해 대류를 향해 헤엄칠 각오와 역경과 싸워나갈 용기 있는 태도와 행동이 필요하다. 더불어, 여러 피폐해진 심신의 안정을 회복시킴과 아울러 누구나 자신의 꿈을 실현시켜야 할 것이다.

선각자의 길은 누가 다가와 챙겨주기를 바라기보다 먼저 주위를 살펴 힘들고 어려운 이가 없는가 관심을 가질 때 더욱 따뜻한 사회가 된다. 즉 어떤 문제에 사로잡혀 쟁점(爭點)의 장으로 몰아가는 것보다 미래로의 구심점(求心點)을 바르게 열어가야 한다. 저자는 기나긴 세월 수양과 지성을 겸비해 사명을 다하는 모습을 게을리 하지 않고 있다. 아울러 사리사욕보다는 초심을 잃지 않는다는 성숙된 자화상을 통해 인적 쇄신을 꾀하고 있다.

본질은 ≪양음오행 人名用 漢字 성명학 개론≫으로써 낡은 구조를 이제 새 구조로 바꿔 가는 아름다운 길잡이가 되어 정유년 '좋은 이름 바로짓기' 첫 신호탄이 될 것이다. 진실로 다른 사람의 가슴 속에 빛나는 햇살로 남는다는 것은 소중한 일이다. '불파불립(不破不立)'이라는 말처럼 깨뜨려야 세울 수 있을 것이다.

천지인 자연의 인과(因果) 속에서 올바르게 전하는 힘, 그것이 바로 혁신이다. 이것이 바탕이 될 때 더 나은 미래로의 도약이 시작되리라 확신한다. 사실, 인생의 모든 중요한 결정은 나로부터 시작된다. 지금 내가 살아가는 삶의 모습이 곧 나의 발자취이다. 사람이 살면서 저마다 오랜 자부심과 전통이 있다. 운명은 그저 얻어지는 것이 아니라 타인과 함께하며 보이지 않는 곳에서도 땀을 열심히 흘릴 때 비로소 여명(黎明)의 빛이 환하게 비쳐온다. 바른 이름의 이치를 깨닫게 되면 그 오묘함에 사로잡혀 인간의 삶에 깊은 영향을 준다는 것을 알 수 있다. 우리 사회의 정치, 경제, 사회, 복지, 인권, 환경, 문화 등 각 분야에서 활동하는 이들에게 바른 이름을 전하고 '진정한 리더'로 변화시킬 수 있는 역할을 기대해 본다.

아무리 좋고 아름다운 곳이라고 해도 마음을 열고 보지 않으면 온전히 받아들이지 못한다. 시련을 이겨내면 그만큼 강해지듯 결코 쓰러지지 않는 의지로 하루하루 정상을 향해 힘차게 경주하길 기도한다. 세월이 흐를수록 고독한 삶 속에서 마음 상해 아프고 상처가 늘어가는 이들이 흔하다. 흘러가는 저 물결 속에 죄다 떠내려 보내시기 바란다.

이를 위해 고단한 삶에 지친 이들에게 웃음과 희망을 찾아드리기 위해 민심 앞에 더 낮고 겸손한 자세는 어느 때나 필요하다. 현 시점에서 꼭 필요한 것이 무엇인지 수시(隨時)로 점검해 알차고 보람된 삶을 통해 사회에 초석(礎石)을 다져야 할 것이다. 난관을 이겨내면 그만큼 강해지듯 결코 쓰러지지 않는 마음가짐과 의지가 있었기에 정인 원장의 ≪양음오행 人名用 漢字 성명학 개론≫은 세상에 더욱 빛을 발하게 되리라 확신한다.

한국 전통과학 아카데미 원장
동방문화대학원 대학교 석좌교수 유 방 현

... 추 천 사

우리 민족의 유구한 역사를 자랑하는 홍익인간 이화세계는 널리 인간을 복(福)되게 하고 서로 화합하라는 것이다. 이러한 정신을 바탕으로 찬란한 문화민족의 자긍심이 가까운 장래에 반드시 한반도 냉전을 종식시키고 평화통일을 이루어 낼 것이다. 2017년을 맞아 더 높이, 더 멀리 비상하기 위해 큰 안목과 계획이 필요한 때라 본다. 아울러, 누구나 맡은 분야에서 계획하던 일들이 정상적으로 잘 진행되고 있는지 한번쯤 점검하는 계기가 필요하다.
주위 사람들을 현혹하거나 그럴듯하게 보이는 억지 말과 내용들은 얼마든지 있다. 이로 인해 현대인이 얼마나 스트레스에 시달리는지 알 수 있다. 잘못된 방향과 굳은 마음을 여는 것은 언제나 자신으로부터 먼저 진실한 태도가 아닐까 본다. 사회 침체(沈滯)를 끝내고 회복을 향해 ≪양음오행 人名用 漢字 성명학 개론≫은 바른 이름짓기 길잡이가 될 것이다. 일찍이 우리나라는 국민 모두가 잘사는 물심양면 풍족(豊足)하고 늘 웃음 가득한 사회를 꿈꿔 왔다. 저마다 사회의 일원으로서 활발히 움직이는 가운데, 밝고 희망찬 미래는 성명학의 바른 이해와 실행이라 여긴다.
하지만, 솔선수범 혼자서는 하기 힘든 일들이 너무나 많음을 깨닫는다. 어느 때이든 내가 먼저 봉사하고 희생할 때만이 주위에서 갈채와 응원을 보낸다는 것을 안다. 선각자의 길은 누가 다가와 챙겨주기를 바라기보다 주위를 살펴 힘들고 어려운 이가 없나 관심(關心)을 가질 때 더욱 따뜻한 사회가 된다. 각박해진 세상 탓인지 희망을 버리기에는 아직 안타까운 이들이 흔하다. 생활고를 비관한 나머지 생명의 끈을 놓아버린 우리 이웃이 너무도 많다. 그들의 아픔과 고통을 외면하기가 일반사이다. 인생에 진정으로 동행하는 이들이 많다는 것은 비록 내가 힘들고 쓰러져도 함께하는 동지애가 있어 늘 새롭게 힘 솟을 것이다.
사실, 국민의 성장 없이 결코 미래는 밝지 않다. 이러한 개개인의 바른 이름을 짓기 위해 81수리학, 사주오행(자원오행 작명법), 성명사주(소리파동)에 입각한 정인 원장님만의 조예가 건강한 사회 발전에 크나큰 근간이 된다고 할 수 있다. 국민이 행복하지 않은 나라가 존재가치를 지닐 수 있겠는가. 이같이 홍익인간의 위대한 사상을 가슴 깊이 새기고 슬기를 모을 수 있는 명저(名著)가 되길 염원한다. 좋은 새는 나무를 가려 둥지를 튼다는 말로 즉 양금택목(良禽澤木)과 같이 현명한 사람은 자기 재능을 알아주는 사람을 가려 섬긴다는 뜻도 있다.

작은 씨앗이 거목이 되듯 제대로 길을 제시하는 물과 자양분이 잘 조성되어야 할 것이다. 이로써 정명을 갖는다는 것은 축복이자 누군가 자신의 이름을 불렀을 때 좋은 파장이 주위로 전해진다는 당연한 귀결이라 본다. 더욱이 ≪성경≫의 이름에는 저마다 뜻이 있는데 '다윗'은 사랑받는 자, '솔로몬'은 평화롭다, '디모데'는 하나님을 영화롭게 하는 자라는 것처럼 되새겨 봄직하다. 창세기부터 요한계시록까지 이름의 중요성은 수없이 많지만 하나님은 아브람을 결국 아브라함으로 부르게 해 열국의 아비가 되게 한다.

한편, 모두가 이념과 신앙, 계층을 넘어 ≪양음오행 人名用 漢字 성명학 개론≫을 통해 우리 민족의 우수성을 다시금 확인하는 자리가 되기를 바란다. 한 나라의 발전은 국민의 성장에서 비롯된다. 가끔 달리다 지치고 힘들 때 함께 마음을 공감할 수 있는 든든한 각자(覺者)의 성찰이 힘이 되기도 한다.

더욱이 갈등과 분열을 상징하는 공간이 아니라, 바른 이름짓기를 통해 건강한 사회인이 넘쳐 화합과 평화를 상징하는 장이 되리라 확신한다. 어쩌면 행복은 작은 관심에서 시작된다. 세상의 이치를 긍정적 마인드를 갖고 사랑을 나누면 더 소중한 행복이 찾아오리라 본다. 우리에게 화합과 인화라는 단어의 소중함이 어느 때보다 절실한 때이다. 하루하루 정상을 향해 힘차게 경주할 뿐 아니라 모두 각자 맡은 소임(所任)을 다하길 기원한다.

'뉴스의 창' 대표 장 주 현

[책에 대한 이해]

이름이 내 마음과 정신(영혼)의 길이라면!!

필자는 이름이 마음의 길이요 미래를 결정하는 안내자라는 이름의 중요성을 알기에 누구나 쉽고 빠르게 좋은 이름을 지을 수 있도록 요령과 순서를 기록하였다.

좋은 이름을 지으려면 성명에 기본이 되는 양음, 음령오행, 글자의 품격과 획수 등을 충분히 이해해야 한다. 그러나 반드시 올바른 수리성명학을 바탕으로 순서에 입각해서 했을 때 가능하다. 이 책을 통해 누구나 소중한 자녀와 가족의 이름을 아름답고 복 있는 이름으로 쉽고 빠르게 지을 수 있기를 진심으로 바란다.

● 이름은 양음(陽陰), 음령오행(音靈五行), 4격(원격,형격,이격,정격)으로 구성된다. 이중 음령오행은 소리 음(音)과 신령 령(靈)이다. 이름은 소리로써 마음과 정신[神]을 밝은 길로 인도하는 운로(運路)이므로 이름이 중요하다는 사실을 알리고자 작명에 근본이 되는 자원오행(字源五行)을 정리해 놓았으며 사주학(四柱學)에 대한 기본을 수록하였다.

● 필자는 이름에 복이 있다는 사실을 알리는 데 그 목적이 있고, "복은 하나님께서 남자와 여자를 창조하셨고, 그들이 창조되던 날에 하나님이 그들에게 복을 주시고 그들의 이름을 사람이라 일컬으셨더라[창 5:2]" 함이 인간한테 첫 번째 복, 이름의 복을 주신 것이다.

● 인간은 빛과 공기와 물이 없으면 살 수 없듯이 이름에도 빛과 같은 양음이 있고 공기와 같은 음령오행이 있고 물과 같은 수리학이 있으므로 좋은 이름은 마음과 정신(영혼)을 맑게 해주는 힘이 있다. 이와 같이 이름을 들으면 미래가 보이기에 이름의 중요성을 알려 사람의 본래의 모습대로 아름답고 행복하게 살아갈 수 있도록 모든 삶의 질을 높여주는 데 그 목적이 있다.

목 차

머리말 • 3
축 사 - 유방현 • 6
추천사 - 장주현 • 8

[책에 대한 이해] • 10

제1부 성명학(姓名學) • 19

1. 성명학(姓名學) 소개 20
   1) 성명은 철학이다 - 20
   2) 이름에 대한 이해 - 20
   3) 좋은 이름을 짓는 요령과 순서 - 21

2. 양음(陽陰) 23
   1) 양음이란? - 23
   2) 획수의 양음 - 23
   3) 한자 한글 성명의 예 - 24
   4) 양음의 조화된 예 - 24

3. 오행(五行) 25
   1) 오행이란? - 25
   2) 획수(劃數)오행 - 26
      ① 자음과 모음의 획수 26

② 획수, 십간, 양음, 오행, 계절 표　27
　　③ 성명 획수 오행의 예　27
　3) 자음(字音)오행(음령오행)　— 27
　　① 한글 자음오행의 분류　28
　　② 영어 알파벳 획수와 오행　28
　　③ 장남에게 좋은 글자　29
　4) 자원(字源)오행　— 29
　5) 자의(字義)오행　— 29
　6) 오행의 상생상극도(相生相剋圖)　— 30
　　① 오행의 상생(相生) 관계　30
　　② 오행의 상극(相剋) 관계　31
　　③ 오행의 상생의 의(意)　31
　　④ 오행의 길흉 배치　32

4. 음령오행의 길흉 해설　33
　　木木木 ～ 水水水

5. 자의품격(字義品格)　59

6. 좋은 글자 작명법　60

7. 부수(部首)　61
　1) 틀리기 쉬운 부수　— 61
　2) 달월변과 고기육변의 차이점　— 62

제2부 수리학(數理學) • 63

1. 81수리학(數理學) 64
   1) 81수리, 원(元)·형(亨)·이(利)·정(貞) 4격(四格) - 64
   2) 81수 원·형·이·정 작명법 - 65
   3) 81수의 길흉(吉凶) 분류 - 66
   4) 81수 길흉의 명칭 표 - 66
   5) 81수리상의 영동운세(靈動運勢) - 69

제3부 이름 짓기 • 79

1. 한글 이름 80
   1) 남자 이름 - 80
   2) 여자 이름 - 86

2. 길격 수리 88
   1) 성씨별(姓氏別) 길격 수리 - 88
      2획 성 길격 수리 ~ 31획 성 길격 수리

제4부 인명용 한자 • 101

1. 인명용 한자 8,319자 해설 102
   ※ 이름 선택 시 주의해야 할 자 282
   1) 아호(雅號)에 쓰이는 한자 - 284
   2) 상호(商號), 사호(社號)에 쓰이는 한자 - 294
   3) 성씨별 본관(姓氏別 本貫) - 301
   4) 부수 명칭과 오행 - 323

제5부 사주학(四柱學) • 327

1. 사주(四柱) 팔자란? 328
    1) 천간(天干) − 328
        ① 천간 조견표 329
        ② 천간의 양음과 뜻의 분류 329
        ③ 천간의 특징과 기본성격 330
    2) 지지(地支) − 331
        ① 지지 조견표 332
        ② 12지지의 기본성격 332
    3) 지장간(地藏干) − 334
    4) 대운(大運)수 구하는 법 − 334

2. 60갑자(六十甲子) 335
    1) 육십갑자 납음오행(納音五行) − 336
    2) 숫자와 연주로 납음오행 찾는 법 − 336
        ① 숫자와 오행표 336
        ② 간지와 숫자표 337

3. 24절기와 시간 337
    1) 음력월과 24절기의 변화 − 338
    2) 24절기의 변화 − 339
    3) 썸머타임(Summer Time) − 343
    4) 한국의 표준시 − 344
        ① 한국의 표준시 보는 법 344
        ② 한국의 표준시 사용기간 345

4. 간지 정하는 법 345

1) 연(年)의 간지 정하는 법 - 345

2) 월(月)의 간지(월두법) 정하는 법 - 345

3) 일(日)의 간지 정하는 법 - 346

4) 시(時)의 간지(시두법) 정하는 법 - 347

5. 육친(六親)과 십신(十神) 찾는 법 348

1) 육친 - 348

2) 십신 - 349

　① 십신 찾는 법 349

　② 십신 분류법 349

　③ 십신과 육친의 뜻과 직업 350

3) 육친과 십신의 상생상극(相生相剋) - 351

4) 육친과 십신의 특성 - 351

6. 간지의 합충(合沖)과 형(刑) 파(破) 해(害) 357

1) 천간(天干)의 합(合), 충(沖) - 357

　① 간합(干合)의 작용 358

　② 천간의 충(沖), 극(剋) 359

2) 지지(地支)의 합(合), 충(沖) - 360

　① 지지의 합(合) 360

　② 지지의 육충(六沖) 361

　③ 육파(六破) 362

　④ 육해(六害) 362

　⑤ 원진살(元嗔殺) 363

　⑥ 지지의 삼형(三刑) 364

　⑦ 자형(自刑) 364

7. 일간(日干)으로 보는 신살   364

　　　천을귀인(天乙貴人)   364 / 건록(建祿)   365 / 암록(暗祿)   365

　　　금여록(金輿錄)   365 / 양인살(羊刃殺)   365 / 백호대살(白虎大殺)   366

　　생년(生年)으로 보는 살   366

　　　도화살(桃花殺)   366

8. 12신살(神殺)과 12운성(運星)   366

　1) 12신살   － 367

　　　겁살(劫殺)   367 / 재살(災殺)   367 / 천살(天殺)   367 / 지살(地殺)   367 / 연살(年殺)   367 / 월살(月殺)   367 / 망신살(亡身殺)   368 / 장성살(將星殺)   368 / 반안살(攀鞍殺)   368 / 역마살(驛馬殺)   368 / 육해살(六害殺)   368 / 화개살(華蓋殺)   368

　2) 12운성   － 369

　　① 12운성의 의미   369

　　② 12운성의 해석   369

　　③ 12운성 암기법   370

　　④ 12운성 암기 순서   371

9. 공망(空亡)   373

　　① 천간과 지지 순서 공망   373

　　② 육갑 순(六甲 旬) 공망   373

　　③ 각 오행의 공망   374

　1) 공망의 성립   － 374

　　① 기본적인 분석   375

　　② 육친과 십신의 공망   375

2) 공망의 운(運) 분석 – 378
　① 공망의 안타까움은 지지 위에 앉아 있는 천간까지 공망이다 378
　② 해공(解空) 379
　③ 절로 공망 379

10. 용신(用神) 379
　1) 용신의 이해 – 379
　2) 용신 찾는 방법 – 380

11. 격국론(格局論) 381
　1) 격이란 무엇인가? – 381
　2) 격의 분류 – 381
　　① 내격(內格) 382
　　② 외격(外格) 382
　3) 격(格)을 정하는 원칙 – 382
　4) 종격(從格) – 383
　　① 종비(從比)격 384
　　② 종인(從印)격 385
　　③ 종아(從兒)격 385
　　④ 종재(從財)격 385
　　⑤ 종살(從殺)격 386
　　⑥ 진종(眞從)과 가종(假從) 386
　5) 별격(別格) – 386
　　금신격(金神格) 386 / 시마격(時馬格) 386 / 시묘격(時墓格) 387
　6) 공협격(拱挾格) – 387
　　공록격(拱祿格) 387 / 공귀격(拱貴格) 388 / 공재격(拱財格) 388
　7) 기타 – 389

건록격(建祿格)　389　/　전록격(專祿格)　389　/　귀록격(貴祿格)　389　/　양인격(羊刃格)　389　/　일인격(日刃格)　389

● 참고문헌　390

[부 록] 391
출생 신고서　392　/　개명 허가 신청서　394　/　개명 신고서　398

[제 1 부]

성명학(姓名學)

1. 성명학(姓名學) 소개

1) 성명은 철학이다

현재의 성명학은 단순히 부르는 이름으로만 생각하면 모순점이 있다. 성명에는 사람의 운명을 판단하는 길과 흉이 관련되어 있다는 사실을 바탕으로 이름을 짓거나 풀이하는 근본적인 통계학문이 성명철학이다.

또한 이름을 짓는 방법은 여러 가지 방법이 있지만 저자는 수리학(數理學)을 기본으로 이름을 지을 수 있도록 설명해 놓았고, 사주에 필요한 자원오행과 음령(音靈)오행의 중요성을 알리고 이름에 적용할 수 있도록 하였다.

2) 이름에 대한 이해

"하나님께서 천지를 창조하시고 사람을 창조하실 때에 하나님의 형상대로 지으시되 남자와 여자를 창조하셨고, 그들이 창조되던 날에 하나님이 그들에게 복을 주시고 그들의 이름을 사람이라 일컬으셨더라" 함이 이름의 유래이다. 그러므로 우리가 이름을 쓴 지가 약 6천 년 전이라는 사실이다.

우리나라에서 성씨는 임금이 관료에게 하사한 것으로 조선 초기에 성을 가진 사람들은 왕족과 일부 권문세가 등에 국한되어 그 수는 매우 적었다.

이름이란 사람의 성 아래에 붙여 다른 사람과 구별할 수 있는 개인의 명칭이다. 다른 것과 구별하기 위하여 모든 사물과 단체에 붙여 부르는 호칭이기도 하다. 이름 없이는 세상과 화합할 수 없고 인생길이 편안할 리 없다. 이름 없이 살아갈 수 없다는 뜻이다. 인간이 사주가 좋아 귀한 복을 받고 태어나도 분명 어려움이 있고, 팔자가 복 없이 태어나도 "소부(小富)는 유근(由勤)-작은 부자는 근면함에서 나온다"라는 말이 있듯이 하나님께서 인간에게 세 번의 복은 준다는 속담이 있다. 사람이 좋은 일을 했을 때 "그 사람 복 받을 거야"라고 말한다면 바로 천복(天福)을 말하는 것이 아닐까?

인간이 창조될 때 그들에게 복을 주셨는데 그 복이 바로 사람이라는 이름의 복을 주신 것이다. 부모의 마음은 부귀하고 빈천함을 떠나서 자녀의 이름만큼은 복 있고 행복하고 훌륭한 사람이 될 수 있는 이름을 지어주고 싶은 것이 인지상정(人之常情) 아니겠는가?

저자는 많은 이름을 감명(鑑名)하면서 이름에 대한 중요성을 깨닫고, 태어나는 아이들에게 아름답고 좋은 이름을 쉽고 빠르게 지어 줄 수 있는 방법을 생각하다 이 책을 집필하게 되었다. 인간은 태어나면서 사주(팔자)가 구성되고 팔자에 맞는 오행의 기운을 갖고 나오는데 이를 바로 선천운(先天運)이라고 한다. 그러나 완벽한 오행의 기운을 골고루 타고난다 해도 길흉화복은 누구에게나 있기 마련이다. 그러나 이를 후천적으로 보완해주고 보충해주는 것이 바로 이름이라 할 수 있다. 일반인들이 쉽고 빠르게 좋아하는 이름을 지을 수 있는 방법을 이 책에 수록해 놓았으므로 누구나 편하게 아름다운 이름을 지을 수 있을 것이다.

3) 좋은 이름을 짓는 요령과 순서

현대 성명학을 이해하고 좋은 이름을 지으려면 성명에 기본이 되는 양음과 음령오행과 글자의 선악 구분과 획수 등을 충분히 이해하면 수리성명학은 빠르고 쉽게 지을 수 있다. 단 순서에 입각해서 했을 때 가능하다.

순서는 다음과 같다.

첫째, 한글 음오행 이름 조합을 선택한다. 한글 음오행의 조합이란 이씨 성에 이름을 지으려면 한글 자음에 대한 오행 표를 보면 이씨 성에 대한 음오행 조합이 잘된 한글이름을 먼저 선택한다. 이씨 성에 ㅇ은 土에 해당하므로 (상명자)중간 글자는 자음이 화,토,금 중(ㄴㄷㄹㅌ 火, ㅇㅎ 土, ㅅㅈㅊ 金)에, 즉 오행이 같거나 서로 생해주는 오행에 속한 글자를 선택하면 된다. (하명자)끝자 또한 상명자에 따라 오행이 같거나 서로 생해주는 오행에 속한 글자를 선택하면 된다.

예)
이 土
서 金   이씨 성은 土이므로 중간글자는 金에 속한 **서**로 쓰고, 끝자는
연 土   土에 속한 **연**으로 쓰면 **이서연**은 좋은 이름으로 볼 수 있다.

김 木
　　水   김씨 성은 초성이 木이요 종성은 水다. 그러므로 중간글자
기 木   木의 **기**와 끝자 火의 **태**는 水生木 木生火로 상생이 되므로
태 火   **김기태**는 좋은 이름으로 볼 수 있다.

둘째, 좋은 길격 수리 조합을 확인한다. 길격 수리 조합은 성의 획수에 양음과 4격, 원격·형격·이격·정격 등이 모두 맞춰져 있으므로 한문 획수만 적용하면 된다.

예)
이씨 성 李는 7획이므로 길격 수리 조합에서 7획 성 7 8 9 또는 7 8 10을 선택하여 중간글자 한문 획수 8획과 끝자 9획이나 10획을 선택하면 된다.

셋째, 쓰기 편하고 좋은 뜻의 한문을 적용한다.

1. 한글이름을 먼저 정한다.

예) - 이서연

　　이 (土) 성은 오행 중에 土이다.
　　서 (金) 이름의 상명자는 자음 중에 이씨 성 土하고 상생이나 비화
　　　　　　되는 火土金 중에 속한 글자를 선택한다. 예를 들어 金에
　　　　　　속한 **서**자를 선택했다.
　　연 (土) 이름의 하명자는 상명자 金하고 상생이나 비화되는 土金
　　　　　　水 중에 속한 글자를 선택한다. 끝자 초성은 土에 속한
　　　　　　연을 선택했다. **연**의 ㅇ은 土지만 종성 ㄴ은 火로 종음까지
　　　　　　도 상생되므로 좋은 이름이다.
2. 李씨 성 7획에 대한 길격 수리를 선택한다. 7 8 9 선택 시 아래와 같이

하면 된다.
3. 길격 수리 획수에 맞는 좋은 뜻의 한문을 적용하면 아름다운 이름이 될 수 있다. 예를 든 **이서연**은 양음, 음령오행, 4격 원격, 형격, 이격, 정격, 길격 수리조합에 잘 맞는 좋은 이름이다.

한글이름	이 서 연
한문이름	李 抒 衍
획수	7 8 9 (7획 성 길격 수리)

2. 양음(陽陰)

1) 양음이란?

태초에 천지가 창조될 때 천(天)은 하늘이요 양이고, 지(地)는 땅이요 음이다. 사람 또한 남자(男子)는 양이요 여자(女子)는 음이다. 이는 전문가들 역시 인정하는 바이다. 고로 양을 먼저 쓰고 음이 뒤에 쓰임이 옳은 표현이므로 양음이 옳다고 판단하여 세상에 모든 전문가들이 당연시 쓰고 있는 음양을 저자는 양음으로 쓰는 것을 원칙으로 하였다.

상호대립(相互對立)은 빛이 있으면 그늘이 있듯이, 양이 있으면 음이 있고, 남자가 있으면 여자가 있고, 앞면이 있으면 뒷면이 있듯이, 모든 사물은 그 내부에 서로 대립적인 면을 공유하고 있다.

양과 음은 우주만물의 생성의 근본이자 변화의 절대축이다. 하늘과 땅 사이에 사람이 살고 만물이 생성된다. 그러므로 작명하는 데 있어서 양과 음이 반드시 필요한 것이다. 성명이 모두 양 또는 음으로 되어 있으면 모든 일에 실패와 좌절이 많고, 시작은 좋으나 끝이 나쁘며, 파란곡절이 많으므로 성명(이름)에도 반드시 양음의 비율이나 조화가 잘 이루어져야 한다.

2) 획수의 양음

수의 양음이란 기본수 1에서 10까지의 순서를 하늘의 글 천간에 붙여 보면 쉽게 이해할 수 있다. 갑(甲)에 1, 을(乙)에 2, 병(丙)에 3, 정(丁)에 4, 무(戊)에 5, 기(己)에 6, 경(庚)에 7, 신(辛)에 8, 임(壬)에 9, 계(癸)에 10을 놓고 보면 홀수(1,3,5,7,9)에 해당되면 양이요, 짝수(2,4,6,8,10)에 해당되면 음이 되므로 성명에서 양음을 구하는 방법은 글자의 획수에서 끝자리 수가 홀수에 해당되면 양이요, 짝수에 해당되면 음이 된다.

양	1, 3, 5, 7, 9	홀수에 해당
음	2, 4, 6, 8, 10	짝수에 해당

3) 한자 한글 성명의 예

글자 :　蔡　友　理　　　채　우　리
획수 :　17　4　12　　　7　3　4
양음 :　양　음　음　　　양　양　음

4) 양음의 조화된 예

성명자가 양획이면 ○, 음획이면 ● 으로 표시

	양음의 吉격 배열	양음의 凶격 배열
2자 이름인 경우	양음 ○● 음양 ●○	양양 ○○ 음음 ●●
3자 이름인 경우	양양음 ○○● 양음양 ○●○ 양음음 ○●● 음양양 ●○○ 음양음 ●○● 음음양 ●●○	양양양 ○○○ 음음음 ●●●
4자 이름인 경우	양양양음 ○○○● 양양음음 ○○●● 양음음음 ○●●●	양양양양 ○○○○ 음음음음 ●●●●

성명의 양음은 세 개 중 하나가 달라야 조화가 좋은 것이다. 모두 양이나 음으로 구성되면 비록 오행수리가 길격이고 글자의 뜻이 좋다 하더라도 좋은 이름(길격)이 될 수 없다. 이럴 경우 육친 및 배우자와 인연이 박하고 건강에도 문제가 있으며 성공에도 많은 실패의 원인이 된다. 이름도 하나의 상징적인 생명체이므로 그 속에 양음이 조화를 이루고 있어야 좋은 이름이다.

3. 오행(五行)

1) 오행이란?

오행은 목(木)·화(火)·토(土)·금(金)·수(水) 다섯 가지를 말하는데, 인간의 삼라만상(森羅萬象)과 인생의 여정(旅程)에서 길흉화복(吉凶禍福)의 변화에 작용하는 중요한 요소가 된다.

성명학에서 성명에 오행을 정하는 데는 네 가지가 있다. 첫째 글자의 획수 오행이요, 둘째 자음(음령)오행이요, 셋째 부수에 의한 오행이요, 넷째 자의로 정해지는 오행이다. 이 가운데 주로 많이 사용하는 오행이 획수에 의한 오행과 자음(음령)오행을 많이 사용하고 있다. 특히 소리에 의한 음령오행은 이름을 구성하는데 상생이나 상극으로 구성될 수 있음을 주의해야 한다. 부수오행과 자의에 의한 오행은 오행의 분류가 어려운 글자가 많으므로 일반적으로 사용하는 경우가 적다.

■ 오행의 십간, 십이지, 계절 구분

오행	목		화		토		금		수	
십간	甲	乙	丙	丁	戊	己	庚	辛	壬	癸
양음	양	음	양	음	양	음	양	음	양	음
계절	봄		여름		중앙		가을		겨울	

오행	수	토	목	목	토	화	화	토	금	금	토	수
십이지	子	丑	寅	卯	辰	巳	午	未	申	酉	戌	亥
양음	양	음	양	음	양	음	양	음	양	음	양	음
계절	겨울		봄			여름			가을		겨울	

2) 획수(劃數)오행

획수오행이란 글자의 획수에 대한 오행이다. 글자가 가지고 있는 획수에도 양음과 오행이 있는데, 이 수리로 길흉을 판단하는 중요한 기준이 된다. 필획과 원획이 있는데 필자는 원획을 기준으로 획수를 산정하겠다. 10획이 넘을 때는 마지막 숫자만으로 상정한다.

예를 들어 街(거리 가)는 12획이므로 2가 되고, 획수오행표에서 보면 2는 木이다. 획수오행의 원리는 십간 순서에 의해 정해지므로 십간 오행이라 해도 된다. 1과 2가 木인데, 1은 甲 木이요, 2는 乙 木이다. 십간 순서에 의하면 1,2는 갑을木이요, 3,4는 병정火, 5,6은 무기土, 7,8은 경신金, 9,10은 임계水이다.

한글은 14개의 자음과 10개의 모음이 기본자이다. 한글은 한자(漢字)처럼 한 글자의 자음과 모음의 기본 글자의 획수를 합쳐 계산하면 된다.

① 자음과 모음의 획수

자음	ㄱ	ㄴ	ㄷ	ㄹ	ㅁ	ㅂ	ㅅ	ㅇ	ㅈ	ㅊ	ㅋ	ㅌ	ㅍ	ㅎ
획수	1	1	2	3	3	4	2	1	3	4	2	3	4	3
모음	ㅏ	ㅑ	ㅓ	ㅕ	ㅗ	ㅛ	ㅜ	ㅠ	ㅡ	ㅣ				
획수	2	3	2	3	2	3	2	3	1	1				

예) 가 - 3획, 내 - 4획, 대 - 5획, 재 - 6획, 채 - 7획, 혜 - 7획
ㅈ은 필획은 2획이지만 성명학에서는 3획으로 본다.
ㅊ은 필획은 3획이지만 성명학에서는 4획으로 본다.

② 십간, 양음, 오행, 계절 순서

순서	1	2	3	4	5	6	7	8	9	10
십간	甲	乙	丙	丁	戊	己	庚	辛	壬	癸
양음	양	음	양	음	양	음	양	음	양	음
오행	木		火		土		金		水	
계절	봄		여름		중앙		가을		겨울	

③ 성명 획수 오행의 예

글자 :	李	抒	衍	이	서	연
획수 :	7	8	9	2	4	5
오행 :	금	금	수	목	화	토

3) 자음(字音)오행(음령오행)

한글에서는 주음과 종음의 오행으로 성명을 보는데 주음은 초성이고, 종음은 종성이다. 주음과 종음의 예를 든다면, '김'의 주음은 'ㄱ'이고, 'ㅁ'은 종음이다. 초성과 종성의 상생 작명은 이름 3자 모두 사용하면 불편할 수

있으므로 성씨와 중간자에 주로 적용하면 좋은 이름이 될 수 있다. 작명에 있어 한자 이름은 물론이요 발음오행이 성명사주학에 큰 영향을 주고 있다.

① 한글 자음오행의 분류

자음	오행	음성	발음
ㄱ, ㅋ	木	아음(牙音) 어금니소리	가, 카로 발음되는 글자
ㄴ, ㄷ, ㄹ, ㅌ	火	설음(舌音) 혓소리	나, 다, 라, 타로 발음되는 글자
ㅇ, ㅎ	土	후음(喉音) 목구멍소리	아, 하로 발음되는 글자
ㅅ, ㅈ, ㅊ	金	치음(齒音) 잇소리	사, 자, 차로 발음되는 글자
ㅁ, ㅂ, ㅍ	水	순음(脣音) 입술소리	마, 바, 파로 발음되는 글자

성명사주(소리, 파동)는 초성과 종성까지도 생극(生剋)으로 길과 흉을 보기 때문에 상생 배열이 중요하다.

예)

김 서 현　　ㄱㅣ　木
　　　　　　　ㅁ　 水　水生木

　　　　　　　ㅅㅓ　金　金生水

　　　　　　　ㅎㅕ　土　土生金
　　　　　　　ㄴ　 火　火生土는 상생하므로 좋은 이름으로 본다.

김 서 현은 초성 **김**의 木과 **서**의 金은 상극이지만 종성을 보면 **김**의 종성 ㅁ은 水이므로 중간자 **서**의 金과 상생이 되므로 소리성명학으로는 좋은 이름으로 볼 수 있다.

성명에 있어 자음오행에 담긴 힘은 하늘과 땅 사이에 있는 사람의 정신과 마음의 중요성을 알려주는 중요한 계기가 될 것으로 본다.

② 영어 알파벳 획수와 오행

A	B	C	D	E	F	G	H	I	J	K	L	M	N	O	P	Q	R	S	T	U	V	W	X	Y	Z
3	2	1	2	3	3	3	3	1	1	3	1	3	3	1	2	2	2	1	2	1	1	2	2	2	1
木				火				土								金				水					
C,G,K,Q				D,L,N,R,T				A,E,H,F,I,O,U,W,X,Y								C,G,J,S,X,Z				B,F,M,P,V					

③ 장남에게 좋은 글자

일(一), 일(壹), 갑(甲), 거(去), 건(乾), 기(起), 대(大), 동(東), 태(太), 태(泰), 상(上), 선(先), 시(始), 신(新), 원(元), 장(長), 종(宗), 초(初)

- **선(先)** 먼저 선 → '먼저'라는 의미가 있다.
- **시(始)** 비로소 시 → '처음'
- **원(元)** 으뜸 원 → '첫째'
- **일(壹)** 한 일 → '첫째'
- **장(長)** 길 장 → '장손, 장녀'
- **종(宗)** 마루 종 → '우두머리'
- **초(初)** 처음 → '시작'

위 글자는 처음, 첫째, 시작, 우두머리라는 의미를 가진 글자로서 장남, 장녀에게는 좋으나, 차남, 차녀에게 사용하면 형제간에 덕이 없고, 성명학계에서는 장남, 장녀가 장자 구실을 못한다는 설이 있으므로 피하는 것이 좋다고 한다.

4) 자원(字源)오행

자원오행이란 인간, 문화, 동물, 식물, 인공물 등 만물을 한자의 글 속에 그 기운을 담아 형상의 사물에 본질적으로 내포하고 있는 오행을 구분하고, 뜻과 연관된 오행 중의 하나를 말한다. 즉 한자가 만들어질 때 그 한자가 가지고 있는 고유한 뜻의 오행을 말한다. 예를 들어 오행을 만물[物]에 비유하면 木은 나무, 火는 불, 土는 흙, 金은 쇠, 水는 물이다. 자원오행은 한자의 부수의 뜻으로서 오행의 기운을 나타내고, 또한 자의에 의한 뜻이 강할 경우 자의오행을 써도 무방하다. 이름의 오행 배합에 전문가들도 상당한 어려움을 느끼는 것이 사실이다. 그러나 작명을 구성하는데 있어 사주에 꼭 필요한 오행으로서 기준이 되어야 한다.

5) 자의(字義)오행

자의오행은 획수, 발음, 자변과는 무관하고 그 글자가 지니고 있는 의(義)로써 나타내는 오행으로 이해하면 된다.

木	火	土	金	水
仁	禮	信	義	智
元	亨		利	貞
東	南	中央	西	北
靑	赤	黃	白	黑
震	紫離	坤	乾兌	坎
三八	二七	五十	四九	一六
甲乙	丙丁	戊己	庚辛	壬癸
春	夏	中央	秋	冬
寅卯辰	巳午未	季	申酉	亥子

6) 오행의 상생상극도(相生相剋圖)

① 오행의 상생(相生) 관계

목생화(木生火) : 목은 화를 생하고 나무는 불의 재료다.
화생토(火生土) : 화는 토를 생하고 불은 타고 나면 재가 되어 흙이 된다.
토생금(土生金) : 토는 금을 생하고 금(金)은 흙속에 있다.
금생수(金生水) : 금은 수를 생하고 철분 속에서 이슬이 맺혀 물이 된다.
수생목(水生木) : 수는 목을 생하고 나무는 물이 있어야 산다.

상생이란 서로 생하는 관계가 아니고, 위처럼 일방적인 생을 주고받는 관계를 말한다. 생(生)하는 오행이 너무 많으면 오히려 해(害)가 되니 성명에도 중화(中和)됨이 좋다.

② 오행의 상극(相剋) 관계

목극토(木剋土) : 목은 토를 극하고, 나무는 흙의 양분을 빨아들여 흙을 버린다.
토극수(土剋水) : 토는 수를 극한다. 즉 흙은 잘 흐르는 물길을 막는다.
수극화(水剋火) : 수는 화를 극한다. 즉 물이 불을 끈다.
화극금(火剋金) : 화는 금을 극한다. 즉 불은 쇠를 녹인다.
금극목(金剋木) : 금은 목을 극한다. 즉 쇠(도끼)는 나무를 자른다.

상극이란 서로 극하는 관계가 아니고, 위처럼 일방적으로 극하고 극받는 관계를 말한다.

③ 오행의 상생의 의(意)

목생화(木生火) : 목은 자기를 희생해서 화를 생하면 화는 금을 극해서 도끼나 톱으로 나무를 베지 못하게 한다.
화생토(火生土) : 화가 자기를 희생하여 토를 생하면 토는 수를 제압하여 물이 불을 끄는 것을 막아준다.
토생금(土生金) : 토는 자기를 희생해서 금을 생하니 금은 목을 제압하여 나무가 토를 (영양분) 괴롭히는 것을 막아준다.

금생수(金生水) : 금은 자기를 희생하여 수를 생하니 수는 화를 제압하여
불이 쇠 녹이는 것을 막아준다.
수생목(水生木) : 수는 자기를 희생해서 목을 생하니 목은 토를 제압해서
흙이 물길이나 웅덩이 막는 것을 막아준다.

④ 오행의 길흉 배치

■ 오행 상생 배치

木	木火土	木火火	木木火	木火木	木水水	木木水	木水木	木水金
火	火土金	火土土	火火土	火土火	火木水	火木火	火木木	火火木
土	土金水	土金金	土土金	土金土	土火木	土火土	土火火	土土火
金	金水木	金水水	金金水	金水金	金土火	金土金	金土土	金金土
水	水木火	水木木	水水木	水木水	水金土	水金水	水金金	水水金

■ 오행 상극 배치

木	木木木	木木土	木木金	木火金	木火水	木土木	木土火	木土土	木土金
木	木土水	木金木	木金火	木金土	木金金	木金水	木水火	木水土	

火	火火火	火火金	火火水	火木土	火木金	火土木	火土水	火金木	火金火
火	火金土	火金金	火金水	火水木	火水火	火水土	火水金	火水水	

土	土土土	土土木	土土水	土木木	土木火	土木土	土木金	土木水	土火金
土	土火水	土金木	土金火	土水木	土水火	土水土	土水金	土水水	

金	金金金	金金木	金金火	金木木	金木火	金木土	金木金	金木水	金火木
金	金火火	金火土	金火金	金火水	金土木	金土水	金水火	金水土	

水	水水水	水水火	水水土	水木土	水木金	水火木	水火火	水火土	水火金
水	水火水	水土木	水土火	水土土	水土金	水土水	水金木	水金火	

4. 음령오행의 길흉 해설

木 木 木
총명하고 기략(機略)이 출중하며, 외유내강한 성격에 참을성이 있으며 지혜와 총명을 갖추었고 사업운 또한 좋다. 기반이 튼튼해서 사업은 성공·발전하고 관직에 진출해도 뜻을 이루며 몸이 건강하고 액이 없으며 장수하고 건강 또한 양호하다.

木 木 火
착실하고 총명하며 감수성이 발달해 희로애락의 표정을 잘 나타낸다. 기초가 튼튼한데다 일의 진행이 순조로워 자신이 세운 뜻과 목적을 충분히 달성해서 성공에 이르고, 일생 부귀영화를 누릴 수 있는 길격이다.

木 木 土
신체가 허약해 질병에 시달릴 수 있다. 재주가 있고 총명하며 사교성이 좋아 사람들에게서 호감을 산다. 근본이 성실한데다 다소 불만이 있더라도 친절로 대할 뿐 불쾌한 표정을 짓지 않으며, 특히 어려움에 처할지라도 잘 견뎌내는 끈기도 괜찮은 편이나 가정에는 부부가 불화하고 자식 덕이 없다.

木 木 金

사람됨이 정직하고 재물보다 의리를 존중히 여긴다. 사람을 대함에 있어서 솔직하고 거짓이 없다. 그러나 완고한 데다 사람을 다루는 수단이 모자라고, 때로는 강한 성격 때문에 부부가 불화하고 재물도 풍족치 않아 고난이 뒤따른다. 환경에 변화가 많아 거주지, 직장, 사업에도 자주 변동이 생긴다.

木 木 水

감수성이 풍부하고 온유하며 사물에 대한 이해력이 넓다. 근면 성실하고 좋은 인품을 고루 갖추었으니 운세 또한 부모형제가 화목하고 자손이 번창하여 일생동안 건강하고 행복하다.

木 火 木

부모형제와 화목하고 부부가 백년해로하여 일생이 행복하다. 귀인의 도움으로 만사형통하니 대성한다. 여자는 유순하고 평화로워 사람의 마음을 끄는 매력을 가지고 있다. 운세는 기반이 튼튼하여 윗사람, 아랫사람의 도움이 순조롭게 이루어지므로 재산이 반석 같다. 단 색난에 처할 가능성이 있으므로 이를 명심하고 굳센 마음을 지니면 다른 재앙 없이 행복을 누린다.

木 火 火

성질이 불같이 급하고 용감하며 투지가 강하다. 또한 신경이 예민하여 기쁜 표정을 짓다가도 조금만 비위에 거슬리면 금방 얼굴빛이 변하면서 성질을 낸다. 그러나 큰 불행은 없고 부모형제가 화목하며 장수하고 자손이 번영한다.

木 火 土

감수성이 풍부하고 인품이 온화하고 열정적이며 천성이 바르고 의리를 중요시 여긴다. 누구에게나 예의 바르고 친절을 베푸니 사귀는 사람이 많다. 기초가 튼튼하여 순조롭게 발전 성공한다. 특히 윗사람이나 직장 상사의 도움이 많아 뜻하는 바를 쉽게 이루며 비교적 복된 삶을 누린다. 작은 것이 나가고 큰 것이 들어오니 재물이 가득하다. 인격이 준수하여 주위로부터 칭찬이 자자하다.

木 火 金
감정의 기복이 심해 성질을 잘 내지만 쉽게 풀리며 애정이 극단적이다. 그러나 허영심이 있고 허황하여 실속보다 허무한 일이 많다. 풍류를 좋아하여 이로 인한 낭비도 적지 않다. 남에겐 형편이 좋은 것처럼 보이나 본인에겐 실속이 없고 내면으로 불안한 요소가 많다. 또한 말썽 부리는 아랫사람을 두거나 직장에서는 부하에게 압박을 받는 입장이 된다. 처음에는 얻지만 나중에는 모두 잃는다.

木 火 水
성격이 강해 주위와 다툼이 많다. 승벽이 강하고 투쟁을 좋아하며 참을성이 부족하나, 대체로 가식이 없어 솔직한 편이다. 비록 윗사람의 도움이 있다고 하나 마침내는 허사가 되고 기초가 불안하다. 심한 경우 재산을 송두리째 날리거나 불의의 횡사를 할 우려도 있고 부부 사이가 불화하고 천리타향의 외로운 신세가 될 수도 있다. 강에 해가 저무니 배를 타면 불길하다. 동쪽은 길하나 서쪽이 불리하다.

木 土 木
호기심이 많고 엉뚱한 행동을 잘하며, 의지력이 없고 인내심이 부족해 성공하기 어렵다. 그리고 아무리 가까운 사람에게도 진심을 나타내지 않으며 숨기는 비밀이 많다. 매사 순조롭게 풀리는 일이 적으며 부부 이별이나 질병 등으로 고생한다. 또한 운명적으로 보이지 않는 압박 장애가 있어 이렇다 할 성공을 거두기 어렵다.

木 土 火
참을성 없는 것이 가장 큰 결점이며, 쓸데없는 일에 호기심을 발하여 시간·금전의 손해를 본다. 눈으로 보고도 먹지 못하니 그림의 떡이다. 이 배합에 원형리정(元亨利貞)의 수리가 모두 길하면 눈부신 발전과 큰 성공을 거둘 수도 있다.

木 土 土
활동적이지 못하나 온화하고 무게가 있으며, 때로는 전혀 감정이 없는 사람처럼 보이기도 하고 여성의 경우 신심(信心)이 돈독하다. 인성은 온화하고 부드러워 만인이 칭송하나 부귀가 빈약하다. 따라서 큰 성공을 거두지 못해도 대체로 무난한 생활이 유지되어 의식의 궁핍은 없다. '모사재천(謀事在天)'이라, 하늘에 빌어 마음을 굳건히 지켜라.

木 土 金
소극적이고 소심해서 담력이 없고 주위와 관계가 활발하지 못하여 성공하기 어렵다. 또한 남녀를 막론하고 이성의 유혹에 빠져 곤란한 처지에 이를 우려가 있고, 남녀 공히 색난이 있으니 일부종사 어렵고 생사 이별 두렵다.

木 土 水
소심해서 의지력이 없고 인내심이 부족해 성공하기 어렵다. 갑작스런 변괴를 당할 수가 있고, 노력해도 만족한 결과를 얻지 못하여 답답하다. 그리고 왠지 사람에게 은혜를 베풀어도 원수로 갚는 기막힌 인생이다.

木 金 木
매사에 실속이 없고 얼굴에 표정이 나타나지 않아 감정이 전혀 없는 사람처럼 보이고 말수가 적다. 혹은 이와 반대로 감정이 예민하고 겁이 많고 의심이 많고 반항심·의협심도 있고 고집이 대단한데, 곤란한 일이 거듭 생기고 매사에 발전이 없다. 그러므로 남이 보기에는 안정된 삶을 누리는 것 같지만 전혀 그렇지 못하다.

木 金 火
온실에서 자란 꽃은 비바람을 모르니 나약할 뿐이다. 세상 물정에 어두워 언행이 시대에 뒤떨어지고 어떤 일을 도모함에 있어서도 현실에 맞지 않는다. 사업 등의 기반을 닦기 어려워 성공을 기대하기 힘들고 초년보다 말년으로 갈수록 더욱 고생하게 되며, 항상 불안정하여 신경쇠약으로 고생을 한다.

木 金 土
초년운은 불길하나, 중년부터는 출세하거나 큰 재벌가가 될 가능성은 없어도 노력가로서 상당한 지위나 중간 정도의 부는 얻을 수 있다. 다만 너무 열심히 생각하고 몸을 돌보지 않는 성미라, 심신과로로 인해 건강을 해쳐 회복하기 어려운 지경에 이를 수도 있으니 주의해야 한다.

木 金 金
항상 고독하므로 감정을 겉으로 표현하지 않는다. 또 재주와 지략이 있어 혼자서만 잘난 척하고 오만을 부려 주위로부터 비난을 듣게 된다. 다른 사람의 의견을 받아들이지 않고 자신의 생각이 최선이라는 독선적인 성격 때문에 주위 사람들과 잘 어울리지 못한다. 자손으로 인한 근심이 많고 매사가 불안정하다.

木 金 水
매사에 친근감이 없어 성공운이 불안정하여 노력해도 결과가 좋지 않다. 또한 대수롭지 않은 일에도 공연히 불안한 마음을 지니고 있는 성격이다. 성공운이 없어 잘 되어가던 일에도 엉뚱한 변괴가 생겨 갑작스럽게 몰락한다. 그리고 대부분 노력에 비해 성과는 절반밖에 얻지 못한다.

木 水 木
예의가 바르고 성품이 온화하며 열정적이고 대인관계가 원만하여 만사가 태평하다. 하늘에 구름이 걷히고 일월이 다시 밝아진다. 기반이 튼튼하고, 운세가 강하여 성공운이 좋다. 직장과 사업이 모두 발전해서 상당한 지위와 재물을 얻는다.

木 水 火
신경이 예민해서 까다롭고 날카로운 성격으로 주위 사람들과 사교적이지 못하고 신경질을 잘 내며 남의 잘못을 이해하고 용서하는 데 인색하다. 성공과 실패가 반복된다. 때문에 큰 성공은 어려우므로 분수에 맞게 살아가야 한다. 가정에 파란이 많고 배우자와 이별, 자녀의 실패 등이 유도된다.

木 水 土
스스로 잘난 척 거만하고 자신을 반성하지 않으며 제 멋에 산다. 용렬하고도 이기적이다. 마음은 크나 의지가 약하여 나아갈 수가 없다. 성공을 하더라도 일시적이고 마침내는 실패로 돌아간다. 겉보기에는 무사하게 보이나 내면은 불안하고 안정된 사업이나 직장 없이 일생 유전함으로써 몸과 마음이 안정될 날이 적다. 부부 사이가 불편하고 부모에게 불효한다.

木 水 金
마음이 선하고 지혜롭고 의리가 있어 주변 사람들에게 신용이 있으므로 명예를 얻고 덕을 갖추고 성공도 할 수 있으며 무병장수한다. 부모에게는 극진한 사랑을 받고 부부 사이는 화목하고 안락한 생활과 명예와 재물도 함께 누릴 수 있다.

木 水 水
부모형제의 덕이 있으며 자손이 번성하고 항상 발전하여 적은 것으로 큰 것을 이루고 장수하며 안락하게 되니 화기가 집안에 가득하다. 성공운은 날로 발전하고 수리가 맞으면 길하며 대성할 수 있으며 큰 부자가 되는 경우도 있다.

火 木 木
외유내강한 성격에 지기 싫어하고 쾌활하다. 또한 노력가로서 무슨 일이든 한번 착수하면 기어코 해내고야 마는 집착력이 대단하다. 그러나 집착보다는 슬기로워야 된다. 지나친 욕망과 허세만 없다면 대성할 수도 있다. 입지적 환경이 좋은데다 운이 순조로워 나날이 향상하고 발전한다. 게다가 귀인의 도움이 있어 비록 힘에 부치는 일이라도 무난히 성공으로 이끈다.

火 木 火
소심한 성격이라 겁이 좀 많으나 겉으로는 대담한 것처럼 보이며, 자존심이 강해서 지기 싫어하고 아집이 있다. 허세는 가장 약한 자의 모습이다. 환경이 좋고 기반이 튼튼하여 성공을 기할 수 있는 배합이다. 일생에 막히는 일이 적어 뜻을 정하면 날로 발전해서 목적을 달성하게 되고, 어떤 일에 착수하면 대단히 노력하는 사람이다.

火 木 土
승벽이 강하나 대인관계는 원만해서 사교가 활발하다. 남자의 경우 여색을 좋아하며 이로 인한 커다란 실패가 우려되니 이 점만 주의하면 대길할 배치이다. 기초가 반석처럼 튼튼하여 기복 없이 순탄하다. 때문에 나날이 발전해서 목표를 순조롭게 달성한다.

火 木 金
소심한 성격으로 인내심이 부족하고 신경이 지나치게 날카롭다. 본래 다른 사람에게 양보하거나 지기 싫어하는 성격이지만 박력이 없어 큰일을 해내기는 어렵다. 마음은 크나 뜻을 이루기는 어렵다. 일시적인 성공은 있겠으나, 주변 환경이 나쁘고 내구성이 없어 전락하기 쉽고 아랫사람에게 중상모략을 당하여 직위를 잃고 직장이나 사업 등이 자주 변동하는 운이다.

火 木 水
시기심이 많고 질투심이 강하며 내향적이고 담력이 적으나 자존심이 대단하여 남에게 굴복하려 하지 않는다. 노력가이며 인내심이 있는 것이 장점이다. 가정이 원만하고 노력한 만큼 행복을 누리며 자손도 번창하여 대대로 화평하니 말년에는 부귀영화를 누린다.

火 火 木
외유내강하며 원만한 성격으로 슬기로워 대인관계가 좋고 사물의 이치에 밝아 임기응변이 뛰어나다. 여자는 유순하고 감정이 풍부해서 사람들의 사랑을 받으며, 특히 이성의 마음을 끄는 매력이 있다. 기반이 튼튼하고 주위에서 도와주는 사람이 많다. 경영자는 아랫사람이 충실해서 기업이 성장하고, 관직에 있는 사람은 아랫사람의 공으로 직위가 오르게 된다. 순풍을 만난 돛단배와 같은 생애를 보내게 된다.

火 火 火
용맹 과감하고 정열적인데, 성격이 불같이 급해서 참을성이 적고 매사에 실패가 많다. 따라서 급한 성격을 누그러뜨리고 침착성을 길러야겠다. 한때 운세가 강하여 불같이 일어나나 내구성이 없어 얼마 가지 못한다. 부부 이별수가 있고 항상 다툼이 많다.

火 火 土
다소 급하긴 해도 겉과 속이 한결같고, 사람을 용서하고 이해하는데 너그럽다. 매사에 기초가 튼튼하고 귀인의 도움으로 순조롭게 성공하며, 이로 인해 가정이 화목하고 부귀영화를 누리면서 장수한다.

火 火 金
참을성이 없어 급하고 허영심이 많으며 풍류를 좋아하고, 바람기가 심하다. 남이 보기에는 여유가 있고 근심 없이 즐거운 것 같아도 내심 허전하고 불안하다. 뿐만 아니라 윗사람 아랫사람을 막론하고 도움은커녕 은연중 박해를 가해오므로 되는 일이 별로 없다.

火 火 水
조급한 성격에 신경질을 잘 부리고, 남의 잘못을 용서하는 아량이 적다. 속이 좁아 꽁한 마음이 잘 풀리지 않으며, 일에 지나치게 세밀하다. 직장과 사업이 안정되지 못하고, 어느 정도 만족할 만한 경지에 이르렀다가도 뜻밖의 액운으로 좌절되고 만다. 특히 근근이 모은 재산을 하루아침에 날리고 심한 궁지에 빠질 우려가 있다.

火 土 木
온후한 성격에 도량이 크고 넓으며 대인관계가 원만하다. 부모 조상의 음덕이 있고, 윗사람의 도움으로 처음에는 안정된 생활을 누리지만 차츰 운이 쇠퇴해가므로 나중에는 불안한 생애를 보내게 된다. 변동수가 많아 성패와 귀천이 자주 반복되고, 특히 재물의 낭패가 있다.

火 土 火
인품이 우아하고 도량이 넓으며, 대인관계가 성실하여 사람들에게 많은 호감을 산다. 인품이 훌륭하여 만인이 우러러보며 운세 또한 매우 좋다. 그러므로 부모의 덕은 물론이요, 윗사람 아랫사람의 도움이 많아 성공 발전이 순조롭다. 일생 험한 일을 만나지 않아서 언제나 마음이 편하고, 건강도 유지되어 장수한다.

火 土 土
원만한 성격에 예의가 바르고 신용이 좋다. 또한 투기적이고 모험적인 일을 즐겨하지 않고, 성실히 노력하는 것을 제일의 사명으로 안다. 부모 조상으로부터 물려받은 기반이 있고 윗사람의 눈에 들어 도움을 받기 때문에 원하는 일을 어렵지 않게 성취한다. 설사 남의 도움이 없더라도 본인 스스로의 힘으로 상당한 수준의 성공을 얻는다.

火 土 金
원만한 성격에 선량한 마음씨를 가졌으나, 소극적이고 귀가 여리어 남의 말을 잘 믿다가 손해 보는 경우가 많다. 부모 조상의 덕이 있으며 윗사람이 도와주고 이끌어준다. 따라서 비록 대부(大富)에는 이르지 못할지라도 안정된 경제, 안정된 직위가 보장되는 길격이다. 다만 남자의 경우 중년 이후에 여색을 조심해야 한다.

火 土 水

한마디로 수단가이다. 그러나 정당한 방법이 아니고 본심이 아닌 가식적인 말과 행동으로 사람을 잘 꾀어 속인다. 이상과 같은 처세술이 불우한 환경 조건의 결과인지도 모른다. 비록 한때 윗사람의 총애를 받아 다소 이익은 얻겠으나 오래 가지 못하고 끝내는 실의에 빠지게 된다.

火 金 木

영리하고 민감하며 의심이 많다. 또한 속이 좁은 경향이 있는데 마음에 드는 사람에게는 아까운 것이 없을 만큼 홀딱 빠져버린다. 그리고 남이 상상도 못할 포부를 지니고 그것을 기대한다. 자신의 지능만 믿고 가벼이 어떤 일에 착수했다가는 점점 곤궁에 빠지게 된다.

火 金 火

성격이 단순하여 무슨 일이든 깊이 고려하지 않고 즉흥적으로 말하고 행동한다. 또한 자기 과신으로 겁 없이 일에 임했다가 스스로를 망치는 경우도 생기게 된다. 운세가 꽉 막혀 있으므로 성공은 고사하고 도리어 손해만 크다. 사업은 아예 생각도 말 것이며 좋든 나쁘든 직장생활이 최선인데, 언행을 조심해야 한다.

火 金 土

까다롭고 의심이 많으며 혼자서만 잘난 척하고 남을 비평하기 좋아하여 걸핏하면 시비를 건다. 시비송사 관재구설이 두렵다. 남에게 무시를 당하나 생각보다 복은 있어 생활의 기반도 잡히고 간간이 큰돈도 생긴다. 그러나 큰 성공이라 할 만한 수준에는 이르지 못한다. 마음이 항시 공허하다.

火 金 金

초년부터 고생이 많고 재주는 있으나 알아주는 사람이 없다. 성격적으로 미치는 영향이 크다. 포부는 크나 성공은 어렵다. 일반 사람들과 동화가 되지 않고, 죄 없이 비난의 대상이 되기 때문에 혼자서 경영하는 기술적 계통이라야 무난할 것이다.

火 金 水
성격이 소심하고 의심이 많으며, 남을 잘 비판하다가 시비를 초래한다. 마음에 드는 사람은 매우 잘 대해주지만 그렇지 않은 사람에게는 상대방이 불쾌하게 여길 만큼 노골적으로 싫은 표시를 낸다. 사업은 맞지 않으니 특정한 기술을 익히거나 자기가 맡은 분야에서만 일하는 관직을 선택하는 것이 최선이다.

火 水 木
성격이 소심하고 감정이 잘 흔들리며, 책임감이 부족하다. 실상 악한데도 없으면서 남들에게 좋은 평을 받지 못한다. 우연히 큰 성공을 거두는 사람도 있긴 하지만, 대개는 일에 장애가 많고 난관에 부딪혀 중도에서 실패한다. 가정이 불안하여 항상 고독하다.

火 水 火
감정이 예민하고 신경질적이며 책임감 없이 많은 일을 벌이나 한 가지 일도 마무리가 어렵다. 다른 사람의 말을 잘 듣지 않고 우기는 성격이 많으며, 운세 또한 도저히 성공하기 어려운 이름으로 성공은 고사하고 도리어 급변이 발생하고 가정이 어수선하며, 사업은 바람 앞의 촛불처럼 위태롭다.

火 水 土
방자하고 교만하여 책임감이 없고 남에게 굽히려 하지 않으며, 우기는 성격이 강하여 남에게 좋은 인상을 주지 못한다. 게다가 자기 과신에 치우쳐 자신의 처사에 대해서 남이 어떻게 생각하는가에 대해서는 전혀 반성하지 않는다. 이 배치에다 수리까지 흉하면 조난을 당하고 변사할 우려도 있다.

火 水 金
노력에 비해 성과가 부족하다. 성격이 강해서 굽히기를 싫어하고 책임 없는 말을 잘하며 분수에 맞지 않게 큰 직위, 큰 사업만을 꿈꾸다가 적당한 기회를 아깝게 놓치는 수가 많다. 성공운이 없는데 어찌 큰 것을 바라겠는가. 성공할 확률이 희박하므로 뜻을 세워 노력해도 달성하기가 어렵다.

火 水 水
남에게 지기 싫어하고 자존심이 강해서 자신을 높게 평가한다. 때문에 남에게 양보를 하지 않으며 기어코 이기려는 고집이 있다. 자신의 언어 행동에 대한 책임감도 없다. 가정생활에 불행도 있어 고독하다. 예외로 비약적인 발전을 하는 사람도 있으나 드물다.

土 木 木
남의 말에 잘 넘어가지 않고 신중히 생각해서 결정하는 성격이며, 부지런하고 이상보다 현실을 중히 여긴다. 기초가 튼튼하고 입지적 조건이 좋아 많은 사람의 도움을 받는다. 그러나 한편으로는 좋지 않은 운도 작용하므로 얻은 것 중 절반 이상은 나가고, 직장생활에도 심적인 고뇌가 있다. 초년고생을 겪었을 경우에는 느끼지 못할 만큼 서서히 발전한다.

土 木 火
매사에 자신감이 있고 패기가 넘쳐 적극적으로 노력하는 사람이다. 큰 재난 없이 안정된 운세라 하겠다. 일의 진행 과정에 사소한 장애가 자주 따르긴 하지만 불굴의 정신력으로 끈기 있게 노력하는 성격 때문에 비록 발전이 느리기는 해도 마침내는 성공하게 된다.

土 木 土
주체성이 강하고 관념이 정확해서 분위기에 잘 말려들지 않고, 특히 세속의 나쁜 풍습 따위에 물들지 않는다. 성공운에 장애가 있어 품은 재주와 능력을 마음껏 발휘하지 못하게 된다. 그러나 투지가 강하고 노력가인 만큼 좀 느리긴 해도 상당한 수준의 성공을 얻어낸다.

土 木 金

고집이 세어 남의 말을 잘 듣지 않고, 도박과 오락을 좋아해서 큰 성공을 기약하기 어렵다. 매사에 권태를 쉽게 느껴 걸핏하면 이동하고 바꾼다. 또한 주변 인물들의 도움이 없고 오히려 박해를 받고 있어 더욱 어려움을 당한다.

土 木 水

정직하고 강인한 성격의 노력가라 하겠다. 또한 바른말을 잘하고 남의 비위를 맞추는 성미가 아니라서 이로 인한 손해도 있다. 한때는 순조로운 듯 잘 되어 나가다가 중도에 막혀 성공이 어렵다. 그래서 마음속에 번뇌가 떠나지 않게 되며, 아까운 재주를 지니고도 뜻을 펴지 못한다.

土 火 木

적극적이고 활동적인 성격으로 하는 일도 순조롭다. 여자는 상냥하고 활발해서 대하기가 쉽다. 운세가 강하여 능히 성공 발전한다. 경영자는 아랫사람의 협조로 자산이 늘고 기업이 확장되며, 벼슬에 뜻을 둔 사람도 재능을 인정받아 상당한 직위에 오를 수 있다.

土 火 火

창의력이 넘치고 진행하는 모든 일이 안정감 속에서 발전한다. 여자는 명랑하고 주변 사람에게 어필하는 흡인력이 있어 친해지고 싶은 마음이 든다. 길격의 이름이라 마음도 안정하여 직장생활도 무난하고 안락한 삶을 살 수 있다.

土 火 土

적극적이고 부지런하며 대인관계에 성실하여 윗사람의 사랑과 아랫사람의 존경을 받는다. 특히 사람을 분별하는 능력이 출중하다. 인의예지가 밝은 인격자다. 학식, 자본 등 기초가 튼튼해서 관직에 오르기 쉽고 사업가는 날로 번창한다.

土 火 金
일생이 고독하고 매사가 순탄치 못하다. 일을 대함에 있어 차분히 고려하지 않고 즉흥적으로 판단하고 착수함으로써 실패의 쓴잔을 자주 마시게 된다. 윗사람, 아랫사람을 막론하고 인덕이 없다. 일생 되는 일이 없이 실패만 연속되는 흉격 배합이다.

土 火 水
소심하고 예민한 성격이다. 겁이 많고 의지가 박약하며 과민성 신경질이 있다. 여자는 남자의 유혹에 잘 넘어갈 우려가 있다. 간혹 어느 정도 성취점에 이르렀다 할지라도 모래 위에 세운 누각과 같아 수포로 돌아간다. 수리까지 나쁘면 재산, 생명 모두 잃을 수 있어 두렵다.

土 土 木
악의가 없고 정직하나 다소 잘난 체하는 경향이 있고, 사람들과 쉽게 친하고 쉽게 멀어진다. 여자의 경우 사람의 마음을 끄는 매력을 가지고 있다. 거주지의 이동, 직장 또는 사업의 변동이 자주 있으나 제자리걸음일 뿐 발전이 없다. 노력한 만큼의 결과가 없어 고충이 뒤따른다.

土 土 火
성격이 너그럽고 정직하다. 여자는 이성의 마음을 끄는 매력이 있다. 재난이 오더라도 자연 소멸되고, 어려운 난관을 극복하는 끈기도 가지고 있다. 또한 의외로 성공하고 발전해서 명예와 재산을 얻기도 한다. 단 성공의 시기가 느린 감이 있다.

土 土 土
소극적이고 활발하지 못하며, 생각이 용렬해서 융통성이 없다. 대인관계에 있어서는 쉽게 가까워지고 쉽게 멀어진다. 여자는 변덕이 심하고 정조관념이 적다. 대체로 평온하며 매사에 더딘 감은 있으나 서서히 발전한다. 그러나 수리가 나쁘면 곤궁함을 피하지 못한다.

土 土 金
매사가 편안하고 성공운이 순조롭다. 그러나 남녀를 불문하고 이성교제에 주의해야 한다. 큰 어려움 없이 사회적으로 신망을 얻어 대기만성을 이루며 대체로 가정이 화목하고 부부가 일생을 해로한다.

土 土 水
남의 간섭이나 지배를 싫어한다. 일을 진행할 때 행동은 민첩하나 매사에 장애가 많아 성공하기가 어렵다. 건강에 유의해야 하며, 특히 머리, 심장, 위장병에 조심해야 한다.

土 金 木
여러 가지 일을 도모하려 하지만, 실속이 없고 매사에 이렇다 할 결과가 없다. 초년에는 어느 정도 성공을 이룰 수 있으나 결국 수포로 돌아가며 허망하다. 크게 성공하지 못하고, 일생에 곤궁함이 뒤따라 다닌다.

土 金 火
인내심이 없고 남의 말을 귀담아 듣지 않으며 자기 자신을 너무 믿는다. 부부가 불화하고 골육상쟁하니 일생동안 수심이 끊이지 않는다. 경제적으로 어렵고 고난 속에 배우자까지도 방탕한 생활을 하니 성공하기 힘들며, 일생이 고난의 연속이다.

土 金 土
소극적인 것이 단점이지만 온화하고 성실하다. 특히 윗사람을 존경하고 아랫사람을 아껴주는 미덕이 있다. 주위 환경이 좋고 기반이 튼튼하며, 더욱이 위아래에서 이끌어주고 협력하는 사람들이 있어 다른 사람도 못할 일을 성공으로 이끈다.

土 金 金
흙과 쇠가 서로 상생하니 수와 복이 면면하여 한이 없게 되고 기초가 튼튼하여 육친이 화합하고 부부간에 다정하고 고기와 용이 물을 얻으니 뜻을 얻어 떳떳한 모양이다. 성공이 순조로우니 백 가지 일을 성사시킨다. 발전은 용이하고 조상의 덕을 본다. 수리가 좋으면 부귀를 누리며 장수한다.

土 金 水
가정이 화평하니 금과 옥이 가득하고 자손도 번창한다. 적은 것으로 큰 것을 이루니 크게 자수성가한다. 재주와 예술이 넘치니 문학이 발달한 사람이라 하겠다. 순조롭게 성공과 발전을 하고 가정이 화합하고 수리가 좋으면 대성한다.

土 水 木
온화한 성격에 침착하고 재략이 있으나 활동력이 부족하다. 실력을 지니고도 운이 없어 성공을 거두지 못하고 궁핍한 생활을 하게 된다. 평생 수고한 보람도 없이 불우한 삶을 지낸다. 신장, 패혈증 우려가 있고 여자는 대하증을 조심해야 한다.

土 水 火
재주는 있으나 활동력이 부족하고, 감정이 예민해서 까다롭고 신경질이 많다. 그리고 세상에 대해 불평불만이 많다. 주위 환경의 덕이 없어 사업을 경영하고자 하나 기반이 없다. 설사 자본이 있어 사업체를 경영할지라도 뜻밖의 재난이 발생하여 실패하기 쉽다.

土 水 土
잘난 체하는 경향이 있으나 활동력이 부족하고 게으른 감이 있다. 정신적으로 하는 일에는 뛰어난 재주가 있어 잘 해낸다. 성공운에 장애가 있어 품은 뜻을 이루기 어렵다. 일생 기복이 많아 성공과 실패를 반복하지만, 없는 티를 보이지 않아 남에게는 여유있는 것처럼 보인다.

土 水 金

본래 아는 것이 많고 말재주도 있어서 자기 자랑을 잘하며 자기를 몰라주는 세상, 현 사회의 인정과 정치 등에 불평을 품고 있다. 재주를 지니고도 써먹지 못하니 불우한 사람이요, 노력하나 공이 없다. 게다가 예기치 않은 불행이 자주 닥쳐 돈을 모아도 쓰기에 바쁘다.

土 水 水

감정이 예민하고 동작이 빠르며 이곳저곳 왕래가 많아 부지런하다. 겉은 너그러우나 속마음이 까다롭고 독하며, 큰 재산을 모으고 큰 공을 세우려는 욕심이 있다. 의외로 성공을 했더라도 직위를 다시 잃고 모은 돈은 다 없앤다. 주인공의 실수가 아닌 불의의 재난과 괴변 때문이다. 자칫하면 타락해서 망가질 우려도 있다.

金 木 木

예민한 감정에 의심이 많아서 사람을 상대하고, 사물을 다루는 데 있어 무척 까다롭다. 입지적 환경이 좋고 도와주는 사람도 있다. 그럼에도 운세가 약해서 뜻을 이루지 못하고 불평불만이 많다. 노력가이긴 하나 큰 성공은 기대하기 어렵다.

金 木 火

감정이 예민하고 의심이 많다. 큰 재난 없이 대체로 평온한 생애를 누린다. 그럼에도 품은 뜻이 커서 그것을 이루지 못함을 번민한다. 남 보기에는 좋아도 마음속에는 불만이 많은 사람이다. 중도에 좌절하여 일생이 고독하다.

金 木 土

감정이 예민하고 까다로우며 의심이 많다. 윗사람에게는 불경스럽고 뜻을 어기지만, 아랫사람에게는 잘 대해주는 성미라 하겠다. 대체로 안정된 직장에서 일하며, 경제에 액이 없이 무난하게 살아갈 수 있으나 큰 성공을 못하므로 본인으로서는 불만이 크다.

金 木 金
감정의 기복이 심하고 인내심이 없으며 심신이 불안정하다. 정이 너무 많아 좋아하는 사람에게는 푹 빠지기를 잘하고, 그렇지 않은 사람한테는 표가 나도록 냉정히 대한다. 변동이 심해 거주지나 직장을 자주 옮기고 사업도 이것저것 자주 바꾼다. 어떤 일에도 못마땅한 성미라 얼굴을 환히 가질 날이 없다.

金 木 水
예민하고 의심이 많으며 인내력이 대단한 노력가라 하겠다. 한때 사람들이 깜짝 놀랄 만한 성공을 한다. 그러나 운세가 약해서 오래 지속되지 못하고 마침내는 제자리로 돌아가고 만다. 동분서주하나 성과는 빈약하다.

金 火 木
사람을 대함에 진실하고 정성스럽다. 다만 자기 과신이 지나친 것이 결점이다. 여자는 유화하고, 풍류가 있으며 사람의 마음을 끄는 매력이 있다. 성패의 기복이 심하여 성공과 실패를 반복한다. 분수를 지키면 절대 안정된 생활이 흔들리지 않으나, 욕심을 내면 내리막길로 빠져 수습이 어려운 상황에 놓인다.

金 火 火
잘난 체하기를 좋아하는데다 허영심이 많아서 허풍을 잘 떨고, 큰 것만 노려 모험적이고 투기적인 일에 손을 대다가 크게 실패한다. 먼저 자신의 결점부터 고치고 분수에 맞는 직장, 사업을 택해서 노력하면 큰 어려움은 당하지 않는다. 그러나 실속 없는 일이 많고 매사가 허망하며 일생이 불행하다.

金 火 土
스스로 잘난 척 뽐내기를 좋아하고, 작은 것은 시시하게 여겨 큰 재물이나 훌륭한 직위만을 원한다. 또한 교묘한 말솜씨로 자신을 은폐하고 사람을 유혹한다. 부모로부터 물려받은 가정환경, 입지적 조건은 좋다. 따라서 현재의 것을 지키는 것에만 힘쓰라. 그 밖의 다른 것을 더 얻으려 하면 예기치 못한 재앙으로 가산을 탕진하고 가정에 파란이 많다.

金 火 金
잘난 척 뽐내기를 좋아하여 자연스럽게 오만한 데가 있으나, 섬세하지 못해 남에게 허점이 잘 노출된다. 여자는 자기를 추켜 세워주는 것을 무척 좋아한다. 성공운이 없으며, 얼핏 보아서는 행복한 사람 같아 보이나 사실은 그렇지 못하다. 가정, 사회, 직장에서 갈등이 생기고 불화가 있다.

金 火 水
행동거지가 우아해서 품위가 있으나, 약간 고집스러운 면도 있고 외유내강하며 대인관계는 원만하다. 성공운이 없는데다 뜻밖의 재난도 따른다. 수리까지 나쁘면 재산이 모두 날아갈 뿐만 아니라 천명을 누리기도 어렵다.

金 土 木
자기 과신으로 인해 사물에 대한 판단을 잘못하는 경우가 많다. 즉 세상사를 너무 쉽게 보다가 실패를 자초하게 된다. 전반기에는 기초가 튼튼해서 순조롭게 발전하고 어느 정도 성공을 거두지만, 내구성이 없어 후반기에 들면서 내리막길이 되고 의외의 재난도 발생하여 심한 곤경에 처하게 된다. 고독한 일생이다.

金 土 火
달변으로 수단이 있어 모든 일을 잘 처리한다. 천성이 후덕하므로 많은 사람들이 믿고 따른다. 가정이 평화롭고 많은 사람들의 지도자가 된다. 성공이 순조로우며 이름을 사방에 떨치고 부귀가 따르며 만인이 우러러본다.

金 土 土

강한 투지와 집착력으로 누구에게나 지기 싫어하고 투쟁심이 강하며, 몸을 돌보지 않고 노력하는 사람이다. 성공운이 좋고 매사 순탄하고 목표를 달성하여 명리를 모두 얻어낸다. 기반이 반석처럼 튼튼해서 재난이 닥치더라도 끄떡없다.

金 土 金

명예와 의리를 존중한다. 주변 사람들에게 신용이 있고 명예를 얻는 것을 좋아해서 순조롭게 성공하는 배합이다. 직장이나 사업을 막론하고 향상 발전하며 고된 재난에 이르지 않아 정신적·육체적으로 편하고 건강하다.

金 土 水

의지력이 없고 이기적인 성격으로 욕심을 부려 매사에 재앙이 뒤따르고 대인관계에 있어서 항시 마음을 털어놓지 않는다. 명리를 얻더라도 일시적이고 오래 지키기 어렵다. 뿐만 아니라 뜻밖의 불상사가 생겨 난처한 입장에 놓여 말년이 고독하다.

金 金 木

강한 성격에 감정이 예민하고 의심이 많으며 모든 일에 슬기롭게 대처하지 못한다. 때문에 가정에서나 사회에서나 인화를 못하며 이기심도 강하다. 남 보기에는 좋아도 실속이 없다. 초년은 일시적으로 편안하나 중년부터는 여생이 곤궁하다.

金 金 火

성격이 지나치게 강한데다 편협하고 소심하여 남과 잘 어울리기 힘들다. 게다가 상대방의 신분을 고려하지 않고 방자한 언행을 하는 수가 있어 사랑을 못 받는다. 성공은 고사하고 뜻밖의 재난이 따르게 되며 직장이나 사업 모두 신통치 않다. 때문에 일생 불우한 환경에서 벗어나지 못한다.

金 金 土
편협한 성격이기는 하지만 성공이 순조롭고 모든 일이 다 이루어진다. 결백하고 의지가 굳으니 외교 능력이 대단하다. 성공운이 순조로워 일들이 잘 풀리고 부부 형제간에 화목하며 가정이 빛난다. 자손의 덕이 있으며 평생 안락하게 장수한다.

金 金 金
총명하지만 민감하고 강직한 성격 때문에 사람들과 잘 화합하지 못한다. 사람들과 어울려야 하는 직업은 적합하지 않고, 편업(偏業)에 종사해야 안정된 삶을 누릴 수 있다. 하는 일도 순조롭지 못해 모든 일이 실패로 끝날 수 있다.

金 金 水
고고한 성격에 내성적이어서 속에 강인한 마음을 품고서도 겉으로는 부드럽게 대한다. 남을 이해하고 용서하는 데 힘쓰면 협력자가 있어 출세가 순조롭다. 사회적 명성과 재물도 풍족하니 부부 화합하고 자손도 번창한다.

金 水 木
온순하고 재주가 있으며, 부모 조상의 덕이 있다. 윗사람의 사랑을 받아 좋은 직장을 얻고 사업의 기반도 튼튼해진다. 귀인의 도움으로 사회적인 명성과 재물도 풍족하니 부부가 화합하고 가정이 편안하다.

金 水 火
맡은 일에 충실하고 책임감이 강하나 신경질적인 경향이 있다. 매사에 하는 일마다 결과가 없으니 부부가 불화하고 가정이 곤궁하다. 중년 이후에는 모든 일에 기복이 심하여 더 이상의 발전이 없고 현상유지에 급급해진다.

金 水 土
교만하고 잘난 척하고 오만하여 남에게 굽히기 싫어한다. 윗사람의 덕은 있으나 아랫사람에게서는 피해를 당한다. 한때 비약적인 발전이 있고 횡적인 성공도 거두지만, 안으로 좀먹기 시작하여 가산을 탕진하니 매사가 허탈하다.

金 水 金
재주가 있고 재치가 뛰어나며, 명랑 쾌활해서 사교를 잘한다. 특히 임기응변의 재간이 있다. 부모 조상의 덕이 있고 유산도 많아 기초가 튼튼하다. 그래서 일취월장하는데, 의외의 행운까지 따라주어 재산의 증식, 직위의 명예 등 성공운이 순조롭다.

金 水 水
명랑하고 쾌활해서 사교적이고 기지가 뛰어나며, 이해타산에 머리가 빨리 돌아간다. 부모 조상의 덕과 귀인의 도움으로 매사가 순조로워 성공을 거두므로 부부가 화목하고 자식까지 번창하여 행복하고 건강하게 아름다운 삶을 지낸다.

水 木 木
성실하고 정직하며 사람을 어려워한다. 의지력이 좀 약하고 겁이 많아 조금만 어려운 일을 당해도 누군가에게 기대고자 한다. 먼저 어려움을 극복해야 성공으로 이어지는데, 특히 어려울 때 주위의 도움으로 순조롭게 발전한다.

水 木 火
감수성이 예민하여 사물에 대한 이해력이 출중하다. 육친의 덕이 있으며 모든 일이 뜻대로 이루어진다. 성공운이 좋아 발전할 수 있으며 자손이 번창하고 좋은 일이 생긴다. 혈액순환이 잘 되고 소화기가 튼튼하여 잔병 없이 건강이 유지된다. 평소 성실하게 인간관계를 유지하면 모든 일이 순조롭다.

水 木 土
성격이 온화하고 겸손하며 사물을 접하는 느낌이 빨라 일시적인 성공은 가능하나, 예기치 못한 재앙으로 어려움을 면할 수 없다. 초목이 적당한 양의 비를 맞고 무럭무럭 자라는 형상에 비유할 수 있으나 결국 가산을 탕진하고 고독하게 살아간다.

水 木 金
마음이 모질지 못해 손해 보는 경우가 많다. 예민하고 감수성이 풍부하여 남이 슬픔을 당하면 자신이 당한 것처럼 안타까워한다. 전반이 좋고 후반이 나쁜 운세로 처음에는 단비를 맞은 초목이 자라듯이 발전하여 부와 귀를 다 누리지만 후반에 들어서는 운세가 하락하여 매사 재앙이 뒤따르니 일생이 곤궁하다.

水 木 水
총명하고 머리회전이 빠르며 감수성이 예민하여 사물에 대한 판단력이 정확하다. 게다가 끊임없이 노력하는 노력가다. 윗사람의 은혜와 아랫사람의 협조가 있어 세운 뜻을 순조롭게 이루며, 부부가 화합하고 건강하며 장수한다. 세상에 어려운 일이 없다.

水 火 木
항상 마음이 불안하고 매사에 순조롭지 못하다. 성격이 급하고 민감하나 대인관계는 성실하다. 여자는 온화하고 사람의 마음을 끄는 매력을 가지고 있다. 단 관직 계통은 윗사람의 사랑을 받지 못하거나, 운이 없어 뜻을 이루지 못한다. 생애 중 예기치 못한 재난과 급변에 주의해야 한다.

水 火 火
감정이 예민하고 성격이 급하나 솔직한 면도 있다. 비위에 거슬리면 뒷일은 생각할 여유도 없이 불같은 성격이 폭발하여 실수를 범하거나 사고를 치는 수가 있다. 단순한 생각으로 접근하다 보니 매사에 결과가 없다.

水 火 土
성격이 급하고 감정이 예민해서 성질을 발끈 잘 내지만 겁이 많은 편이다. 입지적 조건은 좋으나 운세가 약하고 인덕이 없어 성공하기 어렵다. 한때 심한 궁지나 액난에 빠졌다가 간신히 헤어난다. 먹구름이 공중에 가득하나 도무지 비가 오지 않는다. 석양이 지니 돌아가는 나그네의 발걸음이 몹시도 무겁구나.

水 火 金
성격이 단순하고 감정이 예민한데다 급하고 참을성이 없어 성질을 잘 내지만 악의는 없다. 겉으로는 안정되고 근심없는 것처럼 보이지만, 내적으로는 고뇌가 많고 인덕이 없어 불화가 그치지 않아 심신이 고달프다. 특히 아랫사람과의 충돌이 생겨 기업을 이끌고 자리를 지키는 데 애로사항이 많다.

水 火 水
잘난 체 하면서도 이기적이고 자신감이 지나쳐 남의 말을 받아들이지 않고, 매사에 양보하거나 지는 것을 싫어한다. 재물운, 직장운, 건강운 등이 모두 좋지 않다. 부모형제 덕이 없고 부부 사이도 무정하니 자식복이 없고 일생이 곤궁하다.

水 土 木
오만해서 잘난 체하고 편협된 성격의 소유자다. 뿐만 아니라 복종심이 결여되어 하극상으로 상사의 명령까지도 어기는 기질이 있다. 직장생활은 적합하지 않고 혼자서 경영하는 일에 종사해야 하며 만약 직장이나 사업 등을 원한다면 근본적으로 성격을 개조해야 한다. 매사 하는 일에 실패가 거듭 될 수 있다.

水 土 火
분수에 맞지 않는 사치나 허영심이 많고 남에게 지기 싫어하며, 윗사람에게 잘 대드는 성격이다. 한때 성공을 거두기도 하나, 그 가운데서도 곤액이 많고 성공한 위치를 지키기가 매우 힘들다. 방탕한 생활에 일생이 고독해 근심과 우환이 끊이지 않는다.

水 土 土
성격이 강해서 재물에 손실이 심하고 윗사람에게도 복종하려는 마음이 없다. 게다가 허영심만 커서 성사되지도 않을 일에 시간과 노력을 허비하고 요행을 바라는 마음이 간절하다. 매사에 노력만큼 실속이 없고 일생이 고독하다.

水 土 金
세심하고 소극적인 경향은 있으나 자기 관리에 충실하고 책임감과 신용이 있다. 단 자존심이 강해서 남에게 굽히거나 복종하기 어렵고, 경우에 따라서는 윗사람에게도 따지고 대드는 수가 있다. 매사에 지나치게 조심하고 신경을 써서 정신적 피로를 자주 느끼고, 일마다 매듭이 걸려 진행이 느리며 그로 인한 고뇌도 많다.

水 土 水
약삭빠르고 똑똑하나 허영심이 많고 책임감이 너무 없어 주위로부터 신망을 얻지 못한다. 남에게 굽히거나 양보하려는 마음이 없어 큰 성공은 고사하고 현재의 위치를 지키기도 어렵다. 매사가 불안정하여 하는 일마다 재앙이 올 수 있다.

水 金 木
감정의 기복이 심하고 예민하여 의심이 많으며, 총명하고 재치가 있으나 소견이 좁은 것이 결점이다. 전반기는 안정된 생활에 직장도 훌륭하여 평탄한 생애를 누리나 후반에 들어 기복이 심하고 앞서 세운 기반마저 위협을 받게 된다.

水 金 火
경솔한 언행으로 일을 그르친다. 열등의식이 있어 자포자기를 잘하고, 성질이 나면 신분의 상하를 불구하고 지나친 언행으로 대드는 성격이 있어 모든 일을 그르친다. 매사에 불안하여 명예, 재물 등을 잃고 불우한 나날을 보낼 가능성이 높다.

水 金 土
착실하고 총명하며 항상 진취적인 생각을 한다. 특히 언행이 예사 사람과는 달리 특출해서 사람들을 거느릴 수 있게 된다. 두뇌가 총명해서 주변으로부터 신망이 두텁고 모든 일에 도전하여 뜻을 이루게 된다. 수리까지 길하면 나라에 드문 인재로 성공하여 명성을 크게 떨칠 것이다.

水 金 金
총명하고 모든 일에 재주가 출중하며 현명한 지략이 있어 매사가 순조롭다. 인품이 고귀해서 항상 주도면밀하게 협력하는 자가 있고 모든 일을 성공으로 이끈다. 가정이 편안하고 부부가 정이 있으니 자손도 번창한다.

水 金 水
온순하고 사무적이며 예의를 존중하고 준법정신이 투철하다. 여자는 마음씨가 곱고 덕이 있어 현모양처상이다. 사업보다 공직, 명예직이 좋다. 위로는 상사를 잘 받들고 아래로는 부하를 아끼며, 공은 상사와 부하에게 돌리는 미덕을 소유하고 있다. 큰인물이 이 배합을 가지면 명성이 자자한 위치에 이를 것이다.

水 水 木
본인의 분수를 알고 적당하게 행동하면 무사태평하다. 그러나 자존심이 강하고 고집이 있어 매사에 겸손하고 조심해야 성공할 수 있다. 지혜가 있으므로 큰 어려움 없이 무난한 삶을 누릴 수 있다.

水 水 火
신경질적이다. 일생이 고난과 실패가 반복되며 매사 불안하다. 초년에 고생은 막을 길이 없으며, 혹시 성공하더라도 오래 지속되지 못하고 일생이 곤궁하다.

水 水 土
두뇌가 명석하고 총명하나 너무 잘난 척하며 경솔하게 행동한다. 계획을 세우더라도 일이 순조롭게 진행되지 못하고 중도에 실패하여 좌절한다. 자칫하면 패가망신하고 조실부모하여 근심이 끊이지 않으니 일생이 곤궁하다.

水 水 金
재물과 명성을 함께 얻을 수 있으며 수완이 좋아 남이 해내기 힘든 일도 성취한다. 그러나 자만하지 말아야 한다. 결단력이 강하고 본인의 노력으로 자수성가하며 부귀영화가 뒤따른다.

水 水 水
자기 꾀에 자기가 빠진다. 예상치 못한 일로 가산을 탕진하고 의지할 곳 없으니 심신이 고달프다. 실패와 질병으로 부부가 불화하고, 일생에 굴곡이 너무 많아 고독하고 곤궁하다.

5. 자의품격(字義品格)

자의품격이란 작명할 때 혼돈되지 않고 편안한 마음으로 할 수 있도록 글자의 품격을 표시하였다. 한문의 뜻의 품격을 네 가지(상, 중, 하, 불가)로 나눌 수 있는 데 이를 자의품격이라 한다.
품격 분별하는 방법은 다음과 같다.
옳다, 아름답다, 좋다, 사랑하다, 용감하다, 길하다 등 좋은 뜻을 가진 글

자의 품격을 상(◎)으로 하고,
옳을, 헤아릴, 노래할 등 좋지도 나쁘지도 않은 보통 뜻을 가진 글자의 품격을 중(○)으로 하고,
범할, 위반할, 지칠, 구덩이, 망할, 슬퍼할 등 조금 좋지 않은 뜻을 가진 글자의 품격을 하(△)로 하고,
뜻은 좋으나 획수가 둘로 볼 수 있는 자[예 - 나눌 반(盼)은 달월(月)변은 8획이요, 고기육(肉)변은 10획], 거짓, 죽을 등 불길한 뜻을 가진 글자의 품격을 불가(X)로 하였다.
참고로 작명할 때 상 또는 중을 위주로 작명하되, 하 또는 불가의 글자도 사주에 따라 선별적 사용은 가능하고, 성의 품격도 뜻에 따라 상(◎) 중(○) 하(△)로 하였으며, 품격은 아호나 상호를 작명할 때는 크게 고려하지 않는다.

예)
상 - 佳(아름다울, 좋을 가) 뜻이 좋고 글자의 획수가 적당한 자
중 - 街(거리, 대로 가)   뜻이 좋은 자
하 - 訶(꾸짖을, 야단할 하) 좋은 뜻이 아닌 자 또는 동자
불가 - 假(거짓 가), 死(죽을 사) 등 뜻이 나쁜 자, 또는
　　　　　　　　　　　　　　 자전에 두 부수로 나오는 획수

6. 좋은 글자 작명법

이름에 아, 하가 거듭될 경우 발음에 힘이 약하며 기가 약하게 보이므로 피하는 것이 좋고, 이름 석 자 중에는 반드시 받침 하나는 있어야 바람직하다.

　ㄱ 받침이 거듭되면 너무 딱딱하다.
　ㄴ 받침이 거듭되면 발음이 애매하다.

ㄷ 받침은 없다.
ㄹ 받침이 거듭되면 발음구성이 나쁘다.
ㅁ 받침은 음식 씹는 이름 같다.
ㅂ 받침은 거듭되면 부르기가 나쁘다.
ㅅ 받침은 거듭되면 안 좋고 거북하다.
ㅈ, ㅊ, ㅎ, ㅌ 받침은 발음이 '곳' 외에는 없다.

성명 자음에 대한 조합이 음령오행으로 볼 때 파동성명학 또는 성명사주학에서 중요한 역할이 많으므로 세상만사가 평안하길 바라고, 타인과 원만하길 바란다면 원수는 외나무다리에서 만나는 것을 피함과 같이, 이왕이면 좋은 이름이 좋지 않겠냐는 생각이다.

7. 부수(部首)

부수는 자전에서 한자를 찾는 데 필요한 기본 글자이다.

1) 틀리기 쉬운 부수
心(忄) 심방변은 3획이지만 마음심[心]의 원획 4획으로 본다.
水(氵) 삼수변은 3획이지만 물수[水]의 원획 4획으로 본다.
玉(王) 임금왕변은 4획이지만 구슬옥[玉]의 원획 5획으로 본다.
示(礻) 보일시변은 4획이지만 보일시[示]의 원획 5획으로 본다.
网(罒) 그물망변은 5획이지만 그물망[网]의 원획 6획으로 본다.
衣(衤) 옷의변은 5획이지만 옷의[衣]의 원획 6획으로 본다.
艸(艹) 풀초변은 4획이지만 풀초[艸]의 원획 6획으로 본다.
辵(辶) 책받침변은 4획이지만 책받침[辵]의 원획 7획으로 본다.
阜(阝) 좌부방부변은 3획이지만 언덕부[阜]의 원획 8획으로 본다.
邑(阝) 우부방부변은 3획이지만 고을읍[邑]의 원획 7획으로 본다.
手(扌) 재방변은 3획이지만 손수[手]의 원획 4획으로 본다.

犬(犭) 개사슴록변은 3획이지만 개사슴록견[犬]의 원획 4획으로 본다.
老(耂) 늙을로변은 4획이지만 老의 원획 6획으로 본다.
肉과 月변 달월(月)변은 月로 쓰였으나, 고기육(肉)의 뜻을 가질 때는 육[肉]의 원획인 6획으로 본다.

2) 달월변과 고기육변의 차이점

아침 조(朝)는 달월(月)변으로 12획으로 보고, 살 기(肌)는 달월(月)변이지만 고기육(肉)변 8획으로 본다. 또한 한 글자 안에서 두 변으로 보는 경우도 있다.

　예)
　나눌 반(盼) - 달월(月)변은 8획, 고기육(肉)변은 10획
　풍성할 몽(朦) - 달월(月)변은 18획, 고기육(肉)변은 20획

이런 경우 전문가에 따라 견해가 다를 수 있지만 필자의 경우는 획수가 많은 고기육(肉)변 쓰는 것을 원칙으로 하나 품격에서는 불가로 하였다.
한자의 획수 계산에 대해서는 필자는 자전(字典)의 원획을 기준으로 함을 원칙으로 한다.

　예)
　큰내 강(江) - 필획으로는 6획이나, 원획은 7획이 된다.
　　　　　　　삼수변(氵)은 水에서 나온 것이 되어 4획으로 본다.

1. 81수리학(數理學)

81수리학은 한자의 획수에 의한 길과 흉을 판단하던 수리학이 발전해서 지금의 수리 성명학의 초석이 되어 현재 많은 학자가 쓰고 있는 작명법이다.

1) 81수리, 원(元)·형(亨)·이(利)·정(貞) 4격(四格)
1에서 81획까지 분류하여 글자의 원획을 기준으로 수리격을 구성하는 것이 수리성명학이다. 수리학은 양음과 음령오행 원형이정을 기준으로 조합하여 길과 흉을 판단하여 작명한다.
원형이정이란 원격·형격·이격·정격 4격을 말한다.

■ 사격에 대한 이해
원격(元格) : 성을 제외한 이름자를 합한 수로서 유년과 초년운 1세에서 20세까지 길흉을 본다.
형격(亨格) : 성과 이름 첫자를 합한 수로서 청년운으로 21세에서 40세까지 길흉을 본다.
이격(利格) : 성과 이름 끝자를 합한 수로서 장년운으로 41세에서 60세까지 길흉을 본다.
정격(貞格) : 성과 이름을 합한 수로서 중년 이후 61세부터 말년운을 본다.

원·형·이·정의 나이는 학자들마다 차이가 있을 수 있고, 정격 또한 총운으로 보는 경우도 있다.

2) 81수 원·형·이·정 작명법

- 원격(元格) 16 / 형격(亨格) 13 / 이격(利格) 17 / 정격(貞格) 23

- 원격(元格) 4 / 형격(亨格) 12 / 이격(利格) 8 / 정격(貞格) 12

- 원격(元格) 14 / 형격(亨格) 23 / 이격(利格) 29 / 정격(貞格) 33

3) 81수의 길흉(吉凶) 분류

길수

1,3,5,6,7,8,11,13,15,16,17,18,21,23,24,25,29,31,32,33,35,37,38,39,41,45, 47,48,52,57,58,61,63,65,67,68,71,73,75,81

상기 숫자는 길수에 해당되므로 건강, 행복, 번영 등 모든 일에 좋은 길격 수리이다. (단 **女名**에는 **21,23,33,39수**리는 불리하므로 피하는 것이 좋다)

흉수

2,4,9,10,12,14,19,20,22,26,27,28,30,34,36,40,42,43,44,46,49,50,51,53,54, 55,56,59,60,62,64,66,69,70,72,74,76,77,78,79,80

상기 숫자는 흉수에 해당되므로 허약, 질병, 실패 등에 작용하는 흉격 수리이다.

4) 81수 길흉의 명칭 표

1수(吉)	기본격(基本格), 시두운(始頭運)	2수(凶)	분리격(分離格), 고독운(孤獨運)
3수(吉)	명예격(名譽格), 복덕운(福德運)	4수(凶)	부정격(否定格), 파괴운(破壞運)
5수(吉)	정성격(定成格), 성공운(成功運)	6수(吉)	계성격(繼成格), 덕후운(德厚運)
7수(吉)	독립격(獨立格), 발전운(發展運)	8수(吉)	발달격(發達格), 전진운(前進運)
9수(凶)	궁박격(窮迫格), 불행운(不幸運)	10수(凶)	공허격(空虛格), 귀공운(歸空運)
11수(吉)	신성격(新成格), 흥가운(興家運)	12수(凶)	박약격(薄弱格), 고수운(孤愁運)
13수(吉)	총명격(聰明格), 지달운(智達運)	14수(凶)	이산격(離散格), 방랑운(放浪運)
15수(吉)	통솔격(統率格), 복수운(福壽運)	16수(吉)	덕망격(德望格), 재부운(財富運)
17수(吉)	건창격(健暢格), 용진운(勇進運)	18수(吉)	발전격(發展格), 융창운(隆昌運)

19수(凶)	고난격(苦難格), 병액운(病厄運)	20수(凶)	허망격(虛妄格), 공허운(空虛運)
(女凶) 21수 (男吉)	여자는 남편을 극하는 이별수로 끝에 가선 혼자될까 두려운 수 자립격(自立格), 두령운(頭領運)	22수(凶)	중절격(中折格), 박약운(薄弱運)
(女凶) 23수 (男吉)	여자는 공망운으로 남편과 생리사별 될까 두려운 수 공명격(功名格), 융창운(隆昌運)	24수(吉)	입신격(立身格), 축재운(蓄財運)
25수(吉)	안강격(安康格), 재록운(財祿運)	26수(凶)	영웅격(英雄格), 만달운(晩達運)
27수(凶)	중단격(中斷格), 중절운(中折運)	28수(凶)	파란격(波瀾格), 조난운(遭難運)
29수(吉)	성공격(成功格), 향복운(享福運)	30수(凶)	부몽격(浮夢格), 불측운(不測運)
31수(吉)	융창격(隆昌格), 흥가운(興家運)	32수(吉)	순풍격(順風格), 왕성운(旺盛運)
(女凶) 33수 (男吉)	여자는 남편을 극하는 이별수 평생 독신생활을 면키 어려운 수 승천격(昇天格), 등룡운(登龍運)	34수(凶)	파멸격(破滅格), 파멸운(破滅運)
35수(吉)	태평격(泰平格), 안강운(安康運)	36수(凶)	영웅격(英雄格), 파란운(波瀾運)
37수(吉)	인덕격(人德格), 출세운(出世運)	38수(吉)	문예격(文藝格), 학사운(學士運)
(女凶) 39수 (男吉)	여성은 불운이 있어 과부수를 면하기 어려운 수 대성격(大成格), 부영운(富榮運)	40수(凶)	무상격(無常格), 허무운(虛無運)
41수(吉)	명예격(名譽格), 고명운(高名運)	42수(凶)	고행격(苦行格), 수난운(受難運)
43수(凶)	미혹격(迷惑格), 산재운(散財運)	44수(凶)	마장격(魔障格), 파멸운(破滅運)

45수(吉)	대지격(大智格), 현달운(顯達運)	46수(凶)	나망격(羅網格), 비애운(悲哀運)
47수(吉)	출세격(出世格), 전개운(展開運)	48수(吉)	유덕격(有德格), 영달운(榮達運)
49수(平)	길흉난분(吉凶難分) 길인지 흉인지 구별하기 어려운 수 은퇴격(隱退格), 변화운(變化運)	50수(凶)	불행격(不幸格), 길흉운(吉凶運)
51수(平)	성패교가(成敗交加) 성공과 패망이 번갈아 오는 수 진퇴격(進退格), 성패운(盛敗運)	52수(吉)	총명격(聰明格), 영화운(榮華運)
53수(凶)	우수격(憂愁格), 내허운(內虛運)	54수(凶)	신고격(辛苦格), 패가운(敗家運)
55수(凶)	불안격(不安格), 미달운(未達運)	56수(凶)	빈궁격(貧窮格), 한탄운(恨歎運)
57수(吉)	노력격(努力格), 강성운(剛盛運)	58수(吉)	후영격(後榮格), 후복운(後福運)
59수(凶)	재화격(災禍格), 불성운(不成運)	60수(凶)	암흑격(暗黑格), 재난운(災難運)
61수(吉)	영화격(榮華格), 재리운(財利運)	62수(凶)	고독격(孤獨格), 쇠퇴운(衰退運)
63수(吉)	길상격(吉祥格), 성공운(成功運)	64수(凶)	침체격(沈滯格), 쇠멸운(衰滅運)
65수(吉)	휘양격(輝陽格), 흥가운(興家運)	66수(凶)	우매격(愚昧格), 쇠망운(衰亡運)
67수(吉)	영달격(榮達格), 천복운(天福運)	68수(吉)	발달격(發達格), 흥가운(興家運)
69수(凶)	정지격(停止格), 불안운(不安運)	70수(凶)	적막격(寂寞格), 공허운(空虛運)
71수(平)	선흉후길(先凶後吉) 만달격(晩達格), 발전운(發展運)	72수(平)	희비교잡(喜悲交雜) 길과 흉이 서로 섞인 운 상반격(相半格), 후곤운(後困運)

73수(吉)	평길격(平吉格), 평복운(平福運)	74수(凶)	우매격(愚昧格), 불우운(不遇運)
75수(吉)	정수격(靜守格), 평화운(平和運)	76수(凶)	곤액격(困厄格), 후성운(後盛運)
77수(凶)	전후격(前後格), 길흉운(吉凶運)	78수(平)	화복상반(禍福相反) 재난과 복이 서로 충돌하는 운 선길격(先吉格), 평복운(平福運)
79수(凶)	종극격(終極格), 부정운(不正運)	80수(凶)	종결격(終結格), 은둔운(隱遁運)
81수(吉)	환원격(還元格), 성대운(盛大運)		

5) 81수리상의 영동운세(靈動運勢)

1. **기본(基本)격** : 삼라만상의 기본수, 우주 본원의 기초수로 만사의 시작과 출발을 나타내는 최상의 수리요 태양이 동쪽 하늘에 점점 떠오르는 형상, 남보다 앞서가는 격. 건강, 발전, 명예, 영화를 갖추어 남의 윗자리에 군림하는 대길한 수리이다.

2. **분리(分離)격** : 모든 것이 모이지 않고 흩어지는 상이다. 남이든지 가족을 막론하고 화합이 안 되며 재물이 술술 나간다. 재난, 질병, 단명수, 매사가 정체운을 만나니 인내와 노력이 필요하다.

3. **명예(名譽)격** : 양음 화합의 길수로 활동적인 천성에 힘입어 지혜 있고 명민하며 부귀공명에 대업을 이루고 입신양명해 만인이 부러워하는 지도적인 인물이 될 수 있다. 또한 자손도 번성한다. 취업, 승진, 사업이 순조롭다.

4. **부정(否定)격** : 독립심도 부족하고 박력이 없고 질병이 따르는 흉격 수리이다. 패가망신하고 방랑하면서 온갖 고생을 겪는다. 배우자와도 불화해 이별하고 병난, 조난, 변사, 단명 등 우울증과 고독감에 빠질 수 있다.

5. **정성(定成)격** : 복록을 누리며 건강 장수한다. 의식이 풍부할 것이요, 혹 타향에 나가서 크게 성공한다. 선행과 은혜 베풀기를 좋아한다. 부귀가

쌍전하니 이름이 사방에 떨친다.

6. 계성(繼成)격 : 부모 조상의 유산, 사업, 전통을 이어 받는다는 의미의 수리이다. 단 유산 덕택에 호강하다 보니 사치 낭비가 우려된다. 천성이 온후하며 확고한 신념과 노력으로 사회적 대업을 성취하여 천부적인 행복을 누리는 수리이다.

7. 독립(獨立)격 : 성격이 강해서 백절불굴의 의지가 있다. 독립심이 강하며 확고부동한 신념과 굳센 의지로써 만인의 지도자가 될 수 있다. 다만 자존심과 고집이 지나치게 강하여 친화력이 부족하고 부부간에 불화하기 쉬우니 친화적인 노력이 필요하다. 몸과 마음을 잘 다스리면 길한 경사가 날로 늘어나고 뜻대로 안정된다.

8. 발달(發達)격 : 외유내강의 성격으로 인내심과 추진력이 강하다. 다소 완고한 경향이 있으나 만난을 극복하고 성공으로 이끈다. 어려운 난관을 극복하고 대업을 성취하여 명예와 부를 자수성가할 수 있는 길한 수이다.

9. 궁박(窮迫)격 : 궁핍 곤고한 불길지수로, 부모 인연이 박해서 타향에 떠돌기 쉽고 걸핏하면 궁지에 빠진다. 경제적 지위와 사회적 위치가 불안한 수이다. 조실부모하고 부부와 자식 간에 생사 이별하니 고독하고, 심하면 단명할 수도 있다.

10. 공허(空虛)격 : 만사가 허망하게 돌아간다. 병약, 단명, 실패의 유도력이 있으며 가족과의 인연이 박하고 가정적으로 곤궁함을 일생 동안 면하기 어렵다.

11. 신성(新成)격 : 성격이 온건 착실하고 창조력이 뛰어나다. 그러므로 부모 대에 가산을 탕진하였더라도 부흥시키며, 새로운 아이디어로 성공하여 매사가 순조로우며 가문에 부귀와 명예가 유지되는 길격 수리이다.

12. 박약(薄弱)격 : 변덕이 심하고 의지가 박약해서 큰일을 해내지 못한다. 가족과의 인연이 박해서 고독하고, 소극적인 약한 의지로 인해 매사가 진행이 미흡하며 어려운 처지에 놓인다. 여성은 과부가 되거나 형식적인 부부의 삶을 살게 된다.

13. 총명(聰明)격 : 지혜가 출중하다. 특히 문학, 예술 방면에 재능이 있다. 수단이 좋아 어려운 일을 당해 임기응변에 능하고, 무에서 유를 창조

하는 능력이 있고 천복이 따르는 매우 우수한 수리수이다.

14. **이산(離散)격** : 가족과의 인연이 박해서 육친을 이별하고 고독하다. 노력하나 공이 없는 사람이요, 형액, 재난, 질병, 조난, 병약, 형벌 등으로 고생할 수 있으며 처자식과 인연이 박하다.

15. **통솔(統率)격** : 인덕과 복덕으로 대업을 성취하고, 주인공은 온순하고 선량해서 윗사람이 이끌어 주어 입신하거나 큰 사업을 성취하니 가운을 일으키는 길격 수리이다.

16. **덕망(德望)격** : 인격을 갖춤으로써 명망을 일신에 모으고 대업을 성취하여 부귀영화를 누리는 길격 수리이다. 항상 길운만을 맞이하는 기회를 가지며 가정에 복록이 따르게 되고, 부부가 화목하고 자손이 번영하는 길격 수리이다.

17. **건창(健暢)격** : 영웅호걸의 기상이니 능히 난관을 돌파해 나간다. 다만 지나치게 강직하다 보니 남과 불화의 우려가 있으니 이 점만 유의하면 자립으로 대성하여 이름을 천하에 알리고 여러 사람의 존경을 받는 수리이다.

18. **발전(發展)격** : 의지가 굳고 자부심이 강하다. 난관을 극복하고 목적을 달성하리니 명성과 재물을 다 얻는다. 단 세 번 생각하고 단행하면 역경을 만나도 굳은 신념과 의지로써 끝내는 성공을 이루고 명예와 재물을 성취하는 대길수리이다.

19. **고난(苦難)격** : 달이 구름 속에 가리운 형상이요, 산 넘어 산이 있는 격이다. 비록 재능이 있더라도 성공이 어렵다. 정신질환, 형액, 이별, 단명 등 흉조가 있으므로 육친의 덕이 없어 부부, 자식과 이별하는 흉수이다.

20. **허망(虛妄)격** : 만사 허망한 상이니 곤액과 재난 중중이요, 가정운 불리라 배우자와의 이별, 자손 실패, 파재, 병약 등 고독의 흉격이고 가는 곳이 집이요 머무르는 곳이 고향이라, 매사가 고달프고 허망해 일생이 고독하고 어렵게 살아가는 흉수이다.

21. **자립(自立)격** : 밝은 달이 천지를 비추는 상이요, 무리의 윗자리에 군림하는 두령(頭領)격이다. 특히 리더십이 뛰어나 만인의 존경을 받으며 지도자적 인물이 된다. 단 여성은 남편운을 극하거나 이별수로 홀로 되는 최악의 수로 유도된다.

22. 중절(中折)격 : 초목이 서리를 만난 격이라 세운 뜻이 중도에서 좌절당한다. 의지박약에 건강도 좋지 못하니 어찌 난관을 돌파하랴. 형액, 조난, 실패 등으로 역경에 처하며 가정생활이 불길하여 처와 자식과 서로 이별하고 자신도 질병에 시달려 단명하게 되는 불길한 흉수이다.

23. 공명(功名)격 : 태양이 동쪽 하늘에 솟아오르는 기상이다. 감정이 예민하고 성격이 활달하며 운세가 강하여 크게 성공하는 길격 수리이다. 글을 하면 문관이요 칼을 쓰면 무관이다. 단, 여성은 공방(空房)운으로 남편과 생리사별이 있다.

24. 입신(立身)격 : 지모와 재략이 출중해 재주가 있고 지혜가 뛰어나다. 어려운 가운데서 성공하여 큰 뜻과 큰 업을 이루니 입신출세한다. 자손도 또한 부귀 번영한다.

25. 안강(安康)격 : 재주가 많고 감정이 예민하다. 우수한 추진력과 수완으로 자수성가해 대업을 달성하고 모든 일이 형통한다. 명예와 재물을 함께 소유하는 행복의 대길수이다. 힘센 자는 일하고 지혜로운 자는 지도자격이다.

26. 영웅(英雄)격 : 성공은 일시적이고 노력에 비하여 결실이 적다. 영웅은 파란만장을 겪는 법. 영웅적인 인물이라면 한때 고생하다가 크게 성공할 수 있으나 대개는 풍상을 겪는다. 길흉 극단하여 부모덕이 없고 인간관계가 사교적이지 못하며 좌절과 불운이 계속되는 불운한 일생이 된다.

27. 중단(中斷)격 : 강한 자부심과 추진력으로 최선을 다하지만 인덕이 없고 강한 성격 때문에 주위의 구설수에 올라 시비, 분쟁 등 비난이 뒤따른다. 단 자부심이 너무 강하여 비방을 듣는데 이 점만 주의하면 무방하다.

28. 파란(波瀾)격 : 자주 역경에 처하여 파란만장의 고생을 겪는다. 가정운도 나빠서 배우자와의 이별에 자식의 실패 등을 당한다.

29. 성공(成功)격 : 지혜와 사람됨이 뛰어나고 모든 면에 능숙하다. 재주와 지략을 겸비하니 남이 못하는 일도 능히 하고 재산과 권력, 명예를 함께 얻을 수 있으며 어떠한 고난도 없는 길격 수리이다.

30. 부몽(浮夢)격 : 이상한 취미, 특이한 재주를 지닌 인물이다. 단 의지가 굳지 못한데다 일을 경솔히 다루는 경향이 있어 자주 실패한다. 가정운도

없어 부부 불화하고 자식과도 이별하는 흉수이다.

31. 융창(隆昌)격 : 지혜와 어진 덕과 용맹을 구비하였다. 의지 견고하여 능히 큰 사업을 성취하려니와 일생 행운이 많이 따른다. 다재다능하여 기획에 뛰어나고 위기관리 능력도 탁월하다.

32. 순풍(順風)격 : 순풍에 돛을 단 배 격으로 만사가 형통하다. 그러나 보통의 뜻을 가지고 분수를 지키며 살아간다면 항시 인덕이 있어 평생 행복한 삶을 누릴 수 있다.

33. 승천(昇天)격 : 빛나는 태양이 떠오르고 위엄이 천하를 떨치는 상이다. 재주와 덕을 겸비한데다 과단성이 있고 운세가 강하므로 나아갈 줄만 아는 길격 수리이다. 단 여성은 가정운에 불운이 담겨 있어 과부수를 면하기 어렵게 된다.

34. 파멸(破滅)격 : 패가망신이라 하였으니 흉격 중에도 가장 흉격 수리이다. 파괴와 파멸로 파란 많은 인생을 살고 특히 여성은 남편과 이별 아니면 사별을 면하기 어렵고 주위 사람들에게도 피해를 주는 수리이다.

35. 태평(泰平)격 : 성격이 온화하고 악의가 없으니 일생 적이 없다. 남을 거느려 나갈만한 리더십은 없어도 평온하게 살아가는 데는 어려움이 없다. 가정생활이 원만하고 부부 화합하니 가정도 화목하고 자손도 번창하여 그 영화로움이 끊이지 않는다.

36. 영웅(英雄)격 : 의협심이 강하고 독립심도 강하나 파란이 많아서 일생 기복이 심하다. 인물은 재능이 있고 똑똑하나 현해탄을 건너는 선박처럼 풍파가 중중하다. 여성은 결혼해도 실패하며 좋은 남편을 만날 수 없는 흉수이다.

37. 인덕(人德)격 : 천성이 온화하고 자상하며 맡은 일에 충실하니 인망을 얻어 큰 뜻을 성취한다. 권세와 지위를 얻고 행복과 부귀영예를 향수하는 대길수이다.

38. 문예(文藝)격 : 의지가 박약해서 일을 끝까지 해 나가는 지구력이 없을까 예상된다. 문학, 예술 방면에 유리하며, 노력만 한다면 어려움을 극복하고 대업을 성취하여 성공한다.

39. 대성(大成)격 : 구름이 걷히고 달빛이 명랑한 형상이다. 부귀장수한다.

사업도 발전할 것이며 권세가 높고 자손이 창성한다. 단 여성은 가정운에 불운이 있어 고독하고 과부수를 면하기 어렵게 된다.

40. 무상(無常)격 : 지혜가 있고 담력이 세다. 그러나 오만무례한 감이 있어 남에게 좋지 않은 평을 듣는다. 운세 불리하니 형액, 고독, 단명, 허망수이다.

41. 명예(名譽)격 : 지혜롭고도 덕망을 갖추었으며 담력이 뛰어나다. 그러므로 목적 달성을 위해 노력하면 명예와 지위를 얻는다. 동천에 달이 떠오르니 사방이 밝기만 하다. 여성은 남편의 덕과 귀한 자손과 인연이 있는 길수이다.

42. 고행(苦行)격 : 어두운 밤길을 걷는 형상이다. 비록 재능이 많고 총명할지라도 성공운이 없으니 어찌하랴. 한 가지 일에만 전심하라. 역마가 끼었으니 동서남북 항상 분주하도다.

43. 미혹(迷惑)격 : 지닌 재능으로 일찍 일시적 성공을 보는 수가 있다. 비록 지혜와 모략이 뛰어나나 의지와 결단력이 약해 항상 실패한다. 여성은 가정이 적막하고 자녀와도 인연이 없다.

44. 마장(魔障)격 : 좋을 때는 한없이 좋은 수가 있지만 한번 내리막길로 접어들면 깊은 구렁에까지 빠져 허덕인다. 일마다 장애가 따르고 모든 일이 병난, 불구, 돌발, 단명 등의 흉운을 늘 암시하고 있는 흉격이다.

45. 대지(大智)격 : 순풍에 돛단배와 같이 인생행로가 순탄하다. 게다가 지략이 비범하니 뜻을 세워 안 되는 일이 별로 없다. 모든 일을 현명하게 처리하여 마침내 대의대성하게 되니 가정이 화평하고 태평세월을 누리는 길격이다.

46. 나망(羅網)격 : 새가 그물에 걸린 형상이다. 질병, 빈궁, 형액, 봉변 등 온갖 재난이 몸에서 떠나지 않으니 나아갈 수가 없다. 병약과 고독으로 단명에 이르는 불행을 암시하는 흉수이다.

47. 출세(出世)격 : 꽃이 피고 열매가 맺는 상이다. 의식 풍족에 위권이 있으며 운이 순탄하니 그야말로 자유자재라 안 되는 일이 없다. 봄비에 만물이 미소 짓는다.

48. 유덕(有德)격 : 지혜가 출중한데다 인격과 덕망을 갖추었다. 그러므로

뭇 사람의 스승으로 국가 우두머리의 보좌역이 될 것이다. 인덕이 많아 주변에 도와주는 사람이 많으며 직장운, 사업운, 명예운도 좋다.

49. 은퇴(隱退)격 : 길흉이 극단으로 작용한다. 전반년 운은 길하고 후반년은 불길하니 어느 정도 성공을 거두었다면 곧 은퇴해야 한다.

50. 불행(不幸)격 : 성패가 자주 번복되는 수리이다. 비록 어떤 뜻을 성취한다 해도 하루아침의 영화에 불과하다. 빈궁, 고독, 허무의 흉격 수리이다. 애정이 결핍되어 부부간 이별수가 있다.

51. 진퇴(進退)격 : 먼저 길하고 뒤에 불리한 수리이다. 일찍 복록을 누리다가 말년에 고생하는 격이라. 평소 절약하고 겸손하면 근심이 없다.

52. 총명(聰明)격 : 재주가 뛰어난데다 앞을 내다볼 줄 안다. 시대의 동향을 잘 파악해서 기회를 놓치지 않고 크게 성공한다. 어떤 어려움에 봉착하더라도 절망함이 없이 불굴의 정신으로 이겨낸다.

53. 우수(憂愁)격 : 겉보기는 좋아도 내면으로는 근심과 괴로움이 있다. 초분 길하고 후분 불리하니 후분에 재산 탕진이라, 지키는 데 힘써야 한다.

54. 신고(辛苦)격 : 슬픈 일을 많이 당하는 대흉수. 장애가 많이 따르므로 일마다 실패하고 사람들과 불화가 많다. 손재, 형액, 병약, 단명의 운명이다.

55. 불안(不安)격 : 외부내빈격. 일면 좋으면 일면은 나쁜 일이 있게 되어 길인지 흉인지 분간하기 어렵다. 난관을 극복한 뒤에 태평하다. 고진감래격이니 고통을 잘 인내하라.

56. 빈궁(貧窮)격 : 심신박약에 인내심이 부족하고 실행력이 없으므로 매사에 시작만 있고 끝이 없다. 일생 심력만 허비할 뿐이다. 정신이상, 우울증을 조심하라.

57. 노력(努力)격 : 성품이 강직하여 남에게 뜻을 굽히지 않는다. 마치 눈 속에 홀로 서 있는 푸른 소나무처럼 고고하지만 풍상을 많이 겪는다. 재난은 전반부에 지나가고, 후반에는 형통하게 되는 운세이다.

58. 후영(後榮)격 : 먼저 쓰고 뒤에 단 격이나 대기만성의 상이다. 소극적인 경향. 초년운 불리로 천신만고를 겪다가 뒤에 반드시 성공한다.

59. 재화(災禍)격 : 주관성 결핍으로 살아가는데 핵심이 없고, 망설이다가 좋은 기회를 다 놓친다. 혹 비명횡사의 우려도 있는 흉격 수리이다. 모든

일이 불리하니 감히 하지 마라.

60. 암흑(暗黑)격 : 태양이 짙은 구름에 가리운 상이다. 심사가 흐릿하여 가야 할 목표를 세우지 못하고 방황한다. 병약, 형액, 단명의 흉수이다.

61. 영화(榮華)격 : 명리 쌍전하는 길격 수리이다. 하지만 오만불손한 경향이 있어 가정 사회를 막론하고 불화가 있기 쉽다. 겸손하면 대길하다. 다투지 마라. 작은 불씨가 초가삼간을 태운다

62. 고독(孤獨)격 : 기반이 허약해서 간난신고를 겪는 흉격 수리이다. 그러므로 세운 뜻을 이루기 어렵다. 인화에 힘쓰고 신용을 지키도록 하라. 명산에 기도하고 하나님 앞에 기도하라.

63. 길상(吉祥)격 : 만물화육지상이요, 부귀영달하는 길격 수리이다. 크게 힘쓰지 않아도 일이 순조롭게 된다. 사람을 도와주면 복록이 무궁하다. 토끼를 구하려다 사슴을 얻으니 횡재로다.

64. 침체(沈滯)격 : 골육분리지상이니 육친간의 이별이 있고 고생이 많다. 경영하는 일에 막힘이 많으니 빈궁이요, 혹 자손이 없을 수 있다. 꽃은 피어도 열매 맺기 어려우니 경계하라.

65. 흥왕(興旺)격 : 부귀하고 장수하는 길한 운세이니 적극적인 노력으로 대업을 성취한다. 성품이 온화하고 마음이 너그러우며 신의와 성실로 주변 사람들의 신망을 받으니 모든 일이 뜻대로 순조로워 재물과 명예가 부족하지 않다.

66. 우매(愚昧)격 : 욕심이 지나쳐 복을 잃은 격으로 주변 사람들에게도 배신을 당하여 손해를 보게 되며, 부부간의 불화로 이별이 뒤따르고 매사가 재앙이고 실패가 뒤따르니 일평생 불행이 그칠 날이 없다.

67. 영달(榮達)격 : 강함과 부드러움을 겸비했고, 매사에 막힘이 없고 한때 실패가 있더라도 다시 딛고 일어나 더 큰 성공을 이루며 모든 일들이 순조롭게 발전하고 가세가 번창한다.

68. 발달(發達)격 : 근면하고 성실한 운으로 매사에 신중하고 치밀한 계획에 의하여 실천하는 수이다. 창조력과 재능이 우수하여 치밀한 계획과 용의주도한 실천으로 큰 성공을 거둔다. 많은 사람의 신망과 존경을 받아 부귀를 누리며 부러울 것이 없다.

69. 정지(停止)격 : 시작은 그럴듯하나 모든 일이 불완전하고 인덕이 없어 의지할 대상이 없다. 가족이 흩어져 부부는 융화하지 못하고 고독하게 지낸다. 몸은 병들고 나쁜 질병에 단명이란 화근이 다가온다.

70. 적막(寂寞)격 : 가운이 쇠퇴하여 매사에 근심과 걱정이 끊이지 않으니 모든 일에 자신감이 없어 주변에 늘 걱정거리가 생긴다. 형액, 불구, 횡사, 단명의 비참한 운세를 맞이할 수도 있고, 부모형제 덕도 박하여 일생이 곤궁하다.

71. 만달(晚達)격 : 부귀와 복록이 있고 착실한 성품에 용모가 준수하다. 언행과 행동이 일치하며 매사가 순조로워 하는 일마다 성공한다. 사회적으로 능력을 인정받아 만인의 부러움을 산다.

72. 상반(相半)격 : 선고후감명운(先苦後甘命運)이라, 전반은 고통스럽고 후반이 좋은 것이 이 수리의 운세니, 처음엔 돌발적인 사고와 재난으로 어려움이 있으나 중반 이후부터는 뜻하는 바대로 만사가 순행하여 순조로운 삶을 보낼 수 있다.

73. 평길(平吉)격 : 뜻은 높으나 힘이 없어서 대업을 성취하기가 어렵다. 비록 지혜와 용기, 결단력이 부족하다 하여도 평범함을 추구하고 작은 행복이라도 만족한다면 평탄한 삶이다.

74. 우매(愚昧)격 : 지혜도 없고 모든 능력도 부족하니 운이 불행하여 뜻하지 않는 불의의 재난과 사고로 웅지를 펴지도 못하고 무위도식하며 타향살이를 하게 된다. 매사가 불운하여 세상에 태어난 것을 한탄한다.

75. 정수(靜守)격 : 분수를 지키면 길함이 몰려오고, 전반생이 흉하면 후반생이 길한 격이다. 후반에는 사회적으로 안정된 기반을 만들 수 있으며 다정다감한 부부애로 백년해로할 수 있다. 분수를 지킬 줄 알면 모든 일이 순조롭다.

76. 곤액(困厄)격 : 부부가 화목하지 못하고 병약하여 처자와 이별하니 외롭게 살아가는 운명이요, 중년까지는 고생을 한다. 중년부터는 끈기와 노력으로 고난을 극복하니 금전운이 좋아지는 듯하나 가정운이 박하여 일생이 곤궁하다.

77. 전후(前後)격 : 윗사람의 은혜를 입어 전반운은 성공하여 가정이 안정

되나 후반으로는 운기가 하락하여 액운이 따른다. 실패와 성공이 반복되어 반은 길하고 반은 흉하다.

78. 선길(先吉)격 : 초년이나 중년에는 대업을 성취해 성공을 이루어 재물과 명예를 얻겠으나, 중년부터는 갈수록 운이 좋지 않아 매사에 재앙이 따르고 실패가 연속된다.

79. 종극(終極)격 : 신용을 잃어 사람들의 비난과 책망 속에 좌절하는 흉한 수리이다. 정신이 혼미하고 의지가 박약하여 자립이 힘들며 병고가 있어 활동을 제대로 못하는 형상이다. 아무리 노력을 하여도 결과는 없고 매사에 경제적 고충을 겪게 된다.

80. 종결(終結)격 : 일생이 고독하고 공허하게 사는 수리이다. 인덕도 없고 재물운도 없으며 부부 불화하고 자식과도 인연이 없다. 수도하는 마음으로 자신의 분수를 지키고 과욕을 삼가면 행복한 삶을 살 수 있다.

81. 환원(還元)격 : 양기가 다시 환원하는 수리이다. 봄바람이 순하니 경사스러운 복이 많이 이른다. 부귀를 누리고 편안하게 장수하는 수이다. 자립정신이 투철하여 행복한 삶이 보장되며 온 세상에 명성을 날리고 자손에게 경사를 이어주고 복이 거듭 임하니 이러한 수는 태평을 여는 길수이다.

[제 3 부]
이름 짓기

1. 한글 이름

아래 이름에는 자음(음령오행) 초성의 상생 배열이 잘 되어있으나 종성의 상생 배열은 고려하지 않은 이름이므로 성명사주학이나 소리 파동성명학에 관심 있는 사람은 초성과 종성의 상생 배열까지도 잘 되어있는 이름으로 하는 것이 좋다.
　예) "김"에서 ㄱ 초성, ㅁ 종성

1) 남자 이름
건모,건목,건무,건보
격만,격민
경남,경덕,경득,경래,경만,경목,경민,경탁,경태,경택
공민,공태
관규
광규,광균,광기,광민
구길,구단,구달,구범,구법,구복,구빈,구태
규남,규대,규덕,규돈,규동,규령,규만,규면,규민,규빈,규탁,규태,규택
근모,근민,근배,근탁,근태,근택
긍규
기대,기덕,기돈,기동,기랑,기래,기량,기령,기루,기만,기면,기민,기범
기탁,기태,기택

남건,남교,남규,남균,남기,남영,남용,남우,남욱,남일,남현,남호,남홍,남환,남훈
내규,내현,내훈
능규,능우,능현,능훈

대건,대규,대균,대근,대영,대우,대웅,대학,대헌,대형,대호,대홍,대환,
대훈,대흠,대흥
덕구,덕규,덕균,덕근,덕룡,덕용,덕우,덕원,덕일,덕현,덕형,덕호,덕환,
덕훈
도규,도균,도근,도연,도영,도완,도우,도일,도현,도형,도훈,도희
돈규,돈기,돈영,돈호
동건,동구,동규,동균,동근,동기,동완,동우,동운,동원,동은,동익,동인,
동일,동혁,동현,동환,동훈,동희
두영,두일,두현,두형,두호,두홍,두환
득구,득균,득현,득환

라오,라익
래규,래균,래근,래길,래오,래우,래헌,래현,래호,래환,래효,래훈
량교,량규,량근,량기,량우,량호,량환,량훈
련교,련규,련기,련우,련호,련홍
례규,례균,례현,례희
룡건,룡관,룡구,룡규,룡균,룡근,룡기,룡오,룡완,룡우,룡욱,룡운,룡일,
룡한,룡헌,룡혁,룡현,룡형,룡환,룡훈

만교,만규,만기,만재,만준,만집,만천,만철
면건,면규,면기,면석,면선,면식,면재,면준,면진,면찬,면철
명규,명석,명선,명섭,명수,명순,명식,명재,명준,명진,명찬,명철
무교,무규,무신,무진
문규,문기,문석
민교,민구,민규,민균,민근,민기,민서,민석,민세,민수,민순,민재,민제,
민조,민준,민철

범구,범규,범근,범기,범서,범석,범세,범수,범승,범식,범조,범준,범진,
범천,범철

병구,병규,병석,병선,병섭,병수,병순,병승,병조,병주,병준,병진,병찬,
병천,병철
보건,보규,보근,보석,보성,보식,보준,보중,보찬,보천
봉구,봉규,봉균,봉근,봉기,봉민,봉석,봉섭,봉수,봉순,봉재,봉준,봉진,
봉찬,봉천

상면,상목,상무,상문,상민,상석,상섭,상수,상순,상식,상신,상억,상언,
상역,상연,상열,상엽,상영,상오,상옥,상완,상우,상욱,상운,상익,상범,
상빈,상재,상조,상준,상진,상찬,상천,상철,상혁,상현,상호,상환,상훈,
상흠,상희
석도,석만,석모,석무,석문,석민,석범,석용,석우,석재,석준,석진,석찬,
석천,석훈,석희
선민,선식,선오,선완,선우,선웅,선재,선종,선홍
성모,성목,성무,성묵,성문,성민,성배,성범,성빈,성섭,성수,성순,성식,
성오,성완,성용,성우,성욱,성웅,성원,성재,성제,성종,성준,성진,성찬,
성철,성호,성환,성훈,성흠
세민,세범,세빈,세영,세완,세용,세우,세웅,세은,세일,세전,세정,세종,
세준,세진,세찬,세철,세헌,세혁,세현,세형,세호,세환,세훈,세흠,세흥
수만,수민,수범,수빈,수연,수영,수완,수용,수원,수인,수일,수정,수종,
수찬,수철,수혁,수현,수형,수호,수홍,수환
순만,순민,순영,순용,순우,순욱,순일,순찬,순철,순형,순호
승만,승면,승민,승배,승범,승빈,승모,승무,승문,승석,승선,승섭,승수,
승식,승신,승연,승열,승엽,승영,승오,승옥,승완,승우,승욱,승운,승원,
승윤,승익,승재,승정,승제,승조,승종,승주,승준,승직,승진,승찬,승철,
승하,승학,승한,승헌,승혁,승현,승호,승환,승후,승훈,승희
시만,시민,시영,시완,시용,시우,시욱,시윤,시준,시중,시찬,시철,시헌,
시현,시형,시호,시환,시훈
신만,신무,신문,신범,신영,신완,신우,신웅,신월,신일,신재,신제,신조,
신종,신직,신철,신하,신학,신해,신형,신홍,신희

양석,양수,양완,양우,양원,양재,양제,양철,양환
연석,연섭,연수,연식,연재,연제,연찬,연철
영남,영대,영돈,영두,영득,영래,영서,영석,영선,영섭,영수,영순,영식,
영신,영완,영우,영욱,영익,영인,영재,영제,영조,영주,영준,영직,영진,
영찬,영철,영탁,영태,영하,영학,영한,영헌,영현,영훈,영희
예준,예진,예한,예환
완기,완석,완섭,완수,완식,완우,완웅,완재,완제,완준,완직,완진,완철,
완희
용남,용대,용덕,용래,용렬,용석,용선,용섭,용수,용순,용식,용연,용완,
용욱,용운,용원,용익,용일,용재,용제,용주,용준,용직,용진,용찬,용철,
용탁,용태,용택,용하,용학,용한,용해,용현,용호,용환,용훈,용희
우돈,우상,우석,우섭,우성,우승,우식,우신,우영,우용,우종,우준,우중,
우진,우찬,우철,우탁,우태,우택,우학,우한,우혁,우현,우형,우홍
웅대,웅석,웅수,웅식,웅재,웅제,웅직,웅진,웅찬,웅철,웅탁,웅태,웅택,
웅학,웅현,웅호,웅환
원석,원섭,원식,원영,원용,원우,원욱,원익,원일,원재,원제,원준,원진,
원철,원태,원택,원호,원희
유남,유덕,유상,유석,유섭,유성,유승,유식,유종,유진,유찬,유창,유철,
유탁,유태,유택,유한,유호,유환
윤서,윤석,윤섭,윤성,윤수,윤식,윤영,윤우,윤재,윤제,윤찬,윤철,윤탁,
윤태,윤택,윤한,윤혁,윤현,윤형,윤호,윤홍,윤환,윤흥
융남,융석,융섭,융식,융찬,융철,융태,융택
은상,은새,은서,은석,은섭,은성,은세,은수,은승,은식,은우,은일,은재,
은제,은준,은직,은찬,은철,은탁,은태,은택,은형,은호,은희
응남,응덕,응도,응돈,응래,응룡,응선,응석,응섭,응수,응식,응신,응새,
응세,응재,응제,응조,응종,응주,응준,응직,응진,응찬,응철,응태,응택,
응하,응학,응한,응현,응호,응환
의덕,의돈,의석,의선,의섭,의성,의수,의식,의신,의재,의제,의종,의준,
의직,의진,의집,의찬,의철,의태,의택,의호,의홍,의환

이석,이섭,이식,이신,이수,이준,이찬,이창,이철,이탁,이택,이형,이현,
이혁,이호,이환,이황,이훈
익두,익상,익선,익성,익섭,익수,익승,익재,익종,익준,익진,익찬,익창,
익철,익충,익태,익현,익호,익환,익희
인석,인섭,인성,인수,인식,인영,인우,인웅,인재,인제,인종,인준,인직,
인찬,인철,인탁,인태,인택,인형,인호,인환,인희
일동,일룡,일석,일섭,일성,일수,일식,일영,일용,일우,일웅,일종,일준,
일진,일찬,일창,일태,일택,일하,일헌,일혁,일현,일호,일홍,일환,일훈

장면,장문,장민,장범,장석,장섭,장수,장식,장연,장영,장용,장완,장우,
장욱,장원,장윤,장일,장헌,장혁,장현,장호,장환,장훈,장희
재만,재면,재문,재민,재범,재빈,재석,재선,재섭,재성,재수,재순,재승,
재식,재연,재영,재오,재옥,재완,재용,재우,재욱,재운,재웅,재원,재익,
재인,재일,재준,재진,재찬,재철,재한,재현,재형,재호,재홍,재환,재훈,
재흠,재흥,재희
정목,정무,정민,정배,정범,정빈,정석,정선,정섭,정수,정순,정식,정완,
정우,정욱,정운,정웅,정인,정일,정재,정제,정찬,정철,정학,정한,정헌,
정현,정훈,정흠,정희
종만,종면,종모,종문,종민,종범,종빈,종서,종석,종선,종섭,종성,종수,
종순,종습,종식,종완,종우,종욱,종운,종원,종익,종인,종직,종진,종찬,
종철,종하,종학,종한,종해,종헌,종현,종호,종환,종훈
주만,주면,주민,주범,주빈,주상,주석,주선,주섭,주성,주승,주식,주엽,
주영,주완,주용,주원,주철,주학,주한,주헌,주현,주형,주호,주홍,주환,
주흠,주희
준모,준무,준배,준범,준보,준상,준석,준섭,준성,준수,준식,준영,준완,
준용,준원,준일,준철,준하,준학,준한,준해,준혁,준현,준형,준호,준환,
준희
중빈,중서,중석,중선,중섭,중수,중식,중찬,중철,중학,중헌,중훈,중희
증민,증배,증법,증빈,증석,증수,증우,증욱,증운,증원,증은,증혁,증현,

증호, 증환, 증훈, 증희
지만, 지민, 지상, 지석, 지선, 지섭, 지수, 지순, 지습, 지언, 지연, 지영, 지완, 지우, 지웅, 지원, 지철, 지하, 지학, 지한, 지헌, 지혁, 지현, 지형, 지호, 지홍, 지환, 지훈
진만, 진명, 진모, 진목, 진무, 진묵, 진문, 진배, 진번, 진상, 진서, 진석, 진선, 진설, 진섭, 진성, 진수, 진승, 진식, 진영, 진오, 진완, 진용, 진우, 진욱, 진웅, 진원, 진응, 진익, 진일, 진철, 진하, 진학, 진항, 진해, 진혁, 진형, 진현, 진호, 진환, 진희

찬모, 찬목, 찬무, 찬문, 찬민, 찬배, 찬범, 찬빈, 찬서, 찬석, 찬섭, 찬성, 찬세, 찬수, 찬승, 찬식, 찬영, 찬오, 찬용, 찬우, 찬욱, 찬웅, 찬원, 찬익, 찬일, 찬재, 찬제, 찬혁, 찬현, 찬형, 찬호, 찬홍, 찬흥, 찬희
창만, 창면, 창무, 창민, 창배, 창범, 창빈, 창석, 창선, 창섭, 창수, 창식, 창연, 창엽, 창영, 창완, 창용, 창우, 창욱, 창운, 창원, 창익, 창인, 창일, 창재, 창제, 창준, 창진, 창하, 창해, 창헌, 창혁, 창현, 창호, 창환, 창훈, 창희
철민, 철수, 철승, 철용, 철우, 철웅, 철원, 철재, 철한, 철현, 철호, 철환, 철훈, 철희
춘만, 춘민, 춘배, 춘범, 춘빈, 춘상, 춘석, 춘섭, 춘세, 춘성, 춘수, 춘오, 춘용, 춘우, 춘웅, 춘원, 춘재
충만, 충민, 충배, 충범, 충빈, 충서, 충석, 충선, 충섭, 충수, 충연, 충엽, 충우, 충재, 충하, 충학, 충한, 충헌, 충혁, 충현, 충훈, 충희

탁규, 탁균, 탁근, 탁기, 탁영, 탁용, 탁현, 탁호, 탁환, 탁훈
태규, 태균, 태근, 태기, 태룡, 태연, 태영, 태완, 태용, 태우, 태욱, 태운, 태웅, 태원, 태윤, 태응, 태익, 태인, 태일, 태학, 태한, 태헌, 태혁, 태호, 태홍, 태환, 태훈, 태흠, 태흥, 태희

학남, 학래, 학렬, 학령, 학선, 학섭, 학성, 학수, 학순, 학승, 학식, 학연, 학영, 학용, 학종, 학재, 학제, 학준, 학중, 학진, 학찬, 학철, 학태, 학택, 학형

한덕,한래,한상,한서,한석,한섭,한세,한수,한식,한열,한우,한일,한종,
한준,한직,한진,한철,한태,한택,한형,한희
항대,항덕,항돈,항래,항렬,항령,학룡,항석,항섭,항수,항식,항영,항용,
항우,항재,항제,항준,항직,항진,항철
헌수,헌승,헌식,헌영,헌용,헌우,헌일,헌재,헌제,헌태,헌택
혁내,혁래,혁재,혁제,혁주,혁준,혁진,혁찬,혁철,혁태,혁호,혁훈
현대,현덕,현득,현서,현석,현섭,현성,현수,현순,현승,현식,현오,현우,
현욱,현웅,현익,현일,현재,현제,현주,현준,현직,현진,현찬,현철,현탁,
현태,현택,현호
형대,형덕,형도,형돈,형래,형렬,형서,형석,형선,형섭,형수,형순,형열,
형오,형완,형우,형욱,형인,형일,형재,형제,형조,형주,형준,형진,형직,
형찬,형철,형태,형택,형호,형훈
호렬,호석,호선,호섭,호성,호수,호순,호승,호식,호열,호영,호용,호재,
호제,호준,호직,호철,호탁,호태,호택
홍래,홍렬,홍석,홍수,홍식,홍열,홍우,홍일,홍재,홍제,홍준,홍진,홍찬,
홍탁,홍태,홍택
훈서,훈석,훈섭,훈성,훈수,훈식,훈열,훈영,훈용,훈우,훈일,훈재,훈제
효상,효석,효선,효식,효승,효준,효직,효철
흥석,흥섭,흥수,흥우,흥재,흥제,흥찬,흥탁,흥태,흥택
희상,희석,희준,희진,희철,희탁,희태,희택

2) 여자 이름
가랑,가량,가령,경난,경단,경란,경루,경미,
규란,규련,규리,기랑,기량,기례,기루

나겸,나금,나길,나루,나리,나연,나영,나은,나인,나해,나현,나혜,나희

다경,다금,다길,다연,다영,다예,다윤,다혜,다희,
도길,도아,도연,도우,도원,도월,도윤,도은,도이,도인,도현,도혜,도희

로이,루이,륜경,륜혜,륜희,리라

명숙,문주,
미사,미서,미선,미소,미송,미수,미숭,미자,미정,미종,미주,
민경,민재,민정,민주,민지

배정,보성,보승,보정,비송

상아,상연,상현,상희
서연,서영,서윤,서인,서현,서희
선미,선아,선영,선혜,선희
성아,성애,성연,성은,성주,성혜,성화
세아,세연,세영,세은,세하,세현,세화,세정,세진
수민,수아,수연,수영,수이,수인,수정,수진,수현,수혜,수희
신영,신혜,신화,신효,신희
승아,승화

아영,아정,아진
연숙,연순,연아,연희
영아,영원,영은,영인,영재,영주,영진,영혜
원아,원영,원의,원형,원희
유나,유라,유리,유신,유진
윤정,윤주,윤지,윤진,윤해,윤혜,윤화,윤희
은선,은세,은아,은영,은의,은이,은정,은지,은하,은희
이정,이진
인선,인숙,인아,인영,인재,인제,인혜,인희

자영,자현,자혜
재신,재아,재연,재영,재원,재은,재숙,재순,재현,재희

정민,정아,정언,정연,정원,정은,정인,정행,정현,정혜,정화,정희
종미,종민,종연,종은,종현,종혜
주미,주민,주아,주연,주영,주원,주하,주현,주혜,주희
준미,준민,준영,준혜,준화,준희
지선,지아,지연,지영,지원,지은,지인,지해,지행,지혜,지홍,지효,지훈,
지희
진아,진영,진의,진이,진혜,진화,진효

창미,창연,창이,창현,창혜,창희
채리,채미,채은,채의,채희

태연,태영,태윤,태은,태현,태희

하영,하은,하정,하진
현승,현아,현이,현정,현주,현지,현희
혜라,혜리,혜미,혜선,혜수,혜아,혜영,혜원,혜윤,혜인,혜정,혜주,혜진
효리,효영,효인,효재,효정,효주,효진
훈의,훈희
희연,희영,희재,희주,희진

2. 길격 수리

1) 성씨별(姓氏別) 길격 수리

길격 수리란 부귀와 명예를 누릴 수 있는 좋은 수리이다. 작명하는데 있어 길격 수리표를 응용하면 좋은 이름을 쉽고 빠르게 지을 수 있다. 아래 길격 수리는 81수리 작명법 양음과 원,형,이,정 수리에 길격으로 수록하였고, 자음(음령)오행이 상생되도록 잘만 선택하면 좋은 이름을 지을 수 있을 것이다. 다음의 색으로 된 수리는 여자 이름[女名]에는 불리하므로 피하는 것이 좋다.

■ 2획 성 길격 수리

卜(복), 丁(정)씨 외

성	2	2	2	2	2	2	2	2	2	2	2	2	2	2
명	1	1	1	1	1	3	3	4	4	4	5	5	5	6
	4	5	14	15	22	3	13	9	11	19	6	11	16	5

성	2	2	2	2	2	2	2	2	2	2	2	2	2	2
명	6	6	6	9	9	9	11	11	11	13	13	14	14	14
	9	15	23	6	14	22	4	5	22	16	22	9	15	19

성	2	2	2	2	2	2	2	2	2	2	2
명	14	15	15	15	16	16	19	19	21	22	22	23
	21	6	14	16	15	19	14	16	14	9	11	6

■ 3획 성 길격 수리

大(대), 于(우), 千(천)씨 외

성	3	3	3	3	3	3	3	3	3	3	3	3	3	3
명	2	2	3	3	3	4	4	5	5	8	8	8	8	10
	3	13	10	12	18	4	14	8	10	5	10	13	21	3

성	3	3	3	3	3	3	3	3	3	3	3	3	3	3
명	10	10	10	12	13	13	14	14	14	14	15	15	18	18
	5	8	22	20	8	22	4	15	18	21	14	20	3	14

성	3	3	3	3	3	3	3
명	18	20	20	20	21	21	22
	20	12	15	18	8	14	13

■ **4획 성 길격 수리**

孔(공), 文(문), 方(방), 卞(변), 夫(부), 元(원), 尹(윤)씨 외

성	4	4	4	4	4	4	4	4	4	4	4	4	4
명	1	2	2	3	3	4	4	4	4	4	7	9	9
	2	9	11	4	14	3	7	9	13	17	21	4	4

성	4	4	4	4	4	4	4	4	4	4	4	4	4
명	11	11	12	12	12	12	12	13	13	13	14	14	14
	14	20	9	13	17	19	21	4	12	20	3	7	11

성	4	4	4	4	4	4	4	4	4	4	4	4	4	4
명	1	2	2	3	3	4	4	4	4	4	4	7	9	9
	2	9	11	4	14	3	7	9	13	17	21	4	4	12

성	4	4	4	4	4	4	4	4	4	4	4	4	4	4
명	11	11	12	12	12	12	12	13	13	13	14	14	14	14
	14	20	9	13	17	19	21	4	12	20	3	7	11	17

성	4	4	4	4	4	4	4	4	4	4	4	4	4	4
명	14	14	17	17	17	17	19	19	20	20	20	20	21	21
	19	21	4	12	14	20	12	14	9	11	13	17	4	12

■ **5획 성 길격 수리**

丘(구), 白(백), 石(석), 申(신), 王(왕), 田(전), 皮(피), 玄(현)씨 외

성	5	5	5	5	5	5	5	5	5	5	5	5	5
명	1	1	2	2	2	3	3	6	6	6	8	8	8	8
	10	12	6	11	16	8	10	10	12	18	3	8	10	16

성	5	5	5	5	5	5	5	5	5	5	5	5	5	5
명	8	10	10	10	11	12	12	12	13	16	16	18	20	20
	24	3	6	8	2	6	12	20	20	8	16	6	12	13

■ 6획 성 길격 수리

吉(길), 朴(박), 安(안), 伊(이), 任(임), 朱(주), 全(전)씨 외

성	6	6	6	6	6	6	6	6	6	6	6	6	6	6
명	1	2	2	2	5	5	5	5	7	7	7	9	9	10	10
	10	5	9	15	10	12	18	26	11	18	25	9	23	5	7

성	6	6	6	6	6	6	6	6	6	6	6	6	6	6
명	10	10	10	10	11	11	11	12	12	12	12	12	15	15
	15	19	23	25	7	12	18	5	11	17	19	23	10	17

성	6	6	6	6	6	6	6	6	6	6	6	6	6
명	15	17	17	17	18	18	18	18	18	19	19	23	23	23
	18	12	15	18	5	7	11	15	17	10	12	9	10	12

■ 7획 성 길격 수리

宋(송), 辛(신), 吳(오), 李(이), 池(지), 車(차)씨 외

성	7	7	7	7	7	7	7	7	7	7	7	7	7
명	1	1	1	4	4	6	6	6	8	8	8	8	8	9
	10	16	24	4	14	10	11	18	8	9	10	16	17	8

성	7	7	7	7	7	7	7	7	7	7	7	7	7
명	9	9	10	10	10	10	11	11	14	14	14	14	14	16
	16	22	6	8	14	22	6	14	4	10	11	17	18	8

성	7	7	7	7	7	7	7	7	7	7	7
명	16	16	16	17	17	18	18	22	22	22	24	24
	9	16	22	8	14	6	14	9	10	16	8	17

■ 8획 성 길격 수리

金(김), 具(구), 孟(맹), 明(명), 房(방), 松(송), 沈(심), 林(임), 采(채), 卓(탁)씨 외

성	8	8	8	8	8	8	8	8	8	8	8	8	8
명	3	3	3	3	5	5	5	5	7	7	7	7	8	8
	5	10	13	21	3	8	10	16	9	10	16	17	5	7

성	8	8	8	8	8	8	8	8	8	8	8	8	8
명	8	8	8	8	8	9	9	9	9	10	10	10	10
	9	13	15	17	21	7	8	15	16	3	5	7	13	15

성	8	8	8	8	8	8	8	8	8	8	8	8	8
명	10	10	13	13	13	15	15	15	15	16	16	16	16
	21	23	8	10	16	8	9	10	16	5	7	9	13	15

성	8	8	8	8	8	8	8	8	8	8
명	16	16	17	17	17	21	21	21	21	23
	17	21	7	8	16	3	8	10	16	10

■ 9획 성 길격 수리

姜(강), 南(남), 柳(류), 宣(선), 禹(우), 兪(유), 秋(추), 表(표), 河(하), 咸(함)씨 외

성	9	9	9	9	9	9	9	9	9	9	9	9	9
명	2	2	2	4	4	4	6	6	7	7	7	8	8	8
	4	6	14	4	12	20	9	23	8	16	22	7	8	15

성	9	9	9	9	9	9	9	9	9	9	9	9
명	8	9	9	9	12	12	12	14	14	15	15	15	16	16
	16	6	14	20	4	12	20	9	15	8	14	24	7	8

성	9	9	9	9	9	9	9	9	9
명	16	16	20	20	20	22	22	23	24
	16	22	4	9	12	7	16	6	15

■ 10획 성 길격 수리

桂(계), 高(고), 唐(당), 徐(서), 殷(은), 曹(조), 秦(진), 夏(하), 洪(홍)씨 외

성	10	10	10	10	10	10	10	10	10	10	10	10	10	10
명	1	1	3	3	3	3	5	5	5	6	6	6	6	6
	6	7	3	5	8	22	3	6	8	5	7	15	19	23

성	10	10	10	10	10	10	10	10	10	10	10	10	10	10
명	7	7	7	7	8	8	8	8	8	8	8	11	13	13
	6	8	14	22	3	5	7	13	15	21	23	14	8	22

성	10	10	10	10	10	10	10	10	10	10	10	10	10	10
명	14	14	14	14	15	15	15	15	15	19	19	21	21	22
	7	11	15	21	6	8	14	22	23	6	19	8	14	3

성	10	10	10	10	10
명	22	22	22	23	23
	7	13	15	6	8

■ 11획 성 길격 수리

康(강), 國(국), 麻(마), 梁(양), 張(장), 崔(최), 許(허), 胡(호)씨 외

성	11	11	11	11	11	11	11	11	11	11	11	11	11	11
명	2	2	2	4	4	6	6	6	7	7	10	12	12	13
	4	5	22	14	20	7	12	18	6	14	14	6	12	24

성	11	11	11	11	11	11	11	11
명	14	14	14	18	20	20	24	27
	4	7	10	6	4	27	13	20

■ **12획 성 길격 수리**

東方(동방), 閔(민), 舜(순), 雲(운), 庾(유), 程(정), 黃(황)씨 외

성	12	12	12	12	12	12	12	12	12	12	12	12	12
명	1	1	1	1	3	3	4	4	4	4	4	5	5	5
	4	5	12	20	3	20	9	13	17	19	21	6	12	20

성	12	12	12	12	12	12	12	12	12	12	12	12	12
명	6	6	6	6	6	9	9	9	11	11	12	12	12
	5	11	17	19	23	4	12	20	26	6	12	5	9	11

성	12	12	12	12	12	12	12	12	12	12	12	12	12
명	12	12	12	12	13	13	17	17	17	19	19	20	20
	13	17	21	23	4	12	20	4	6	12	4	6	3	5

성	12	12	12	12	12	12	12
명	20	20	21	21	23	23	26
	9	13	4	12	6	12	9

■ **13획 성 길격 수리**

賈(가), 琴(금), 路(노), 司空(사공), 楊(양), 溫(온)씨 외

성	13	13	13	13	13	13	13	13	13	13	13	13	13
명	2	2	2	3	3	4	4	5	8	8	8	8	10
	3	16	22	8	22	4	12	20	20	3	8	10	16	8

성	13	13	13	13	13	13	13	13	13	13	13	13	13	13
명	10	12	12	12	16	16	16	16	19	19	20	20	20	22
	22	4	12	20	8	16	19	22	16	20	4	12	19	3

■ 14획 성 길격 수리

裵(배), 鳳(봉), 西門(서문), 連(연), 趙(조)씨 외

성	14	14	14	14	14	14	14	14	14	14	14	14	14	14
명	1	1	1	1	2	2	2	2	2	3	3	3	3	4
	2	10	17	23	9	15	19	21	23	4	15	18	21	3

성	14	14	14	14	14	14	14	14	14	14	14	14	14	14
명	4	4	4	4	4	7	7	7	7	7	7	9	9	9
	7	11	17	19	21	4	10	11	17	18	24	2	9	15

성	14	14	14	14	14	14	14	14	14	14	14	14	14	14
명	10	10	10	10	11	11	11	15	15	15	15	15	17	17
	11	15	21	23	4	7	10	2	3	9	10	18	4	7

성	14	14	14	14	14	14	14	14	14	14	14
명	18	18	18	19	19	21	21	21	23	23	24
	3	7	15	2	4	2	3	10	2	10	7

■ 15획 성 길격 수리

葛(갈), 慶(경), 郭(곽), 魯(노), 萬(만), 樑(양), 劉(유), 漢(한)씨 외

성	15	15	15	15	15	15	15	15	15	15	15	15	15	15
명	1	1	1	2	2	2	2	3	3	6	6	8	8	8
	2	16	22	6	14	16	22	14	20	17	18	8	9	10

성	15	15	15	15	15	15	15	15	15	15	15	15	15
명	8	9	9	10	10	10	10	10	14	14	14	16	16
	16	8	14	6	8	14	22	23	3	10	18	23	8

성	15	15	15	15	15	15	15	15	15	15
명	16	17	17	17	18	18	20	20	22	23	23
	17	6	16	20	6	14	3	17	10	10	14

■ 16획 성 길격 수리

彊(강), 盧(노), 都(도), 潘(반), 龍(용), 陸(육), 陰(음), 陳(진), 皇甫(황보)씨 외

성	16	16	16	16	16	16	16	16	16	16	16	16	16
명	1	1	1	1	2	2	2	2	2	2	5	5	5	7
	7	15	16	22	5	13	15	19	21	23	2	8	16	8

성	16	16	16	16	16	16	16	16	16	16	16	16
명	7	7	7	8	8	8	8	8	8	9	9	9	13
	9	16	22	5	7	9	13	15	17	21	16	22	23	2

성	16	16	16	16	16	16	16	16	16	16	16
명	13	13	13	15	15	15	15	16	16	16	17	17
	8	16	19	2	8	16	17	5	7	9	13	15	8	15

성	16	16	16	16	16	16	16	16
명	19	19	21	21	22	22	22	23	23
	13	22	2	8	7	9	19	2	9

■ 17획 성 길격 수리

鞠(국), 謝(사), 蔡(채), 韓(한)씨 외

성	17	17	17	17	17	17	17	17	17	17	17	17	17	17
명	1	1	1	4	4	4	4	6	6	6	7	7	8	8
	4	6	20	4	12	14	20	12	15	18	8	14	7	8

성	17	17	17	17	17	17	17	17	17	17	17	17	17	17
명	8	12	12	12	14	14	14	15	15	15	16	16	18	20
	16	4	6	12	4	7	21	6	16	20	8	15	6	4

성	17	17	17
명	20	21	24
	15	14	7

■ 18획 성 길격 수리

簡(간), 魏(위)씨 외

성	18	18	18	18	18	18	18	18	18	18	18	18	18	18
명	3	3	3	5	6	6	6	6	7	7	11	14	14
	3	14	20	6	5	7	11	15	17	6	14	6	3	7

성	18	18	18	18	18
명	14	15	15	17	20
	15	6	14	6	3

■ 19획 성 길격 수리

南宮(남궁), 薛(설), 鄭(정)씨 외

성	19	19	19	19	19	19	19	19	19	19	19	19	19
명	2	2	2	4	4	4	6	6	10	10	12	13	13
	4	14	16	2	12	14	10	12	6	19	4	6	16	20

성	19	19	19	19	19	19	19	19	19	19	19
명	14	14	14	16	16	16	19	19	20	20	22
	2	4	19	2	13	22	10	20	13	19	16

■ 20획 성 길격 수리

羅(나), 釋(석), 鮮于(선우), 嚴(엄)씨 외

성	20	20	20	20	20	20	20	20	20	20	20	20	20	20
명	1	1	1	3	3	3	4	4	4	4	4	5	5	9
	4	12	17	12	15	18	9	11	13	17	21	12	13	4

성	20	20	20	20	20	20	20	20	20	20	20	20
명	9	9	11	12	12	12	12	13	13	13	13	15	15	17
	9	12	4	3	5	9	13	4	5	12	19	3	17	4

성	20	20	20	20	20
명	17	17	18	19	19
	15	21	3	13	19

■ 21획 성 길격 수리

顧(고), 藤(등)씨 외

성	21	21	21	21	21	21	21	21	21	21
명	3	4	4	4	8	8	8	10	12	14
	14	4	12	14	8	10	16	14	12	17

■ 22획 성 길격 수리

鑑(감), 權(권), 邊(변), 蘇(소), 隱(은)씨 외

성	22	22	22	22	22	22	22	22	22	22	22	22	22	22
명	1	1	1	2	2	2	3	3	7	7	7	9	9	9
	10	15	16	9	11	15	10	13	9	10	16	2	7	16

성	22	22	22	22	22	22	22	22	22	22	22
명	10	10	10	10	13	15	15	16	16	16	19
	3	7	13	15	10	2	10	7	9	19	16

■ 25획 성 길격 수리

獨孤(독고)씨

성	25	25	25	25	25	25	25	25	25	25	25	25	25	25
명	4	6	6	6	7	7	8	10	10	10	12	13	13	16
	12	7	10	27	6	16	8	6	13	23	4	10	20	16

■ 31획 성 길격 수리

諸葛(제갈)씨

성	31	31	31	31	31	31	31	31	31	31	31	31
명	1	1	1	2	2	2	2	4	4	7	7	8
	6	16	20	4	6	14	16	4	17	10	14	8

1. 인명용 한자 8,319자 해설

풀이에서 동자이음은 "집 가(家)"자의 경우 "[고]-계집의 뜻"로,
같은 뜻으로 다른 음일 때는 묘(畮)자의 경우 "이랑[무]" 또는 [무]로 하였다.
자원오행은 오행(木 火 土 金 水)순으로 하였다.
품격은 상(◎) 중(○) 하(△) 불가(X)로 표시하였다.

예)

土 ◎ 加 더할, 베풀 5	水 ◎ 可 옳을, 허락할 5	火 △ 伽 절, 사찰 7	火 ◎ 佳 아름다울, 좋을 8	土 X 坷 평탄하지 않을 8	水 ◎ 迦 물 이름 9	水 X 呵 꾸짖을, 헐뜯다 8	木 ◎ 架 시렁, 세울, 건너지를 9
木 △ 柯 가지, 줄기, 창 자루 9	木 X 枷 도리깨, 칼, 횃대 9	木 ○ 家 집, 집안, 계집[고] 10	金 ○ 珂 옥 이름, 마노(瑪瑙) 10	金 △ 珈 머리꾸미개 10	水 ○ 哥 노래, 형, 언니 10	水 ◎ 哿 옳을, 좋을, 아름다울 10	水 X 痂 딱지, 헌데딱지 10
木 ○ 舸 배, 큰 배 11	木 ○ 笳 갈대피리 11	木 △ 袈 가사, 승려의 옷 11	木 △ 茄 가지, 연 줄기 11	木 △ 耞 도리깨 11	木 X 苛 가혹할, 까다로울 11	火 X 假 거짓, 빌릴 [격, 하] 11	火 △ 斝 술잔, 옥잔 12
火 ○ 街 거리, 대로, 한길 12	火 ○ 軻 수레, 높을, 맹자의 이름 12	土 △ 迦 부처 이름, 차단, 막을 12	土 △ 跏 책상다리할 12	金 X 訶 꾸짖을, 노하다 12	火 ○ 暇 겨를, 한가할 13	土 △ 嫁 시집갈, 떠넘길 13	金 △ 賈 값, 성, 장사[고] 13
木 △ 榎 개오동나무 14	金 △ 歌 노래, 가곡, 노래하다 14	水 X 嘏 장대할, 클[하] 14	水 ◎ 嘉 아름다울, 경사, 기쁨 14	木 ◎ 稼 심을, 농사 15	木 ◎ 葭 갈대, 갈대피리 15	火 ○ 價 값, 가치 15	火 ○ 駕 멍에, 임금이 타는 수레 15
木 △ 檟 개오동나무 17	金 ○ 謌 노래, 가곡, 노래하다 17						
水 X 各 각각, 제각기 6	木 X 角 뿔, 구석, 모퉁이 7	水 ○ 却 물리칠 7	金 △ 刻 새길, 벗길, 시각, 해할 8	水 △ 卻 물리칠, 사양할 9	水 X 咯 울, 울다, 뱉다, 토할 9	火 ◎ 恪 삼갈, 정성 10	土 X 垎 메마를, 험하다 10
金 ○ 珏 쌍옥 [곡] 10	木 △ 桷 서까래, 가지 11	金 △ 殼 껍질, 씨 12	水 X 脚 다리, 종아리 13	木 △ 搉 칠, 치다, 끌다 14	木 ○ 閣 집, 문설주 14	火 ○ 愨 삼갈, 성실할 14	火 ○ 慤 성실할, 정성 15

각	木△ 擱 놓을, 버리다 18	火○ 覺 깨달을, 나타낼 [교] 20						
간	木△ 干 방패, 방어할 3	金○ 刊 새길, 책 펴낼 5	土 X 奸 범할, 간통할 6	土 X 艮 간방, 괘 이름 6	木△ 杆 박달나무, 방패, 몽둥이 7	火△ 忓 다할, 요란할 7	木○ 秆 볏짚, 짚 8	火◎ 侃 강직할, 굳셀 8
	金○ 玕 옥돌 8	金△ 矸 돌 정결한 모양 [안] 8	木○ 柬 가릴, 분간, 편지 9	木○ 看 볼, 바라볼, 대우할 9	木○ 竿 장대, 화살대 9	火○ 衎 즐길, 기뻐할 9	土 X 姦 간사할, 간음할 9	水 X 肝 간, 충정, 마음 9
	木△ 栞 표할, 나무 쪼갤 10	火△ 赶 쫓을, 쫓다, 뒤따르다 10	土○ 迀 구할, 권할, 나아갈 10	木○ 桿 방패, 박달나무 11	火○ 偘 굳셀, 강직할 11	木○ 稈 볏짚, 짚 12	木 X 菺 미나리, 독초 이름 12	木△ 間 사이, 틈, 중간, 간첩 12
	木△ 幹 줄기, 몸, 천간 [관] 13	木△ 揀 가릴, 가려낼 13	木○ 幹 담틀, 줄기, 산뽕나무 14	火△ 慳 아낄, 인색할 15	土 X 墾 개간할, 김맬, 힘쓸 16	金 X 諫 간할, 헐뜯을 [란] 16	水○ 澗 산골 물, 강 이름 16	火△ 懇 정성, 간절할 17
	土 X 艱 어려울, 험악할 17	金○ 磵 산골 물, 강 이름 17	水 X 癇 간질, 경풍 17	水 X 癎 간질, 경풍 17	木○ 簡 대쪽, 정성, 성 18	金 X 齦 물, 물다, 잇몸 [은] 21		
갈	木○ 圿 땅이름 6	火△ 曷 어찌, 언제, 누가 9	木△ 秸 볏짚, 짚 고갱이 11	水 X 喝 꾸짖을, 고함치다 12	木○ 楬 푯말, 악기 이름 13	水 X 渴 목마를, 갈증 [걸] 13	金 X 碣 비석, 문체 이름 14	金 X 竭 다할, 짊어질 14
	木○ 葛 칡, 성, 나라이름 15	木△ 褐 갈색, 털옷, 베옷 15	土△ 羯 불깐 양, 종족 이름 15	水 X 蝎 전갈, 수궁 [할] 15	水○ 噶 맹세할, 다집할 16	金 X 鞨 말갈 [말] 18	水 X 蠍 전갈 19	

	土 ○ 甘 달, 성, 맛좋을 5	土 X 坎 구덩이, 괴로워할 7	土 △ 坩 도가니(쇠 녹이는 그릇) 8	木 △ 弇 덮을, 사람이름 9	木 △ 柑 귤, 감귤, 감자[겸] 9	金 ○ 玪 옥돌, 옥 이름 9	水 ○ 泔 쌀뜨물 9	水 X 疳 감질, 감창 10
	木 ○ 紺 감색, 연보라 11	土 △ 勘 헤아릴, 생각할 11	土 X 埳 구덩이 11	火 X 欿 서운할, 근심할 12	土 ○ 堪 견딜, 뛰어날 12	土 X 嵌 산골짜기, 동굴 12	土 X 嵁 험준할 12	土 ○ 邯 땅이름 [한, 함] 12
감	金 ◎ 敢 굳셀, 감히, 용감할 12	金 ○ 酣 흥겨울, 즐길, 취할 12	水 △ 淦 물이름 12	火 ○ 感 느낄, 감동할 13	金 X 戡 이길, 칠, 죽일 13	水 X 減 덜, 줄다, 가벼워질 13	金 ○ 監 볼, 살필, 감독할, 성 14	木 ○ 橄 감람나무 16
	火 X 憨 어리석을, 우매하다 16	水 △ 澉 싱거울, 씻을 16	木 X 撼 흔들, 움직일 17	木 △ 瞰 굽어볼, 내려다볼 17	火 X 憾 섭섭할, 한할 [담] 17	火 △ 歛 바랄, 줄, 탐할 17	火 X 轗 길 험할, 가기 힘들 20	水 X 鹻 소금, 간수 21
	土 △ 龕 감실, 탑, 이길 22	金 ○ 鑑 거울, 비추다 22	金 ○ 鑒 거울, 비추다 22	木 △ 矙 엿볼, 보다 25				
갑	木 ○ 甲 갑옷, 첫째 천간 5	木 △ 匣 갑, 작은 상자 7	土 ○ 岬 산허리, 산 이름 8	水 X 胛 어깨뼈, 견갑골 11	木 X 閘 수문, 닫을[압] 13	金 ○ 鉀 갑옷 13		
강	木 ○ 扛 마주 들, 들어올릴 7	木 ◎ 杠 깃대, 작은 다리 7	水 ◎ 江 물, 강, 큰 내, 성 7	火 △ 忼 강개할, 슬플, 고상할 8	土 ○ 岡 언덕, 산봉우리 8	土 X 羌 오랑캐, 굳셀 8	金 ◎ 玒 옥 이름 8	金 △ 矼 징검다리, 성실한 모양 8
	木 △ 舡 배, 선박 9	土 ◎ 姜 성, 굳셀, 강할 9	木 △ 豇 광저기 10	金 ◎ 剛 굳셀, 단단할 10	木 ◎ 康 편안할, 성, 즐거울 11	木 ○ 罡 북두칠성, 별이름 11	土 ○ 堈 언덕, 밭두둑 11	土 ○ 崗 언덕, 산봉우리 11

강	金 ○ 強 강할, 굳셀, 힘쓸 11	木 △ 茳 강리풀, 향초 이름 12	木 ○ 絳 진홍색, 땅이름 12	火 X 傋 어리석을 12	火 △ 悾 믿을, 정성[공] 12	金 ○ 彊 강할, 굳셀, 힘쓸 12	土 ○ 畺 지경, 경계, 나라 13	土 X 跭 머뭇거릴, 세울[항] 13
	木 ○ 綱 벼리, 줄, 항렬, 통괄할 14	土 ◎ 嫝 편안할, 여자 이름 14	土 X 羟 양 갈빗대 14	土 X 降 내릴, 떨어질 [항] 14	水 △ 腔 속 빌, 빈 속 14	火 X 僵 쓰러질, 뻣뻣해질 15	火 X 慷 슬플, 강개할 15	木 △ 穅 겨, 쌀겨, 속이 비다 16
	土 ○ 壃 지경, 밭두둑 16	金 ○ 彊 굳셀, 성, 힘쓸 16	金 ○ 鋼 강철, 단련한 쇠 16	木 ○ 橿 박달나무, 나무이름 17	木 △ 繈 돈꿰미, 포대기 17	木 △ 襁 포대기, 띠, 돈꿰미 17	木 △ 糠 겨, 쌀겨 17	金 △ 講 외울, 익힐, 화해할[구] 17
	水 X 殭 굳어질, 마른 누에 17	木 △ 襁 포대기, 띠 18	金 ○ 鏹 강철, 단련한 쇠 18	木 △ 薑 생강 19	火 ○ 顜 밝을, 곧을 19	土 △ 疆 지경, 경계 19	金 ○ 鏹 돈, 꿰미에 꿴 돈 19	金 ○ 鑗 돈 20
	金 X 韁 고삐, 굴레 22	水 X 鱇 아귀 22						
개	火 ○ 介 성, 낄, 소개할 4	金 X 匃 빌, 구걸할 5	火 ○ 价 클, 착할, 심부름 6	金 ○ 改 고칠, 바꿀 7	火 ○ 皆 다, 모두, 함께 9	金 ◎ 玠 홀, 큰 서옥 9	水 X 疥 옴, 학질 9	木 △ 芥 겨자, 갓 [갈] 10
	木 X 豈 개가(凱歌), 화락할 [기] 10	火 ◎ 個 낱, 하나, 사람 10	水 △ 盖 덮을, 덮개, 뚜껑 11	木 ○ 凱 개선할, 착할, 화할 12	木 ○ 開 열, 펴다, 개척할 12	金 △ 剴 알맞을, 큰 낫 12	木 ○ 揩 문지를, 씻을, 닦을 13	土 ○ 塏 높은 땅, 높고 건조할 13

개	木 △ 箇 낱, 개수, 이것, 저것 14	火 X 愾 성낼, 분개할 [희] 14	火 ◎ 愷 즐거울, 편안할 14	木 X 概 대개, 절개 15	木 △ 槩 평미레, 평평할 15	火 X 慨 슬퍼할, 분개할 15	金 X 磕 돌 부딪치는 소리 15	水 ○ 漑 물댈, 물이름 15
	木 △ 蓋 덮을, 가릴 [합, 갑] 16	木 ○ 闓 열, 기뻐할 18	金 △ 鎧 갑옷, 무장하다 18					
객	木 △ 客 손님, 사람, 나그네 9	水 X 喀 토할, 구토할 12						
갱	火 △ 更 다시, 고칠[경] 7	土 X 坑 구덩이, 빠질, 묻을 7	金 △ 硜 돌소리 12	木 ○ 粳 메벼 13	金 ○ 賡 이을 15	土 △ 羹 국, 삶다, 끓이다 19	金 △ 鏗 금옥 소리, 거문고 소리 19	
갹	金 △ 醵 추렴할, 돈 걷을[거] 20							
거	火 ◎ 巨 클, 어찌, 많을 5	水 △ 去 갈, 버릴, 지날 5	火 X 車 수레 [차] 7	木 ○ 居 살, 있을, 앉을 8	水 X 呿 입 벌릴 8	木 △ 拒 막을, 거부하다 9	火 ◎ 炬 횃불, 등불 9	火 ◎ 昛 밝을 9
	木 △ 秬 검은 기장 10	木 X 袪 쫓을, 떠날 10	火 △ 倨 거만할, 걸터앉을 10	木 △ 苣 상추, 참깨, 횃불 11	木 △ 袪 소매, 소매통 11	水 X 胠 겨드랑이, 열 11	木 ○ 据 가질, 의지할 12	土 △ 距 막을, 떨어질 12
	木 △ 筥 광주리, 볏단 13	木 ◎ 莒 감자, 모시풀 13	金 ◎ 鉅 강할, 클 13	水 ◎ 渠 개천, 클, 물이름 13	木 ○ 裾 자락, 옷자락 14	水 X 腒 새의 포, 건치, 꿩포 14	火 X 駏 버새 15	土 X 踞 응크릴, 걸터앉을 15

음								
거	金 X 鋸 톱, 톱질할 16	木 X 據 의지할, 근거, 근원 17	木 ○ 擧 들, 맞들, 일으킬 18	木 △ 蕖 연꽃, 풀이름 18	土 X 遽 급할, 절박할 20	木 △ 籧 대자리, 대광주리 23	木 △ 蘧 풀이름, 패랭이꽃 23	
건	木 X 巾 수건, 덮을 3	火 △ 件 사건, 물건, 조건 6	木 ○ 乾 하늘 9	木 ◎ 建 세울, 일으키다 9	木 △ 虔 정성, 공경할 10	火 ◎ 健 건강할, 굳셀, 튼튼할 11	金 ○ 乾 하늘, 남자, 괘 이름 11	木 ○ 搴 멜, 들다, 접할, 굳셀 13
건	木 △ 楗 문빗장, 방죽 13	火 X 愆 허물, 죄, 어그러질 13	土 X 揵 불깐 소, 거세할 13	土 ◎ 建 세울, 베풀 13	水 ○ 湕 물이름 13	木 △ 搴 빼낼, 뽑아낼 14	木 △ 腱 눈으로 셀, 눈대중 14	水 ○ 漧 하늘, 마를 15
건	水 X 腱 힘줄, 힘줄머리 15	木 △ 褰 바지, 옷 걷을 16	土 △ 踺 가는 모양 16	土 X 蹇 절름발이, 교만할 17	金 △ 謇 말더듬거릴, 충실할, 성 17	金 ○ 鍵 열쇠, 자물쇠 17	金 △ 韃 동개, 화살집 18	火 X 蹇 어지러질 20
걸	木 X 乞 빌, 빌다, 구걸하다 3	木 ○ 㐃 걸, 걸다, 걸어두다 6	木 ◎ 杰 뛰어날, 출중하다 8	木 △ 桀 홰, 용감할, 흉악할, 성 10	火 ◎ 傑 뛰어날, 출중하다 12	木 X 榤 홰 (닭장 막대) 14	火 △ 朅 갈, 떠나갈 14	
검	木 △ 芡 가시연 10	金 ○ 鈐 비녀장, 자물쇠 12	火 ○ 儉 검소할, 소박할 15	金 X 劍 칼, 찌를, 벨 15	金 X 劒 칼, 찌를, 벨 16	水 X 黔 검을, 검게 되다 16	木 ○ 撿 검사할, 단속할 17	木 ◎ 檢 검사할, 조사할 17
검	木 △ 瞼 눈꺼풀, 눈시울 18							
겁	土 X 劫 위협할, 겁탈할 7	金 X 刦 겁탈할, 위협할 7	金 X 刧 겁탈할, 위협할 7	火 X 怯 겁낼, 겁 많을 9	土 △ 迲 자래, 군 이름 12			

계	火 △ 偈 쉴, 휴식할, 승려 글귀 11	木 △ 揭 높이 들, [갈, 걸] 13	火 △ 憩 쉴, 휴식할 16					
격	木 ○ 格 격식, 인품, 이를, 오를 10	木 X 挌 칠, 두드리다 10	土 △ 挧 막을, 성, 가로막을 10	火 X 覡 박수, 남자 무당 14	金 X 觳 부딪칠, 털다 14	火 △ 缺 때까치, 백설조 15	金 X 骼 뼈, 골격 16	水 X 膈 명치 끝, 흉격, 종를 16
	木 X 擊 마주칠, 칠, 부딪칠 17	木 ○ 檄 격문, 편지 17	木 ○ 闃 고요할, 조용할 17	水 △ 激 과격할, 빠를, 흐를 17	土 △ 隔 막을, 사이 뜰 18			
견	土 X 犬 개, 큰 개 4	火 △ 見 볼, 만날, 생각할 [현] 7	土 ○ 畎 밭도랑, 땅이름 9	水 X 肩 어깨, 어깨뼈 10	土 ◎ 堅 굳을, 굳셀, 강할 11	土 △ 牽 이끌, 당길, 거리낄 11	土 △ 狷 성급할, 뜻이 굳다 11	木 ○ 筧 대 홈통, 대나무 이름 13
	木 ◎ 絹 비단, 명주 13	土 X 甄 질그릇, 살필 [계] 14	木 ○ 縛 얽을, 명주, 낚이실 17	土 X 遣 보낼, 파견할 17	火 △ 鵑 두견새, 소쩍새 18	木 X 羂 올무, 그물, 붙들어 매다 19	木 X 繭 누에고치, 비단, 풀솜 19	木 △ 繾 맺을, 곡진할 20
	金 X 譴 꾸짖을, 책망하다 21	水 X 鰹 큰 가물치 22	水 △ 鵑 밝을, 노래기 23					
결	木 X 抉 긁을, 들추어 낼 8	火 △ 炔 불타기 시작할 [계] 8	水 ○ 決 결단할, 결정할 8	土 ○ 契 맑을, 깨끗하다 9	金 ○ 玦 패옥, 사람이름 9	土 X 缺 이지러질, 깨어질 [규] 10	水 ○ 潔 맑은 물, 깨끗할 10	木 X 觖 서운해 할, 들추어내다 11
	火 ○ 焆 밝을, 불빛 11	金 X 訣 이별할, 헤어질 [결] 11	木 ○ 結 맺을, 맺다, 묶다 [계] 12	土 ○ 造 떨, 뛰다 13	水 ○ 潔 맑을, 깨끗할 14	水 ○ 潔 맑을, 깨끗할 16	木 X 闋 문 닫을, 쉴, 끝나다 17	金 X 鍥 풀 베는 낫, 새길 [계] 17

결	金 △ 鍥 새길, 조각, 자를 [계] 18							
겸	土 ○ 岭 산 이름, 돌소리 7	木 X 拑 입 다물, 재갈물리다 9	金 ◎ 兼 겸할, 쌓을, 성, 아우를 10	火 X 傔 시중 들, 시중꾼 12	土 △ 嶔 산 높고 험한 모양 13	金 X 鉗 칼(형구), 시기할 13	水 X 嗛 겸손할, 부족히 여길 13	木 △ 槏 문설주 14
	木 X 箝 재갈 먹일, 입 다물 14	火 X 慊 앙심먹을, 싫을 [혐] 14	火 X 歉 흉년들, 적을 14	木 ○ 縑 생명주, 합사 비단 16	木 △ 蒹 갈대, 억새풀 16	金 ○ 謙 겸손할, 공경할 17	水 △ 黔 검을, 물이름 17	金 X 鎌 낫, 가짜, 네모진 활촉 18
	水 X 鼸 도마뱀, 두더지 23							
경	土 △ 冂 멀, 멀다, 공허하다 2	火 ○ 囧 빛날, 창, 밝을 7	火 X 更 고칠, 다시[갱] 7	水 △ 巠 물줄기 [형] 7	水 △ 囧 빛날, 밝을 7	火 ◎ 炅 빛날, 나타날 8	土 ◎ 京 서울, 도읍, 수도 8	土 ○ 坰 들, 땅이름 8
	金 ○ 庚 별, 길, 일곱째 천간 8	木 △ 局 문빗장, 수레 앞 난간 9	火 ○ 俓 곧을, 지름길, 굴을 9	土 ○ 京 서울, 도읍, 수도 9	土 △ 畊 밭갈, 농사에 힘쓸 9	金 ○ 勁 굳셀, 예리할 9	金 X 剄 목 벨 9	水 △ 浬 찰, 차다 9
	火 △ 倞 굳셀 [량] 10	火 ○ 徑 지름길, 곧을, 지날 10	火 △ 耿 빛날, 맑을, 불안할 10	土 ○ 耕 밭갈, 농사, 일할 10	金 ◎ 勍 셀, 강할, 굳셀 10	水 X 哽 목 멜, 막히다 10	木 X 梗 가시나무, 곧을, 병 11	木 △ 絅 끌어 죌, 당길, 홑옷 11

火 △ 烱 빛날, 무더울 [형] 11	火 △ 頃 이랑, 잠깐 [규] 11	金 △ 竟 마칠, 거울, 끝날 11	水 ◎ 涇 통할, 물이름 11	木 ○ 卿 벼슬, 재상, 귀할 12	木 ○ 卿 벼슬, 재상, 귀할 12	火 ○ 景 별, 경치, 성, 밝을 12	火 X 煢 근심할, 외롭다 12
金 △ 硬 굳을, 단단할 12	水 X 痙 경련할, 힘줄 당길 12	木 △ 莖 줄기, 근본, 버팀목 13	木 △ 綆 두레박 줄 13	木 △ 經 글, 경서, 경영할, 목 맬 13	火 X 傾 기울, 기울어질 13	火 X 惸 근심할, 독신자 13	火 X 煢 외로울, 근심할 13
金 ○ 敬 공경할, 삼갈 13	水 X 脛 정강이, 종아리 13	火 X 輕 가벼울, 경솔할 14	土 ○ 境 지경, 경계, 형편 14	土 △ 逕 좁은 길, 소로, 곧을 14	火 △ 儆 경계할 15	火 △ 慶 경사, 복, 성, 착할 15	火 ◎ 熲 빛날, 불빛 15
火 △ 駉 살찔, 목장 15	木 △ 褧 홑옷 16	火 △ 憬 깨달을, 동경할 16	火 ○ 燛 햇빛 불이름, 밝을 16	火 ○ 暻 별, 밝을, 클, 경치 16	火 △ 頸 목, 칠성 16	金 X 磬 경쇠, 목 맬, 달릴 16	金 ○ 璄 옥빛, 옥 광채 날 16
木 ◎ 擎 높이 들, 높을, 받들 17	木 △ 檠 도지개, 등불 17	木 △ 檠 도지개, 등잔대 17	火 ○ 憼 공경할, 갖출 17	火 ○ 曔 밝을, 마를 17	火 X 熲 홑옷, 어저귀 17	土 X 罄 빌, 다할, 그릇 빌 17	金 ○ 璟 옥빛, 옥 광채 날 17
金 ○ 璥 경옥, 옥 이름 18	金 X 謦 기침, 속삭일 18	水 X 鯁 생선 뼈, 재앙 18	火 X 鶊 꾀꼬리 19	金 ○ 鏡 거울, 비출, 밝힐 19	水 △ 鯨 고래 19	金 △ 瓊 구슬, 옥, 아름다운 옥 20	金 ○ 競 다툴, 겨룰, 높을 20
金 △ 警 경계할, 경비할 20	水 X 黥 묵형(얼굴에 문신하는 형벌) 20	金 X 竸 다툴, 겨룰, 나아갈 22	火 X 驚 놀랄, 두려울 23				

경

	木 ○	金 ○	木 △	水 ○	木 ○	火 ○	土 ○	金 ○
계	系 맬, 매다, 이을, 혈통 7	戒 경계할, 삼갈 7	屆 이를, 지극할 8	季 계절, 끝, 막내 8	契 맺을, 계약할 [결] 9	係 맬, 이을, 혈통 9	界 지경, 경계, 한계 9	計 셀, 셈할, 꾀할 9
	水 ○ 癸 북방, 겨울, 열째 천간 9	木 ○ 桂 계수나무, 성, 달 10	火 ○ 炔 밝을, 화덕 10	木 △ 械 기계, 형틀, 병장기 11	水 ○ 啓 열, 여쭐, 가르칠 11	木 △ 棨 창, 표창, 창틀 12	火 X 悸 두근거릴, 두려워할 12	土 ○ 堺 지경, 경계, 한계 12
	土 △ 堦 섬돌, 사다리 12	木 X 禊 제사, 계제사 14	木 ○ 綮 발 고운 비단, 창집 14	金 ○ 誡 경계할, 훈계할 14	水 ○ 溪 시내, 시냇물 14	水 X 瘈 미칠, 미치다 14	木 △ 稽 상고할, 헤아릴 15	金 △ 磎 시내, 땅이름, 텅 빌 15
	木 X 繋 맬, 매달다 16	火 X 髻 상투 16	土 ○ 階 섬돌, 층계, 품계 17	水 △ 谿 시내, 땅이름, 텅 빌 17	木 △ 罽 물고기그물, 양탄자 18	火 △ 雞 닭, 성, 새이름 18	木 ○ 薊 삽주, 엉겅퀴, 땅이름 19	木 X 繫 묶다, 죄수 19
	木 ○ 繼 이을, 맬, 이어나갈 20	火 X 鷄 닭, 화계 21						
	水 ○	水 △	水 X	金 ○	火 ○	水 △	木 ◎	土 ○
고	古 옛, 옛날, 오래되다 5	叩 두드릴, 물어볼 5	尻 꽁무니, 엉덩이뼈 5	攷 생각할, 살필, 상고할 6	估 값, 매매할 7	告 고할, 알릴, 여쭐 [곡] 7	杲 밝을, 높을 [호] 8	姑 시어머니, 여자, 고모 8
	土 ○ 考 생각할, 살필, 상고할 8	金 X 刳 가를, 도려낼 8	水 X 呱 울, 아이 우는 소리 8	水 △ 固 굳을, 단단할 8	水 X 孤 외로울, 배반할 8	木 X 枯 마를, 마른 나무 9	土 X 牯 암소 9	金 X 故 연고, 까닭, 죽을 9

水 X 沽 팔, 살, 술장수 9	木 ○ 庫 창고, 곳집, 성 10	木 X 拷 칠, 때릴, 두드릴 10	木 △ 栲 북나무, 고리, 유기 10	火 ○ 高 높을, 성, 뛰어나다 10	土 △ 羔 새끼 양, 흑양 10	土 X 羖 검은 암양 10	水 X 涸 얼, 얼다 10
水 △ 皋 물가, 언덕 10	水 X 股 넓적다리, 정강이 10	木 △ 苽 줄, 진고, 송악 11	木 X 苦 쓸, 괴로울, 씀바귀 11	木 X 罟 그물, 물고기 그물 11	水 △ 皐 물가, 늪, 언덕 11	木 △ 槀 볏짚 12	木 X 袴 바지[과] 12
木 X 觚 술잔, 홀로 12	火 X 雇 품팔, 고용할[호] 12	金 ○ 詁 주낼, 훈고 12	金 X 辜 허물, 죄, 처벌할 12	金 X 酤 계명주 12	水 X 胯 사타구니 12	金 ○ 賈 장사, 장사할[가] 13	金 X 鈷 다리미 13
金 △ 鼓 북, 탈, 칠, 부추길 13	金 ○ 鼓 북, 칠, 연주하다 13	水 X 痼 고질병, 오래된 병 13	木 △ 槁 마를, 짚, 여월 14	木 X 槀 마를, 때릴, 마른 나무 14	木 △ 皋 못, 늪, 불알[호] 14	木 ○ 箍 테, 둘레 14	木 △ 菰 줄, 향초, 진고 14
火 ○ 暠 깨끗할, 흴[호] 14	土 ○ 郜 나라이름, 고을이름 14	金 X 敲 두드릴, 후려칠 14	金 ○ 誥 고할, 알릴, 가르침 14	木 ○ 稿 볏짚, 원고, 초고 15	水 X 靠 기댈, 의지할 15	木 ○ 篙 상앗대 16	木 △ 糕 떡, 가루떡 16
火 X 鴣 자고 (꿩과의 새) 16	金 △ 錮 땜질할, 막을, 단단할 16	水 △ 膏 기름, 살찔, 기름진 땅 16	木 X 瞽 소경, 마음 어둘 18	火 △ 翶 날, 날아다닐 18	金 △ 鹽 염지, 굵은 소금 18	木 △ 櫜 활집 19	木 X 藁 짚, 거적, 마를 20
火 ○ 顧 돌아볼, 생각할 21	火 △ 鴶 새이름 23	水 X 蠱 뱃속벌레, 기생충 23					

고

곡	火 △ 曲 굽을, 성, 굽히다 6	水 ○ 谷 골, 계곡, 성 7	水 X 哭 울, 노래할 10	木 X 梏 수갑, 어지러울 11	火 △ 斛 휘(곡식 헤아리는 그릇) 11	木 ○ 槲 떡갈나무 15	木 ○ 穀 곡식, 이을, 착할 15	木 ○ 縠 주름비단, 고운 비단 16
	木 X 觳 뿔잔, 말, 살촉 17	火 X 轂 수레, 바퀴통 17	火 △ 鵠 고니, 성, 흰빛 [호] 18	水 ○ 嚳 고할, 사람이름 20				
곤	水 X 困 곤할, 괴로울 7	火 ○ 昆 형, 맏이, 같을, 밝을 8	土 ○ 坤 땅, 여성, 괘 이름 8	木 ○ 袞 곤룡포, 삼공의 예복 10	木 ○ 捆 두드릴, 묶을 11	木 △ 梱 문지방, 두드릴 11	木 ○ 衮 곤룡포, 삼공의 예복 11	火 △ 悃 정성, 마음 꼴할 11
	土 X 崑 산 이름, 오랑캐 11	土 X 崐 산 이름, 오랑캐 11	土 △ 堃 땅, 곤괘, 땅이름 11	木 X 棍 몽둥이, 곤장 [혼] 12	木 ○ 裍 이룰, 묶을, 걷어 올릴 13	火 X 髡 머리 깎을 13	金 ○ 琨 옥돌, 패옥, 아름다운 돌 13	木 △ 緄 수놓은 띠, 띠, 노끈 14
	木 △ 褌 잠방이, 속옷 15	木 ○ 閫 문지방 15	水 ○ 滾 흐를, 샘솟을 15	金 ○ 錕 구리, 붉은 쇠 16	火 X 鵾 곤계, 댓닭 19	水 X 鯤 곤이 (물고기 알) 19	火 X 鶤 봉황, 댓닭 20	金 X 齫 이 솟아날 22
골	水 △ 汨 다스릴, 물소리, 빠질 8	金 X 骨 뼈, 뼈대, 골수 10	木 △ 搰 팔, 흐리게 하다 14	木 △ 榾 등걸, 나무이름 14	水 X 滑 어지러울, 다스릴 [활] 14	火 △ 鶻 송골매, 산비둘기 21		
공	火 ◎ 工 장인, 벼슬, 공교할 3	金 ○ 公 공평할, 공변될, 성 4	水 ○ 孔 구멍, 성, 공자의 약칭 4	土 ○ 功 공, 공로, 공훈, 재주 5	金 ◎ 共 한가지, 공손할, 함께 6	金 X 攻 칠, 닦을, 공격할 7	火 ◎ 供 이바지할, 받들다 8	水 △ 空 빌, 비다, 공간, 하늘 8

공	木 △ 拱 맞잡을, 팔짱 낄 10	木 ○ 栱 두공, 큰 말뚝 10	火 X 倥 어리석을, 괴로울 10	火 ◎ 恭 공손할, 삼갈 10	火 X 恐 두려울, 협박할 10	金 ○ 貢 바칠, 천거할 10	水 X 蚣 지네 10	土 ○ 崆 산 이름, 산 높은 모양 11
	金 ◎ 珙 옥, 큰 옥 11	金 △ 釭 살촉, 바퀴통 쇠 11	木 △ 控 당길, 고할, 아뢸 [강] 12	水 X 蛩 메뚜기, 귀뚜라미 12	水 X 蛬 귀뚜라미 12	土 △ 跫 발자국소리, 인기척 13	木 △ 槓 지렛대 14	木 △ 箜 공후, 악기 이름 14
	金 X 鞏 굳을, 묶을, 나라이름 15	土 △ 龔 공손할, 받들다 22	金 △ 贛 줄, 주다, 물이름 24					
곶	木 △ 串 곶, 땅이름, 습관[관] 7							
과	金 X 戈 창, 전쟁, 싸움 4	木 △ 瓜 오이, 성, 참외, 모과 5	木 ○ 夸 클, 자랑할, 사치할 6	木 △ 果 실과, 과실, 결과, 열매 8	火 ○ 侉 자랑할 8	木 △ 科 과목, 과정, 근본, 벌줄 9	土 X 堝 도가니 12	土 X 猓 긴꼬리 원숭이 12
	木 ○ 稞 보리, 알곡식 13	土 X 跨 넘을, 건널 [고] 13	金 △ 誇 자랑할, 거칠 13	水 ○ 窠 보금자리, 방, 구멍 13	木 △ 寡 적을, 약할, 과부 14	木 ◎ 菓 과일, 과자 14	木 ○ 裹 쌀, 싸다, 꾸러미 14	金 △ 銙 대구, 띠쇠 14
	水 ○ 夥 많을, 넉넉하다 14	土 X 踝 복사뼈, 발굽치 15	金 ○ 課 공부할, 부과할 15	水 X 蝌 올챙이, 글씨체 15	土 △ 過 지날, 건널, 지나칠 16	木 X 撾 칠, 북 칠 17	火 △ 顆 낱알, 흙덩이 17	金 X 鍋 노구솥, 기름통 17

곽	火 X 騍 암말, 말의 암컷 18							
곽	木 X 椁 덧널 (관 담는 궤) 12	木 △ 廓 외성, 넓을, 둘레 [확] 14	木 X 槨 외관, 덧널 (관 담는 궤) 15	土 ○ 郭 성, 둘레, 바깥 성 15	水 X 霍 빠를, 곽란, 사라지다 16	金 X 鞹 무두질한 가죽 20	水 X 癨 곽란 21	木 △ 藿 콩잎, 미역, 향풀 [수] 22
관	木 △ 丱 쌍상투, 어린아이 5	木 X 串 익힐, 습관 [천, 곶] 7	木 ○ 官 벼슬, 관청, 공직 8	木 ○ 冠 갓, 성년, 으뜸 9	木 △ 梡 도마 [완] 11	金 △ 貫 꿸, 꿰뚫을 [만] 11	木 X 棺 널, 입관할 12	金 ○ 款 정성, 사랑, 항목 12
관	水 ○ 涫 끓을, 대야 12	木 ○ 寛 너그러울, 넓을 13	木 X 祼 강신제 (내림굿) 13	木 ○ 筦 피리, 주관할 13	金 ○ 琯 옥피리, 옥돌 13	木 ○ 管 주관할, 대롱, 피리 14	木 △ 綰 얽을, 올가미 14	木 △ 菅 골풀, 땅이름 [간] 14
관	木 ○ 寬 너그러울, 넓을, 크다 15	火 ○ 慣 익숙할, 버릇, 관례 15	火 △ 輨 줏대, 비녀장 15	火 ○ 舘 집, 객사, 관사, 묵을 16	金 △ 盥 대야, 손 씻을 16	金 △ 錧 보습, 수레 비녀장 16	水 X 窾 빌, 마를 17	金 ○ 館 집, 객사, 마을, 묵을 17
관	火 △ 蓶 황새, 박주가리 18	木 X 關 관계할, 빗장 [완] 19	火 △ 爟 봉화, 횃불 22	水 ○ 灌 물 댈, 씻을 22	金 ○ 瓘 서옥, 옥 이름 23	土 △ 罐 두레박, 물동이 24	火 ○ 觀 볼, 많을, 나타내다 25	金 X 髖 허리뼈, 엉덩이뼈 25
관	金 ○ 鑵 두레박 26	火 X 顴 광대뼈, 관골 27	火 X 鸛 황새, 구관조 29					

음								
괄	火 ○ 佸 이를, 모일, 힘쓸 8	金 X 刮 깎을, 긁을 8	木 ○ 括 맺을, 묶을, 이를 10	木 ○ 栝 노송나무 10	火 X 恝 여유 없을 [개, 제] 10	木 △ 筈 그러할, 오늬 12	火 X 聒 떠들썩할, 어리석은 모양 12	土 ○ 适 빠를, 성, 신속하다 13
	火 X 髺 묶을, 머리 묶을 16	火 △ 鴰 재두루미, 왜가리 17						
광	木 ○ 広 넓을, 廣의 속자 5	火 ○ 光 빛, 빛날, 경치 6	土 X 匡 도울, 바를, 두려울 6	火 ○ 侊 클, 성찬 8	火 ○ 炛 빛, 빛날 8	火 ◎ 昡 빛, 빛날, 경치 8	土 X 狂 미칠, 경망할 [괙] 8	木 ○ 桄 나무이름, 베틀 10
	木 X 框 문테, 관의 문 10	火 X 恇 겁낼, 두려워하다 10	水 △ 洸 물 솟을, 성낼 [황] 10	金 ◎ 珖 옥피리, 옥 이름 11	金 ○ 硄 돌 소리, 광택 나는 돌 11	木 △ 筐 광주리, 평상 12	木 ○ 絖 고운 솜, 고치 솜 12	木 △ 茪 풀, 초결명 12
	水 X 胱 방광, 오줌통 12	金 X 誆 속일, 거짓말 13	金 X 誑 속일, 기만할 14	木 ○ 廣 넓을, 클, 넓힐 15	金 △ 磺 쇳돌, 굳셀, 광석 17	土 X 壙 들판, 광중, 뫼 구덩이 18	火 ○ 爌 불빛, 환히 밝다 19	火 △ 曠 밝을, 클, 넓을, 빌 19
	土 X 獷 사나울, 사나운 개 19	木 △ 纊 솜, 솜옷, 누에고치 21	金 ○ 鑛 쇳돌, 광석 23					
괘	木 X 卦 괘, 점괘 8	水 X 咼 입 비뚤어질 9	木 △ 挂 걸, 달, 그림 족자 10	木 △ 掛 걸, 나눌, 걸어 놓을 12	木 X 罫 걸, 걸다, 거리낄 12	金 X 詿 그르칠, 속일 13	木 X 罣 줄(가로 세로 친 줄) 14	

괴	火 X 乖 어그러질, 거스를 8	木 X 拐 속일, 유인할 9	火 X 怪 괴이할, 의심할 9	火 X 傀 클, 괴이할 [회] 12	土 X 塊 흙덩어리, 무너질 13	土 X 媿 부끄러울, 창피줄 13	木 X 槐 홰나무, 느티나무 14	火 X 愧 부끄러울, 부끄러워할 14
	火 △ 魁 으뜸, 클, 우두머리 14	金 △ 瑰 옥돌, 구슬이름 15	木 △ 廥 여물 광, 곳간, 창고 16	木 ○ 蒯 기름새, 성, 땅이름 16	金 ○ 瓌 구슬이름, 아름다울 17	木 ○ 襘 띠 매듭, 옷고름 19	土 X 壞 무너질 [회] 19	
괵	水 X 馘 귀 벨, 귀를 베다 17							
굉	木 ○ 宏 클, 넓을, 광대하다 7	金 ○ 訇 큰 소리, 성, 속일 9	木 △ 紘 끈, 갓끈, 밧줄 10	水 X 肱 팔, 팔뚝 10	水 X 浤 용솟음할 11	木 △ 閎 마을 문, 클, 넓을 12	木 ○ 觥 뿔잔, 클, 강직할 13	火 △ 轟 울릴, 떠들썩할 21
교	火 ○ 巧 공교할, 예쁠, 재주 5	火 ◎ 交 사귈, 벗, 섞일 6	火 ○ 佼 좋을, 굳셀, 어지러울 8	土 ○ 姣 아름다울, 슬기로울 9	水 X 咬 새소리, 음란한 소리 9	木 △ 校 학교, 장교, 형틀 10	火 ◎ 晈 달빛, 햇빛, 깨끗하다 10	土 X 狡 교활할, 간교할 10
	金 ◎ 敎 가르칠, 본받을 11	金 ◎ 教 가르칠, 敎의 속자 11	火 ○ 皎 달 밝을, 달빛, 햇빛 11	木 X 絞 목 맬, 묽을 [효] 12	水 ◎ 喬 높을, 뛰어날 12	水 X 窖 움, 구멍, 깊다 12	水 X 蛟 교룡, 뿔 없는 용 12	火 △ 較 비교할, 견줄 [각] 13
	土 ○ 郊 들, 성 밖, 교외, 시골 13	木 X 橋 외나무다리 14	火 ○ 僑 높을, 더부살이 14	火 ○ 暞 밝을, 깨끗이 나빌 14	金 ○ 鉸 가위, 재단할 14	水 X 嘐 닭 울, 닭 우는 소리 14	水 X 嘄 웃는 소리, 부르짖을 14	土 ○ 嬌 아리따울, 사랑할 15

교	土 △ 嶠 높을, 산길 15	水 △ 餃 경단, 엿 15	木 △ 撟 들, 손 들, 안마하다 16	木 △ 橋 다리, 높을 [고] 16	火 △ 憍 자랑할, 교만할 16	金 X 骹 발 회목, 정강이 16	水 X 噭 부르짖을, 고함지를 16	火 △ 鵁 교청새, 해오라기 17
	土 ○ 鄗 산 이름 17	金 X 磽 메마른 땅, 단단하다 17	金 △ 矯 바로잡을, 날랠, 거짓 17	水 X 膠 아교, 굳을 17	水 X 鮫 상어 17	木 △ 蕎 메밀, 대극, 버들옷 18	火 △ 翹 뛰어날, 날개 18	水 X 嚙 깨물, 뼈를 씹다 18
	火 ○ 趫 재빠를, 용감하다 19	火 △ 轎 가마, 작은 수레 19	土 △ 蹻 발돋움할, 교만할 19	金 X 齩 깨물, 뼈를 깨물 21	火 X 驕 교만할, 씩씩할 [효] 22	木 X 攪 흔들, 어지러울 24		
구	水 ○ 久 오랠, 변하지 않을 3	水 △ 口 입, 인구, 말할 3	火 X 仇 짝, 원수, 원망할 4	金 ○ 勾 글 구절 4	金 X 厹 세모 창, 기승부릴 4	土 X 丘 언덕, 성, 묘, 맏이 5	水 ○ 句 글 구절, 땅이름 [귀] 5	水 △ 叴 소리 높일, 세모창 5
	土 △ 臼 절구, 나무이름 6	水 X 求 구할, 청할, 부를 6	木 △ 扣 두드릴, 당기다 7	火 X 佝 곱사등이, 어리석다 7	火 △ 灸 뜸, 버릴 7	土 △ 劬 수고로울, 애쓰다 7	水 ○ 究 다할, 찾을, 연구할 7	土 △ 岣 산꼭대기, 봉우리 이름 8
	土 X 坸 때, 수치, 부끄러울 8	土 X 坵 언덕, 밭, 묘, 마을 8	金 ○ 具 갖출, 성, 온전할 8	金 ◎ 玖 옥돌, 검은 옥돌 8	水 X 咎 재앙, 허물 [고] 8	水 X 疚 병, 오래된 병 8	木 △ 拘 잡을, 체포할 9	木 △ 枸 구기자, 헛개나무 9
	木 X 柩 널, 관 9	木 X 韭 부추, 산부추 9	火 ◎ 俅 공손할, 정중할 9	火 ○ 昫 따뜻할, 더울 9	土 X 垢 때, 티끌, 때 물을 9	土 ○ 姤 만날, 예쁠 9	土 X 狗 개 9	水 ○ 九 아홉, 많을 9

火 ○ 俱 함께, 다, 갖출 10	土 ○ 轟 짤, 침방, 재목 쌓을 10	金 ○ 矩 모날, 법, 땅이름 10	金 ◎ 珣 옥돌 10	水 X 疴 곱사등이 10	木 X 寇 도둑, 원수, 난리 11	木 ○ 捄 담을, 길다, 전질, 구원할 11	木 △ 苟 진실로, 다만, 구차할 11
火 △ 毬 공, 둥근 물체 11	土 △ 區 구분할, 지경, 나눌 11	土 △ 耇 늙은이, 늙다 11	土 △ 者 늙은이, 늙다 11	土 △ 耈 늙은이, 늙다 11	金 ◎ 救 도울, 구원할 11	金 ○ 釦 금테 두를, 떠들 11	水 △ 胊 포, 성, 급은 포 11
水 X 蚯 지렁이 11	土 ○ 邱 언덕, 땅이름 12	金 ○ 球 공, 둥글, 아름다운 옥 12	木 ○ 裘 갓옷, 가죽 옷 13	木 △ 絿 급할, 구할, 학교 13	火 X 傴 구부릴, 곱사등이 13	火 ○ 彀 당길, 활 쏠, 과녁 13	火 △ 鳩 비둘기, 모을, 편안할 13
土 △ 媾 화친할, 거듭 혼인할 13	土 △ 舅 외삼촌, 시아버지 13	金 X 詬 꾸짖을, 욕보일 13	金 X 鉤 갈고리, 올가미 13	木 X 廐 마구간, 벼슬이름 14	木 X 廏 마구간, 벼슬이름 14	木 X 搆 얽을, 이해 못할 14	木 X 構 얽을, 맺을, 꾀할 14
木 ○ 榘 모날, 법, 네모난 그릇 14	土 ○ 嫗 할머니, 여자 14	土 X 嶇 험할, 괴로워할 14	土 △ 逑 짝, 배우자, 모을 14	水 X 嘔 노래할, 토할 14	水 △ 溝 도랑, 개천, 밭도랑 14	木 △ 摳 추어올릴, 더듬을 15	火 X 駒 망아지, 짐승의 새끼 15
金 X 歐 토할, 노래할 15	金 X 毆 칠, 때릴, 쥐어박을 15	金 △ 銶 끌, 구멍 뚫는 끌 15	水 ○ 漚 담글, 강 이름 15	木 X 簆 배롱, 대그릇 16	木 X 糗 볶은 쌀, 미숫가루 16	木 △ 蒟 구장 (후춧과의 풀) 16	土 △ 甌 사발, 악기, 주발 16
金 ○ 璆 아름다운 옥, 옥 소리 16	水 X 窶 가난할 16	水 X 龜 땅이름 [커, 균] 16	木 X 颶 구풍, 맹렬한 폭풍 17	火 ○ 覯 만날, 합치다 17	土 ○ 遘 만날, 뵙다 17	金 △ 購 살, 구해 드릴 17	水 X 屨 신, 짚신, 가죽신 17

구	木 X 瞿 놀랄, 두근거릴 18	土 △ 舊 옛, 오랠, 친구, 올빼미 18	土 X 軀 몸, 신체 18	金 △ 謳 노래할, 노래 [후] 18	水 X 龜 땅이름 [귀, 균] 18	金 △ 韝 활깍지, 팔찌 19	土 X 匶 널, 관 20	火 X 驅 달릴, 몰, 몰아낼 21
	火 X 鷇 새 새끼, 기르다 21	火 X 懼 두려워할, 걱정하다 22	火 X 鷗 갈매기 22	金 X 戵 창, 네 갈래진 창 22	水 X 癯 여윌, 파리할 23	火 X 衢 네거리, 갈림길 24	金 X 鸛 제비, 추첨, 쟁취할 26	火 △ 鸜 구욕새, 구관조 29
국	木 ○ 局 판(바둑), 마을 7	金 △ 匊 움켜 쥘, 움큼 8	水 △ 国 나라, 國의 속자 8	水 ○ 國 나라, 국가, 세상 11	木 △ 掬 움킬, 손바닥 12	木 ○ 箂 대 뿌리 14	木 ○ 菊 국화, 풀이름 14	土 X 跼 굽을, 구부릴 14
	火 ○ 趜 궁구할, 깊이 연구할 15	木 △ 麴 누룩, 술 발효제 17	金 △ 鞠 공, 성, 궁할, 급힐 17	金 X 鞫 국문할, 궁할, 곤궁할 18	木 △ 麯 누룩, 술, 청황색 19			
군	水 ○ 君 임금, 남편, 군자 7	火 △ 軍 군사, 전투, 진칠 9	木 △ 捃 주울, 줍다, 취하다 11	木 ○ 桾 고욤나무 11	水 X 窘 군색할, 곤궁할 [굴] 12	木 △ 裙 치마, 속옷 13	土 ○ 群 무리, 많을, 벗, 동료 13	土 ○ 郡 고을, 관청 14
	金 X 皸 틀, 동상, 얼어터질 14							
굴	土 △ 屈 굽힐, 굽을, 다할 8	火 △ 倔 굳셀, 고집 셀 10	土 ○ 崛 우뚝 솟을, 산 우뚝 솟을 11	土 X 堀 굴, 땅굴 팔 11	木 X 掘 팔, 파다, 다할 [월] 12	金 △ 詘 굽힐, 말이 막힐 12	水 X 淈 흐릴, 진흙, 어지러울 12	水 X 窟 굴, 동굴, 움집, 산 이름 13

궁	火 ○ 弓 활, 궁술, 성 3	水 △ 穹 하늘, 깊을, 막다르다 8	木 △ 芎 천궁, 궁궁이 9	木 ○ 宮 집, 궁궐, 종묘 10	火 X 躬 몸, 자신, 몸소 10	火 X 躳 몸, 자신 14	水 X 窮 다할, 궁할, 막힐 15	
권	木 ◎ 卷 책, 접을, 공문서 8	金 ◎ 券 문서, 증서, 확실할 8	木 ○ 拳 주먹, 성, 힘쓸 10	火 X 倦 게으를, 고달플 10	土 X 劵 게으를, 권할 10	木 ○ 眷 돌볼, 돌아볼, 성 11	水 X 圈 우리, 짐승우리 11	木 ○ 捲 걷을, 힘쓸, 기세 12
	木 △ 棬 나무그릇, 코뚜레 12	火 X 惓 삼갈, 싫증날 12	水 ○ 淃 물, 물 돌아 흐를 12	木 △ 睠 돌아볼, 그리워할 13	木 ○ 綣 정다울, 후한 마음 14	水 X 蜷 나무좀, 꿈틀꿈틀 갈 14	木 ○ 權 권세, 권력, 방편 15	土 ◎ 勸 권할, 도울, 권장하다 20
	木 ○ 權 권세, 권력, 성 22							
궐	土 △ 厥 그, 그것, 숙일, 짧을 12	土 X 獗 날뛸, 날래다 16	木 X 蕨 고사리 18	木 ○ 闕 대궐, 대궐 문 18	土 X 蹶 넘어질, 일어설 19			
궤	水 △ 几 안석, 의자, 책상 2	木 △ 机 책상, 나무이름 6	水 ○ 氿 샘, 솟는 샘 6	火 X 佹 괴이할, 속이다 8	火 X 軌 굴대, 법도, 바퀴 자국 9	土 X 跪 꿇어앉을, 무릎 꿇을 13	土 X 麂 큰 노루, 고라니 13	金 X 詭 속일, 꾸짖을 13
	土 △ 匱 다할, 함, 삼태기 14	金 X 劂 새김칼, 조각칼 14	木 △ 撅 옷 걸을, 치다, 파내다 16	木 ○ 樻 나무이름, 영수목 16	火 X 憒 심란할, 어리석을 16	水 X 潰 무너질, 어지러울 16	木 △ 簋 제기 이름, 보궤, 예의 17	木 △ 櫃 함, 궤, 상자 18

궤	木 ○ 繢 끈, 수놓은 비단 18	水 X 餽 보낼, 제사, 음식 보낼 19	木 △ 闠 길, 성시 바깥문 20	水 X 饋 보낼, 권할, 식사 21				
귀	水 X 句 글귀, 구절[구] 5	火 X 鬼 귀신, 혼백, 도깨비 10	火 △ 晷 그림자, 햇빛 12	金 ○ 貴 귀할, 소중할 12	金 △ 匭 가래, 새이름 14	水 X 龜 거북 [구, 균] 16	土 △ 歸 돌아갈, 허락할 18	水 X 龜 거북 [구, 균] 18
	水 X 叫 울, 부를, 부르짖을 5	土 ○ 圭 홀, 서옥, 용량 단위 6	木 △ 糾 꼴, 살필, 糾의 동자 7	木 △ 紏 살필, 얽힐 [교] 8	金 X 刲 찌를, 주다 8	水 X 虯 규룡, 새끼 용 8	火 ◎ 赳 굳셀, 헌걸찰 9	土 ○ 奎 별, 별이름 9
	火 ◎ 規 법, 법칙, 바로잡을 11	金 ◎ 珪 서옥, 홀, 유소 11	金 △ 硅 유소(비금속 원소의 일종) 11	水 X 馗 광대뼈, 길거리 11	木 ○ 茥 딸기 12	木 ○ 揆 헤아릴, 꾀, 벼슬 13	木 △ 楏 호미자루, 감탕나무 13	火 X 暌 어길, 어기다 13
규	火 ○ 煃 불타는 모양 13	火 △ 頍 머리 들, 머리 장식 13	土 ○ 邽 현 이름, 고을이름 13	土 X 跬 반걸음, 가깝다 13	水 ○ 溎 물이 솟아오를 13	木 X 睽 사팔눈, 노려볼 14	木 ○ 閨 안방, 규수 14	土 △ 嫢 가는 허리, 예쁠 14
	木 △ 槻 물푸레나무 15	木 X 樛 휠, 휘다, 구불구불할 15	木 ○ 葵 해바라기, 헤아리다 15	土 ○ 嬀 땅이름, 성, 물이름 15	土 ◎ 逵 큰길, 한길, 길거리 15	水 ◎ 潙 강 이름 16	水 △ 窺 엿볼, 볼, 살펴보다 16	水 △ 竅 구멍, 통할, 구멍을 뚫다 18
	木 X 闚 엿볼, 잠깐 보다 19	火 △ 騤 끌밋할, 강할 [종, 결] 19	土 X 巋 가파를, 험준할 20					

균	金 ○ 勻 고를, 적을 [윤] 4	金 ○ 勻 고를, 적을 [윤] 4	土 ○ 均 고를, 두루 평평할 [연] 7	水 △ 困 곳집 둥근 곳집 8	土 △ 畇 개간할, 밭 일굴 9	金 ○ 鈞 고를, 서른 근 12	木 ○ 筠 대나무, 푸른 껍질 13	木 X 菌 버섯, 세균 [훤] 14
	火 ○ 覲 오게 볼, 사람이름 14	水 X 龜 틀, 갈라질 [구, 귀] 16	土 X 麕 노루, 고라니 18	水 X 龜 틀, 갈라질 [구, 귀] 18				
귤	木 △ 橘 귤, 귤나무 16							
극	木 ○ 克 이길, 해낼, 능할 7	木 △ 亟 빠를, 급할, 사랑하다 9	金 △ 剋 이길, 능할, 제할 9	土 △ 尅 이길, 해낼, 깎일 10	水 △ 屐 나막신 10	木 X 棘 가시, 창, 가시나무 12	金 X 戟 창, 찌를, 갈래진 창 12	木 ○ 極 다할, 극진할 13
	土 X 郄 틈, 틈새, 싸움 13	金 ○ 劇 심할, 연극, 대단할 15	土 X 隙 틈, 구멍, 겨를 18					
근	金 △ 斤 날, 근(무게), 도끼, 성 4	金 ○ 劤 힘셀, 힘많을 6	木 △ 勤 힘줄, 무게 단위 9	土 X 巹 술잔, 술 따를 9	木 ○ 根 뿌리, 근본 10	木 ○ 芹 미나리, 쑥갓 10	土 △ 近 가까울, 사랑할 [기] 11	土 △ 菫 진흙, 때, 조금 11
	木 X 筋 힘줄, 힘, 체력 12	金 △ 釿 도끼, 큰 자귀 12	火 △ 僅 겨우, 조금, 적을 13	土 △ 勤 부지런할, 근심할 13	土 X 跟 발꿈치, 시중들다 13	金 △ 靳 가슴걸이, 인색하다 13	木 △ 廑 작은 집, 노력하다 14	木 △ 蓳 제비꽃, 오랑캐꽃 14

근	土 ○ 嬜 여자 이름, 아름다울 14	土 △ 墐 진흙, 매흙질할 14	木 ○ 槿 무궁화, 무궁화나무 15	水 ○ 漌 맑을, 적실 15	金 ◎ 瑾 아름다운 옥, 붉은 옥 16	火 ○ 懃 은근할, 일에 힘쓸 17	火 ○ 覲 뵐, 볼, 만날, 아련할 18	金 ○ 謹 삼갈, 공경할 18
	水 X 饉 주릴, 흉년, 흉년들 20							
글	土 △ 劼 뜻, 힘있을, 지친 모양 6	木 △ 挈 부족 이름 [계, 결] 9						
금	火 ○ 今 이제, 바로, 오늘 4	土 △ 妗 외숙모 [함] 7	火 ◎ 昑 밝을, 환하다 8	金 ○ 金 쇠, 금, 돈, 황금, 성[김] 8	木 △ 笒 첨대, 대이름 10	木 △ 衾 이불, 침구 10	木 ○ 衿 옷깃, 매다, 마음, 생각 10	木 △ 芩 풀이름 녹식초 [음] 10
	水 X 唫 입 다물, 말 더듬을 11	木 △ 禁 금할, 삼갈, 성, 경계할 13	火 X 禽 새, 짐승, 사로잡다 13	金 △ 琴 거문고, 성 13	土 X 嶔 높고 험할, 산어귀, 하품 15	土 △ 黅 누른빛 16	金 ○ 錦 비단, 아름답다 16	水 △ 噤 입 다물, 말 않고 참을 16
	木 X 擒 사로잡을, 생포하다 17	木 △ 檎 능금, 능금나무 17	木 △ 襟 옷깃, 앞섶, 가슴, 마음 19					
급	水 △ 及 미칠, 이를, 도달하다 4	火 X 伋 생각할, 속일, 이름 6	土 X 岌 높을, 위태로운 모양 7	土 X 圾 위태할, 산 높을 7	金 △ 皀 향기, 고소할 7	木 X 扱 미칠, 당길 [삽] 8	水 △ 汲 물길을, 당기다 8	火 X 急 급할, 빠를, 중요할 9

급	木 △ 笈 책 상자 [겁] 10	木 ○ 級 등급, 계급, 차례 10	木 X 芨 말오줌나무, 풀이름 10	木 ○ 給 줄, 더할, 넉넉할 12	金 ○ 礏 산 우뚝 솟을 18			
긍	火 △ 亘 뻗칠, 다할, 펼 [선] 6	火 △ 亙 뻗칠, 亘의 본자 6	金 X 矜 자랑할, 불쌍할 [근] 9	水 X 肯 즐길, 감히 [개] 10	水 X 殑 까무러칠, 귀신 나올 11	木 △ 兢 삼갈, 조심할 14		
기	土 ○ 己 몸, 자기, 다스릴 3	火 ◎ 企 바랄, 꾀할, 발돋움할 6	火 ◎ 伎 재주, 재능, 광대 6	土 △ 屺 민둥산 6	木 △ 庋 시렁, 선반, 갈무리할 7	木 X 弃 버릴, 잊을, 그만두다 7	木 ○ 杞 구기자, 나라이름 7	火 X 忌 꺼릴, 증오할 7
	土 ○ 圻 경기 언덕[은] 7	土 X 妓 기생, 미인, 음란한 여자 7	土 ○ 岐 산 이름, 높을, 갈림길 7	木 ◎ 技 재주, 재능, 능력 8	木 ◎ 祁 성할, 많을, 클 8	火 ○ 忯 공경할 [지, 치] 8	火 X 忮 해칠, 거스르다 8	火 △ 炁 기운, 기후 8
	土 △ 奇 기이할, 성, 이상할 8	土 △ 歧 갈림길, 길 갈라질 8	金 ○ 其 그, 그것, 성, 어조사 8	金 ○ 玘 패옥, 노리개 8	水 ○ 沂 물이름 [은] 8	水 △ 汽 증기, 물 끓는 김 8	水 X 肌 살가죽, 근육, 피부 8	木 X 祇 토지의 신, 편안할 [지] 9
	木 X 祈 빌, 고할, 기도할 [케] 9	木 ◎ 紀 벼리, 규율, 다스릴 9	木 X 芰 마름 (일년생 수초) 10	木 △ 芪 단너삼, 황기, 풀이름 10	木 ○ 豈 어찌, 오를 [개] 10	火 ○ 起 일어날, 시작할 10	土 X 旂 기, 깃발 10	土 △ 耆 어른, 늙을 [지] 10
	金 X 剞 새김칼 10	金 ○ 記 기록할, 적을, 기억할 10	水 ○ 氣 기운, 힘, 숨, 공기 10	水 X 肵 공경할, 적대(제사그릇) 10	木 △ 寄 부칠, 맡길, 부탁할 11	土 X 埼 곶, 낭떠러지 11	土 ◎ 基 터, 바탕, 근본 11	土 X 崎 험할, 산길 험할 11

土 X 跂 육발이, 나아갈 11	水 △ 旣 이미, 다할 [희] 11	水 X 飢 주릴, 굶을, 흉년들 11	木 △ 掎 끌, 끌다, 끌어당기다 12	木 ○ 棋 바둑, 장기, 근본 12	木 ○ 棊 바둑, 장기, 근본 12	木 X 棄 버릴, 잊을, 폐할 12	火 ○ 幾 몇, 얼마, 낌기, 가까울 12
火 X 欺 속일, 거짓, 업신여길 12	土 X 攲 기울, 높이 솟다 12	土 △ 猉 강아지 12	水 ◎ 淇 물이름, 강 이름 12	水 ◎ 期 기약할, 약속할 12	水 X 朞 돌(1주년), 기년복(상복) 12	木 △ 稘 돌, 1주년, 콩 줄기 13	木 ◎ 祺 복, 길할, 길조, 편안할 13
火 ○ 頎 헌걸찰, 성장할 13	土 X 畸 째기밭, 불구, 병신 13	金 ○ 碁 바둑, 장기, 근본 13	金 ◎ 琪 옥 이름, 아름다운 옥 13	金 ◎ 琦 아름다운 옥, 진기할 13	水 △ 嗜 즐길, 좋아할 13	木 △ 榿 오리나무 14	木 ○ 旗 기, 표지, 대장기 14
木 ○ 箕 키, 별이름 14	木 △ 萋 연둣빛 비단 14	木 △ 綨 연둣빛, 들메끈 14	木 ◎ 綺 비단, 아름다울 14	火 X 僛 취해 춤추는 모양 14	火 △ 愭 공손할, 두려울 14	火 ◎ 曛 별 기운, 일기 14	土 X 墍 맥질할, 쉴, 휴식할 14
水 X 蜝 방게 14	土 ○ 嶬 산 우뚝 솟은 모양 15	土 ○ 畿 경기, 서울, 경계 15	木 △ 機 틀, 베틀, 기계 16	火 X 暨 및, 굳센 모양 16	金 ◎ 冀 바랄, 하고자 할 16	金 ○ 璂 옥, 고깔 꾸미개 옥 16	金 △ 錡 가마솥 [의] 16
金 ○ 錤 호미 16	水 △ 器 그릇, 접시, 도구 16	木 △ 禨 조짐, 빌미, 좋은 조짐 17	火 ○ 覬 바랄, 처질, 늘어지다 17	金 ○ 璣 구슬, 선기, 별이름 17	金 X 磯 물가, 자갈밭 17	火 X 騎 말 탈, 기병, 기마 18	火 X 騏 준마, 얼룩말 18
土 △ 隑 후미, 사다리 18	金 △ 櫘 갈, 논 갈 18	水 X 蟣 이, 서캐, 거머리 18	土 △ 麒 기린 19	金 X 譏 나무랄, 원망할 19	火 X 鬐 갈기, 등지느러미 20	土 X 夔 조심할, 외발짐승 20	金 △ 璣 구슬, 선기, 모난 구슬 20

기	水 X 饑 흉년, 주릴, 흉년들 21	水 X 鱀 지느러미, 참다랑어 21	木 △ 蘄 풀이름, 승검초 22	木 X 羈 나그네, 굴레 23	木 X 虁 나물이름, 조심할 25	木 X 羈 말의 굴레, 나그네 25	火 △ 驥 준마, 천리마 27	
긴	木 △ 緊 긴할, 급할, 요긴할 14							
길	水 ◎ 吉 길할, 성, 행복 6	火 ◎ 佶 건장할, 헌걸찰 8	土 ○ 姞 삼갈, 계집, 성 9	木 △ 拮 일할, 바쁘게 일할 10	木 △ 桔 도라지, 두레박틀 10	水 X 蛣 장구벌레, 매미 12		
김	金 ○ 金 성, 땅이름, 금빛[금] 8							
끽	水 △ 喫 마실, 먹을, 음식을 먹다 12							
나	火 X 奈 어찌, 나락(那落) 8	木 ○ 拏 붙잡을, 비빌 9	木 △ 柰 어찌 [내] 9	木 ○ 拿 잡을, 가질, 손에 넣다 10	木 △ 挐 붙잡을, 가질, 손에 쥘 10	土 ○ 娜 아리따울, 날씬할 10	水 ○ 肭 많을 10	木 △ 挪 옮길, 비빌, 문지르다 11
	木 ○ 梛 나무이름 11	土 △ 那 어찌, 많을, 편안할, 성 11	木 ○ 㫻 깃발, 바람에 날릴 12	水 △ 喇 나팔, 승려, 중 12	水 △ 胗 성길, 살찔 12	金 ○ 誀 서로 당길 13	木 △ 㮏 나무 무성할 16	火 △ 懦 부드러울, 나약할 [유] 18

나	木 ○ 糯 찰벼 20	火 X 儺 푸닥거리, 공손한 모양 21							
낙	金 ○ 諾 허락할, 승낙할 16								
난	火 ○ 偄 연약할, 공손할 11	火 △ 赧 얼굴 붉힐, 무안해할 12	火 △ 愞 약할, 나약할 13	火 ○ 暖 따뜻할 [훤] 13	火 ○ 煖 더울, 따뜻할 [훤] 13	水 △ 餪 음식 보낼, 풀보기 잔치 18	火 X 難 어려울, 새이름 19		
날	木 ○ 捏 꾸밀, 만들, 이길(반죽할) 11	木 ○ 捺 누를, 손으로 누를 12							
남	土 ○ 男 사내, 아들, 남자 7	木 ○ 枏 매화나무, 매실, 녹나무 8	火 ○ 南 남녘, 성, 남쪽 9	水 △ 喃 재잘거릴 12	木 ○ 楠 녹나무, 매화나무 13	水 ○ 湳 물이름 13			
납	木 ○ 納 드릴, 바칠, 수확할 10	木 △ 衲 옷 기울, 승려의 옷 10							
낭	土 ○ 娘 여자, 각시, 아가씨 10	火 △ 曩 지난번, 접때, 오랠 21	水 X 囊 주머니, 자루, 전대 22						

내	金 ○ 乃 이에, 성, 곧, 비로소 2	木 ○ 內 안, 속, 대궐 4	土 ○ 奶 젖, 유모, 어머니 5	火 △ 奈 어찌 [나] 8	木 △ 柰 능금나무, 사과 [내] 9	水 ○ 耐 견딜, 참을 [능] 9	土 ○ 廼 이에, 곧, 비로소 13	火 △ 鼐 가마솥, 큰 솥 15
	土 △ 嬭 젖, 유모, 양육할 17							
녀	土 ○ 女 계집, 딸, 여자 3							
녁	火 △ 惄 근심할, 주릴, 생각할 12							
년	木 ○ 年 해, 나이, 새해 6	木 ○ 秊 해, 年의 속자 8	金 △ 碾 맷돌, 돌절구 15	木 △ 撚 비틀, 잡을, 밟을 16				
녈	水 X 涅 물이름 [열] 11							
념	火 ○ 念 생각, 외울, 생각할, 삼갈 8	木 △ 拈 집을, 집어들 9	火 ○ 恬 편안할, 조용할 10	木 X 捻 비틀, 비꼴 12				
녑	火 ○ 惗 사랑할, 생각할 12							

녕	火 X 佞 아첨할, 간사할, 재능 7	木 ○ 寗 편안할, 어찌, 차라리 13	木 ○ 寧 편안할, 어찌 14	火 X 儜 괴로워할, 약할 16	水 △ 嚀 간곡할, 간절하다 17	土 X 獰 모질, 흉악할 18	水 △ 濘 진창, 얕은 내 18	
노	土 X 奴 종, 사내종 5	土 ○ 努 힘쓸, 힘든 일 7	火 X 弩 쇠뇌, 활, 군사 이름 8	水 X 呶 지껄일 8	水 △ 帑 자식, 처자 8	火 X 怒 성낼, 화내다 9	土 X 猱 산 이름, 개 10	木 X 笯 새장 11
	土 X 猱 원숭이, 희롱거릴 13	金 ○ 瑙 마노, 옥돌, 보석 14	金 △ 碯 기쁠, 수수께끼 14	火 X 駑 둔할, 미련할 15	水 X 臑 팔꿈치, 정강이 20			
농	土 ○ 農 농사, 심을, 힘쓸 13	火 ○ 儂 나, 너, 저, 당신 15	水 X 噥 소곤거릴, 헛소리 16	水 ○ 濃 짙을, 두터울 17	木 ○ 穠 꽃나무 무성할, 성할 18	水 X 膿 고름, 짓무를 19	金 △ 醲 진한 술, 후하다 20	
뇌	火 X 惱 번뇌할, 괴로워할 13	水 △ 腦 뇌, 중심, 머릿골 15	水 X 餒 주릴, 굶다 16					
뇨	水 X 尿 오줌, 소변 7	水 △ 淖 진흙, 젖다, 온화하다 12	土 ○ 嫋 예쁠, 아름답다 13	金 X 鬧 시끄러울, 소란할 15	木 X 撓 어지러울 [효] 16	土 X 嬲 희롱할, 놀리다 17	金 △ 鐃 징, 동발, 떠들썩할 20	
누	水 ○ 呴 젖 먹을, 젖을 주다 11	木 △ 耨 김맬, 호미, 괭이 16	木 ○ 檽 나무이름, [연,이] 18					

눈	土 △ 嫩 어릴, 예쁠, 연약할 14						
늘	水 X 吶 말 더듬을 7	水 △ 肭 살찔, 살찌다 10	金 X 訥 어눌할, 말을 더듬다 11				
뉴	木 ○ 杻 감탕나무 8	火 △ 忸 길들, 부끄러워할 8	木 ○ 紐 맬, 맺을, 묶을 10	木 △ 袡 옷 부드러울 10	金 △ 鈕 인꼭지, 성 [추] 12		
뉵	水 X 衄 코피, 꺾일, 패할 10						
늑	木 △ 竻 땅이름, [얼] 9						
능	水 ○ 能 능할, 재능, 착할 12						
니	水 △ 尼 여승, 승려, 화할 5	土 X 妮 계집종, 여자의 자(字) 8	水 △ 呢 소곤거릴, 제비 지저귈 8	木 ○ 柅 무성할, 무성하다 9	火 X 怩 부끄러워할 9	水 X 泥 진흙, 진창, 수렁 9	木 X 祢 아비사당, 신주 10
	火 ○ 惄 마음 좋을 16	水 △ 濔 넘칠, 물 많을 18	水 X 膩 살찔, 기름질 18	木 X 禰 아비사당, 신주 19			

닉	水 X 匿 숨을, 숨은 죄 11	水 X 溺 빠질, 빠뜨리다 14						
닐	火 ○ 昵 친할, 친근하다 9	火 ○ 暱 친할, 친한 사람 15						
다	火 ○ 夛 많을, 多의 통용어 6	水 ◎ 多 많을, 넓을 6	木 ○ 爹 아버지, 아비, 아빠 10	木 ○ 茶 차, 차나무[차] 12	木 △ 荼 마름, 남녘 오랑캐 12	水 △ 䒼 깊을 [차] 12	木 ○ 樑 차, 차나무 15	木 △ 觰 뿔 밑동 16
	土 △ 鄲 나라이름 [단] 19	木 △ 欓 풍부할 [차] 24						
단	火 ○ 丹 붉을, 주사, 마음, 예쁠 4	火 ○ 旦 아침, 새벽, 밝을 5	火 ○ 但 다만, 무릇, 오직 7	木 △ 担 떨칠, 치다 9	火 △ 彖 판단할, 결단할 9	火 ○ 昍 밝을 9	金 ○ 段 성, 조각, 층계, 구분 9	水 ○ 耑 끝, 시초, 처음 9
	木 △ 袒 웃통 벗을, 땀받이 [탄] 11	水 X 蛋 새알, 오랑캐 이름 11	水 X 胆 어깨 벗을, 고기, 침 11	金 △ 短 짧을, 어리석을 12	水 △ 單 홀, 홀로, 성[선] 12	木 ○ 椴 자작나무, 무궁화나무 13	火 ◎ 煓 빛날, 불꽃 13	土 ○ 亶 믿음, 진실, 많을 [선] 13
	水 △ 湍 소용돌이칠, 여울 [전] 13	水 X 蜑 오랑캐 이름 13	金 ○ 端 단정할, 끝, 바를 14	水 ○ 團 둥글, 모일, 단합할 14	木 △ 緞 비단, 헝겊 [하] 15	火 X 慱 근심할, 둥글다 15	水 ○ 漙 많을, 이슬 많을 15	水 X 腶 약포, 육포 15

단	土 ○ 壇 단, 제단, 제터 16	木 ○ 檀 박달나무, 단향목 17	木 ○ 檀 박달나무, 단향목 17	金 ○ 鍛 부릴, 숫돌, 단련할 17	水 X 癉 앓을, 황달 괴롭히다 17	木 ○ 簞 대이름, 소쿠리 18	金 △ 斷 끊을, 조각, 결단하다 18	土 ○ 鄲 조나라 서울, 현 이름 19
달	土 ○ 妲 여자 이름 8	火 X 怛 슬플, 근심하다 9	水 X 疸 황달, 달병 10	金 △ 靼 다룸가죽, 오랑캐 이름 14	土 ◎ 達 통달할, 통할, 깨달을 16	木 X 撻 때릴, 빠를, 매질할 17	水 △ 澾 미끄러울, 반질할 17	土 X 獺 수달 20
	木 ○ 闥 문, 뜰, 관청 21	金 X 韃 매질할, 종족 이름 22						
담	土 X 坍 무너질, 물이 언덕 칠 7	火 ○ 炎 아름다울 불꽃[염] 8	火 ○ 倓 편안할, 고요할 10	火 X 聃 귓바퀴 없을 11	土 ○ 埮 평평한 땅, 땅 평평하고 길 11	水 △ 啗 먹일, 먹다, 속일 11	水 X 啖 먹을, 씹을, 속일 11	火 ○ 毯 담요, 모포 12
	火 △ 惔 불이 타다, 편안할 12	金 △ 覃 깊을, 미칠, 퍼질 12	水 ○ 啿 넉넉한 모양 12	水 ○ 淡 물 맑을, 싱겁다 [염] 12	水 △ 湛 즐길, 빠질 [침, 잠] 13	水 X 痰 가래, 담, 천식 13	木 ○ 絊 옷 채색 선명할 14	火 ○ 儋 멜, 항아리 15
	土 △ 墰 땅이름, 목 긴 술병 15	土 ○ 郯 나라이름, 성 15	金 ○ 談 말씀, 이야기할 15	水 △ 噉 먹을, 성, 탐하다 15	火 X 曇 흐릴, 구름이 낄 16	金 X 錟 창, 긴 창 [섬] 16	水 △ 潭 못, 연못, 깊을 16	木 ○ 擔 멜, 질 책임질 17
	木 X 禫 담제(상복 벗을 제사) 17	火 ○ 憺 편안할, 고요할 17	水 ○ 澹 맑을, 조용할 17	木 △ 蕁 지모 찌를 [심] 18	木 △ 薝 치자나무 19	土 X 罎 술병, 술 단지 19	金 ○ 譚 말씀, 이야기, 클 19	水 X 膽 쓸개, 씻을, 담대할 19

담	水 X 黕 검을, 어둡다 21	土 X 罎 술병, 술 단지 22	水 X 黵 문신할, 때 묻을 25				
답	水 ○ 沓 유창할, 겹칠, 합할 8	土 ○ 畓 논, 수전 9	木 △ 答 대답할, 합당할 12	土 X 踏 밟을, 디딜 15	土 X 遝 뒤섞일, 모이다 17		
당	火 △ 倘 혹시, 만일 10	水 ○ 唐 당나라, 성 10	土 ○ 堂 집, 대청, 마루 11	木 ○ 棠 아가위, 산앵두나무 12	土 ○ 塘 못, 방죽, 제방 13	土 ○ 當 마땅할, 주관하다 13	木 △ 搪 뻗을, 막을, 찌르다 14	水 X 溏 진수렁, 진흙, 못 14
	木 △ 幢 기, 휘장, 장막 15	金 ○ 瑭 옥 이름 15	木 △ 撞 칠, 두드릴, 부딪치다 16	木 ○ 瞠 똑바로 볼, 볼 16	木 ○ 糖 사탕, 엿, 설탕 16	木 ○ 檔 의자, 문서, 나무 침대 17	水 X 螳 사마귀, 버마재비 17	金 ○ 璫 귀고리 옥, 패옥 18
	金 X 磄 밑바닥 18	水 △ 餳 엿, 쌀강정 18	木 △ 襠 잠방이, 배자(褙子) 19	金 △ 鐺 쇠사슬, 종고 소리 19	水 X 蟷 사마귀, 버마재비 19	水 △ 餹 엿, 굳힌 엿 19	水 ○ 黨 무리, 마을, 일가 20	金 △ 鏜 쇠사슬, 종고 소리 21
	火 △ 儻 빼어날, 갑자기 22	金 ○ 讜 곧은말, 바른말 27	火 X 戇 어리석을, 외고집 28					
대	木 ○ 大 큰, 성, 훌륭할 3	火 ○ 代 대신, 번갈아 5	火 ○ 旲 햇빛 날빛 [영] 7	水 ○ 汏 일, 씻을, 교만하다 7	土 ○ 坮 집터, 밭 8	土 ○ 垈 대, 성문 [호] 8	土 ○ 岱 대산, 클 8	木 △ 抬 들어올릴 [태] 9

대	火 ○ 待 기다릴, 대접할 9	金 ○ 玳 대모, 바다거북 10	木 △ 帶 띠, 찰, 성, 뱀 11	木 ○ 袋 자루, 주머니 11	金 X 貸 빌릴, 베풀, 느슨할 12	火 ○ 曼 해 돋을 13	金 ○ 碓 방아, 방망이 13	木 ○ 對 대답할, 상대 14
	土 ○ 臺 집, 대, 성문 [회] 14	火 X 儓 하인, 심부름꾼 16	土 △ 隊 무리, 떼 [추, 수] 17	水 X 黛 눈썹 먹, 여자의 눈썹 17	木 ○ 擡 들, 들어올릴 18	火 X 懟 원망할, 고민할 18	火 ○ 曃 무성할 18	金 ○ 戴 일, 만날, 받들 18
	金 X 鐓 창고달, 쇠 방망이 20							
댁	木 ○ 宅 댁, 집[택] 6							
덕	火 △ 悳 큰, 은혜, 德의 속자 12	火 △ 德 큰, 은혜 14	火 ○ 德 큰, 복, 은혜, 오를 15					
도	金 X 刀 칼, 거룻배 2	木 ○ 朶 나아갈 5	水 X 叨 탐낼, 진실, 함부로 5	火 X 忉 근심할, 걱정할 6	火 ○ 弢 활집, 활 전대 8	金 ○ 到 이를, 도달하다 8	木 ○ 度 법, 자, 정도 [탁] 9	木 △ 挑 돋을, 뛸, 절구 10
	木 ○ 桃 복숭아, 복숭아나무 10	火 X 倒 넘어질, 요절할 10	火 ○ 徒 무리, 걸을, 보병 10	土 ○ 島 섬, 도서 10	水 ○ 洮 씻을, 강 이름 10	水 ○ 涂 길, 도로 물이름 11	木 X 掏 가릴, 취할 12	木 △ 掉 흔들, 바로잡을 12
	木 △ 棹 노, 노 저을 [탁] 12	木 ○ 稌 찰벼, 메벼 12	火 X 悼 슬퍼할, 아파할 12	土 ○ 堵 담, 담장, 거처 12	金 X 盜 훔칠, 도둑질 12	水 X 屠 잡을, 백정 [저] 12	水 ◎ 淘 쌀 일, 물 흐를 12	木 △ 裪 복, 신 13

火 ◎	土 △	土 ◎	土 X	水 ◎	木 △	木 ◎	木 ◎
睹	塗	跳	逃	渡	搗	搯	睹
먼동 틀 [서]	진흙, 바를, 칠할	뛸, 달아날	달아날, 회피할	건널, 나루, 지나가다	찧을, 칠, 두드릴	꺼낼, 꺼내다	볼, 가릴, 분별할
13	13	13	13	13	14	14	14
木 ◎	木 X	火 ◎	土 ◎	土 ◉	金 X	金 △	水 △
萄	菟	慆	嶋	途	酴	鞀	圖
포도, 들머루	범, 땅이름	기뻐할, 방자하다	섬, 도서	길, 도로	술밑, 주모	노, 소고, 작은북	그림, 그릴, 꾀할
14	14	14	14	14	14	14	14
水 ◉	木 ◎	木 ◉	木 ◎	火 ◎	土 ◎	土 ◎	土 △
滔	稻	導	馟	覩	道	都	陶
넓을, 모일, 물 넘칠	벼, 땅이름	인도할, 이끌, 행할	향기 날, 향기로울	볼, 보다, 자세히 볼	길, 성, 도리, 근원	도읍, 성, 서울 [저]	질그릇, 성, 도공 [요]
14	15	16	16	16	16	16	16
金 X	金 X	水 ◎	木 △	土 △	土 △	金 △	木 X
賭	鋾	導	闍	壔	蹈	鍍	擣
내기, 노름, 도박	둔할, 통할	이를, 도달할	망루, 성문	성채, 언덕, 작은 성	밟을, 행할, 멀리 갈	도금할, 도금하다	찧을, 두드리다
16	16	16	17	17	17	17	18
木 ◎	木 X	火 ◎	水 ◎	木 △	金 △	金 △	金 △
櫂	檮	燾	濤	禱	韜	鞱	鼗
노, 배, 상앗대	등걸, 어리석을	비칠, 덮을	물결, 씻을, 큰 물결	빌, 기도할	감출, 활집, 활전대	감출, 활집, 활전대	작은북, 소고, 땡땡이
18	18	18	18	19	19	19	19
水 X							
饕							
탐할							
22							

도

木 △	土 X	木 ◎	木 △	土 △	木 ◎	木 X	土 △
禿	毒	督	篤	獨	牘	櫝	犢
대머리, 민둥산, 성	독, 해칠, 괴로울	감독할, 살펴보다	두터울, 견고할	홀로, 성, 외로울	서찰, 편지, 서판	함, 관, 궤	송아지, 성
7	8	13	16	17	19	19	19

독

독	水 X 瀆 도랑, 더러울 [두] 19	金 ○ 讀 읽을, 해독할 [두] 22	木 △ 纛 기, 둑 [도] 25	水 X 黷 더럽힐, 검을, 때 낄 27				
돈	火 ○ 旽 밝을, 먼동 틀 [준] 8	水 △ 沌 엉길, 빙빙 돌 8	火 △ 弴 활, 붉은 활 11	水 X 豚 돼지, 새끼 돼지 11	火 ○ 惇 두터울, 힘쓸, 정성 12	火 △ 焞 빛 희미할 [퇴, 슌] 12	金 △ 敦 도타울, 성낼 [단] 12	火 X 頓 조아릴, 절할 13
	土 ○ 墩 돈대, 흙무더기 15	火 ◎ 暾 아침 해, 해 돋을 16	火 ◎ 燉 불빛, 불 성할 16	水 ○ 潡 큰물, 큰 물결 16	土 △ 躉 거룻배, 작은 배 20			
돌	金 △ 乭 이름, 사람이름 6	水 X 咄 꾸짖을, 혀 차며 탄식할 8	水 △ 突 갑자기, 우뚝한 모양 9	土 △ 埃 굴뚝, 부엌 창 12				
동	火 ○ 仝 한가지, 함께, 모을 5	水 △ 冬 겨울, 감출, 동면할 5	水 ○ 同 한가지, 함께, 모을 6	火 ○ 彤 붉게 칠할, 붉을 7	木 ○ 東 동녘, 봄, 성, 주인 8	火 ○ 侗 정성, 어릴, 성실할 8	土 ○ 垌 항아리, 단지 9	土 ◎ 峒 산굴, 산 이름 9
	水 △ 哃 큰소리 칠, 망령된 말 9	木 ○ 桐 오동나무, 거문고 10	火 ◎ 烔 뜨거운 모양, 열기 10	水 △ 凍 얼, 추울, 얼음 10	水 ○ 洞 고을, 골, 마을 [통] 10	水 X 疼 아플, 욱신거릴 10	木 ○ 苳 겨우살이 11	水 ○ 動 움직일, 변할 11
	木 ○ 棟 마룻대, 용마루 12	木 △ 茼 쑥갓 12	金 △ 童 아이, 종, 노복 [종] 12	水 X 涷 소낙비, 얼다, 젖다 12	水 X 胴 큰창자, 대장, 몸통 12	火 X 僮 아이, 하인 14	土 △ 勭 움직일, 動의 고자 14	金 ○ 銅 구리, 동화, 구리그릇 14

동	水 ◯ 蝀 무지개 14	木 △ 董 감독할, 성 [종, 독] 15	木 ◯ 橦 나무이름 16	火 X 憕 그리워할 16	火 ◎ 曈 동틀, 먼동 틀 16	水 ◯ 潼 물이름, 강 이름 16	水 X 朣 달 뜰, 떠오르다 16	木 ◯ 瞳 눈동자, 무심히 볼 17
	木 ◯ 蕫 연뿌리, 동독할 18	木 △ 艟 배, 싸움배 18						
두	火 ◯ 斗 말(용량단위), 별이름 4	木 ◯ 杜 막을, 성, 팥배나무 7	木 △ 豆 콩, 팥, 나무 제기 7	木 △ 抖 들, 들어올릴 8	木 △ 枓 주두, 대접받침 [주] 8	水 X 肚 배, 위, 밥통 9	水 X 蚪 올챙이 10	木 △ 兜 투구, 두건, 쓰개 11
	土 X 阧 가파를, 우뚝 솟을 12	水 X 痘 천연두, 마마 12	木 ◯ 荳 콩, 팥 13	水 X 脰 목, 목구멍 13	土 △ 逗 머무를, 피할 [기] 14	土 X 陡 험할, 갑자기 15	火 ◯ 頭 머리, 시초, 우두머리 16	金 X 斀 패할, 헐, 섞을 17
	水 X 竇 구멍, 움, 들창문 [독] 20	金 X 讀 구절, 구두 (책갈피) [독] 22	水 X 蠹 좀, 나무좀 24					
둔	木 △ 屯 모일, 진, 진칠 4	水 X 窀 광중, 무덤 구덩이 9	木 △ 芚 싹 나올, 채소 이름 10	土 X 迍 머뭇거릴, 망설일 11	金 X 鈍 무딜, 둔할, 미련할 12	土 X 遁 피할, 숨을 [준] 16	土 X 遯 달아날, 도망칠, 피할 18	水 X 臀 볼기, 궁둥이, 바닥 19
둘	木 △ 乧 음역자 5							

득	火 ◎ 得 얻을, 깨달을 11							
등	木 ○ 等 무리, 등급, 같을 12	火 ○ 登 오를, 나갈, 이룰 12	木 △ 凳 걸상, 평상 14	水 ○ 滕 물 솟을, 나라이름 14	土 X 嶝 고개, 비탈길 15	土 △ 墱 작은 언덕, 자드락길 15	木 ○ 橙 등상(책상의 일종) 16	木 △ 縢 봉할, 행전, 주머니 16
	火 ○ 燈 등, 등불, 등잔 16	水 X 䲢 등사 16	金 △ 磴 돌 비탈길, 돌다리 17	金 △ 謄 베낄, 등사하다 17	土 ○ 鄧 나라이름, 나무이름 19	火 ○ 騰 날, 오를, 뛸, 달릴 20	金 △ 鐙 등잔, 접시, 등불 20	木 △ 籐 등나무, 대그릇 21
	木 △ 藤 넝쿨, 등나무 21							
라	金 X 剆 칠, 서로 칠 9	火 X 倮 벗을, 알몸, 벌거벗을 10	金 △ 砢 돌 쌓일, 서로 도울 10	水 △ 喇 나팔, 중, 승려 12	木 X 裸 벗을, 사람, 벌거벗을 14	木 ◎ 摞 다스릴, 정돈할 15	木 △ 蓏 열매 16	水 X 瘰 연주창, 옴 16
	水 X 螺 소라, 술잔 17	火 △ 覶 진할, 자세할 19	木 ○ 羅 비단, 그물, 성, 얇은 비단 20	火 X 懶 게으를, 누울 20	火 X 儸 간사성 있을 21	火 X 騾 노새 21	水 X 癩 문둥병 21	水 X 囉 소리 얽힐, 지껄일 22
	火 X 曪 햇빛 없을, 날 흐릴 23	火 X 蠃 노새 23	水 X 臝 벌거벗을 23	木 △ 蘿 쑥, 무, 여라 25	木 ○ 纙 돈 꾸러미 25	土 △ 邏 돌, 두를, 순찰할 26	金 △ 鑼 징, 악기 27	

락	火 ○ 烙 지질, 화침 (달군 쇠침) 10	水 ○ 洛 물이름, 한나라 서울 10	金 △ 珞 구슬목걸이 [력] 11	木 ○ 絡 이을, 두레박줄 12	金 X 酪 타락, 소의 젖, 술 13	水 X 酪 진한 유즙, 술, 식초 13	土 △ 犖 얼룩소, 뛰어날 14	木 △ 樂 즐거울 [악, 요] 15
	木 X 落 떨어질, 마을, 준공할 15	火 △ 駱 낙타, 약대, 가리온 16						
란	火 △ 丹 꽃이름 [단] 4	水 X 卵 알, 기를 7	木 X 亂 어지러울, 다스릴 13	木 X 闌 막을, 가로막을, 17	土 X 嬾 게으를, 누울 19	木 △ 襴 위아래가 이어진 옷 20	木 △ 攔 막을, 칸막이 21	木 △ 欄 난간, 테, 외양간 21
	木 ○ 斕 문채 21	火 △ 爛 빛날, 밝을, 부패할 21	水 ○ 瀾 물결, 큰 물결 21	金 ○ 瓓 옥 무늬, 옥 광채 22	木 ○ 欒 나무이름, 둥글, 가름대 23	木 ○ 蘭 난초, 목련꽃 23	木 △ 襴 난삼, 통옷, 원피스 23	水 X 灤 새어 흐를, 적실 23
	木 ○ 欗 목란 25	金 △ 鑾 방울 27	火 △ 鸞 방울, 새, 난새 30					
랄	金 X 剌 어그러질, 바람소리 9	土 ○ 埒 담, 경계, 울타리 10	金 △ 辢 매울, 몹시 매울 14	金 X 辣 매울, 몹시 매운 맛 14				
람	土 X 婪 람할, 삼가지 않을 11	土 ◎ 娣 고울, 예쁠 11	火 X 惏 람할, 차갑다 12	土 ○ 嵐 산바람, 남기(산기운) 12	木 ○ 擥 잡을 14	水 △ 漤 과실 장아찌 15	木 ○ 擥 가질, 잡을, 총괄할 18	火 △ 燣 불 번질 18

람	水 △ 濫 넘칠, 퍼질 [함] 18	金 △ 瑢 옥 이름 19	木 △ 籃 대바구니, 대광주리 20	木 △ 藍 쪽, 누더기 20	木 X 襤 누더기, 해진 옷 20	火 ○ 覽 볼, 살필, 두루 볼 21	水 △ 灆 퍼질, 고을이름 22	木 ○ 攬 가질, 잡을, 총괄할 25
	木 △ 欖 감람나무 25	木 △ 纜 닻줄, 배 닻줄 27						
랍	木 △ 拉 꺾을, 당길, 잡아갈 9	水 X 臘 납향, 섣달, 찰날 21	水 X 蠟 밀, 밀초, 벌똥 21	金 △ 鑞 땜납, 주석, 백철 23				
랑	木 △ 庬 높을, 그릇 10	土 ○ 娘 여자, 아가씨 10	火 ○ 眼 햇볕 쬘, 밝을 11	火 ○ 烺 빛 밝을, 타는 모양 11	土 X 狼 이리, 짐승이름 11	水 ○ 浪 물결, 성, 방랑할 11	水 ◎ 朗 밝을, 맑을, 달 밝을 11	木 X 稂 강아지풀 12
	金 ○ 琅 옥돌, 옥 이름 12	金 ○ 硠 돌 부딪는 소리, 단단할 12	木 ○ 廊 행랑, 사랑채 13	木 X 莨 꼴풀이름, 미치광이 13	土 ○ 郞 사내, 서방, 벼슬 13	水 X 蜋 버마재비 13	木 ○ 榔 나무이름, 빈랑나무 14	土 ○ 郎 사내, 남편 14
	木 ○ 閬 솟을대문, 넓다 15	金 ○ 瑯 옥돌, 고을이름 15	水 X 螂 사마귀, 쇠똥구리 16	火 X 駺 꼬리 흰 말 17				
래	木 ○ 来 올, 위로할 7	火 ○ 來 올, 부를, 돌아올 8	火 ○ 徠 올, 위로할 11	土 ○ 峡 산 이름 11	水 ○ 唻 노래하는 소리, 어조사 11	水 ○ 淶 강 이름, 고을이름 12	木 ○ 萊 쑥, 명아주 14	火 ○ 逨 올, 다가올 15

래	火 X 騋 큰 말, 키가 7척인 말 18							
랭	水 △ 冷 찰, 맑다, 쌀쌀할 7							
략	土 △ 畧 다스릴, 둘러볼, 범할 11	土 △ 略 간략할, 날카로울 11	木 X 掠 노략질할, 매질할 12					
량	土 ○ 良 어질, 착할, 좋을 7	土 ○ 兩 두, 둘, 짝, 단위 8	火 ○ 俍 어질, 좋을 9	火 ◎ 亮 밝을, 믿을, 도울 9	火 ○ 倆 재주, 솜씨, 두 사람 10	水 △ 凉 서늘할, 맑을, 쓸쓸할 10	木 ○ 梁 들보, 성, 다리 11	火 △ 悢 슬퍼할, 서러워할 11
	火 ○ 量 헤아릴, 추측할 12	水 X 喨 울음 그치지 않을 12	水 △ 涼 서늘할, 맑을, 가을 12	木 ○ 粮 양식, 먹이, 급여 13	木 ○ 粱 기장, 좋은 곡식 13	土 △ 踉 뛸, 천천히 걸을 14	木 ○ 樑 들보, 대들보, 성 15	火 △ 輛 수레, 서로 비슷할 15
	金 ○ 諒 살필, 믿을, 진실 15	火 △ 駺 꼬리 흰 말 17	木 ○ 糧 양식, 먹이, 급여 18	火 X 魎 도깨비 18				
려	水 ○ 呂 성, 음률, 풍류 7	金 X 戾 어그러질, 사나울 8	火 ○ 侶 짝, 벗할, 동무 9	土 △ 旅 나그네, 군사, 여단 10	木 ○ 梠 평고대, 서까래 11	水 X 唳 울, 새소리 11	木 ○ 閭 마을, 이문, 마을 문 15	木 △ 黎 검을, 많을, 무리 15

려	火 △ 慮 생각할, 근심할 15	水 △ 厲 엄할, 갈, 괴롭다 15	水 X 膂 등골뼈, 등에 지다 16	火 X 儢 게으를, 힘쓰지 않을 17	土 △ 勵 힘쓸, 권할, 생각할 17	水 X 癘 창질, 염병, 문둥병 18	木 X 廬 농막집, 오두막집 19	木 △ 欐 종려나무, 모과나무 19
	火 ○ 曞 햇빛 성할 19	土 ○ 麗 빛날, 고울, 좋을 [리] 19	水 ○ 濾 거를, 씻을, 맑을 19	金 X 礪 숫돌 (칼 가는 돌) 20	木 △ 藜 명아주, 나라이름 21	木 △ 糲 현미, 매조미쌀 21	火 ○ 儷 짝, 한 쌍, 나란히 할 21	水 X 蠣 굴, 가오리 21
	水 X 蠡 좀먹을, 달팽이 21	土 △ 邌 천천히 갈, 늦을 22	水 X 臚 살갗, 피부, 배 앞 22	金 △ 鑢 줄, 갈다, 다스릴 23	火 X 驢 나귀, 당나귀 26	火 X 驪 검은 말 [리] 29		
력	土 ○ 力 힘, 힘쓸, 부지런할 2	火 ○ 曆 책력, 셀, 일지 16	土 ○ 歷 지날, 넘을, 책력 16	木 △ 櫟 상수리나무, 땅이름, 난간 19	木 X 擽 칠, 때릴, 스칠 20	木 X 櫪 말구유, 마판 20	金 △ 礫 조약돌 자갈 [럭] 20	水 △ 瀝 스밀, 거를, 물방울, 찌끼 20
	水 X 癧 연주창 21	火 X 轢 삐걱거릴, 수레바퀴에 칠 22	火 X 轣 갈, 물레, 궤도 23	水 X 靂 벼락, 천둥 24	土 ○ 酈 땅이름, 고을이름 26			
련	木 ○ 楝 멀구슬나무, 단향목 13	火 △ 煉 쇠 불릴, 단련할 13	水 △ 涷 익힐, 쌀일, 실 삶을 13	土 ○ 連 이을 연할, 잇닿을 14	木 ○ 練 익힐, 단련할 15	火 △ 輦 가마, 손수레 15	水 △ 漣 물놀이, 잔물결 15	火 X 憐 사랑할, 불쌍히 여길 16
	金 △ 璉 호련, 종묘 제기 16	木 ○ 蓮 연꽃, 연밥 17	火 ○ 聯 연이을, 이을, 합할 17	金 △ 鍊 불릴, 단련할, 정금 17	金 △ 鏈 쇠사슬, 납의 광석 19	水 X 鰊 청어, 물고기 이름 20	木 ○ 孌 이룰 22	土 ○ 變 예쁠, 아름다울 22

련	水 X 鰱 연어 22	木 X 攣 걸릴, 이어질 23	火 △ 戀 생각할, 그리워할 23	水 X 臠 저민 고기, 여위다 25	火 △ 臠 이을 26			
렬	土 X 劣 용렬할, 못할, 약할 6	金 ○ 列 벌일, 베풀, 차례 6	水 X 冽 찰, 차가운 바람 8	木 △ 捌 내걸, 비틀다 10	火 △ 烈 빛날, 매울, 굳셀 10	水 △ 洌 맑을, 찰, 한랭하다 10	木 X 捩 비틀, 꼬다, 꺾다 12	木 X 裂 찢을, 옷 터질 12
	木 X 颲 폭풍우, 사나운 바람 15							
렴	木 ○ 廉 청렴할, 성, 맑을 13	金 X 磏 거친 숫돌, 모난 돌 15	金 ○ 斂 거둘, 모을, 저장할 17	水 △ 濂 물이름, 엷을 17	水 X 殮 염할, 염습할 17	木 △ 簾 발, 주렴 19	水 △ 瀲 넘칠, 뜰, 물가, 적실 21	
렵	土 X 獵 사냥, 사로잡을 19	土 △ 躐 밟을, 뛰어넘을 22	火 X 鬣 갈기, 수염, 솔잎 25					
령	火 ○ 令 하여금, 성, 시킬, 명할 5	水 X 另 헤어질, 별거하다 5	火 ○ 伶 영리할, 똑똑할, 외로울 7	火 ○ 囹 영리할 7	土 ○ 姈 슬기로울, 여자 영리할 8	土 ○ 岭 산 이름, 산봉우리 8	土 ○ 岺 산 이름, 고개 8	水 ○ 哈 말씀, 속삭일 8
	水 X 囹 옥, 감옥 8	木 ○ 柃 나무 이름 9	火 ○ 怜 영리할 똑똑할 [련] 9	火 ○ 昤 햇빛, 영롱할 9	水 △ 泠 물이름, 서늘할 9	水 ○ 胎 밝을, 달빛 영롱할 9	木 ○ 秢 나이, 벼 처음 익을 10	金 ○ 玲 옥 소리, 선명할 10

령	木 △ 苓 도꼬마리, 향기 풀이름 11	木 X 答 종다래끼, 통, 작은 통 11	火 △ 聆 들을, 깨달을 11	火 X 翎 깃, 화살에 붙인 깃 11	土 △ 羚 영양, 새끼 양 11	水 X 蛉 잠자리, 배추벌레 11	火 X 軨 사냥수레, 수레난간 12	金 ○ 鈴 방울, 요령 (큰 방울) 13
	水 X 零 비 올, 떨어질 13	火 ○ 領 거느릴, 다스릴 14	土 ◎ 逞 왕성할, 쾌할, 다할 14	火 X 鴒 할미새, 옹거 16	水 △ 舲 소금, 조수 들어오는 곳 16	土 ○ 嶺 고개, 재, 산봉우리 17	水 ○ 澪 강 이름 17	金 △ 齡 나이, 해, 연치(年齒) 20
	水 △ 靈 신령, 하늘, 영혼, 정신 24	木 △ 欞 격자창, 처마, 난간 28						
레	木 ○ 礼 예도, 예절, 인사 6	火 ○ 例 법식, 견줄, 본보기 8	水 X 隷 종, 좇을, 죄인 16	水 ◎ 澧 물이름, 단물, 감천 17	水 X 隸 종, 붙을, 부릴, 죄인 17	木 ○ 禮 예도, 예절, 인사 18	金 △ 醴 단술, 맑은 술 20	水 X 鱧 가물치, 칠성장어 24
로	土 △ 老 늙을, 어른, 노련할 6	水 X 牢 굳을, 채울, 짐승 우리 9	火 X 旅 검을, 검은빛 11	水 △ 鹵 소금, 염전, 갯벌 11	木 X 虜 포로, 종, 사로잡을 12	火 ○ 勞 일할, 수고로울 12	木 X 虜 포로, 종 13	火 △ 輅 수레, 클, 끌채 끈 13
	土 ◎ 路 길, 성, 도덕 13	水 △ 滷 소금밭, 염전, 간수 15	水 X 魯 성, 나라, 미련할 15	木 △ 撈 건질, 잡을 16	木 ○ 櫓 오동나무 16	水 △ 潦 큰비, 적실 16	水 △ 澇 큰 물결, 젖을 16	水 ○ 潞 강 이름, 고을이름 16
	水 ○ 盧 성, 검을, 밥그릇 16	木 X 擄 노략질할, 사로잡을 17	水 X 癆 중독, 아플, 약물중독 17	金 ○ 璐 옥 이름, 아름다운 옥 17	木 △ 蕗 감초, 낙규 18	木 △ 櫓 방패, 노, 망루 19	土 X 壚 흑토, 검은 석비레 19	水 X 噜 웃을 19

로	木 △ 櫨 두공, 자라다 20	火 ○ 爐 화로, 향로 20	金 ○ 鏀 금길 20	水 ○ 瀘 물이름, 강 이름 20	水 △ 露 이슬, 젖을, 드러날 20	木 △ 艣 노, 상앗대 21	水 ○ 矑 눈동자, 보다 21	金 ○ 璐 푸른 옥, 비취 옥 21
	金 △ 鐪 아교 그릇 21	木 △ 艫 뱃머리, 배이름 22	木 X 蘆 갈대, 호리병박 22	火 X 轤 도르래, 활차, 물레 23	火 △ 鷺 백로, 해오라기 23	金 △ 鑪 화로, 불씨, 향로 24	火 X 顱 머리뼈, 해골, 두개골 25	金 X 髗 머리뼈, 두개골 26
	火 X 鸕 가마우지, 더펄새 27	水 X 鱸 농어 27						
록	火 △ 彔 근본, 나무 새길 8	土 △ 鹿 사슴, 산기슭 11	水 △ 淥 밭을, 물 맑을 12	木 ◎ 祿 녹, 녹봉, 복, 행복 13	金 △ 碌 푸른 돌, 푸른빛 13	木 ○ 綠 푸를, 초록빛 14	木 △ 菉 조개풀, 녹두, 푸를 14	水 △ 漉 거를, 물 젖을 15
	金 ○ 錄 기록할, 문서, 금빛 16	木 ○ 籙 대 상자, 분각 17	火 △ 轆 도르래, 물레 18	火 X 鵦 새이름 19	土 △ 麓 산기슭, 숲 19			
론	木 △ 掄 고를, 가릴 [륜] 12	火 ○ 惀 생각할 알려고 할 12	金 ○ 論 논의할, 의논할 [륜] 15					
롱	金 X 弄 희롱할, 가지고 놀 7	火 X 儱 미숙한 모양 18	土 X 壟 밭두둑, 언덕, 무덤 19	木 △ 攏 누를, 쓰다듬다 20	火 △ 曨 해 돋을, 먼동이 틀 20	水 X 瀧 비올, 젖을 [랑] 20	水 X 朧 흐릿할, 희미하다 20	金 ○ 瓏 옥 소리, 환할 21
	金 △ 礱 갈다, 맷돌, 숫돌 21	木 △ 籠 대바구니, 농, 새장 22	木 △ 蘢 개여뀌 (한해살이풀) 22	火 X 聾 귀먹을, 어리석을 22	土 ○ 隴 고개 이름, 산 이름 24			

뢰	木 △ 耒 쟁기 6	土 X 牢 우리, 희생, 외양간 7	金 X 賂 줄, 뇌물 줄 13	金 X 誄 뇌사, 조문, 제문(祭文) 13	水 △ 雷 천둥, 우레, 사나울 13	金 X 酹 강신할, 술을 땅에 붓다 14	金 △ 磊 돌무더기, 돌 많은 모양 15	金 △ 賚 줄, 하사품 15
	火 ○ 賴 의뢰할, 힘입을 16	金 ○ 頼 의뢰할, 힘입을 16	火 △ 儡 망칠, 야윌, 꼭두각시 17	金 △ 磥 돌무더기, 돌 굴려 내릴 18	木 △ 擂 갈, 북 칠, 치다 19	木 ○ 蕾 꽃봉오리, 꽃잎 방긋할 19	金 X 礧 큰 돌, 돌 굴려 내릴 20	水 X 瀨 여울, 급류 20
	木 X 纇 실마디, 실매듭 21	土 X 罍 술독, 세숫대야 21	木 △ 籟 소리, 세구멍퉁소 22					
료	金 △ 了 마칠, 밝을, 깨닫다 2	火 ○ 料 헤아릴, 다스릴 10	火 X 聊 귀 울, 어조사, 즐길 11	木 △ 廖 사람이름, 성, 공허할 14	火 △ 僚 벗, 동료, 동관, 예쁠 14	木 △ 寮 관리, 벼슬아치 15	土 ○ 嫽 예쁠, 외조모 15	水 X 嘹 울, 신음할 15
	木 ○ 撩 다스릴, 돋울, 도울 16	火 ◎ 暸 밝을, 환할 16	火 X 燎 밝을, 횃불, 화톳불 16	土 X 獠 밤사냥, 오랑캐 이름 16	水 X 潦 큰비, 장마, 적실 16	水 X 膋 발기름, 짐승 배 지방 16	木 ○ 瞭 밝을, 분명할 17	木 X 蓼 여뀌 (한해살이풀) 17
	水 X 療 병 고칠, 병 나을 17	木 △ 繚 감길, 얽어맬, 비틀 18	金 X 醪 막걸리, 술, 탁주 18	土 △ 遼 멀, 멀다, 거리가 멀 19	木 △ 飂 바람소리, 서풍, 비다 20	金 △ 鐐 은, 천은, 족쇄 20	木 △ 飉 바람, 산들바람 21	
룡	金 △ 竜 용(상상의 동물) 10	土 △ 龍 용, 성, 별이름 16	土 △ 龒 용, 별이름 21					
루	木 ○ 累 여러, 거듭할 11	土 ○ 婁 끌, 거둘, 별이름 11	水 X 淚 눈물, 울다 [려] 12	火 X 僂 구부릴, 곱사등이 13	土 ○ 嶁 봉우리, 산봉우리 14	土 X 陋 더러울, 좁을, 천할 14	水 X 嘍 시끄러울, 새소리 14	水 △ 屢 여러, 자주, 빠를 14

루	木 ○ 樓 다락, 성, 망루 15	木 ○ 摟 끌어 모을 15	火 ○ 慺 정성스러울, 기쁘다 15	火 ○ 熡 불꽃 15	水 △ 漏 샐, 스밀, 물시계 15	水 △ 凄 비 지적지적 할, 도랑 15	水 △ 潔 물 이름 [탑] 15	水 X 瘻 부스럼, 혹, 곱사등이 16
	木 ◎ 縷 실, 명주, 자세할 17	木 △ 蔞 산쑥, 풀이름 17	木 △ 褸 옷깃, 해진 옷 17	木 △ 耬 씨 뿌리는 기구 17	水 X 螻 땅강아지, 청개구리 17	土 △ 壘 보루, 진(작은 섬) 18	金 ○ 謱 곡진할, 서로 끌 18	金 △ 鏤 강철, 새길, 아로새길 19
	金 X 髏 해골, 두개골 21							
류	木 ○ 柳 버들, 성, 별이름 9	土 △ 留 머무를, 지체하다 10	水 △ 流 흐를, 번져 퍼질 11	金 ○ 琉 유리, 나라이름 12	金 ○ 硫 유황 12	土 △ 旒 깃발, 면류관 끈 13	木 ○ 榴 석류나무 14	水 △ 溜 물방울, 낙숫물 14
	金 △ 劉 묘금도, 성, 죽일, 베풀 15	金 ○ 瑠 유리, 맑은 유리 15	水 X 瘤 혹, 군더더기 15	木 △ 橊 석류나무, 짐승이름 16	木 X 縲 포승(죄인 묶는 끈) 17	土 △ 遛 머무를, 정지할 17	金 X 謬 그릇될, 잘못할 18	火 △ 類 무리, 같을, 비슷할 19
	水 ○ 瀏 맑을, 물이 맑을 19	木 X 纍 맬, 얽을, 잡아매다 21	火 X 鶹 올빼미, 수리부엉이 21					
륙	土 ○ 六 여섯 6	土 ○ 勠 합할, 힘 합할 13	金 X 戮 죽일, 벌, 형벌 15	土 ◎ 陸 뭍, 땅, 육지, 성 16				

제4부 인명용 한자 149

류	火 ◎ 侖 둥글, 생각할 8	火 ○ 倫 인륜, 무리, 순서 10	土 △ 崙 산 이름, 산 모양 11	土 △ 崘 산 이름, 산 모양 11	水 △ 圇 완전할 11	木 ○ 掄 가릴, 고를, 선택할 12	水 △ 淪 물결, 빠질, 거느릴 [론] 12	木 ○ 綸 굵은 실, 벼리, 낚싯줄 14
	火 X 輪 바퀴, 수레, 돌다 15	金 ○ 錀 금 16						
률	火 ◎ 律 법, 법칙, 풍류 9	木 ○ 栗 밤, 밤나무, 공손할 10	火 X 率 비율, 비례 [솔] 11	土 X 嵂 가파를, 산 높고 험할 12	火 X 慄 두려워할, 떨릴, 슬퍼할 14	水 ○ 溧 강 이름, 물이름 14	木 ○ 稞 벼를 쌓은 모양 15	金 ○ 瑮 옥 무늬 15
륭	火 ○ 懏 뜻, 의사 16	土 ◎ 隆 높을, 성할, 클 17	水 X 窿 활꼴, 하늘 형세 17	水 X 癃 느른할, 위독할 17				
륵	水 X 肋 갈빗대, 힘줄 [근] 8	水 X 泐 돌 갈라질, 글씨 쓰다 9	金 △ 勒 굴레, 재갈, 정돈할 11					
름	木 ○ 菻 쑥, 나라이름 14	水 △ 凜 찰, 추울, 의젓하다 15	水 △ 凛 찰, 추울, 늠름하다 15	木 ○ 廩 곳집, 쌀 곳간 16	水 △ 澟 서늘할, 차다 17			
릉	火 X 倰 속일, 넘다, 건널 10	水 X 凌 얼음, 능가할 10	木 △ 楞 모서리, 불교용어 13	木 △ 棱 모서리, 불교용어 13	木 △ 稜 벼, 서슬, 모날, 모서리 13	木 ○ 綾 비단 14	木 △ 菱 마름, 모날 14	土 X 陵 언덕, 능, 높을, 왕릉 16

릉	木 △ 薐 마름 (풀이름) 17							
리	水 △ 吏 아전, 관리, 관원 6	木 ○ 李 오얏, 성, 다스릴 7	土 ○ 里 마을, 고향, 이웃 7	金 ○ 利 이로울, 편리할 7	火 ◎ 俐 영리할, 똑똑할 9	火 X 悧 속될, 상말, 시골 9	土 △ 俚 다스릴, 釐의 속자 9	水 ○ 哩 어조사, 마일, 거리 10
	水 △ 唎 가는 소리, 작은 소리 10	木 △ 梨 배, 배나무 11	火 ○ 悧 영리할, 똑똑할 11	火 X 离 떠날, 만날, 헤어질 11	土 X 犁 얼룩소, 쟁기질할 11	土 X 狸 삵, 살쾡이 [매] 11	水 △ 浬 다다를, 물소리 11	水 ○ 浬 해리, 해상 거리 11
	土 X 犂 얼룩소 [려] 12	金 ○ 理 다스릴, 깨달을 12	水 X 痢 설사, 이질 12	木 ○ 裏 속, 옷 속, 속마음 13	木 ○ 裡 속, 내부, 속마음 13	木 △ 莉 말리꽃, 말리(茉莉) 13	木 △ 莅 다다를, 지위 13	金 X 剺 벗길, 깎을, 칼로 벨 13
	水 X 蜊 참조개, 새조개 13	土 X 嫠 과부, 홀어미 14	水 X 貍 삵, 살쾡이, 너구리 14	木 △ 履 신, 밟을, 가죽신 [복] 15	木 △ 摛 펼, 퍼질, 퍼지다 15	水 △ 漓 스며들, 흐르는 모양 15	土 X 厲 바를, 반듯할 16	金 △ 璃 유리, 구슬이름 16
	木 X 罹 병 걸릴, 근심할 17	水 X 螭 교룡, 뿔 없는 용 17	土 △ 釐 다스릴, 복, 의리 [희] 18	水 X 鯉 잉어, 편지 18	火 △ 離 떠날, 만날, 괘 이름 19	土 X 羸 여월, 괴로워할 19	火 X 魑 도깨비 21	木 X 藜 끈끈이, 새 잡는 풀 23
	水 △ 灕 물 이름 23	木 △ 籬 울타리, 대 조리 25	土 △ 邐 이어질 26					

린	水 △ 吝 아낄, 인색할 7	火 X 悋 아낄, 더러울 11	木 X 粦 도깨비불, 반딧불 12	火 ○ 焛 불꽃 12	木 ○ 䢯 물 맑을, 내 모양 14	土 △ 嶙 가파를, 산이 가파를 15	木 △ 撛 도울, 붙들 16	木 ○ 橉 나무이름 16
	火 X 燐 도깨비불, 반딧불 16	火 ○ 㬚 사람 이름 16	土 △ 獜 튼튼할, 건장할 16	金 ○ 䚐 물소리 16	水 ○ 潾 맑을, 석간수 [리] 16	木 ○ 瞵 눈빛 17	土 △ 䮛 기린, 암기린 17	金 ○ 璘 옥빛, 옥 무늬 17
	金 △ 磷 조약돌, 돌 모양 17	木 △ 繗 이을, 실 뽑을 18	水 X 蟠 반딧불이 18	火 X 轔 수레소리, 바퀴 19	土 ○ 䥥 이웃, 도울, 보필하다 19	土 ○ 隣 이웃, 도울, 보필하다 20	金 △ 鏻 굳셀, 굳센 모양 20	木 △ 藺 골풀, 등심초 22
	火 X 驎 얼룩말, 화마 22	土 X 躙 짓밟을, 유린할 23	土 △ 麟 기린, 큰 사슴 23	水 △ 鱗 비늘, 물고기 23	土 X 躪 유린할, 짓밟을 27			
림	木 ○ 林 수풀, 성, 빽빽할 8	金 △ 玲 아름다운 옥 9	木 X 梫 무성할 [침] 12	火 △ 琳 알고자 할 12	水 ○ 淋 물 뿌릴, 젖을 12	金 ○ 琳 옥 이름, 아름다운 옥 13	金 △ 碄 깊을 13	水 X 痳 임질, 산증, 대하증 13
	水 X 霖 장마 16	火 ○ 臨 임할, 다스릴 17						
립	金 ○ 立 설, 세울, 정할, 임할 5	土 ○ 岦 산 우뚝할, 산 높을 8	金 X 砬 돌소리 10	木 ○ 笠 삿갓, 갓 양태 11	木 ○ 粒 쌀알, 낟알, 밥 먹을 11			

마	火 △ 馬 말, 성, 벼슬이름 10	木 △ 麻 삼, 성, 대마, 참깨 11	土 △ 媽 어머니, 암말 13	水 X 痲 저릴, 홍역 13	木 △ 麽 잘, 작을, 그런가 14	木 △ 摩 문지를, 갈, 닦을 15	金 ○ 瑪 옥돌, 보석, 마노 15	金 △ 碼 마노, 야드, 무늬 있는 돌 15
	金 △ 磨 갈, 맷돌, 숫돌에 갈 16	水 X 螞 말거머리, 왕개미 16	水 X 蟇 두꺼비 17	火 X 魔 마귀, 악마, 마술 21	金 X 劘 깎을, 베다, 자르다 21			
막	木 △ 莫 말, 없을, 불가할 [모] 13	木 △ 幕 장막, 군막, 덮을 14	木 △ 寞 고요할, 쓸쓸할 14	水 X 漠 사막, 넓을, 아득할 15	木 X 瞙 눈 흐릴, 백태 눈 16	水 X 膜 막, 꺼풀, 얇은 막 17	金 X 鏌 칼이름 19	土 X 邈 멀, 아득할 21
만	木 △ 万 일만, 많을 3	水 △ 卍 만자 6	土 △ 娩 낳을, 해산할 10	木 X 挽 이끌, 당길, 애도할 11	火 ○ 曼 길게 끌, 아름다울 11	火 X 晚 늦을, 저물, 저녁 11	木 △ 幔 장막, 휘장 14	火 X 輓 끌, 수레 끌 14
	土 △ 墁 흙손, 벽, 바를 14	土 X 嫚 업신여길, 더럽힐 14	木 ○ 萬 일만, 성, 많을 15	火 X 慢 게으를, 거만할 15	水 ○ 滿 찰, 가득할, 풍족할 15	水 X 漫 넘칠, 흩어질 15	木 X 瞞 속일, 눈 어둘 [문] 16	木 ○ 蔓 넝쿨, 퍼질, 순무 17
	木 △ 縵 무늬 없는 비단, 명주 17	土 X 蹣 넘을, 비틀거릴 18	金 X 謾 속일, 헐뜯다 18	金 ○ 鏋 금, 순금 19	金 △ 鏝 흙손, 날이 없는 창 19	水 X 饅 만두 20	火 △ 鬘 머리장식, 꽃이름 21	火 X 彎 굽을, 당길 22
	土 X 巒 뫼, 산등성이 22	水 X 鰻 뱀장어 22	水 X 蠻 오랑캐, 난폭할 25	水 X 灣 물굽이, 굽은 모양 26				

말	木 △ 末 끝, 마칠, 다할, 없을 5	木 ○ 帕 머리띠, 머리동이 8	木 ○ 抹 지울, 칠할, 발라 없앨 9	水 X 沫 물거품, 침, 흐르는 땀 9	木 X 秣 꼴, 말먹이 10	水 X 靺 끌, 끌음 10	木 ○ 茉 말리(茉莉), 말리나무 11	金 X 靺 말갈, 오랑캐 14
	木 X 襪 버선, 허리띠 21							
망	水 X 亡 망할, 잃을, 없을[무] 3	土 X 妄 속일, 망령될 6	火 △ 忙 바쁠, 조급할 7	火 X 忘 잊을, 깜짝할 7	水 X 汒 황급할, 바쁠 7	木 X 罔 없을, 그물, 속일 9	木 X 芒 까끄라기, 가시, 빛 9	土 △ 邙 산 이름, 북망산 10
	水 △ 望 바랄, 원망할 11	木 △ 茫 아득할, 망망할 12	木 △ 莽 풀, 숲, 우거질 12	火 X 惘 멍할, 넋 잃을 12	木 △ 網 그물, 포위망 14	木 X 莽 풀, 숲, 우거질 14	水 △ 朢 바랄, 원망할 14	火 X 輞 바퀴 테 15
	水 △ 漭 넓을, 진펄, 편할 15	火 X 魍 도깨비 18						
매	土 ○ 每 매양, 늘, 우거질 7	水 X 呆 어리석을, 지키다 7	木 △ 枚 줄기, 채찍 8	土 ○ 妹 누이, 소녀, 여자 8	火 △ 昧 어두울, 동틀 무렵 9	金 ◎ 玫 옥 이름, 아름다운 돌 9	水 △ 沬 지명, 어두어둑할 9	木 X 眛 눈 희미할, 어두울 10
	土 X 埋 묻을, 메울, 채울 10	木 ○ 梅 매화, 성, 매화나무 11	木 △ 苺 딸기, 이끼 11	木 X 寐 잠잘, 죽을 12	土 △ 媒 중매할 12	金 △ 買 살, 고용할 12	木 ○ 楳 매화나무, 신맛 13	木 ○ 莓 딸기나무, 이끼 13

매	火 X 煤 그을음, 먹, 석탄 13	金 X 酶 술밑, 누룩 14	火 X 魅 도깨비, 홀리다 15	金 △ 賣 팔, 넓힐 15	水 X 霉 매우(梅雨), 곰팡이 15	木 X 罵 욕할, 꾸짖을 16	土 △ 邁 멀리 갈, 힘쓸 20	
맥	木 △ 麥 보리, 밀, 매장할 11	水 X 脈 혈관, 줄기, 진맥할 12	水 △ 貊 북방 종족, 나라이름 12	水 X 貘 맹수 이름, 종족 이름 13	土 △ 陌 길, 거리, 경계 14	水 X 貘 짐승이름, 북방 종족 18	火 △ 驀 말 탈, 뛰어넘을 21	
맹	木 X 盲 소경, 어두울 8	火 △ 氓 백성, 이주민 8	土 △ 甿 백성, 농부 8	水 ○ 孟 맏이, 첫, 힘쓸, 성 8	水 X 虻 등에, 새이름 9	土 X 猛 사나울, 날랠 12	土 ○ 盟 맹세할, 약속할 13	木 ○ 萌 싹, 싹틀, 경작, 성 14
	土 ○ 甍 용마루, 대마루 16							
멱	火 △ 覓 찾을, 구하다 11	木 △ 幎 덮을, 발, 가릴 13	土 △ 冪 덮을, 보, 상보 16					
면	木 △ 免 면할, 벗을, 도망할 7	水 △ 沔 물이름, 빠질, 씻을 8	木 X 眄 노려볼, 곁눈질 9	火 ○ 俛 힘쓸, 노력할 9	火 △ 面 낯, 얼굴, 겉, 표면 9	金 ○ 勉 힘쓸, 부지런할 9	木 △ 眠 쉴, 졸, 잠잘 [민] 10	木 ○ 冕 면류관, 관을 쓰다 11
	木 ○ 棉 목화, 솜 12	水 X 湎 빠질 13	木 ○ 綿 이을, 솜, 솜옷 14	木 ○ 緬 멀, 가벼울, 생각할 15	木 ○ 緜 햇솜, 명주, 이어질 15	木 △ 麵 밀가루, 국수 15	木 △ 麵 밀가루, 국수 20	
멸	水 X 滅 멸할, 멸망할 14	木 △ 篾 대껍질, 대이름 17	木 X 蔑 버릴, 업신여길 17	水 X 衊 모독할, 코피 21				

명	金 △ 皿 그릇, 접시 5	水 ○ 名 이름, 사람, 이름날 6	火 ◎ 明 밝을, 성, 똑똑할 8	水 ○ 命 목숨, 명령, 운수 8	木 ○ 朙 밝을, 밝게 볼 9	水 X 冥 어두울, 아득할 10	水 ○ 洺 강 이름, 고을이름 10	木 △ 榠 홈통, 절이름 12
	木 X 茗 차 싹, 술 취할 12	金 X 酩 술 취할, 단술 13	火 X 慏 마음 다하지 못할 14	火 X 暝 저물, 어두울, 밤 14	火 X 鳴 울, 새 울음 14	金 ○ 銘 새길, 기록할 14	水 ○ 溟 바다, 아득할 14	木 X 瞑 눈 감을, 소경 15
	木 △ 蓂 명협풀 [멱] 16	水 X 螟 해충, 마디, 모기 16	火 △ 鵬 초명새, 봉황 19					
메	木 △ 袂 소매, 소맷자락 10							
모	火 △ 毛 털, 성, 가벼울 4	土 △ 母 어미, 유모, 근원 5	金 X 矛 창, 세모진 창 5	土 △ 牟 소 울, 성, 보리, 땅이름 6	土 △ 牡 수컷, 언덕 7	金 ○ 皃 얼굴, 성, 사당, 모양 7	火 X 侔 가지런할, 벌레이름 8	土 △ 姆 유모, 여선생 8
	木 △ 某 아무, 익명 [매] 9	木 X 眊 눈 흐릴, 늙은이 9	火 X 侮 업신여길 9	土 X 姥 할미, 유모 9	水 X 冒 무릅쓸 [묵] 9	木 △ 耗 다할, 줄 10	木 △ 芼 우거질, 풀 우거질 10	火 △ 恈 탐할, 아낄 10
	土 △ 旄 깃대 장식 10	土 X 耄 늙을, 늙은이 10	木 X 眸 눈동자, 눈 11	木 △ 茅 띠, 띳집 [매] 11	火 ○ 軞 임금이 타는 수레 11	木 △ 帽 모자, 두건 12	土 X 媢 투기, 강샘할 12	土 △ 募 모을, 부를, 구할 13
	火 △ 髦 다팔머리, 뛰어날 14	土 X 嫫 추녀, 못생길 14	金 ○ 瑁 서옥, 대모 14	水 X 貌 모양, 꼴, 얼굴 14	木 ○ 摸 본뜰, 베낄, 찾을 15	木 △ 摹 본뜰, 베낄 15	木 ○ 模 법, 본뜰, 본보기 15	火 ○ 慔 힘쓸 15

모	火 ○ 慕 사모할, 생각할 15	火 X 暮 저물, 늦을, 노쇠할 15	水 X 蟊 해충, 거미 15	木 △ 橅 법, 규범 [무] 16	金 △ 謀 꾀, 계책, 도모할 16	水 X 蝥 해충, 거미 17	金 △ 謨 꾀, 계획할 18	
목	木 △ 木 나무, 관, 별이름 4	木 X 目 눈, 볼, 눈빛 5	土 ○ 牧 기를, 목장, 조목 8	水 △ 沐 목욕할 8	木 △ 苜 거여목 11	木 ◎ 睦 화목할, 성, 친할 13	木 ○ 穆 공경할, 아름다울 16	火 X 鶩 집오리, 달릴 20
몰	水 X 沒 빠질, 죽을, 다할 8	水 X 歿 죽을, 끝낼, 떨어질 8						
몽	水 △ 雺 안개, 아지랑이 13	水 ○ 夢 꿈, 환상 14	水 △ 濛 이슬비, 흐릿하다 14	木 X 瞢 어두울, 부끄러워할 16	木 △ 蒙 어두울, 어릴, 입을 16	木 △ 幪 덮을 17	火 X 懞 어두울, 후하다 18	火 X 曚 어두울 18
	水 △ 濛 가랑비 올, 흐릿하다 18	水 X 朦 흐릴, 어렴풋할 18/20	木 X 矇 청맹과니, 소경, 먼눈 19	木 X 艨 군함, 싸움배 20	火 X 鸏 새이름, 물새이름 25			
묘	木 △ 卯 토끼, 동방, 무성할 5	土 ○ 妙 묘할, 예쁠, 젊을 7	木 △ 杳 아득할, 어두울 8	木 X 眇 애꾸눈, 희미할 9	火 ○ 昴 별자리, 별이름 9	金 ○ 玅 묘할, 젊을, 예쁠 9	土 △ 畝 밭두둑, 이랑[무] 10	木 ○ 苗 싹, 모종, 자손 11
	水 △ 淼 물 아득할, 넓은 물 12	木 △ 描 그릴, 본뜰, 묘사할 13	土 X 猫 고양이 13	水 X 渺 아득할, 작을 13	土 X 墓 무덤, 묘지 14	木 X 廟 사당, 위패, 묘당 15	水 X 貓 고양이, 살쾡이 16	金 ○ 錨 닻, 성 17
	木 △ 藐 멀, 작다, 어둡다 20							

음								
무	火 △ 无 없을, 無의 고자 4	土 X 毋 아닐, 말, 없을 4	土 ○ 戊 천간, 무성할 5	火 X 巫 무당, 무녀 7	土 ○ 武 호반, 굳셀, 건장할 8	木 X 拇 엄지손가락 9	土 ○ 畝 이랑, 밭두둑[묘] 10	木 ○ 茂 무성할, 힘쓸, 풍성할 11
	土 ○ 務 힘쓸, 일, 직무 [묘] 11	火 △ 無 없을, 아닐 12	土 ○ 墲 언덕, 질그릇 12	金 ○ 貿 무역, 바꾸다 12	金 X 珷 옥돌, 옥 이름 12	木 ○ 楙 무성할, 훌륭할 13	木 X 舞 춤 출, 희롱할 14	金 X 誣 속일, 꾸밀, 무고할 14
	木 X 廡 집, 처마, 문간방 15	水 X 憮 분명하지 않을 15	木 △ 撫 어루만질, 누를 16	木 △ 橅 법, 규범 [묘] 16	火 △ 儛 춤 출, 춤, 무용 16	火 X 憮 어루만질 16	木 X 繆 없을 [류, 료] 17	火 ○ 懋 힘쓸, 아름다울 17
	木 X 蕪 거칠, 달아나다 18	火 X 鵡 앵무새 18	水 X 膴 포, 저민 고기 18	火 △ 騖 달릴, 빠를 19	水 X 霧 안개, 어두울 19			
묵	土 ○ 墨 먹, 성, 검을 15	水 ○ 嘿 고요할, 잠잠하다 15	水 ○ 默 잠잠할, 고요하다 16					
문	木 ◎ 文 글월, 성, 문자, 문서 4	金 X 刎 목 벨 6	水 X 吻 뾰족할, 입술 7	木 △ 抆 닦을, 씻을 8	木 ○ 門 문, 성, 집안 8	火 ◎ 炆 따뜻할, 연기 날 8	水 △ 汶 물이름, 성 [민] 8	金 △ 玧 붉은 구슬 [윤] 9
	木 ○ 紋 무늬, 문채 10	木 X 紊 어지러울, 어지럽힐 10	火 △ 們 무리, 들 10	水 X 蚊 모기 10	火 X 悗 잊을, 잊어버리다 11	水 ○ 問 물을, 찾을, 문안할 11	木 X 捫 어루만질, 비틀다 12	水 ○ 雯 구름무늬 12
	火 ○ 聞 들을, 소문 14	金 ○ 璊 붉은 옥 16	火 X 懣 번민할, 번거로울 18					

물	金 △ 勿 말, 힘쓸, 없을 4	土 ○ 物 물건, 만물, 재물 8	水 X 沕 아득할, 숨기다 8				
미	木 △ 未 아닐, 못할, 아직 5	木 ○ 米 쌀, 성, 미터 6	水 X 尾 꼬리, 끝, 별이름 7	火 ◎ 侎 어루만질 8	火 ○ 弥 많을, 더할, 마침 8	水 ○ 籵 점점, 깊을 8	水 ○ 味 맛, 뜻, 기분 8	木 X 眉 눈썹, 언저리 9
	火 △ 弭 활고자, 각궁 9	土 ○ 美 아름다울, 예쁠, 좋을 9	土 ○ 娓 장황할, 예쁠 10	金 ○ 敉 어루만질, 편안하다 10	水 ○ 洣 강 이름, 물결 10	木 △ 梶 나무 끝, 처마 11	木 ○ 茉 맛, 뜻, 성 11	木 ○ 寐 깊이 들어갈 11
	土 ○ 媄 빛 고울, 아름다울 12	土 △ 媚 사랑할, 아첨할 12	土 ○ 嵄 산 이름 12	土 ○ 嵋 산 이름 12	木 △ 楣 문미(門楣), 처마, 차양 13	火 △ 微 작을, 적을, 어렴풋할 13	火 ○ 煝 빛날 13	土 ○ 媺 착할, 고울, 아름다울 13
	土 ○ 媺 착할, 아름다울 13	土 X 迷 미혹할, 헤매다 13	水 X 湄 물가 [난] 13	水 ○ 渼 물이름, 물결무늬 13	金 ○ 瑂 옥돌 14	火 ○ 躾 예절 가르칠 16	木 X 糜 죽, 된죽, 싸라기 17	木 X 縻 고삐, 줄, 얽어매다 17
	火 △ 彌 많을, 더할, 그칠 17	土 X 麋 큰 사슴, 부서지다 17	金 X 謎 헷갈릴, 수수께끼 17	水 △ 溦 물가, 가랑비 17	水 △ 瀰 치렁치렁할 [니] 18	木 △ 薇 장미, 백일홍 19	水 X 靡 쓰러질, 쓸릴 [마] 19	土 X 獼 원숭이 21
	水 ○ 瀰 물 넓을, 물이 깊다 21	火 △ 亹 힘쓸, 흐를, 아름다울 22	木 △ 蘪 천궁 23	水 X 黴 곰팡이, 검을 [매] 23	木 △ 蘼 장미, 천궁 25			
민	火 ○ 民 백성, 벼슬이름 5	火 △ 忞 힘쓸, 노력할 8	火 △ 忟 힘쓸, 노력할 8	火 ◎ 旼 온화할, 하늘 8	火 ○ 旻 하늘, 가을하늘 8	土 ○ 岷 봉우리, 산 이름 8	木 ○ 旼 볼 9	金 ○ 敃 강할, 굳셀 [밈] 9

민	金 ○ 玟 옥돌, 아름다운 돌 9	金 ○ 砇 옥돌 9	水 X 泯 빠질, 망할, 다할 [면] 9	木 X 眠 볼, 성 [면] 10	金 ◎ 珉 옥돌 10	木 △ 苠 속대, 많은 모양 11	木 X 罠 낚싯줄, 낚시 11	金 ○ 敏 민첩할, 총명할 11
	木 △ 閔 위문할, 성 12	火 X 悶 답답할, 번민할 12	火 X 愍 근심할 13	火 ○ 暋 번민할, 강할 13	土 X 黽 힘쓸, 성, 맹꽁이 13	金 ○ 瑉 옥돌 13	金 ○ 瑉 옥돌 13	金 △ 鈱 철판, 돈꾼 13
	水 X 脗 물결 가없는 모양 [문] 13	木 X 緍 낚싯줄, 돈꿰미 14	木 △ 閩 종족 이름 14	火 ○ 頣 강할, 굳셀 14	金 ○ 碈 옥돌, 瑉과 동자 14	金 ◎ 瑻 옥돌 14	木 X 緡 낚싯줄 [면] 15	火 ◎ 憫 총명할, 민첩할 15
	火 X 憫 민망할, 불쌍히 여길 16	水 ○ 潣 물 흘러내릴 16	金 ○ 鈱 돈 꿰미, 세금 17	火 △ 顖 강할 [혼] 18	水 X 鰵 민어, 다금바리 22			
밀	木 ○ 密 빽빽할, 조용할 11	水 △ 蜜 꿀, 벌꿀, 달콤하다 14	木 △ 櫁 침향 15	水 △ 滵 물이 빨리 흐르는 모양 15	金 ○ 謐 고요할, 평온할 17			
박	木 ○ 朴 성, 클, 순박할 6	木 △ 拍 칠, 손뼉 칠 9	水 ○ 泊 쉴, 묵을, 머무를 9	土 ○ 亳 땅이름, 은나라 수도 10	金 X 剝 벗길, 깎을, 다칠 10	金 ○ 珀 호박 10	木 △ 舶 큰 배, 상선 11	木 X 粕 지게미, 술지게미 11
	土 X 迫 핍박할, 다그치다 12	水 ○ 博 넓을, 평탄할 12	金 ○ 鉑 금박 13	水 △ 雹 우박, 두들기다 13	木 X 髆 박공 14	木 ○ 箔 발, 금박 14	火 X 駁 얼룩말 14	木 X 撲 칠, 부딪칠, 넘어질 16
	木 ○ 樸 통나무, 근본 [보] 16	木 △ 縛 포승, 묶을, 얽을 16	火 X 駮 짐승이름 16	水 X 膊 포, 어깨 [부] 16	金 ○ 璞 옥돌, 소박할 17	金 △ 鎛 종, 호미, 괭이 18	木 △ 薄 얇을, 적을, 메마를 19	金 X 髆 어깻죽지 뼈 20

음								
박	木 △ 樸 두공, 중깃, 주두 21							
반	水 X 反 돌아올, 배반할 4	土 X 半 반, 절반, 조각 5	火 △ 伴 짝, 벗, 동반자 7	木 △ 扳 끌어당길 8	金 △ 攽 나눌, 줄 8	木 X 拌 버릴, 쪼갤 9	木 △ 盼 눈 예쁠 9	水 X 叛 배반할, 떨어지다 9
	水 ○ 泮 학교, 나눌 9	木 △ 般 돌이킬, 운반할, 일반 10	土 △ 畔 밭두둑, 배반할 10	水 X 朌 나눌 [분] 8/10	木 △ 絆 줄, 맬, 얽어맬 11	土 △ 返 돌아올, 돌이킬 11	金 ○ 班 나눌, 반열, 차례 11	水 X 胖 클, 희생 반쪽 11
	木 X 斑 얼룩, 아롱질 12	火 X 頒 나눌, 반쯤 셀 [분] 13	土 X 媻 비틀거릴 13	水 △ 飯 밥, 먹을, 기를 13	木 X 搬 옮길, 운반할 14	木 X 攀 덜, 없앨, 옮길 14	木 △ 槃 쟁반, 소반, 즐거울 14	火 ○ 頖 학교 이름 14
	金 △ 盤 소반, 쟁반, 즐거울 15	金 ○ 磐 반석, 광대할 15	水 X 瘢 자국, 흉터, 흔적 15	水 ○ 潘 성, 쌀뜨물, 강 이름 16	水 X 螌 가뢰, 반모 16	金 △ 磻 강 이름 [파] 17	水 △ 斒 알록달록할 [빈] 17	水 △ 蟠 서릴, 두를, 축적될 18
	木 △ 攀 당길, 더 위 잡을 19	金 △ 礬 명반, 백반, 광물 이름 20						
발	木 ○ 拔 뺄, 뽑을, 뛰어날 9	火 △ 炦 불기운 9	土 X 勃 노할, 갑자기 9	水 X 哱 어지러울 10	水 ○ 浡 일어날, 샘솟을 11	火 △ 發 필, 일어날, 들어낼 12	土 X 跋 밟을, 넘을 12	金 △ 鉢 바리때, 중의 밥그릇 13
	金 △ 鈸 방울, 동발 13	水 △ 渤 바다, 바다이름 13	水 X 脖 배꼽, 목줄기 13	火 X 髮 터럭, 머리카락 15	火 X 魃 가뭄, 가물귀신 15	木 X 撥 다스릴, 뒤집을 16	水 △ 潑 활발할, 물 뿌릴 16	火 X 鵓 집비둘기 18

발	金 X 醱 술 괼, 술을 빚다 19							
방	土 ○ 方 모, 방위, 방법, 성 4	火 X 仿 헤맬, 본뜰, 방황할 6	火 X 彷 거닐, 방황할 7	土 ○ 坊 동네, 막을, 제방 7	土 X 妨 방해할, 해로울 7	土 X 尨 클, 삽살개 7	木 △ 房 방, 성, 별이름 8	木 △ 枋 다목, 뗏목, 나무이름 8
	火 ○ 昉 밝을, 비로소 8	金 X 放 놓을, 내칠 8	水 △ 厖 클, 섞일, 두터울 9	木 ○ 芳 꽃다울, 향기 10	木 ○ 紡 지을, 실, 길쌈 10	木 △ 舫 방주, 배, 뗏목 10	火 ○ 倣 본뜰, 본받을 10	土 △ 旁 곁, 넓을, 기댈 10
	水 X 肪 비계, 살찔, 기름 10	水 X 蚌 방합, 민물조개 10	木 △ 梆 목어, 목탁 11	土 △ 旊 옹기장 (옹기 굽는 사람) 11	土 ○ 邦 나라, 수도, 성 11	金 ○ 訪 찾을, 뵈올, 의논할 11	木 △ 幇 도울, 곁들 12	木 △ 舽 배, 선박 12
	火 X 傍 곁, 옆, 의지할 12	土 △ 防 막을, 둑, 방죽 12	火 X 徬 시중들 13	木 X 搒 가릴, 배 저을 14	木 X 榜 매, 매질, 방 붙일 14	木 △ 牓 패, 액자, 게시판 14	火 X 髣 비슷할, 닮을 14	水 X 滂 비 퍼부을, 물소리 14
	金 X 磅 돌 떨어지는 소리 15	水 X 魴 방어 15	木 ○ 蒡 우엉, 인동덩굴 16	水 X 膀 방광, 옆구리 16	水 X 螃 방게 16	木 △ 幫 도울, 곁들 17	金 X 謗 비방할, 헐뜯을 17	金 △ 鎊 깎을, 영국 화폐(파운드) 18
	土 △ 龐 클, 높을, 성, 어지러울 19							
배	水 △ 北 달아날, 등지다 [북] 5	木 △ 扒 뺄, 치다 6	土 ○ 坏 언덕, 집 뒷담 7	金 ○ 貝 돈, 성 [패] 7	木 ○ 杯 잔, 술잔 8	木 ○ 拜 절, 절할, 공경할 9	火 X 俖 아니 될, 옳지 못할 9	金 △ 盃 잔, 술잔 9

배	火 ○ 倍 곱, 갑절, 더할, 곱할 10	火 X 俳 배우, 광대, 장난 10	金 △ 配 나눌, 짝, 귀양 보낼 10	火 X 徘 노닐, 어정거릴 11	土 ○ 培 북돋울, 다스릴 11	水 ○ 背 등, 뒤, 배반할 11	水 X 胚 아이 밸, 임신할 11	木 X 排 밀칠, 헤칠, 바로잡을 12
	火 ◎ 焙 불에 쬘, 배롱 12	金 ○ 琲 구슬꿰미, 꿰뚫다 13	水 ○ 湃 물결 칠, 물소리 13	木 ○ 裴 성, 옷 치렁치렁할 14	木 ○ 裵 성, 옷 치렁치렁할 14	木 △ 褙 속적삼, 배접할 15	火 △ 輩 무리, 때 지을 15	金 X 賠 물어줄, 배상할 15
	木 ○ 蓓 꽃봉오리, 풀이름 16	土 ◎ 陪 도울, 모실, 더할 16	木 ○ 蓓 꽃봉오리, 황배플 17					
백	金 ○ 白 흰, 밝을, 깨끗할 5	水 ○ 百 일백, 많을 [맥] 6	火 ○ 伯 맏, 첫, 남편 7	木 ◎ 帛 비단, 명주, 폐백 8	火 ○ 佰 일백, 백 사람 8	木 ○ 柏 잣나무, 측백나무 9	木 ○ 栢 잣나무, 측백나무 10	金 X 珀 호박 [박] 10
	木 ○ 苩 성 11	火 X 趋 급할, 넘을, 넘칠 12	火 X 魄 혼, 넋, 몸, 달빛 [박] 15					
번	木 △ 袢 속옷, 무색 옷 11	土 △ 番 번, 차례 [파, 반] 12	火 X 煩 번민할, 번거로울 13	木 △ 幡 깃발 나부낄 15	木 △ 樊 울타리, 새장, 농 15	火 X 燔 구울, 말릴, 불사를 16	木 ○ 繁 번성할, 많을, 성할 17	金 X 磻 강 이름, 반계 [반] 17
	木 ○ 蕃 우거질, 번성할 18	木 X 繙 되풀이할, 번역할 18	火 X 翻 날, 뒤집힐, 번역할 18	水 X 膰 제사 고기, 간, 체육 18	木 △ 藩 울타리, 지킬, 휘장 21	火 X 飜 날, 뒤집힐, 번역할 21	木 △ 蘩 산흰쑥, 별꽃 23	
벌	火 △ 伐 칠, 공적, 자랑할 6	木 △ 筏 뗏목, 큰 배 12	木 △ 閥 공로, 기둥, 문벌 14	木 X 罰 벌 줄, 벌할, 죄 15	木 △ 橃 떼, 뗏목, 큰 배 16	木 X 罸 죄, 벌, 죽이다 16		

구분								
범	水◎ 凡 무릇, 평범할 3	木△ 帆 돛, 돛단배 6	土✗ 犯 범할, 죄인 6	水○ 氾 넘칠, 뜰, 땅이름 6	木○ 机 뗏목, 나무이름 7	水○ 汎 뜰, 넓을, 물이름 7	水○ 泛 뜰, 넓을, 물 찰 9	金△ 訊 말 많을, 수다스럽다 10
	木△ 梵 불경, 범어, 깨끗할 11	木○ 笵 법, 법률, 대쪽, 본보기 11	木○ 范 풀이름, 성 11	金○ 釩 떨칠, 잔, 그릇 11	水△ 渢 풍류 소리 [풍] 13	木◎ 範 본보기, 법, 모범 15	水△ 氾 뜰, 뜨는 모양 15	木✗ 颿 돛, 말 달릴 19
법	水○ 法 법, 예의, 본받을 9	金△ 琺 법랑, 유리 물질 13						
벽	金○ 辟 임금, 법 [피] 13	金○ 碧 푸를, 푸른 옥 14	火✗ 僻 치우칠, 후미질 15	金✗ 劈 쪼갤, 가를, 천둥 15	土○ 壁 바람, 벽, 울타리 16	木○ 檗 황벽나무 [백] 17	木✗ 擘 엄지손가락, 쪼갤 17	木✗ 擗 가슴 칠, 엄지손가락 17
	土△ 甓 벽돌, 기와 18	金○ 璧 옥구슬, 둥근 옥 18	水✗ 癖 버릇, 습관, 적병 18	木△ 襞 옷 주름, 옷 접을 19	土✗ 嬖 가를, 나눌 20	木△ 闢 열, 피할, 물리칠 21	水✗ 霹 벼락, 천둥 21	木△ 蘗 황벽나무 [얼] 23
	火✗ 鷿 논병아리, 되강오리 24	土△ 鼊 거북 26						
변	土○ 卞 법, 성, 조급할 4	木○ 弁 고깔, 말씀, 급할 [반] 5	火△ 采 분별할, 나눌 7	木△ 抃 손뼉 칠 8	火○ 忭 기뻐할, 즐거울 8	火✗ 便 곧, 오줌 눌 [편] 9	金○ 騈 더할 13	水✗ 胼 살갗 틀 14
	火✗ 駢 군살, 나란히 할 16	火✗ 鴘 매, 두 살된 매 16	金○ 辨 판단할 16	金✗ 骿 통갈비, 굳은살 16	木△ 辮 땋을, 땋은 머리 20	金◎ 辯 분별할, 말 잘할 21	土△ 邊 가장자리, 성 22	金✗ 變 고칠, 변할 23

변	木 X 籩 제기 이름, 벼슬이름 25						
별	金 △ 別 다를, 나눌, 이별할 7	火 △ 炦 김 오를, 불기운[발] 9	土 ○ 劼 클, 힘센 모양 12	木 ○ 蒾 모종낼, 씨뿌리기 13	木 △ 馤 향기, 향기날 [힘] 13	火 X 彆 활 뒤틀릴 15	木 X 瞥 언뜻 볼, 잠깐 [폐] 17	木 ○ 馛 조금 향내 날 17
	木 △ 撇 털, 옷을 털다 18	火 X 鷩 금계, 붉은 꿩 23	水 X 鼈 자라, 고사리 23	土 X 鱉 자라, 고사리 25				
병	火 ○ 丙 남녘, 밝을 5	木 ○ 并 합할, 어울릴 6	金 △ 兵 군사, 병사, 병졸 7	木 △ 並 나란히, 아우를 8	木 ○ 幷 아우를, 합할 8	木 ○ 秉 잡을, 쥐다, 볏단 8	木 ○ 柄 자루, 근본, 권세 9	木 △ 抦 잡을 9
	火 ◎ 昞 밝을, 빛날 9	火 ◎ 昺 밝을, 昞과 동자 9	火 ○ 炳 밝을, 빛날 9	火 △ 倂 아우를, 다를 10	金 ○ 竝 나란할, 아우를 10	水 X 病 병들, 괴로울 10	水 ○ 屛 병풍, 가릴 11	木 ○ 棅 자루, 柄과 동자 12
	土 △ 瓶 병, 단지, 시루 13	土 X 迸 달아날, 물리칠 13	金 ○ 鈵 굳을, 단단할 13	木 △ 絣 명주, 솜, 이을 14	土 △ 缾 두레박, 술 담는 그릇 14	金 ○ 鉼 금화, 가마솥 14	火 △ 軿 수레, 부인용 수레 15	金 ○ 鋲 금화, 은화, 금덩이 16
	水 △ 餠 떡, 먹을, 밀가루 떡 17	火 △ 騈 나란히 할, 땅이름 18						

보	土 ○ 步 걸을, 운수, 걸음 7	水 ○ 甫 클, 성, 많을 7	木 ○ 宝 보배, 돈, 귀할 8	土 ○ 歩 걸을, 보폭, 운수 8	金 ○ 玨 옥그릇 8	火 ◎ 保 지킬, 보전할 9	火 ◎ 俌 도울, 보필하다 9	水 △ 洑 보, 보막이 [복] 10
	火 ○ 烳 횃불 11	金 ○ 珤 보배, 귀할, 돈 11	金 ○ 琔 보배, 돈 11	木 △ 晡 볼, 보다 12	火 ◎ 普 넓을, 클, 두루 12	土 ○ 堡 둑, 제방, 작은 성 12	土 △ 報 갚을, 알릴, 여쭐 12	金 X 盙 제기 이름 12
	木 ◎ 補 기울, 도울, 보탤 13	水 ○ 潽 보, 물이름, 사람이름 13	木 X 菩 보살, 보리수 14	火 △ 輔 도울, 볼들, 광대뼈 14	水 △ 溥 넓을, 클 [부, 박] 14	木 △ 褓 포대기 15	木 X 葆 움돋이, 풀 더부룩할 15	火 X 鴇 능에, 너새, 오총이 15
	水 ○ 潛 넓을, 물이름 16	木 X 簠 제기 이름 18	木 △ 黼 보불, 수, 수놓은 옷 19	金 ○ 譜 문서, 족보, 계보 19	木 ○ 寶 보배, 귀할, 돈 20	水 X 靌 보배, 귀할, 돈 27		
복	火 △ 卜 점, 점칠, 성 2	木 X 扑 칠, 때리다 6	火 X 伏 엎드릴, 숨을 [부] 6	木 ○ 宓 엎드릴, 성 [밀] 8	水 X 服 옷, 복종할 8	金 △ 匐 기어갈, 엎드릴 11	木 △ 茯 복령 (버섯의 일종) 12	火 ○ 復 돌아올, 회복할 [부] 12
	木 ○ 福 복, 행복, 상서로울 14	木 △ 箙 전동(화살 넣는 통) 14	木 X 菔 무, 칼집 14	火 X 僕 종, 마부, 무리 14	木 ○ 幞 두건 15	木 ○ 複 거듭, 겹칠, 겹옷 15	土 ○ 墣 흙덩이 15	水 X 腹 배, 마음, 두터울 15
	水 X 蝠 박쥐, 살무사 15	水 X 蝮 살무사, 구렁이 15	火 X 輹 복토, 바퀴 테 16	火 X 輻 바퀴살 16	木 ○ 蔔 무, 치자꽃 17	金 ○ 鍑 큰 솥, 가마솥 17	木 ◎ 馥 향기, 향기로울 18	金 △ 覆 다시, 넘어질 18

복	水 ○ 濮 강 이름 18	火 X 鵬 새이름, 올빼미 19	水 X 鰒 전복, 오분자기 20					
본	木 ◎ 本 근본, 뿌리, 근원 5							
볼	木 △ 乶 땅이름, 음역자 8							
봉	木 ○ 丰 예쁠, 아름답다 4	水 ○ 夆 끌, 이끌, 봉우리 7	木 ○ 奉 받들, 드릴, 성 8	木 △ 芃 풀 무성할 9	土 ○ 封 편지, 봉할 9	火 △ 俸 녹, 급료 10	土 ○ 峰 봉우리, 고을이름 10	土 ○ 峯 봉우리, 고을이름 10
	火 ○ 烽 봉화, 경계 11	水 ○ 浲 물이름 11	木 ○ 捧 받들, 들어올릴 12	木 △ 棒 몽둥이, 칠 12	木 △ 絳 꿰맬, 옷 솔기 13	金 ○ 琫 칼 장식 13	水 ○ 蜂 벌, 꿀벌 13	木 ○ 菶 풀 무성할, 풀 우거질 14
	火 ◎ 鳳 새, 봉황새 14	土 ○ 逢 만날, 영접할 14	火 △ 熢 연기 자욱할 15	火 ○ 鴌 봉새, 봉황 15	金 X 鋒 칼끝, 칼날 15	水 ○ 漨 물이름 15	木 △ 篷 뜸, 거룻배 17	木 △ 蓬 쑥, 흐트러질 17
	木 X 縫 꿰맬, 바느질할 17							

木 X 不 아닐, 못하다 [불] 4	木 ○ 夫 지아비, 남편, 성 4	木 △ 父 아버지, 아비 [보] 4	火 ○ 付 줄, 부칠, 청할 5	土 ○ 缶 장군(질그릇), 질장구 6	水 ○ 孚 믿을, 기를 7	水 X 否 아닐, 아니 [비] 7	木 ○ 扶 도울, 붙들, 부축할 [포] 8
木 △ 抔 움킬, 움켜쥐다 8	土 ○ 府 마을, 관청, 고을 8	土 ◎ 阜 언덕, 클, 성할 8	金 X 斧 도끼, 도끼의 무늬 8	水 △ 吩 분부할, 숨 내쉴 8	木 △ 拊 어루만질, 악기 이름 9	火 X 俘 사로잡을, 포로 9	火 △ 赴 다다를, 부고할 9
金 ○ 玞 옥돌, 아름다운 돌 9	金 X 訃 통보할, 부고, 알릴 9	金 X 負 짐 질, 빚질, 패할 9	木 △ 祔 합사할, 합장할 10	木 △ 芙 연꽃, 부용 10	木 △ 苻 질경이, 꽃이 성할 10	木 ○ 罘 그물 10	火 △ 俯 구부릴, 누울, 숙일 10
金 X 剖 쪼갤, 가를, 깨뜨릴 10	金 ○ 釜 가마, 용량 단위 10	水 X 蚨 파랑강충이 10	木 △ 桴 마룻대, 북채 11	木 △ 符 병부, 도울, 합할, 부호 11	木 △ 荴 귀목풀 [포] 11	木 ○ 袝 나들이옷 11	土 ○ 埠 선창, 부두 11
土 △ 婦 며느리, 아내, 여자 11	土 X 趺 책상다리할, 받침 11	金 △ 副 버금, 다음, 둘째 [복] 11	水 ○ 浮 뜰, 넘칠, 가벼울 11	水 X 胕 장부, 창자 11	木 ○ 富 풍성할, 행복 12	木 △ 掊 헤칠, 그러모으다 12	火 ○ 傅 스승, 후견인 12
火 △ 復 다시, 또, 거듭 [복] 12	土 ○ 婦 며느리, 아내, 예쁠 12	土 X 跗 발등, 받침, 꽃받침 12	金 X 鈇 도끼, 작두 12	水 ○ 涪 물거품, 강 이름 12	木 △ 筟 대청, 북통, 대속청 13	木 X 罦 그물, 덮치기 13	木 X 裒 모을, 많다, 포로 13
木 △ 艀 작은 배, 거룻배 13	木 △ 莩 갈대청, 독말풀 [포] 13	木 △ 䒊 널리 퍼질, 무성할 13	火 X 鳧 오리, 물오리 13	土 X 附 부칠, 붙을, 의지할 13	水 X 蜉 하루살이, 왕개미 13	木 △ 榑 부상, 해돋이, 뽕나무 14	水 X 孵 알 깔, 기를, 자랄 14

부

	水 △ 溥 펼, 베풀 [보, 박] 14	水 X 腐 썩을, 상할, 나쁜 냄새 14	水 X 腑 육부, 마음, 오장육부 14	木 X 麩 밀기울 15	火 X 頫 머리 숙일 15	火 △ 駙 곁마, 부마, 가까울 15	土 ○ 部 떼, 나눌, 거느릴 15	金 △ 敷 펼, 베풀, 나눌, 흩어질 15
부	金 △ 賦 부세, 조세, 구실 15	水 X 鮒 붕어, 즉어(鯽魚) 16	木 X 蔀 빈지문, 덮개, 작다 17	金 X 賻 부의, 부의할 17	水 X 膚 살갗, 얇을, 아름다울 17	木 ○ 簿 장부, 문서, 거느리다 19		
북	水 ○ 北 북녘, 북쪽 [배] 5							
	金 ○ 分 나눌, 구별할 4	木 X 帉 걸레, 행주, 차는 수건 7	火 X 体 용렬할, 상여꾼 7	土 X 坌 먼지, 티끌, 모일 7	水 ◎ 吩 뿜을, 명령할 7	木 X 奔 달아날, 분주할 8	木 ○ 扮 꾸밀, 아우를 8	木 ○ 枌 나무이름 8
	火 X 忿 성낼, 분할, 원망할 8	火 ◎ 昐 햇빛, 일광 8	水 △ 氛 기운, 성한 모양 8	水 ◎ 汾 물이름, 클, 성할 8	水 X 朌 머리 클 [반] 8/10	金 ○ 砏 돌 구르는 소리 9	金 ◎ 盆 동이, 화분 9	木 △ 芬 향기로울, 어지러울 10
분	木 X 紛 어지러울, 섞일 10	木 △ 粉 가루, 분 바를 10	土 X 畚 삼태기, 등구미 10	木 X 笨 거칠, 조잡하다 11	木 △ 棼 마룻대, 어지럽다 12	木 ○ 棻 향나무 12	火 X 焚 불사를, 탈, 넘어질 12	土 X 犇 달아날, 소가 놀랄 12
	金 △ 賁 클, 큰 북, 달리다 [륙] 12	水 X 雰 안개, 눈 날릴 12	水 ○ 湓 용솟음할, 물소리 13	土 X 墳 무덤, 언덕 15	水 X 噴 꾸짖을, 화낼, 뿜을 15	木 △ 奮 떨칠, 성낼, 힘쓸 16	木 △ 黺 옷에 그림 그릴 16	火 X 憤 성낼, 분할 16

분	水 △ 濆 물가, 뿜을, 솟다 16	木 X 糞 거름 줄, 똥, 더러울 17	水 X 豶 두더지 17	木 △ 蕡 열매 많을, 삼씨 18	火 X 轒 병거, 전차 19	水 X 膹 곰국, 고깃국 19		
불	木 X 不 아니, 못할, 없을 [부] 4	木 X 弗 아닐, 미국 화폐단위 5	火 △ 佛 부처, 불교, 불경 7	火 △ 彿 비슷할, 흡사할 8	土 X 岪 산길, 첩첩하다 8	木 △ 拂 닦을, 떨칠, 어길 9	木 X 祓 푸닥거리할 10	木 △ 紱 인끈, 제복, 입다 11
	木 △ 艴 우거질, 덮다 11	土 X 艴 발끈할, 성난 얼굴 11	金 X 韍 폐슬, 인끈 14	火 X 髴 비슷할, 머리 장식 15	木 ○ 黻 수놓을, 폐슬, 슬갑 17			
붕	水 ○ 朋 벗, 무리, 한 쌍 8	土 X 崩 무너질, 산 무너질 11	土 X 堋 묻을, 벗 11	木 ○ 棚 사다리, 시렁, 선반 12	金 X 硼 붕사, 돌소리 [평] 13	水 △ 漰 물결치는 소리 [보] 15	木 △ 繃 묶을, 감을, 포대기 17	火 X 髼 머리 흐트러질 18
	火 ○ 鵬 붕새, 대붕, 큰 새 19							
비	金 X 匕 숟가락, 비수 2	火 ○ 比 견줄, 화할, 나란할 4	木 △ 丕 클, 으뜸, 성 5	木 ○ 庀 다스릴 5	火 X 仳 떠날, 헤어지다 6	土 ○ 妃 왕비, 배필, 짝 [배] 6	土 X 圮 무너질, 무너지다 6	木 ○ 庇 덮을, 의탁할 7
	火 ○ 伾 힘셀 7	土 X 妣 죽은 어미, 모친 [모] 7	水 X 屁 방귀 7	木 ○ 枇 비파나무, 비파, 수저 8	木 X 批 비평할, 때릴 [별] 8	土 X 卑 낮을, 천할 [반] 8	水 ○ 泚 강 이름 8	水 X 非 아닐, 거짓, 어긋나다 8

木 X 秕 쭉정이, 질 나쁜 쌀 9	火 X 毖 삼갈, 근신할 9	火 X 毘 떨어질, 쇠퇴할 9	火 X 毗 도울, 쇠퇴할 9	火 ○ 飛 날, 빠를, 높을 9	土 X 狒 비비, 원숭이 9	土 X 㹨 삵 새끼 9	金 △ 砒 비상, 비소 9
水 X 沸 끓을, 끓는 물 9	水 △ 泌 물이름, 개천물 [필] 9	木 X 匪 아닐, 비적, 대나무상자 10	木 X 秘 비밀, 귀신, 습길 10	木 X 祕 비밀, 귀신, 습길 10	木 ○ 紕 가선, 합사를 꼬다 10	木 ○ 芘 풀이름, 나무이름 10	木 ○ 芾 작은 모양, 성 10
木 X 粃 쭉정이, 질 나쁜 쌀 10	火 △ 俾 더할, 흘겨볼 10	金 X 剕 발 벨, 발을 베다 10	水 X 蚍 왕개미 10	水 X 肥 살찔, 거름, 기름질 10	水 X 庳 낮을, 집 낮을 11	木 ○ 棐 클 11	土 ○ 埤 더할, 낮다 11
土 X 婢 여자종, 첩, 소첩 11	木 △ 扉 사립문, 문짝 12	木 ○ 斐 아름다울, 문채 날 12	木 △ 棐 도지개, 도울 12	木 X 椑 술통, 술잔 12	火 ◎ 備 갖출, 준비, 예방하다 12	火 X 悱 표현 못할 12	火 X 悲 슬플, 슬퍼하다 12
土 ○ 邳 클, 언덕 12	金 X 費 쓸, 비용, 소비 12	水 ○ 淝 강 이름 12	水 ○ 渒 강 이름 12	水 X 痞 뱃속 결릴 12	木 X 睥 흘겨볼, 엿보다 13	木 △ 閟 문 닫을, 멎다, 끝날 13	金 △ 琵 비파, 고기이름 13
金 X 碑 비석, 비문, 돌기둥 13	水 X 痺 새이름, 암메추라기 13	水 X 痹 저릴, 습병, 각기 13	木 △ 榧 비자나무 14	木 X 菲 엷을, 풀이름 14	木 X 萆 비해, 쓴마 14	木 ○ 緋 비단, 붉은빛 14	木 ○ 裨 보탤, 도울, 더할 14
火 ○ 翡 비취옥, 물총새 14	金 X 鼻 코, 처음, 손잡이 14	水 X 蜚 바퀴, 곤충 이름 14	水 X 脾 지라, 소의 양 14	水 X 腓 장딴지, 피할 14	土 ○ 鄪 고을이름 15	金 X 誹 헐뜯을, 비방할 15	木 △ 篦 빗치개, 통발, 참빗 16

	木 △ 蔽 개사철쑥, 아주까리 16	火 X 憊 고달플, 피곤할 16	土 △ 陴 성가퀴, 돕다 16	水 △ 霏 눈 펄펄 내릴, 눈 올 16	木 ○ 馡 향기, 향기로울 17	水 X 貔 비휴 (표범의 일종) 17	火 X 騑 곁마, 세살 된 말 18	土 X 鄙 마을, 천할, 인색할 18
비	金 X 髀 넓적다리, 장딴지 18	水 X 濞 물소리 18	火 X 騛 빠른 말, 준마 이름 19	金 X 鞴 풀무, 말에 채비할 19	水 X 臂 팔, 팔뚝, 쇠뇌자루 19	木 X 羆 큰 곰, 말곰 20	金 ○ 譬 비유할, 깨우칠 20	金 △ 贔 힘쓸, 큰 거북 21
	金 △ 鼙 마상고, 작은북 21	火 X 轡 고삐, 재갈, 굴레 22						
	火 ○ 份 빛날, 밝을 6	土 X 牝 암컷, 자물쇠 6	金 ◎ 玭 소리 나는 진주, 옥 9	木 X 斌 빛날, 아롱질 11	火 ○ 彬 빛날, 성 [반] 11	土 ○ 邠 나라이름, 빛날 11	金 X 貧 가난할, 구차할 11	水 ○ 浜 물가, 가까울 11
	金 ○ 賓 손님, 공경할 14	火 ○ 儐 인도할, 베풀, 대접할 16	火 X 頻 자주, 급할, 위급할 16	土 △ 嬪 아내, 궁녀 17	水 △ 豳 나라이름 [반] 17	木 ○ 檳 빈랑나무 18	木 X 擯 물리칠, 버릴 18	金 X 贇 예쁠 빛날 [윤] 18
빈	水 ○ 濱 물가, 가까울 18	水 X 殯 염할, 빈소, 파묻하다 18	木 ○ 馪 향기 19	木 X 矉 찡그릴, 노려볼 19	金 ○ 璸 옥, 옥 무늬 19	水 X 顰 찡그릴, 눈살 찌푸릴 19	水 ○ 霦 옥 광채 19	木 X 繽 어지러울, 성할, 많을 20
	水 △ 瀕 물가, 여울, 임박할 20	水 X 臏 종지뼈, 정강이뼈 20	水 X 蠙 진주조개, 물이끼 20	木 X 蘋 네가래, 개구리밥 22	金 △ 鑌 강철, 광낼 22	木 △ 馪 향내 날, 향기 찌를 23	火 X 顰 찡그릴, 눈살 찌푸릴 24	火 X 鬢 살쩍, 귀밑털 24
빙	水 △ 氷 얼음 [응] 5	水 X 凭 기댈, 의지하다 8	土 ○ 娉 예쁠, 물을, 장가들 10	火 ○ 聘 부를, 물을, 장가들 13	火 X 憑 기댈, 의지할 16	火 △ 騁 제멋대로, 말 달릴 17		

사	木 ◎ 士 선비, 벼슬, 사내 3	火 X 巳 뱀, 여섯째 지지 3	火 △ 四 넉, 사방, 넷 4	火 ◎ 仕 벼슬할, 섬길 5	金 △ 乍 잠깐, 언뜻, 차라리 5	水 ○ 史 사기, 역사, 사관, 성 5	水 ○ 司 벼슬, 맡을, 성 5	木 △ 糸 실, 가는 실 6
	土 △ 寺 절, 마을 [시] 6	水 X 死 죽을, 다할 6	木 X 些 적을, 어조사 7	木 X 私 사사로울, 간통, 은혜 7	火 △ 似 같을, 비슷할 7	火 △ 伺 엿볼, 살필, 찾을 7	水 X 汜 지류, 웅덩이 7	木 ○ 事 일, 섬길, 받들 8
	木 △ 社 모일, 단체, 땅귀신 8	木 X 祀 제사, 제사지낼 8	火 △ 使 하여금, 시킬 8	火 ○ 舍 집, 쉴, 여관 [석] 8	土 ○ 姒 동서, 언니, 맏동서 8	水 X 卸 풀, 풀다, 짐 부릴 8	水 X 咋 잠깐, 잠시 동안 8	水 △ 沙 모래, 사막, 고을이름 8
	木 ○ 査 조사할, 사실할 9	木 X 柶 윷, 수저, 숟가락 9	火 △ 俟 기다릴, 대기할 9	火 ○ 思 생각할, 어조사 9	金 △ 砂 모래, 주사, 약 이름 9	水 △ 泗 물이름, 콧물 9	木 ○ 師 스승, 어른, 본받을 10	木 X 祠 사당, 제사지낼 10
	木 △ 紗 깁, 비단 [묘] 10	土 △ 娑 춤 출 10	土 △ 射 쏠, 사궁 [석, 역] 10	金 X 剚 찔, 꽂을 10	水 X 唆 부추길 10	木 ◎ 梭 북, 베짱이 11	木 ○ 笥 상자, 대 밥그릇 11	火 X 徙 옮길, 넘길, 귀양 보낼 11
	火 X 斜 비낄, 기울, 비스듬할 11	火 △ 赦 용서할, 사면할 11	土 X 邪 간사할, 속일 11	水 X 蛇 뱀, 긴 뱀 [이] 11	水 ○ 涘 물가, 강가 11	木 △ 奢 사치할, 자랑할 12	木 X 捨 놓을, 버릴, 베풀 12	木 ○ 絲 실, 견사, 명주실 12
	火 X 傞 춤 출, 취해 춤추는 모양 12	火 X 覗 엿볼, 훔쳐보다 12	金 △ 斯 어조사, 이, 이것 12	金 X 竢 기다릴, 대기할 12	金 X 詐 거짓, 속일 12	金 ○ 詞 말씀, 글, 알릴 12	水 X 痧 홍역, 콜레라 12	木 X 楂 떼, 까치 우는 소리 13

사	木 △ 莎 사초, 향부자 [수] 13	木 X 裟 가사, 승려 옷 13	火 X 肆 방자할, 늘어놓다 13	水 △ 嗣 이을, 상속할 13	水 X 渣 찌꺼기, 강 이름 13	木 X 榭 정자, 사당, 곳집 14	土 X 獅 사자, 강아지 14	金 X 皻 여드름, 비사증 14
	水 X 蜡 납향, 납제 14	水 X 飼 먹일, 기를, 양식 14	木 ○ 寫 베낄, 본뜰, 그릴 15	木 ○ 祇 복, 행복 15	火 △ 僿 잘게 부슬, 막다 15	火 △ 駟 사마, 용 네 마리 15	火 △ 駛 달릴, 빠르다 15	金 ○ 賜 줄, 하사할, 명령할 15
	水 X 魦 문절망둑 15	木 △ 篩 체, 대이름 16	木 X 蓑 도롱이, 덮을 16	金 △ 謝 사례할, 물러날, 성 17	水 X 鯊 문절망둑, 모래무지 18	金 ○ 辭 말씀, 고할, 문장 19	水 X 瀉 쏟을, 설사하다 19	土 X 麝 사향, 사향노루 21
	水 X 鰤 물고기 이름, 노어 21							
삭	金 X 削 깎을, 빼앗을 [초] 9	木 △ 索 노, 노끈, 헤어질 [색] 10	水 △ 朔 초하루, 북쪽, 아침 10	木 △ 搠 바를, 찌르다 14	木 X 槊 창, 긴 창 14	金 △ 數 빠를, 자주 [수, 촉] 15	木 X 蒴 접골목, 말오줌때 16	火 △ 爍 빛날, 태우다 19
	金 △ 鑠 녹일, 녹다, 아름답다 23							
산	土 △ 山 뫼, 성, 분묘 3	金 △ 刪 깎을, 삭제할 7	水 ○ 汕 오구(고물의 일종), 통발 7	土 X 姍 헐뜯을, 비방하다 8	水 X 疝 산증, 아랫배가 아픈 병 8	木 ○ 祘 셈, 계산, 지혜 10	金 ○ 珊 산호, 패옥 10	金 X 訕 헐뜯을, 꾸짖을 10

산	木 ○ 産 낳, 낳을, 생산하다 11	木 ○ 產 낳, 낳을, 생산하다 11	土 X 狻 사자 11	火 ○ 傘 우산, 일산 12	金 X 散 흩을, 흩어질 12	金 X 剷 깎을, 베다 13	木 ○ 算 셈, 계산, 산가지 14	金 X 酸 실, 식초, 신맛 14
	火 ○ 憪 큰 언덕, 착할 15	木 ○ 橵 산자 16	木 △ 蒜 달래, 마늘 16	水 X 潸 눈물 흐를, 비오다 16	水 X 濟 눈물 흐를, 비오다 16	木 ○ 籌 큰 피리 17	木 △ 繖 일산, 우산 18	金 X 鏟 대패, 깎다, 쇳덩이 19
	水 X 霰 싸라기눈 20	水 ○ 孿 쌍둥이, 이어지다 22						
살	木 △ 乷 음역자 8	金 X 殺 죽일, 없앨, 죽을 [쇄] 11	火 X 煞 죽일, 없앨, 죽을 [쇄] 13	木 △ 撒 뿌릴, 흩뜨릴 16	木 △ 薩 보살 20			
삼	木 ○ 三 석, 셋, 거듭 3	木 ○ 杉 스기나무, 삼나무 7	木 ○ 衫 적삼, 옷 9	木 △ 芟 벨, 베다, 깎아버릴 10	火 ○ 參 석, 인삼, 별이름 [참] 11	金 △ 釤 낫, 큰 낫 11	木 ○ 森 수풀, 나무 빽빽할 12	水 △ 滲 스며들, 적실 [림] 15
	木 ○ 蔘 삼, 인삼, 더덕 17	木 X 糝 나물죽, 국, 쌀알 17	火 X 鬖 헝클어진 머리 21					
삽	水 ○ 卅 서른, 삼십 4	水 X 唼 쪼아먹을 11	金 △ 鈒 창, 새길 12	木 △ 挿 꽂을, 끼울, 가래 13	木 △ 插 꽂을, 끼울, 가래 13	火 △ 歃 마실, 맹세의 피를 마시다 13	木 X 颯 바람소리, 흐트러질 14	水 X 翣 운삽, 덮개 14

삽	水 X 霅 흩어질, 번개 치다 15	水 X 澁 떫을, 껄끄러울 16	水 △ 霎 가랑비, 빗소리 16	金 △ 鍤 가래(농기구), 삽 17			
상	木 ○ 上 윗, 높을, 오를 3	木 ◎ 床 평상, 마루 7	木 ◎ 牀 평상, 마루 8	土 △ 狀 형상, 모양 [장] 8	金 ◎ 尙 높일, 성, 숭상할 8	木 ○ 庠 학교, 태학(太學) 9	木 ○ 相 서로, 볼, 도울 [양] 9	土 △ 峠 고개, 언덕길 9
	木 ○ 桑 뽕나무, 성 10	火 ○ 晌 정오, 대낮 10	木 ◎ 常 항상, 떳떳할 11	木 ◎ 祥 상서로울, 복, 착할 11	火 X 徜 노닐, 어정거리다 11	火 ○ 爽 시원할, 밝을 11	水 ○ 商 장사, 몫 11	木 △ 廂 행랑, 곁간 12
	火 X 翔 빙빙 돌, 엄숙할 12	水 X 喪 죽을, 초상 12	水 △ 象 코끼리, 형상, 모양 12	火 X 傷 상할, 해칠 13	火 ○ 想 생각할, 희망할 13	土 △ 嘗 맛볼, 일찍, 시험할 13	金 ○ 詳 자세할, 상서롭다 13	水 ○ 湘 물이름, 삶을 13
	木 X 裳 치마, 성할 14	火 ○ 像 본뜰, 형상, 모양 14	土 ○ 塽 넓고 밝은 땅, 높은 땅 14	水 △ 嚐 맛볼, 성, 시험해볼 14	木 △ 樣 상수리나무 [양] 15	木 △ 箱 상자, 곳간 15	木 ○ 緗 담황색 비단 15	火 ○ 慡 성품 밝을 15
	金 ◎ 賞 상 줄, 칭찬할 15	水 X 殤 일찍 죽을, 어려서 죽을 15	木 △ 橡 상수리나무, 도토리 16	水 X 瀧 세찰, 물 쏟아 내릴 16	火 ○ 償 갚을, 보답, 배상 17	水 △ 霜 서리, 세월 17	木 X 觴 술잔, 잔을 내다 18	金 △ 鏘 방울소리 18
	火 X 顙 이마, 머리 19	土 X 孀 과부, 홀어미 20	土 X 餳 삶다, 익히다 21					

새	土 △ 塞 변방, 요새, 보루 [색] 13	火 X 偲 마음 맞지 않을 [시] 13	金 △ 賽 굿, 굿할, 주사위 17	金 ○ 璽 옥새, 도장 19	水 X 鰓 아가미 20	水 ○ 曬 가득 채울 20		
색	土 ○ 色 색, 빛, 빛깔, 모양 6	木 X 索 찾을, 더듬을 [삭] 10	土 X 塞 막힐, 막을 [새] 13	水 X 嗇 인색할, 아낄 13	木 X 槭 앙상하다 15	水 X 濇 껄끄럽다 17	木 ○ 穡 농사, 거둘, 수확하다 18	水 X 瀒 깔깔할, 떫다 19
생	木 ○ 生 날을, 기를, 나아갈 5	木 X 省 덜, 허물 [성] 9	土 X 牲 희생, 제사 고기 9	木 X 眚 재앙, 흐릴 10	木 ○ 笙 생황, 대자리 [신] 11	木 △ 甥 생질, 외손자 12	金 X 鉎 녹(쇠의 녹) 13	
서	金 ○ 西 서쪽, 사양, 성 6	木 ○ 序 차례, 학교, 순서 7	火 △ 恕 용서, 동정할 7	木 ○ 抒 당길, 펼, 퍼낼, 꺼낼 8	金 ◎ 叙 줄, 차례, 敍의 통용어 9	木 ○ 栖 쉴, 棲의 속자 10	木 △ 紓 느슨할, 풀다 10	木 △ 芧 도토리, 모시 10
	火 ◎ 徐 천천히, 평온할, 성 10	火 △ 恕 깨달을, 용서할 10	火 ◎ 書 글, 문장, 기록할 10	木 ○ 庶 여러, 무리 11	火 ○ 偦 재주 있을 11	火 X 悆 느슨해질, 잊을 [여] 11	金 ◎ 敍 줄, 차례, 베풀 11	金 ◎ 敘 줄, 차례, 敍의 통용어 11
	水 ○ 胥 서로, 잠깐, 기다릴 11	木 ○ 棲 깃들일, 쉴 12	木 ○ 捿 깃들일, 쉴 12	木 △ 絮 솜, 솜옷 [나] 12	木 △ 黍 기장, 술그릇 12	火 ◎ 晳 밝을 12	火 ○ 舒 펼, 퍼질, 열릴 12	土 ○ 壻 사위, 땅이름 12
	土 ○ 婿 사위, 동서 12	土 X 犀 코뿔소, 굳을 12	木 ○ 揟 거를, 물 품을 13	木 △ 筮 점, 점칠 13	木 X 耡 구실 이름, 호미 13	木 ○ 楈 나무 이름, 쟁기 13	火 △ 暑 더위, 여름 13	火 ◎ 惰 지혜로울 13

제4부 인명용 한자 177

서	金 X 鉏 호미, 김매다 13	水 ○ 湑 거를, 깨끗할 13	水 X 鼠 쥐, 근심할 [유] 13	木 △ 稰 거두어들인 곡식 14	土 X 墅 농막, 별장 [야] 14	土 X 逝 갈, 떠날 14	金 ◎ 瑞 상서, 경사 14	金 ○ 誓 약속할, 맹서할 14
	土 ○ 嬃 여자의 자(字) 14	木 ○ 署 관청, 마을, 벼슬 15	木 △ 緖 실마리, 끈 15	木 ○ 縃 서로, 기다릴 15	金 ○ 諝 슬기로울, 헤아릴 15	金 X 鋤 호미, 김맬 15	木 X 撕 훈계할 16	金 ◎ 諝 슬기로울, 헤아릴 16
	水 X 噬 씹을, 깨물다 16	水 △ 豫 펼 [예] 16	土 ○ 嶼 섬, 작은 섬 17	土 ○ 與 섬, 작은 섬 17	水 △ 澨 물가, 물녘 17	火 ○ 曙 새벽, 동이 틀 18	木 X 薯 참마, 산약 20	木 ○ 孍 아름다울 [여] 20
	土 X 邀 미칠, 닿을 20							
석	水 △ 夕 저녁, 밤 [사] 3	金 ○ 石 돌, 비석, 성 5	水 X 汐 저녁 조수, 썰물 7	木 △ 析 흩어질, 나눌 [사] 8	火 △ 昔 옛, 성 [착] 8	金 △ 矽 규소, 석비레 8	木 ○ 席 자리, 성, 앉을 자리 10	木 ○ 秳 섬(열 말) 10
	火 △ 惜 아낄, 아깝게 여길 12	火 ○ 晰 밝을, 분석할 12	火 ◎ 晳 밝을, 분석할 12	土 X 舄 신, 신발, 큰 모양 12	水 X 淅 쌀 일, 빗소리 12	金 ○ 鉐 놋쇠, 성의 하나 13	金 ◎ 碩 클, 단단할, 충실할 14	水 X 腊 포, 건어 14
	水 X 蜥 도마뱀 14	火 △ 奭 클, 성할, 쌍백 [혁] 15	木 ○ 蓆 자리, 클, 크고 넓을 16	木 △ 褯 어린아이옷 [자] 16	金 ○ 錫 주석, 구리 [체] 16	水 X 潟 갯벌, 소금밭 16	金 ○ 碣 주춧돌 17	水 X 鼫 다람쥣과의 동물, 석서 18
	火 △ 釋 놓을, 풀 [역] 20							

火 △	土 △	木 ○	木 ○	木 ○	木 ◎	木 X	水 X
仙	仚	先	亘	秈	宣	扇	洒
신선, 선교, 가볍게 날	신선, 선교	먼저, 선생, 앞설	펼, 베풀 [공]	메벼	펼칠, 베풀, 성	사립문, 부채	삼갈 [세]
5	5	6	6	8	9	10	10
水 △	火 △	木 △	土 △	金 ○	木 X	金 △	金 ○
洗	炪	船	旋	珗	筅	羨	琁
깨끗할 [세]	들불[夜火]	배, 옷깃	빙빙 돌, 돌이킬	옥돌, 구슬	솔, 병기	부러워할 [이]	아름다운 옥 [경]
10	10	11	11	11	12	12	12
水 ◎	火 △	火 X	土 △	土 X	金 △	水 ○	水 ○
善	僊	愃	羨	跣	詵	尟	渲
착할, 좋을, 훌륭할	춤 출, 선인	잊을, 쾌할 [훤]	부러울, 넉넉할 [연]	맨발, 돌아다닐	많을, 모일	적을, 드물	물 적실, 작은 흐름
12	13	13	13	13	13	13	13
木 △	火 X	土 ○	金 ○	金 △	木 △	土 △	土 ○
綖	煽	嫙	瑄	銑	線	墡	嬋
실, 줄, 가는 실	부칠, 부추길	예쁠, 아름다울	도리옥, 구슬	무쇠, 금장식	줄, 실, 실마리	백토, 하얀 흙	고울, 예쁠
14	14	14	14	14	15	15	15
水 △	火 ○	木 ◎	火 △	金 △	金 ○	木 ◎	水 ○
腺	暶	瑢	歚	敾	璇	禪	鮮
샘, 멍울	밝을, 아름다운 모양	예쁠, 아름다울	고울	기울, 다스릴	옥 이름	좌선할, 고요할	생선, 성, 깨끗할
15	15	16	16	16	16	17	17
木 △	金 ○	水 △	水 X	土 △	金 ○	金 △	金 X
繕	瑪	膳	蟬	選	璿	譔	鏇
기울, 고칠, 다스릴	옥 이름	반찬, 선물, 올릴	매미, 이을 [제]	가릴, 뽑을	아름다운 옥	가르칠, 다를, 기릴	갈이틀, 선반
18	18	18	18	19	19	19	19
火 X	金 ○	金 ○	水 △	水 X	木 X	水 X	水 X
騸	譱	鐥	饍	癬	蘚	鱓	鱻
거세말	착할, 훌륭할	복자, 좋은 쇠	반찬, 膳과 동자	옴, 종기, 버짐	이끼, 김	드렁허리	생선, 고울, 깨끗할
20	20	20	21	22	23	23	33

선

	火 X 舌 혀, 말, 언어 6	木 △ 契 사람이름 [계, 글] 9	水 X 泄 샐, 새다 [예] 9	木 △ 枻 도지개, 배의 키 9	水 X 屑 가루, 부스러기 10	水 △ 洩 샐, 성, 덜 [예] 10	木 △ 紲 고삐, 매다 11	火 ○ 偰 맑을, 깨끗할 11
설	土 △ 卨 은나라, 离의 통용어 11	金 ○ 設 베풀, 세울, 만들 11	水 ○ 雪 눈, 씻을, 결백할 11	土 X 媟 깔볼, 얕볼, 진압할 12	土 △ 离 은나라, 사람이름 12	木 X 楔 기둥, 버틸, 문설주 13	木 △ 揲 셀, 세다, 맥을 짚다 13	水 X 渫 칠, 샐, 더럽다 13
	木 △ 稧 볏짚, 볏단 14	金 X 鞢 가죽을 다루다 14	金 ○ 說 말씀 [열, 탈] 14	木 X 撒 쓸어버릴, 없앨 15	火 X 勢 거만할, 모실 15	木 ○ 榝 향풀, 향기로울 17	木 X 褻 속옷, 더러울 17	木 ○ 薛 대쑥, 성, 다북쑥 19
	火 △ 爇 불사를, 불타다 19	金 X 齧 흠, 물어뜯을 21						
섬	木 ○ 閃 엿볼, 번쩍일 10	金 △ 剡 땅이름 [염] 10	木 X 睒 언뜻 볼, 엿볼, 13	金 X 銛 가래, 날카롭다 14	木 △ 摻 가늘, 약할, 가냘플 15	土 ○ 陝 고을이름, 성 15	火 ○ 暹 나아갈, 해 돋을 16	木 △ 韱 산부추, 섬세할 17
	火 X 憸 간사할, 알랑거리다 17	水 X 蟾 두꺼비, 달그림자 19	土 △ 孅 가늘, 가냘프다 20	金 ○ 贍 보탤, 넉넉할 20	金 X 譫 헛소리, 실없는 소리 20	水 X 殲 죽일, 멸할, 없앨 21	木 △ 纖 가늘, 작을, 고운 비단 23	
섭	水 △ 涉 물 건널, 거닐 11	木 ○ 紗 비단 14	木 △ 葉 땅이름, 성 [엽] 15	火 ○ 燮 불꽃, 화해할 17	火 X 聶 소곤거릴, 쥐다, 잡다 18	木 △ 欇 삿자리, 돗자리 21	水 X 囁 소곤거릴, 속삭일 21	木 ○ 攝 잡을, 다스릴 [십] 22

섭	火 X 懾 두려워할, 으를, 겁낼 22	水 ○ 灄 강 이름, 뗏목 22	土 △ 躞 걸어가는 모양, 걸을 24	土 X 躡 밟을, 따르다 25	金 X 鑷 족집게, 뽑을 26	火 X 顳 관자놀이, 귀밑 뼈 27		
성	火 X 成 이룰, 될, 성 6	火 ○ 成 이룰, 성, 성숙할 7	土 ○ 姓 성씨, 겨레, 백성 8	木 △ 省 살필, 관청 [생] 9	火 ○ 性 성품, 성, 마음, 바탕 9	火 ○ 星 별, 세월, 성 9	土 X 城 재, 성, 나라 9	木 ◎ 晟 서고, 장서실 10
	火 X 晟 밝을 10	土 ○ 城 재, 성, 성곽, 나라 10	土 ○ 娍 아름다울, 헌걸찰 10	火 ◎ 晟 밝을, 환할, 빛날 11	火 ◎ 晠 밝을, 빛날 11	火 X 盛 성할, 많을 11	水 ○ 胜 비릴, 날고기 [생] 11	火 ○ 盛 성할, 많을, 성대할 12
	金 ○ 珹 옥 이름 12	金 ◎ 晠 넉넉할, 재물 12	木 △ 筬 베틀, 대나무이름 13	火 ○ 惺 깨달을, 고요할 13	火 ○ 聖 성인, 거룩할 13	火 ○ 聖 성인, 거룩할 13	土 X 猩 성성이, 개 짖는 소리 13	金 X 誠 정성, 진실 13
	金 ○ 瑆 옥빛, 빛날 14	金 ◎ 誠 정성, 진실, 공경할 14	火 △ 瞫 귀 밝을, 들을 15	水 X 腥 비릴, 군살 15	金 △ 醒 깰, 술 깰, 깨달을 [정] 16	火 △ 聲 소리, 말, 풍류, 노래 17	火 X 騂 붉은 말, 붉은 소 17	
세	木 ○ 世 인간, 세상, 세대, 시대 5	火 ◎ 忕 익숙할, 익힐 [태] 7	土 ○ 姌 여자의 이름자 9	木 △ 帨 수건, 손을 닦다 10	水 △ 洗 씻을, 깨끗할[선] 10	水 △ 洒 씻을, 깨끗할 10	木 △ 笹 조릿대, 가는 대 11	木 △ 細 가늘, 자세할 11
	火 △ 彗 살별, 밝을, 풀이름 [혜] 11	水 X 涗 잿물 11	木 ○ 稅 세금, 징수 [열, 쉬] 12	金 △ 貰 빌릴, 세 낼 12	土 ○ 歲 해, 세월, 나이 13	金 ○ 勢 권세, 형세, 위세 13	水 X 蛻 매미, 허물 13	金 △ 說 달랠 [설, 열] 14

세	金 X 鎩 수레 버팀나무 맬 끈 15	木 △ 繐 가늘고 설핀 베 18						
소	水 ○ 小 적을, 작을, 삼갈 3	水 ○ 少 젊을, 적을 4	水 ○ 召 부를, 알릴, 청할 5	火 ○ 邵 높을, 훌륭할 7	火 △ 佋 소개할, 소목 7	土 ○ 劭 힘쓸, 아름다울 7	木 △ 所 바, 곳, 처소 8	木 X 柖 과녁, 나무 흔들릴 9
	火 ◎ 昭 밝을, 나타날 9	火 ○ 炤 밝을, 환할 [조] 9	水 △ 唑 웃을, 웃음 9	水 ◎ 沼 못, 연못, 늪 9	水 X 泝 거슬러 올라갈 9	木 △ 宵 밤, 야간 10	木 ◎ 素 흴, 근본, 바탕, 정성 10	木 ○ 笑 웃을, 웃음 10
	金 ○ 玿 아름다운 옥 10	金 ○ 剡 벨, 깎을 [쇠, 교] 10	木 △ 梳 빗, 얼레빗 11	木 X 捎 없앨, 덜, 스칠, 추릴 11	木 ○ 紹 이을, 소개할 [초] 11	土 X 埽 쓸, 쓸다, 털다 11	土 ○ 疏 글, 소통할, 상소할 11	水 ○ 巢 새집, 깃들일 11
	水 X 消 사라질, 식을 11	火 △ 焇 녹일, 말릴 11	木 X 掃 쓸, 쓸다, 버릴 12	火 △ 愫 향할, 지키다 12	土 △ 疎 글, 소통할, 상소할 12	土 ○ 邵 높을, 성, 고을이름 12	金 X 訴 호소할, 아뢸 [척] 12	金 X 酥 연유, 술의 딴이름 12
	水 △ 甦 깨어날, 기뻐할, 살 12	木 △ 筱 가는 대, 조릿대 13	火 X 傃 날개 찢어질, 날개 칠 13	土 △ 塑 흙으로 만든 조각 13	土 △ 塐 흙 빛을, 허수아비 13	水 X 嗉 모이주머니, 새 목구멍 13	水 X 蛸 갈거미, 사마귀 알 13	木 X 搔 긁을, 잡을 [조] 14
	火 ◎ 愫 정성, 진정, 참뜻 14	火 X 愬 하소연할, 고할 14	土 △ 逍 거닐, 노닐 14	金 ○ 韶 풍류, 이을, 아름다울 14	水 X 遡 거스를, 하소연할 14	木 X 樔 풀막, 움막 15	木 △ 箾 퉁소, 상소 15	金 X 銷 녹일, 쇠할, 사라질 15

	水 X 瘙 피부병, 종기 15	水 ○ 霄 하늘, 하늘기운 15	木 ○ 穌 깨어날, 기뻐할, 살 16	木 △ 篠 조릿대, 가는 대 [조] 16	木 △ 艘 배, 배의 총칭 16	火 △ 燒 불사를, 익힐 16	火 △ 衛 정결할, 깨끗할 16	金 ○ 璅 옥돌 16
소	水 X 嘯 휘파람 불, 울부짖다 16	水 X 膆 멀떠구니, 살찌다 16	木 △ 繅 고치를 켤, 고치실 뽑을 17	木 △ 蔬 나물, 푸성귀 17	火 X 魈 산의 요괴 17	土 X 遡 거스를, 하소연할 17	水 X 鮹 물고기이름 18	水 △ 鮋 소금, 소금굴 18
	木 △ 簫 퉁소, 조릿대 19	木 △ 蕭 맑은대쑥, 쓸쓸할, 울 19	水 △ 霄 하늘, 구름 [초] 19	火 X 騷 떠들, 시끄러울 20	水 △ 瀟 맑고 깊을, 비바람 칠 21	木 ○ 蘇 깨어날, 성, 되살아날 22		
	木 △ 束 묶을, 결박할 7	火 ○ 俗 풍속, 관습, 세상 9	水 X 涑 비올, 큰 비바람 10	水 △ 涑 헹굴, 강 이름 11	木 ○ 粟 조, 벼, 오곡 [조] 12	土 △ 速 빠를, 부를 14	金 △ 謖 일어날, 뛰어날 17	土 △ 遬 빠를, 줄어들 18
속	木 △ 續 이을, 계속 21	水 △ 屬 거느릴, 무리 [촉] 21	金 X 贖 속죄할, 바꿀 22					
	水 ○ 孫 손자, 성, 후손 10	水 X 飧 저녁밥, 밥, 물 만 밥 11	木 ○ 巽 부드러울, 괘 이름, 성 12	水 X 飱 저녁밥, 밥 12	木 X 損 덜, 줄, 감소할, 상할 14	木 ○ 蓀 향풀이름, 창포 16	土 ○ 遜 겸손할, 사양할 17	
손								
솔	木 △ 乺 솔(먼지 닦는 솔) 9	木 X 帥 모일, 좇을 9	火 △ 率 거느릴, 좇을 [수] 11	水 △ 窣 갑자기, 천천히 걸을 13	火 △ 衛 거느릴, 인도할 17	水 X 蟀 귀뚜라미 17	土 △ 達 군사를 거느릴 18	

송	木 ○ 宋 송나라, 성 7	木 ○ 松 소나무, 향풀, 성 8	火 X 悚 두려워할, 당황할 11	金 X 訟 송사할, 논쟁할 11	金 △ 竦 공경할, 삼갈, 놀랄 12	水 ○ 淞 강 이름, 물 12	火 △ 頌 칭송할, 기릴 [용] 13	土 ○ 送 보낼, 전송할 13
	金 ○ 誦 말할, 욀, 암송할 14	火 ○ 憽 똑똑할 17	火 X 鬆 더벅머리, 거칠 18					
쇄	金 ○ 刷 인쇄할, 문지를 8	金 X 殺 빠를, 감할 [살] 11	金 X 碎 부술, 깨뜨릴 13	金 △ 瑣 자질구레할, 세분할 15	金 △ 鎖 쇠사슬, 자물쇠 18	金 △ 鏁 쇠사슬, 자물쇠 18	火 △ 曬 쬘, 말릴 23	水 △ 灑 물 뿌릴, 깨끗할 [사] 23
쇠	木 X 衰 쇠할, 약할 [사, 최] 10	金 △ 釗 쇠, 금속 [교, 소] 10						
수	木 X 手 손, 재주, 수단 4	金 X 殳 창, 몽둥이 4	水 ○ 水 물, 강물, 별이름 4	水 X 囚 가둘, 죄인 5	木 ○ 守 지킬, 벼슬, 보살필 6	金 ○ 收 거둘, 모을, 잡을 6	金 △ 戍 지킬, 수자리 6	木 ◎ 秀 빼어날, 무성할 7
	土 ○ 寿 목숨, 壽의 속자 7	水 △ 汓 헤엄칠 7	土 ○ 垂 드리울, 베풀 8	土 ○ 岫 산굴, 산봉우리 8	土 ○ 峀 산굴, 산봉우리 8	水 ◎ 受 받을, 이룰, 인연 8	木 △ 帥 장수, 인솔자 [솔] 9	水 △ 泅 헤엄칠 9
	水 ○ 首 머리, 우두머리 9	木 X 祟 빌미 (재앙의 원인) 10	火 ○ 修 닦을, 다스릴 10	土 X 狩 사냥할, 순행 10	水 X 叟 늙은이, 어른 10	水 △ 殊 다를, 베일, 뛰어날 10	水 ◎ 洙 물가, 물이름 10	木 △ 宿 별자리 [숙] 11

수	木 ○ 袖 소매, 성 11	土 X 羞 드릴, 나갈, 부끄러울 11	水 X 售 팔, 갚을, 팔아넘길 11	木 ○ 授 줄, 수여할, 전수할 12	木 ○ 茱 수유나무 12	火 ○ 晬 돌, 1주년, 생일 12	火 X 須 모름지기, 잠깐 12	金 ○ 琇 옥돌, 아름다울 12
	木 X 廋 숨길, 찾다 13	木 ○ 睟 바로 볼, 눈 밝을 13	木 ○ 睢 물이름, 성 13	木 X 睡 잘, 졸음 13	木 ○ 綏 끈, 편안할 [유, 타] 13	火 X 愁 근심, 염려할 13	土 △ 嫂 형수, 부인 호칭 13	金 X 竪 더벅머리, 설, 세울 13
	金 X 酬 술 권할, 갚을 13	水 ○ 脩 닦을, 포, 길 13	木 ○ 綉 수놓을, 비단 13	木 X 搜 찾을, 모을, 가릴 [소] 14	木 △ 粹 순수할, 정할 [쇄] 14	木 ○ 綬 끈, 인끈, 이을 14	金 ○ 銖 무게 단위, 저울눈, 둔할 14	水 X 嗽 기침할 [삭] 14
	水 ○ 壽 목숨, 수명, 장수 14	水 X 溲 반죽할, 씻다, 오줌 14	水 △ 脺 뇌, 얼굴에 윤기 있을 14	水 △ 需 구할, 음식, 공급할 14	木 X 瞍 소경, 여위다 15	木 ○ 穗 이삭, 벼, 보리 이삭 15	木 △ 豎 설, 세울, 더벅머리 15	金 ○ 數 수, 셈할 [삭] 15
	金 △ 誰 누구, 무엇 15	金 ○ 賥 재물, 재화 15	金 X 銹 녹슬, 녹 15	水 X 漱 양치할, 씻을 15	水 X 瘦 파리할, 야윌 15	木 ○ 樹 나무, 심을, 세울 16	木 △ 蓚 기쁠, 수산 16	木 X 蒐 모을, 사냥 16
	火 △ 輸 실을, 보낼 16	土 ◎ 遂 마침내, 이룰 16	土 X 陲 위태할, 경계 16	水 X 腹 여윌, 파리할 16	木 ○ 穂 이삭, 벼, 보리 이삭 17	火 ○ 燧 봉화, 횃불 17	火 X 雖 비록 [유] 17	土 ○ 隋 수나라 [타] 17
	水 △ 濉 물이름 17	金 △ 璲 패옥, 노리개 18	金 ○ 瑪 옥 이름 18	木 X 繡 수놓을, 비단 18, 19	木 X 穟 바람소리, 빗소리 19	火 X 鷞 새매, 솔개 19	土 X 獸 짐승, 포 19	水 X 髓 골수, 뼛속 기름 19

수	水 △ 饈 드릴, 반찬 20	木 X 籔 휘, 열 엿 말 21	木 X 藪 큰 늪, 수풀 21	土 △ 邃 깊을, 오래, 멀 21	土 △ 隨 따를, 거느릴 21	土 X 隧 굴, 회전, 산길 21	金 △ 璲 구슬 21	火 X 鬚 수염, 동물 수염 22
	金 X 讐 원수, 갚을, 대답할, 맞을 23	金 X 讎 원수, 갚을, 대답할 23	金 X 髓 뼛골, 골수 23					
숙	水 △ 夙 일찍, 빠를, 성 6	水 ○ 叔 아재비, 아저씨 8	火 ○ 俶 비로소, 정돈할, 착할 10	火 △ 倏 갑자기, 문득, 빠를 10	木 △ 宿 잘, 편안할 지킬 [수] 11	土 ○ 婌 궁녀, 벼슬이름 11	水 ○ 孰 누구, 어느, 익다, 여물다 11	水 ○ 淑 맑을, 착할 12
	火 ○ 肅 공손할, 엄숙할 13	金 ○ 琡 옥 이름, 큰 홀 13	木 ○ 菽 콩, 대두, 흰콩 14	土 ○ 塾 글방, 서당, 사랑방 14	火 △ 熟 익을, 성숙할 15	木 X 橚 줄지어 설, 밋밋할, 무성할 17	水 X 潚 빠를, 성 [소] 17	火 X 儵 빠를, 검다, 갑자기, 재앙 19
	金 ○ 璹 옥 그릇, 옥 이름 19	火 X 驌 말이름, 좋은 말 23	火 X 鷫 신조, 기러기 종류 24					
순	火 ○ 旬 열흘, 10년, 두루 펼 [균] 6	水 ○ 巡 순행할, 돌다 7	火 △ 徇 재빠를, 깊다 8	土 ○ 帉 명령, 사월, 하여금 8	木 X 盹 졸, 앉아서 졸 9	木 △ 盾 방패, 피할 [돈] 9	木 △ 紃 끈, 둥근 끈 9	火 ○ 徇 두루, 돌, 경영할 9
	土 X 峋 깊숙할, 후미질 9	土 △ 姁 미칠, 여자 처음 올 9	木 △ 栒 나무이름 10	木 △ 純 순수할, 실 [준, 돈] 10	火 ○ 恂 정성, 진실할 10	水 ○ 洵 진실로, 믿을, 고를 10	水 X 殉 따라 죽을, 순장할 10	水 X 朒 광대뼈 10

순	木 X 眴 눈 깜짝일 11	金 ○ 珣 옥 이름, 옥 그릇 11	木 △ 筍 죽순, 대의 싹 12	木 ○ 荀 풀이름, 사람이름 12	木 ○ 舜 순임금, 성 12	火 X 循 돌, 빙빙 돌 12	火 △ 焞 밝을 [돈, 퇴] 12	火 ○ 順 순할, 따를 12
	水 △ 淳 순박할, 맑을 12	木 X 楯 난간, 방패 [준] 13	火 △ 馴 길들일 [훈] 13	金 △ 詢 물을, 상의할 13	水 X 脣 입술, 언저리 13	金 ○ 諄 가르칠, 도울 [준] 15	金 △ 醇 진한 술, 순수할 15	木 ○ 橓 무궁화나무, 목근 16
	火 X 駒 말이 달리는 모양 16	金 X 錞 악기 이름 [대] 16	木 X 瞬 잠깐, 눈 깜짝할 17	木 △ 蓴 순채, 순나물 [단] 17	木 ○ 橓 무궁화나무, 목근 18	火 X 鬊 헝클어진 머리, 머리털 19	火 X 鶉 메추라기 19	
술	土 △ 戌 개, 열한 번째 지지 6	土 ○ 垅 높을 8	木 △ 絉 끈, 줄 11	火 ○ 術 재주, 기술, 학문 11	土 ○ 述 기록할, 펼, 저술 12	金 △ 鉥 돗바늘, 인도할 13		
숭	土 ○ 崇 높을, 존중할 11	土 ○ 崧 솟을, 산 이름 11	土 ○ 嵩 높은 산, 우뚝 솟을 13	木 ○ 菘 배추 14				
쉬	火 ○ 倅 버금, 다음 10	火 △ 焠 담금질, 태울 12	水 △ 淬 담금질할, 물들일 12					
슬	水 X 虱 이, 썩일, 참깨 8	金 ○ 瑟 큰 거문고, 많을, 비파 14	水 △ 蝨 이, 섞일 15	金 △ 璱 푸른 구슬 16	水 X 膝 무릎 17	金 ○ 璱 푸른 구슬 18	木 △ 虉 붉고 푸를, 적청색 21	

음								
습	木 X 拾 주울, 모을 [십] 10	火 ○ 習 익힐, 익숙할, 배울 11	木 ○ 楷 쐐기, 틀, 단단한 나무 15	火 X 慴 두려워할 15	木 △ 褶 주름 [첩] 17	水 X 濕 젖을, 축축할 [답] 18	木 △ 襲 엄습할, 성 22	土 X 隰 진펄 22
승	木 ◎ 升 되, 오를 4	水 ○ 承 이을, 받들 5	木 ○ 丞 받들, 도울, 이을, 정승 6	木 ○ 承 이을, 계승, 받들 8	火 ◎ 昇 오를, 성, 해 돋을 8	土 ○ 丞 도울, 공경할 8	火 ○ 乘 탈, 오를 10	土 ○ 勝 이길, 뛰어날 12
	土 ○ 阩 오를, 나아갈 12	水 ○ 溗 물 이름 12	土 △ 塍 밭두둑, 둑 13	木 △ 滕 바다, 잉아, 베틀 기구 14	火 △ 僧 중, 승려 14	土 ○ 陞 오를, 승진할 15	土 ○ 階 해 돋을 16	木 △ 繩 줄, 노끈 [민, 잉] 19
	水 X 蠅 파리, 거미 19	火 X 鬙 머리 헝클어질 22						
시	水 X 尸 주검, 시체 3	木 ○ 市 저자, 시가, 시장, 살 5	木 ○ 示 보일, 지시할 [기] 5	金 ○ 矢 화살, 바를, 곧을 5	水 X 豕 돼지 7	木 X 兕 외뿔소, 코뿔소 8	火 ○ 侍 모실, 받들 8	土 ○ 始 처음, 비로소 8
	木 ○ 柿 감나무, 감 9	木 ○ 枾 감나무, 감 9	木 ○ 枲 모시풀, 삼 9	木 △ 柴 섶, 땔나무, 성 [채] 9	木 ○ 柹 감, 감나무 9	木 △ 眂 볼, 보다 9	火 ◎ 是 이, 옳을, 바를 9	土 ○ 施 베풀, 성 [이] 9
	水 X 屎 똥, 대변 [히] 9	水 X 屍 주검, 송장 9	水 ○ 泜 현 이름, 고을이름 9	土 ○ 旹 때, 계절, 時의 古字 [갱] 9	火 ○ 時 때, 계절, 기회 10	火 ○ 恃 믿을, 의지할 10	火 X 翅 날개, 나는 모양 10	水 X 豺 승냥이, 짐승이름 10
	木 ◎ 眎 볼, 본받을, 성 10	木 ○ 絁 깁, 명주 11	木 X 豉 메주, 된장 따위 11	火 ◎ 偲 굳셀, 똑똑할 11	金 △ 匙 숟가락, 열쇠 11	火 ○ 視 볼, 살필 12	火 ○ 偍 걷는 모양 [대, 치, 태] 12	土 ○ 媤 시집, 남편의 집 12

188 양음오행 人名用 漢字 성명학 개론

	土 △ 媞 복, 자세할 [체] 12	土 X 猜 의심할, 시샘할 12	水 X 啻 뿐, 다만 12	火 ○ 愢 겸손할 [새] 13	火 X 毸 날개 칠, 날개 벌릴 13	土 X 塒 홰, 햇대, 깃 13	金 X 弑 죽일 13	金 ○ 詩 시, 글, 시경 13
시	金 ○ 試 시험, 비교할 13	木 ◎ 禔 편안할, 복 14	木 ○ 榯 나무 곧게 설 14	火 △ 翄 날개, 깃, 나는 모양 14	水 X 厮 하인, 종, 천하다 14	木 X 廝 하인, 종, 천하다 15	木 X 緦 시마복 (상복에 쓰는 베) 15	水 X 嘶 울, 흐느낄 15
	水 X 漦 흐를 15	木 ○ 蒔 모종 낼, 옮겨 심을 16	木 △ 蓍 시초, 점대 16	金 △ 諡 시호, 시호 내릴 16	金 ○ 諟 이, 바를 [체] 16	金 X 諰 두려워할 16	水 X 澌 다할, 목쉴, 없어질 16	金 X 匙 숟가락, 열쇠 17
	火 X 顋 뺨, 볼, 아가미 18	金 △ 釃 거를, 진한 술 26						
	金 ○ 式 법, 의식, 제도, 정도 6	水 △ 食 밥, 음식 [사] 9	木 X 栻 점 기구, 점판 10	木 X 拭 닦을, 씻을, 지울 10	火 △ 息 쉴, 휴식, 그칠 10	土 X 埴 진흙, 찰흙 [치] 11	木 △ 寔 이, 참, 진실로 12	木 △ 植 심을, 식물 [치] 12
식	水 ○ 殖 자랄, 번성할 12	火 X 軾 수레 난간 13	土 △ 媳 며느리 13	水 ◎ 湜 물 맑을, 엄정할 13	火 X 熄 꺼질, 없어지다 14	水 △ 飾 꾸밀, 청소할 14	木 △ 簻 대 밥통 15	水 X 蝕 좀먹을, 월식, 일식 15
	金 △ 識 알, 지식 [지, 치] 19							

음								
신	金 ○ 申 거듭, 펼, 성, 아홉째 지지 5	火 ○ 臣 신하, 백성, 하인 6	水 X 囟 정수리, 숫구멍 6	火 ○ 伸 펼, 늘일, 말할 7	火 △ 身 몸, 자기 7	土 X 辰 날, 하루 [진] 7	金 △ 辛 매울, 성, 고생할 7	水 △ 汛 만조, 물 뿌릴 7
	火 ○ 伸 걷는 모양, 많은 모양 8	水 X 呻 끙끙거릴, 웅얼거릴 9	火 ○ 信 믿을, 진실, 성실하다 9	土 ○ 姺 나라이름 9	金 X 矧 하물며, 잇몸 9	水 X 哂 웃을, 비웃을 9	木 △ 宸 대궐, 집, 처마 10	木 X 神 귀신, 정신, 혼, 마음 10
	土 △ 娠 잉태할, 움직일 10	土 △ 迅 빠를, 신속할 10	金 X 訊 신문할, 물을 10	木 ○ 紳 큰 띠, 다발, 묶을 11	火 ◎ 晨 새벽, 밝을, 별이름 11	木 △ 莘 긴 모양, 족두리풀 13	金 ○ 新 새, 처음, 친할 13	水 X 蜃 큰 조개, 무명조개 13
	水 X 脤 제사에 쓸 날고기 13	火 △ 愼 삼갈, 성, 진실로 [진] 14	水 X 腎 콩팥, 신장 14	火 △ 頤 눈을 크게 뜨고 볼 15	火 X 駪 말이 많은 모양 16	火 △ 燊 불꽃 성한 모양 16	火 X 燼 불 탄 나머지 18	木 X 薪 섶나무, 섶 19
	金 ○ 璶 옥돌 19	木 △ 蓋 조개풀, 나아갈 20	金 △ 贐 전별할, 예물, 노자 21					
실	木 X 失 잃을, 그르칠 5	木 X 実 열매, 實의 속자 8	木 ○ 室 집, 방, 아내 9	火 △ 悉 모두, 다할 11	木 ○ 實 열매, 넉넉할 [지] 14	水 X 蟋 귀뚜라미 17		
심	火 ○ 心 마음, 생각, 가슴 4	水 ○ 沁 스며들, 물이름 8	水 ○ 沈 성, 즙, 즙액 [침] 8	土 ○ 甚 심할, 더욱, 매우 9	木 ○ 芯 골풀, 등심초 10	金 ○ 尋 찾을, 생각할 12	水 ○ 深 깊을, 질을, 숨길 12	木 △ 審 살필, 자세할 15

심	木 △ 葚 뽕나무 열매, 오디 15	火 △ 燖 삶을, 따뜻할 16	金 ◯ 諶 참, 믿을, 참으로 16	水 △ 潯 물가, 못 16	水 △ 瀋 즙, 즙낼, 강 이름 19	金 ✗ 鐔 날밑, 칼, 작은 칼 20	水 ✗ 鱘 심어, 철갑상어 23	
십	火 ◯ 什 열, 열 사람 4	木 △ 拾 열 [습, 섭, 겹] 10	水 ◯ 十 열, 열 번, 전부 10					
쌍	水 ◯ 双 쌍, 두, 둘, 한 쌍, 짝수 4	火 ◯ 雙 쌍, 두, 둘, 한 쌍, 짝수 18						
씨	火 △ 氏 각시, 성씨, 사람의 호칭 4							
아	木 △ 丫 가장귀, 두 가닥 3	金 ✗ 牙 어금니, 깨물 4	火 △ 亜 버금, 아세아 [압] 7	金 ◯ 我 나, 우리, 외고집 7	水 △ 児 아이, 아들 [예] 7	木 △ 枒 가장귀진 모양 [야] 8	火 ◯ 亞 버금, 아세아 [압] 8	土 ◯ 妸 여선생, 여자 스승 8
	土 ◎ 呵 고울, 아름다울 8	水 △ 兒 아이, 아들 [예] 8	火 ✗ 俄 갑자기, 기울 9	金 ✗ 砑 갈, 맷돌, 광석 9	木 ◯ 笌 대순, 죽순 10	木 ◯ 芽 싹, 싹 틀, 조짐 보일 10	土 ◯ 娥 예쁠, 미녀 10	土 ◯ 峨 산 높을, 산 이름 10
	土 ◯ 峩 산 높을 10	水 ✗ 哦 읊을, 읊조릴 10	水 ✗ 疴 병, 질병, 앓다 10	土 ◯ 婀 아리따울, 머뭇거릴 11	土 ◯ 娿 아리따울 11	土 ◯ 婭 동서, 일가 11	土 ◯ 迓 마중할, 나가 맞다 11	金 △ 訝 맞을, 의심할 11
	水 ✗ 啊 사랑할, 사랑하고 미워하는 소리 11	水 ✗ 啞 벙어리 [액] 11	木 △ 椏 가장귀, 나무 쏠린 모양 12	火 ◯ 雅 맑을, 바를 12	土 △ 猗 부드러울, 온순할 [의] 12	金 ◯ 皒 흰빛, 흰색 12	金 △ 硪 바위 12	木 △ 莪 쑥, 약초 이름 13

제4부 인명용 한자 191

	火 ○	土 △	水 X	金 ○	火 X	金 △	水 X	火 X
아	阿 마을, 관청 [어] 13	阿 언덕, 고개 [옥] 13	蛾 나방, 누에나방 13	誐 착할, 좋을 14	鴉 갈까마귀, 검은빛 15	錏 경개, (투구 목가리개) 16	餓 굶을, 굶주릴 16	鵝 거위, 진 이름 18
	火 X 鵞 거위, 진 이름 18							
	土 ○	水 X	火 X	土 △	木 △	火 X	水 X	木 △
	岳 큰 산, 메뿌리 8	咢 놀랄, 바른말 할 9	偓 거리낄, 악착스러울 11	堊 석회, 백토, 흰 흙 11	幄 휘장, 장막, 천막 12	惡 악할, 나쁠 [오] 12	喔 닭소리, 울 12	握 악수, 쥘 [옥] 13
악	火 X	水 △	木 △	木 △	水 X	火 △	土 ○	金 ○
	愕 놀랄, 갑자기 [오] 13	渥 두터울, 질을 [우] 13	樂 악기, 노래 [요, 락] 15	萼 꽃받침 15	腭 잇몸, 치은 15	覨 오래 보다, 응시하다 16	鄂 땅이름, 고을이름 16	諤 곧은말 할, 직언할 16
	水 △	土 X	金 X	火 X	火 X	水 X	金 X	金 X
	噩 놀랄, 엄숙할 16	嶽 뫼, 큰 산 17	鍔 칼날, 칼끝, 가장자리 17	顎 턱, 근엄할 18	鶚 물수리 (수릿과의 새) 20	鰐 악어 20	齷 악착스러울, 작은 도량 24	齶 잇몸, 치은 24
	木 ◎	土 X	土 ○	火 ○	土 ○	金 ○	土 ○	木 ○
	安 편안할, 고요할, 성 6	犴 들개, 감옥 7	晏 편안할 7	侒 편안할, 늦을 8	岸 언덕, 섬돌, 낭떠러지 8	矸 산의 돌, 깨끗할 8	姲 여자의 이름자 9	案 책상, 생각할 10
안	木 ○	木 △	火 ○	水 ○	木 △	土 ○	火 X	火 X
	桉 책상, 기안할 10	按 누를, 어루만질 10	晏 늦을, 맑을, 편안할 10	洝 더운 물 10	眼 눈, 볼 [알] 11	婩 고울, 좋다 11	雁 기러기 12	鴈 기러기 15

안	金 X 鞍 안장, 안장 지울 15	火 ○ 鴈 불빛, 불 16	金 △ 銲 연한 쇠 16	水 X 鮟 아귀, 메기 17	火 △ 顔 얼굴, 낯, 안면 18	水 X 饐 배부를 [온] 19		
알	水 X 穵 구멍, 더듬다 6	火 X 軋 삐걱거릴, 형벌 8	金 X 訐 들추어 낼 10	木 △ 揠 뽑을, 뽑아올리다 13	火 △ 斡 돌, 돌다, 성 [간] 14	水 X 嘎 새소리, 웃는 소리 14	火 X 頞 콧마루, 콧대 15	木 △ 閼 막을, 그칠 [어, 연] 16
	土 X 遏 막을, 끊을 16	金 ○ 謁 뵈올, 고할, 아뢸 16	火 X 鴶 뻐꾸기 17					
암	土 ○ 岩 바위, 巖의 속자 8	木 △ 庵 암자, 초막 11	水 △ 唵 머금을, 음켜먹을 11	火 X 晻 어두울, 음침할 12	土 X 媕 머뭇거릴 12	土 X 嵓 바위, 가파르다 12	水 X 啽 잠꼬대, 코 고는 소리 12	火 X 暗 어두울, 깊을 13
	木 △ 菴 암자, 초막 14	木 △ 葊 암자, 풀이름 15	水 X 腤 고기를 삶을, 삶을 15	火 X 頷 끄덕일, 턱 16	金 ○ 諳 외울, 암송할, 글을 외다 16	木 △ 蓭 암자, 초막 17	木 △ 闇 어두울, 밤 [음] 17	木 ○ 馣 향기로울, 향내 17
	水 X 癌 암, 종양, 종기 17	水 X 黯 어두울, 검을 21	土 X 巖 바위, 가파를 23					
압	木 △ 押 누를, 도장, 주관할 9	土 X 狎 익숙할, 업신여길 9	火 X 鴨 오리, 여종, 집오리 16	土 △ 壓 누를, 억압하다 17				

앙	水 ○ 卬 나, 자신, 오를 4	土 ○ 央 가운데, 오랠, 선명할 5	火 ○ 仰 우러러볼, 믿을 6	火 ◎ 昂 밝을, 높을, 오를 8	土 X 坱 먼지, 티끌 8	火 X 怏 원망할, 불만스러울 9	火 ○ 昻 밝을, 오를 9	水 △ 泱 깊을, 넓을 9
	水 X 殃 재앙, 해칠 9	木 ○ 秧 벼, 모, 심을 10	金 △ 盎 동이(질그릇), 성한 모양 10	金 X 鞅 가슴걸이, 뱃대끈 14	火 ○ 鴦 원앙새 16			
애	木 △ 艾 쑥, 성, 늙을 [예] 8	木 △ 苂 쑥, 성, 예쁠 [예] 8	土 △ 厓 언덕, 끝 8	水 X 哀 슬플, 불쌍히 여길 9	土 △ 埃 티끌, 먼지 10	土 X 娭 계집종, 하녀 10	水 △ 唉 그래, 대답 소리 10	木 X 挨 밀칠, 밀치다, 등칠 11
	火 ○ 焂 빛날, 더울 11	火 X 欸 한숨 쉴, 탄식하다 11	土 X 崖 언덕, 벼랑, 낭떠러지 11	土 X 崕 언덕, 벼랑, 낭떠러지 11	水 X 唾 마실, 물어뜯다 11	木 △ 捱 막을, 저지하다 12	水 ○ 涯 물가, 끝, 근처 12	木 X 睚 눈초리, 쳐다보다 13
	火 ○ 愛 사랑, 아낄, 사랑하다 13	金 X 碍 거리낄, 막힐 13	土 X 獃 어리석을, 어리석다 14	火 △ 僾 어렴풋할, 흐느껴 울 15	金 △ 皚 흴, 희다, 서리·눈의 빛 15	金 ○ 磑 맷돌, 단단하다 15	金 ○ 賹 넉넉할, 사람이름 15	水 △ 漄 물가, 끝 15
	水 △ 噯 숨(입으로 내쉬는 기운) 16	火 X 曖 희미할, 가릴, 흐릴 17	火 X 騃 어리석을 17	木 X 瞹 가릴, 가리워지다 18	土 △ 隘 좁을, 험할 [액] 18	木 X 薆 우거질, 숨길 19	金 X 礙 거리낄, 막을 19	木 ○ 藹 열매가 많이 열릴, 우거질 22
	水 △ 靄 놀, 아지랑이 24	水 X 靉 구름 낄, 돋보기 25						

액	水 X 厄 액, 재앙 [외] 4	木 X 戹 좁을, 협소하다 5	木 △ 扼 잡을, 누를, 멍에 8	水 △ 呝 잡을, 울, 새소리 8	木 X 掖 곁들, 부축할 12	土 X 阨 막힐, 험하다 12	水 △ 液 진액, 즙, 성 12	木 △ 搤 조를, 쥐다, 조르다 14
	水 X 腋 겨드랑이 14	木 X 縊 목 맬, 목매다 16	火 △ 額 이마, 머릿수 18					
앵	土 ○ 嫈 예쁠, 아름다울 13	土 △ 罃 물독, 술단지 16	土 △ 罌 양병, 항아리 20	水 △ 嚶 새소리, 방울소리 20	木 ○ 櫻 앵두나무, 벚나무 21	火 △ 鶯 꾀꼬리 21	火 △ 鸚 앵무새, 앵무조개 28	
야	水 ○ 也 잇기, 어조사 3	水 ○ 冶 풀무, 불릴 단련할 7	水 △ 夜 밤, 성 [액] 8	火 ○ 耶 어조사, 아버지 [사] 9	木 X 揶 빈정거릴, 놀릴 11	木 ○ 若 반야, 난야, 성 [액] 11	火 ○ 倻 땅이름, 나라이름 11	土 △ 埜 들, 들판, 성 밖 11
	土 △ 野 들, 성 밖 [여, 서] 11	木 X 擨 빈정거릴, 놀릴 13	木 ○ 椰 야자나무 13	木 △ 爺 아비, 아버지 13	火 △ 惹 이끌, 끌어당길 13			
약	木 ○ 約 맺을, 묶을, 약속할 [요,적] 9	火 X 弱 약할, 어릴 10	木 △ 若 같을, 너, 만약 [야] 11	木 △ 葯 꽃밥, 구릿대 15	木 X 篛 대껍질, 대이름 16	木 △ 蒻 부들, 구약나물 16	火 △ 龠 피리, 용량 단위 17	木 ○ 藥 약, 약초, 작약 21
	火 △ 爚 빛, 불사르다 21	火 X 鶸 댓닭, 곤계 21	土 △ 躍 뛸, 빠를 [적] 21	木 X 禴 봄 제사, 제사 이름 22	木 △ 籥 피리, 자물쇠 23	金 △ 鑰 열쇠, 들어갈 25		
양	土 ○ 羊 양, 성, 노닐 6	火 X 佯 거짓, 헤맬 8	火 X 徉 노닐, 배회할 9	火 ○ 昜 별, 해, 양지 9	火 X 恙 근심, 걱정할 10	火 △ 烊 구울, 굽다 10	水 ○ 洋 바다, 넓을, 물결 10	木 △ 眻 눈 아름다울 11

제4부 인명용 한자

양	水 X 痒 앓을, 종기 11	木 △ 椋 푸조나무 12	木 ○ 揚 날릴, 오를, 떨칠 13	木 ○ 楊 버들, 성 13	火 ○ 暘 해돋이, 밝을 13	火 ○ 煬 쬘, 말릴 13	金 ○ 敭 오를, 밝을 13	水 X 瘍 헐, 종기 [탕] 14
	木 △ 樣 모양, 본, 형상 [상] 15	水 △ 漾 물이름, 출렁거릴 15	水 ○ 養 기를, 봉양, 양육할 15	火 X 輰 수레, 상여 수레 16	木 ○ 襄 도울, 이룰 17	土 ○ 陽 볕, 양기, 밝을 17	木 X 颺 날릴, 날리다 18	水 ○ 瀁 물이름, 넓을 19
	土 ○ 壤 흙덩이, 부드러운 흙 20	土 ○ 孃 아가씨, 어머니 20	水 X 癢 가려울, 근지럽다 20	木 △ 攘 물리칠, 제거할 [녕] 21	水 △ 瀼 이슬 많은 모양, 수렁 21	木 △ 禳 기도할, 푸닥거릴 22	木 ○ 穰 짚, 풍족할, 풍년 22	木 △ 蘘 양하 (풀이름) 23
	金 △ 讓 겸손할, 사양할 24	金 X 釀 술, 술 빚을 24	金 X 鑲 거푸집 속, 가선 두를 25	火 X 驤 머리를 들, 달리다 27				
어	土 △ 於 어조사, 대신할 8	水 ○ 圄 감옥, 가둘 10	火 ○ 御 모실, 거느릴 [아] 11	金 X 敔 막을, 막다, 금할 11	水 ○ 唹 웃을, 고요히 웃을 11	水 X 圉 마부, 마구간 11	水 △ 魚 고기, 성, 물고기 11	火 X 馭 말 부릴 12
	水 △ 淤 진흙, 삼각주 12	水 X 瘀 병, 어혈 13	水 △ 飫 물릴, 실컷 먹다 13	金 ○ 語 말씀, 가르칠 14	水 △ 漁 고기잡이, 빼앗을 15	木 △ 禦 막을, 막다, 방어하다 16	火 △ 衘 그칠, 막을 16	金 X 齬 어긋날, 맞지 않다 22
억	木 △ 抑 누를, 굽힐, 숙일 8	火 ○ 億 억, 많은 수 15	木 △ 檍 참죽나무 17	火 ○ 憶 생각할, 기억할 17	木 △ 繶 끈, 묶다 19	水 X 臆 가슴, 생각 19		

196 양음오행 人名用 漢字 성명학 개론

연	金 ◎ 言 말씀, 말 [언] 7	火 ◎ 彦 선비, 클, 훌륭한 사람 9	火 ◎ 彦 선비, 클, 재덕이 뛰어날 9	水 X 匽 눕힐, 엎드리다 9	火 X 偃 쓰러질, 넘어질 11	火 △ 焉 어찌, 어조사 [이] 11	土 △ 堰 둑, 방죽, 보 막을 12	火 ○ 傿 고을이름, 나라이름 13
	土 ○ 嫣 예쁠, 웃을, 아름다울 14	水 ○ 嗎 즐길, 기뻐하다 14	金 △ 諺 언문, 상말, 속담 [언] 16	土 ○ 鄢 고을이름, 나라이름 18	火 △ 鷗 봉새 20	水 X 鼴 두더지 22	水 X 鼹 두더지 23	金 X 讞 평의할, 죄 물을 27
열	木 ○ 埓 땅이름 9	木 △ 臬 말뚝, 과녁, 해시계 10	水 X 孼 서자, 재앙, 꾸미다 19	木 △ 糱 누룩, 빚을, 곡식 22	木 △ 蘖 그루터기, 움, 싹 [폐] 23	木 △ 糵 누룩, 빚을, 곡식 23		
엄	木 △ 广 집, 마룻대 3	水 ○ 奄 가릴, 문득, 덮을 8	火 △ 俺 나, 클, 어리석을 [암] 10	土 △ 崦 산 이름 11	木 △ 掩 가릴, 습길, 거둘 12	水 ○ 淹 담글, 적실, 넓을 12	木 △ 罨 그물, 새그물 14	金 X 醃 절일, 절인 채소 15
	木 X 閹 내시, 거세한 남자 16	水 △ 厳 엄할, 엄숙할 17	土 ○ 龑 높고 밝을 20	水 ○ 嚴 엄할, 성, 엄숙할 20	火 ○ 儼 의젓할, 공손할 22	火 △ 曮 해 다닐, 해 운행길 24		
업	木 ○ 業 업, 직업 13	土 ○ 嶪 산 높을, 웅장할 16	土 △ 嶫 험준할, 높고 험하다 16	土 ○ 鄴 땅이름, 성 20				
에	火 X 恚 성낼, 화를 내다 10	火 X 曀 음산할, 어두울 16						
엔	土 △ 円 둥글, 일본 화폐 4							

음								
여	金 ○ 予 나, 주다, 허락하다 4	土 ○ 如 같을, 같다, 만일 6	火 ○ 伃 아름다울, 여자 벼슬 6	火 ○ 余 나, 자신, 성 7	土 ○ 妤 여관(女官), 아름다울 7	水 ○ 汝 너, 물이름 7	火 ○ 伽 온순할 8	土 △ 舁 들, 마주 들다 10
	火 △ 悆 기쁠, 잊을 11	火 △ 悇 근심할 [도,서] 11	木 ○ 茹 채소, 먹을, 연할 12	木 △ 艅 배이름, 나룻배 13	土 ○ 與 더불, 줄, 참여할 14	水 ○ 餘 남을, 넉넉할 16	火 △ 輿 수레, 가마 17	火 △ 歟 어조사, 편안한 기운 18
	金 ○ 璵 옥, 아름다울 19	金 △ 礖 사람이름, 돌이름 19	火 ○ 轝 수레, 가마 21					
역	火 ○ 亦 또, 또한 6	火 △ 役 부릴, 일할, 힘쓰다 7	火 △ 易 바꿀, 변할 [이] 8	水 X 疫 전염병, 돌림병 9	土 ○ 域 지경, 구역 11	火 △ 晹 해 밝을, 해 반짝 날 12	水 X 淢 빨리 흐를 12	土 X 逆 거스를, 거역할 13
	木 X 閾 문지방, 한정하다 16	土 △ 嶧 산 이름 16	火 ○ 懌 기뻐할, 순종할 17	木 X 繹 풀, 풀어낼, 실마리 19	金 △ 譯 번역할, 통변할 20	火 △ 驛 역, 역말, 인도할 23		
연	木 △ 延 끌, 이을, 성, 나아갈 7	土 ○ 姸 고울, 사랑스러울 7	土 X 均 따를 [균] 7	水 X 困 못, 연못, 웅덩이 7	木 ○ 兗 바를, 단정하다 8	水 ○ 沇 물이름 [유] 8	木 ○ 兖 믿을, 바를, 연주 9	火 ◎ 衍 넓을, 아름다울 9
	土 ◎ 姢 고울, 어여쁠 9	土 ◎ 妍 예쁠, 고울, 총명할 9	水 ○ 沿 좇을, 따를, 물 따라 흐를 9	木 ○ 宴 잔치, 즐길, 편안할 10	火 X 烟 연기, 안개 10	土 ◎ 娟 예쁠, 여자 이름 10	土 ◎ 娫 빛날, 예쁠 10	土 X 埏 땅 끝, 광중 길 10

	木 X 捐 버릴, 주다, 기부할 11	木 ○ 挻 당길, 가질, 취할 11	火 X 悁 화낼, 근심하다 11	火 ○ 軟 연할, 부드러울 11	金 △ 硎 벼루, 硯과 동자 11	金 ○ 研 갈, 벼루, 연구할 11	水 ○ 涓 물이름 깨끗할 [현] 11	水 △ 涎 침, 점액, 연할 11
	火 ○ 然 그러할, 옳을, 허락할 12	土 △ 堧 빈터, 성 변두리 땅 12	金 ○ 硯 벼루, 매끄러운 돌 12	水 ○ 淵 못, 연못 12	木 △ 椽 서까래, 사닥다리 13	木 △ 掾 인연, 아전 13	木 ○ 筵 대자리, 뻗을, 만연할 13	木 ○ 莚 풀이름, 만연할 13
연	火 X 煙 연기, 담배, 안개 [인] 13	金 X 鉛 납, 분, 현 이름 13	水 X 淵 못, 깊을, 북소리 13	水 ○ 涾 물이름 13	火 X 鳶 솔개, 연, 나무 연 14	金 ○ 瑌 옥돌 14	木 △ 緣 인연, 옷선 두를 15	土 ○ 燃 얌전할, 성 15
	金 △ 戭 사람이름 [인] 15	水 ○ 演 펼, 넓을, 멀리 흐를 15	水 X 蝝 벌레이름, 나비애벌레 15	火 X 燃 태울, 불사를 16	火 ○ 燕 제비, 나라, 편안할, 성 16	火 △ 輭 연할, 부드러울 16	木 △ 縯 길, 길다, 당길 17	木 △ 櫞 구연나무, 레몬 19
	土 ○ 嬿 아름다울, 수더분할 19	金 ○ 瓀 옥돌 19	水 △ 嚥 삼킬, 마실 19	火 ○ 曣 청명할, 따뜻할 20	水 X 蠕 꿈틀거릴 20	水 X 臙 연지, 목구멍 22	金 △ 醼 잔치, 연희 23	金 △ 讌 잔치, 베풀, 이야기할 23
열	水 X 咽 목멜, 막힐 [인] 9	火 ○ 悅 기쁠, 즐거울 11	金 X 說 기뻐할 [설, 세] 14	火 ○ 熱 더울, 열, 따뜻하다 15	金 ○ 閱 볼, 지낼, 가릴, 검열할 15	水 X 噎 목메다, 목이 막히다 15	水 △ 澞 물 흐를 [일] 16	
염	土 △ 冉 나아갈, 부드럽다 5	火 △ 炎 불꽃, 더울 [담] 8	木 △ 染 물들일, 염색할 9	木 △ 苒 풀 우거질, 성하다 11	木 X 扊 빗장, 문 빗장 12	火 ○ 焰 불꽃, 불빛 12	金 ○ 琰 옥, 비취, 아름다운 옥 13	火 X 髯 구레나룻 14

염	水 X 厭 싫어할, 막을 [엽] 14	木 ○ 閻 이문, 마을 안의 문 16	木 △ 檿 산뽕나무 18	火 △ 懕 편안할, 넉넉할 18	土 ○ 艶 고울, 아름답다 19	水 △ 饜 포식할, 실컷 먹다 23	火 X 魘 잠꼬대할 24	土 ○ 艷 고울, 아름답다 24
	水 X 鹽 소금, 자반, 절일 24	水 X 黶 검은 사마귀 26	水 △ 灩 출렁거릴, 물 가득할 32					
엽	木 ○ 葉 나뭇잎 9	火 △ 熀 환히 비칠, 불빛 [황] 14	木 ○ 葉 잎, 꽃잎 [섭, 접] 15	火 ○ 燁 빛날, 번쩍번쩍할 16	火 ○ 曅 번개 칠, 빛날 16	火 ◎ 曄 빛날, 빛을 발할 16	火 ○ 爗 빛날, 번쩍번쩍할 20	火 X 靨 보조개, 검은 사마귀 23
영	水 ◎ 永 길, 오랠, 성 5	火 △ 昊 클 [대] 7	水 ○ 咏 노래할, 읊을 8	木 ○ 栐 나무이름 9	木 ○ 栄 영화, 꽃, 榮의 속자 9	木 △ 荣 영화, 榮의 통용어 9	火 ○ 映 비출, 비칠 [앙] 9	水 ○ 泳 헤엄칠 9
	水 ○ 盈 찰, 차다, 가득할 9	木 ○ 英 꽃부리, 영웅 11	土 ○ 迎 맞이할, 따를 11	水 △ 涅 거침없이 흐를, 잠길 11	木 X 脛 똑바로 볼, 눈 어두울 12	金 ○ 詠 읊을, 노래할 12	木 ○ 楹 기둥, 원활할 13	火 ○ 煐 빛날, 사람이름 13
	火 ○ 暎 비칠, 비출, 햇빛 13	土 X 塋 무덤, 산소 13	水 ○ 朠 달빛 13	水 ○ 溁 물 맑을, 강 이름 13	木 ○ 榮 영화, 꽃, 명예 14	土 ○ 郢 땅이름 14	金 ○ 瑛 수정, 옥빛, 패옥 14	金 △ 碤 물속 돌, 화반석 14
	金 ○ 瓔 목걸이, 목치장 14	火 ○ 影 그림자, 빛 15	金 ○ 瑩 옥돌, 옥빛, 밝을 [형] 15	水 ○ 潁 강 이름 15	木 ○ 穎 이삭, 빼어날 16	木 X 縈 얽힐, 감기다 16	土 △ 贏 찰, 가득할 16	火 △ 營 경영할, 다스릴 17

영	土 X 嬰 연약할, 어린아이 17	土 X 嶸 가파를 17	金 ○ 鍈 방울소리 17	水 X 霙 진눈깨비, 눈꽃 17	金 △ 韺 풍류 이름 18	水 △ 濴 흐를, 물 돌아나갈 18	水 ○ 瀯 물소리 18	金 △ 贏 남을, 지나치다 20
	水 X 瀴 바다, 늪 속 20	水 X 蠑 영원 (도롱뇽과) 20	火 ○ 懘 지칠 21	水 ○ 瀯 물소리, 물 졸졸 흐를 21	金 ○ 瓔 옥돌, 구슬목걸이 22	水 X 癭 혹, 벙어리 22	木 X 纓 갓끈, 노끈, 새끼 23	
예	金 ○ 乂 벨, 어질, 다스릴 2	金 X 刈 벨, 낫, 자를 4	火 X 曳 끌, 잡아당길 6	水 X 医 화살 통 [의] 7	木 X 兒 어릴, 연약할 [애] 8	木 ○ 枘 장부, 자루, 기둥 8	木 ○ 艾 다스릴, 거둘, 모양 [애] 8	木 ○ 艾 다스릴, 거둘, 모양 [애] 8
	水 ○ 汭 물속, 물굽이 8	木 ○ 帠 법, 법도, 법칙 9	火 ○ 羿 사람이름, 날아오를 9	木 △ 枻 배의 키 [설] 9	木 X 拽 끌, 당길 10	木 ○ 芮 물가, 성 10	木 X 芸 재주, 심을 [운] 10	火 X 倪 어린이, 끝, 가장자리 10
	金 ○ 珜 옥돌 10	水 X 蚋 파리매 10	土 ○ 埶 재주, 심을, 藝와 동자 11	土 △ 埥 성가퀴 11	木 X 挩 비길, 견주다 12	土 X 猊 사자 12	水 ○ 睿 밝을, 叡와 동자 12	水 △ 涊 물가, 끝 12
	木 X 睨 흘겨볼, 노려보다 13	木 △ 裔 후손, 옷자락 13	火 ○ 預 미리, 말길 13	金 ○ 詣 이를, 도착할 13	木 ○ 睿 밝을, 叡와 동자 14	土 ○ 嫕 유순할, 정직할 14	土 ○ 嫛 유순할, 순박하다 14	水 X 蜺 무지개, 애매미 14
	土 ○ 藝 심을 15	土 ○ 郳 나라 이름 15	金 ○ 嬖 다스릴, 편안할 15	金 △ 銳 날쌜, 빠를 [태] 15	木 △ 蕊 꽃슬, 꽃망울 16	木 X 瞖 눈에 백태가 낄 16	火 ○ 叡 밝을, 밝게 하다 16	水 △ 瘱 고요할, 편안할 16

예	水 △ 豫 먼저, 미리, 참가할 [세] 16	水 △ 霓 무지개 16	木 ○ 蓺 심을, 재주 17	木 X 繄 창 전대 17	火 X 瞖 깃 일산, 그늘 17	土 X 獩 종족 이름 17	水 X 濊 흐릴, 깊을, 더러울 17	木 X 穢 악할, 더러울 18
	木 △ 蕊 꽃술 [전] 18	木 X 薉 거친 풀, 잡초 19	土 ○ 叡 밝을, 성인, 叡와 동자 19	土 X 麑 사자, 사슴 새끼 19	金 ○ 嫛 아름다울 19	水 X 鯢 도롱뇽, 고래의 암컷 19	木 ○ 藝 재주, 심을, 기술 21	金 ○ 譽 기릴, 즐길, 명예 21
	木 △ 蘂 꽃술 22	火 X 鷖 갈매기, 검푸른빛 22	水 X 囈 잠꼬대, 허황된 말 22					
오	火 ○ 午 낮, 남쪽 4	土 ○ 五 다섯, 별이름 5	火 ○ 伍 다섯, 성, 다섯 사람 6	火 △ 仵 짝, 상대, 거스르다 6	土 △ 圬 흙손 6	水 ○ 吾 나, 자신, 우리 7	水 ○ 吳 나라, 성, 떠들썩할 7	水 X 汚 더러울, 씻을 7
	水 X 汙 더러울, 추잡하다 7	木 △ 扶 헤아릴, 재다 8	火 X 忤 거스를, 반대하다 8	火 ◎ 旿 밝을, 대낮 8	火 ○ 俉 맞이할, 맞을 9	火 △ 俁 갈래질, 갈래짓다 9	火 X 烏 까마귀, 검을 10	土 ○ 娛 즐길, 즐거워할 10
	土 X 迃 굽을, 굽어 돌다 10	水 ○ 唔 글 읽는 소리 10	木 ○ 梧 벽오동나무 11	木 △ 捂 닿을, 거스르다 11	火 ◎ 悟 총명할, 깰, 깨달을 11	火 ◎ 晤 밝을, 총명할 11	土 △ 迕 만날, 거스르다 11	金 X 敖 거만할, 시끄러울 11
	水 ○ 浯 물이름 11	火 X 惡 미워할 [악] 12	土 X 嫷 업신여길 12	金 ○ 珸 옥돌, 아름다울 12	木 △ 奧 아랫목, 깊을 [욱] 13	木 X 筽 버들고리 13	木 △ 蒀 풀이름 13	火 X 傲 거만할, 업신여길 13

오	土 ○ 塢 둑, 마을, 언덕 13	水 X 嗚 탄식할, 새소리 13	水 X 蜈 지네 13	木 ○ 寤 깨달을, 각성할 14	金 X 誤 그릇될, 잘못할 14	水 X 嗷 시끄러울, 떠들썩하다 14	火 X 慠 오만할, 날뛰다 15	火 X 熬 볶을, 삶다, 볶은 곡식 15
	土 X 獒 명견, 큰 개 15	水 X 噁 성낼, 화내는 모양 15	土 △ 墺 물가, 땅이름 16	水 X 竈 부엌, 아궁이 16	火 X 懊 한할, 괴로워할 17	火 X 燠 불, 뜨거울 [우, 욱] 17	火 X 謷 말 듣지 않을 17	水 △ 澳 깊을, 물이름 [욱] 17
	土 △ 遨 놀다, 즐겁게 놀다 18	金 X 謷 헐뜯을, 농담할 18	木 ○ 襖 웃옷, 두루마기 19	金 X 鏊 번철, 평평한 냄비 19	金 X 鏖 무찌를 19	火 △ 翱 높을, 높고 클 20	水 X 鼯 날다람쥐 20	火 X 驁 준마, 오만하다 21
	土 △ 隩 물굽이, 숨길 21	水 X 鰲 자라, 바다거북 22	土 X 鼇 자라, 큰 거북 24					
옥	金 ○ 玉 구슬, 성, 소중히 여길 5	水 ○ 沃 기름질, 윤택할 8	木 ○ 屋 집, 주거, 덮개 9	金 ◎ 鈺 보배, 보물 13	土 X 獄 옥, 우리, 감옥 14			
온	火 ○ 昷 어질, 따뜻할 9	金 ○ 奀 어질, 따뜻할 10	土 X 媼 늙은 여자, 할머니 [오] 12	土 X 媼 여자 이름 13	木 △ 榅 기둥, 팔배나무 14	木 △ 稳 편안할, 평온할 [은] 14	火 X 慍 성낼, 원망하다 14	火 ○ 熅 숯불, 따뜻하다 14
	水 ○ 氲 기운, 기운이 성하다 14	水 ◎ 溫 따뜻할, 성, 온화하다 14	木 ○ 穩 번성할, 향기로울 15	金 ○ 瑥 사람이름, 옥 이름 15	水 X 瘟 염병, 괴로워할 15	木 △ 縕 헌솜, 풍부할 16	木 ○ 穩 편안할 [은] 16	火 ○ 穩 편안할 [은] 16

온	火 X 輼 수레, 와거, 상여 17	金 X 醞 술, 술을 빚다 17	木 △ 穩 평온할, 편안할 19	木 △ 薀 붕어마름, (물풀이름) 19	木 ○ 馧 향기로울 19	金 △ 韞 감출, 감추다, 상자 19	水 △ 饂 보리를 서로 먹을 [안] 19	木 ○ 蘊 쌓을, 저축할 22
올	木 △ 兀 우뚝할, 위태로울 3	木 X 杌 위태로울, 걸상 7	水 △ 嗢 목멜, 크게 웃다 13	水 X 膃 살질, 앓다, 물개 16				
옹	土 △ 瓮 독, 항아리 9	土 X 禺 땅이름, 짐승이름 9	火 △ 翁 늙은이, 아버지 10	土 ○ 邕 화할, 성, 화목할 10	水 △ 喁 숨 쉴, 소리 12	火 ○ 雍 온화할, 성, 화목할 13	水 △ 滃 큰물, 구름이 일다 14	木 △ 蓊 장다리, 우거지다 16
	土 X 壅 막을, 북돋을 16	木 ○ 擁 낄, 안을, 소유할 17	火 X 雝 화락할, 할미새, 늪 18	火 ○ 顒 공경할, 온화한 모양 18	土 X 甕 독, 단지, 옹기 18	水 X 癰 악창, 종기, 등창 18	土 X 罋 항아리, 독, 두레박 19	木 △ 廱 학교, 막을, 화락할 21
	水 △ 饔 아침밥, 요리하다 22	水 X 癕 악창, 등창, 헌데 23						
와	土 △ 瓦 기와, 질그릇 5	水 X 囮 후림새, 바꾸다 7	木 △ 枙 옹이, 나무마디 8	火 X 臥 엎드릴, 넘어질 8	土 △ 娃 예쁠 [왜] 9	水 X 哇 토할, 울음소리 9	水 △ 洼 응덩이, 깊다 10	水 △ 窊 우묵할, 낮다 10
	土 ○ 婐 날씬할, 예쁠, 정숙할 11	金 X 訛 그릇될, 어긋날 11	水 X 蛙 개구리, 음란할 [왜] 12	土 X 猧 발바리 13	水 △ 渦 소용돌이, 물이름 13	水 △ 窩 움집, 굴, 별장 14	水 X 窪 응덩이, 맑은 물 14	木 △ 萵 상추 15

와	水 X 蝸 달팽이, 고둥 15	金 X 譌 거짓말, 속이다 19						
완	金 △ 刓 깎을, 끊을, 새기다 6	木 ○ 完 완전할, 지킬 7	土 △ 岏 가파를, 산 높을 7	土 ◎ 妧 좋을, 고울 7	木 △ 宛 굽을, 완연할 8	木 X 杬 몸 주무를 [원] 8	木 X 抏 꺾을, 가지고 놀 8	火 X 忨 희롱할, 탐하다 8
	金 △ 玩 희롱할, 보배, 놀 9	土 ○ 垸 바를, 칠할, 바르다 10	金 X 盌 주발, 밥그릇 10	木 △ 梡 도마, 나무이름 11	土 ○ 婠 품성 좋을, 예쁠 11	土 ○ 婉 예쁠, 아름다울 11	水 ○ 浣 씻을, 옷 빨 11	木 X 椀 주발, 그릇 12
	火 X 惋 한탄할, 탄식하다 12	土 △ 阮 관문 이름, 성 [원] 12	金 ○ 琓 서옥, 옥 이름 12	水 X 涴 물 급이쳐 흐를 12	木 ○ 莞 빙그레 웃을 13	火 △ 頑 완고할, 미련할, 탐할 13	金 ○ 琬 홀, 아름다운 옥 13	金 X 碗 주발, 밥그릇 13
	水 X 脘 밥통, 위(胃) 13	火 ○ 輐 둥글 14	水 X 腕 팔, 팔뚝 14	木 X 緩 느릴, 늘어질 15	木 △ 豌 완두, 콩엿 15	火 △ 翫 가지고 놀, 희롱할, 탐할 15	金 △ 鋺 주발, 저울[원] 16	
왈	火 ○ 曰 가로, 말할, 가로되, 말하되 4							
왕	金 △ 王 임금, 으뜸, 성 5	木 X 枉 굽을, 억울할 [광] 8	火 ○ 往 갈, 가다, 보내주다 8	火 ◎ 旺 왕성할, 고울 8	水 ◎ 汪 넓을, 못, 연못, 바다 8	土 △ 迬 갈, 가다, 보내다 12	水 ○ 瀇 깊을, 물 깊고 넓을 19	

왜	土 △ 娃 예쁠, 미인 [왜] 9	土 X 歪 비뚤어질, 기울다 9	火 △ 倭 나라, 왜나라 [위] 10	土 ○ 媧 여신, 사람이름 12	金 X 矮 난쟁이, 작다, 짧다 13			
외	火 ○ 外 바깥, 겉, 표면, 외국 5	土 X 畏 두려워할, 겁낼 9	火 △ 偎 가까이할, 어렴풋하다 11	土 △ 崴 산 이름, 구불구불할 12	土 △ 嵬 높을, 평탄치 않을 12	火 △ 煨 불씨, 화롯불 13	土 X 嵬 높을, 허망할 13	土 X 猥 뒤섞일, 더러울 13
	水 X 渨 빠질, 더러워지다 13	金 X 磈 돌이 고르지 않은 모양 14	金 X 磈 돌, 높고 험한 모양 15	火 X 聵 배냇귀머거리 18	土 △ 隗 높을, 산 이름 18	土 △ 巍 높고 클, 높고 큰 모양 21		
요	水 △ 幺 작을, 어리다 3	水 X 夭 어릴, 일찍 죽을 [요] 4	水 △ 凹 오목할 5	土 △ 妖 아름다울, 요망할 7	土 X 坳 우묵할, 패인 곳 8	水 X 殀 일찍 죽을, 단명할 8	木 X 拗 꺾을, 비틀 [욱] 9	木 X 祆 재앙 9
	木 △ 約 맺을 [약, 적] 9	土 ○ 姚 예쁠, 곱다 9	金 ○ 要 요긴할, 중요할, 모을 9	水 △ 突 깊을, 어두침침한 9	水 ○ 窈 그윽할, 아름다울 10	水 X 窅 움평눈, 멀리 바라볼 10	火 ○ 偠 예쁠, 단아한 모양 11	土 ○ 堯 임금, 높을, 멀 12
	水 X 喓 소리, 벌레 우는 소리 12	火 △ 徭 구실, 부역 13	木 X 搖 움직일, 흔들 14	火 △ 僥 바랄, 요행 14	火 ○ 瑤 맑을, 햇빛 14	木 △ 樂 좋아할 [악, 락] 15	土 X 墝 메마른 땅 15	土 △ 嬈 예쁠, 번거롭다 15
	土 X 嶢 높을, 위태로울 15	金 ○ 瑤 옥, 아름다운 옥 15	水 △ 窯 가마, 오지그릇 15	水 X 腰 허리, 밑동 15	木 X 橈 굽을, 굽히다 [뇨] 16	火 X 徼 돌, 순찰할, 구할, 속일 16	水 △ 澆 물댈, 엷다 16	木 △ 繇 무성할, 우거질 [유] 17

요	土 △ 遙 멀, 거닐 17	金 △ 謠 노래, 가요, 소문 17	木 X 遶 얽힐, 두를, 둘러쌀 18	木 △ 蕘 풋나무, 땔나무 18	火 ○ 曜 요일, 빛날, 비출 18	火 △ 燿 빛날, 비칠 [약, 삭] 18	水 X 嶢 요충, 기생충 18	木 X 擾 어지러울, 흐려질 19
	土 △ 邀 두를, 에워싸다 19	火 ○ 耀 빛낼, 빛, 빛날 20	土 ○ 邀 맞을, 만날, 초대할 20	火 X 鷂 익더귀, 새매 암컷 21	水 △ 饒 넉넉할, 기름질 21			
욕	土 X 辱 욕될, 더럽힐 10	金 X 欲 욕심, 하고자 할 11	水 △ 浴 목욕, 깨끗이 할 11	水 △ 溽 젖을, 무더울 14	火 X 慾 욕심, 욕정, 탐낼 15	木 △ 縟 무늬, 채색 16	木 X 褥 요, 까는 침구 16	木 X 蓐 요, 깔개, 새싹 16
용	木 X 冗 번잡할, 번거로울 4	木 X 宂 번거로울 5	水 ○ 用 쓸, 쓰다, 베풀다 5	水 △ 甬 길, 땅이름, 솟아오를 [동] 7	火 △ 俑 허수아비, 목인(木人) 9	土 ○ 勇 날랠, 용기, 용감할 9	木 ○ 容 얼굴, 모양, 담을 10	土 ○ 埇 길 돋을, 골목길 10
	金 △ 戫 사나울, 날랠 10	木 ◎ 庸 떳떳할, 항상 11	土 △ 舂 찧을, 해가 지다 11	水 ○ 涌 물 솟을, 湧의 본자 11	木 △ 茸 무성할, 녹용 12	火 △ 俗 익숙할, 불안할 12	金 △ 硧 숫돌, 연마하는 돌 12	火 X 傭 품팔이 [종] 13
	土 ○ 峪 산 이름, 봉우리 모양 13	水 ○ 湧 물 솟을, 날뛸 13	水 X 蛹 번데기, 초파리 13	木 ○ 榕 용나무, 보리수 14	火 △ 熔 녹일, 鎔의 속자 14	火 △ 慂 권할, 억지로 권할 14	土 ○ 墉 담, 벽, 담장, 성 14	土 ○ 踊 뛸, 도약할 14
	水 △ 溶 녹을, 흔들다 14	木 ○ 榕 나무이름, 무기걸이 15	火 X 慵 게으를 15	火 X 憃 천치, 어리석을[창] 15	金 ○ 瑢 패옥 소리 15	木 ○ 蓉 연꽃, 부용 16	土 △ 踴 뛸, 춤 출, 오르다 16	火 △ 聳 솟을, 솟게 할 17

용	金 △ 鎔 쇠 녹일, 부어 만들 18	金 ○ 鏞 큰 종, 큰 쇠북 19						
우	水 ◎ 又 또, 다시, 용서할 2	水 ○ 于 어조사, 성, ~에서, ~부터, ~에게, ~까지 3	土 △ 尤 더욱, 허물, 탓할 4	土 △ 牛 소, 희생, 별이름 4	水 ○ 友 벗, 우애, 사랑할 4	水 ○ 右 오른쪽, 숭상할 5	木 ○ 宇 집, 천지, 하늘 6	火 ○ 羽 깃, 깃털, 새, 도울 6
	火 ○ 优 오곡이 힐, 넉넉할 6	土 △ 圩 오목할, 제방, 염전 6	水 X 吁 탄식할, 근심하다 6	木 ○ 扜 당길, 지휘할 7	木 X 杅 잔, 물그릇 7	火 ○ 佑 도울, 우대할 7	火 ◎ 旴 해 돋을, 클, 새벽 7	水 ○ 宋 비, 雨의 통용어 7
	木 △ 盱 쳐다볼, 바라보다 8	金 ○ 玗 옥돌 8	金 ○ 盂 바리, 사발 8	水 ○ 雨 비, 비 올 8	木 X 竽 피리, 괴수(두목) 9	木 X 紆 굽을, 얽히다 9	木 △ 芋 토란, 클[후] 9	火 ○ 俁 클, 장대할 9
	土 ○ 禹 펼, 도울, 임금, 성 9	水 X 疣 사마귀 9	木 ◎ 祐 도울, 행복 10	土 ○ 邘 나라이름 10	土 X 迂 멀, 굽을 10	金 X 訏 클, 속일 10	火 ◎ 偶 짝, 배필, 우연 11	火 △ 偊 혼자 걸을 11
	金 X 猛 물 소용돌이쳐 흐를 11	金 ○ 釪 요령, 악기 이름 11	金 X 訧 허물, 죄, 잘못 11	水 △ 雩 기우제, 무지개 11	木 ○ 寓 머무를, 숙소, 집 12	木 X 庽 머무를, 맡기다 12	木 ○ 寓 집 12	土 △ 堣 모퉁이, 산급이 12
	土 X 嵎 산모롱이 12	木 △ 虞 염려할, 나라이름 13	火 △ 薁 날, 날아갈 13	火 △ 愚 어리석을, 고지식할 13	火 ◎ 愉 기쁠, 반가울 13	土 X 麀 암사슴 13	木 ○ 禑 복 14	金 ○ 瑀 옥돌, 패옥 14

208 양음오행 人名用 漢字 성명학 개론

우	水 ○ 雺 물소리, 깃, 깃 장식 14	木 △ 耦 짝, 나란히 갈 15	火 X 憂 근심할, 걱정할 15	火 ◎ 慪 삼갈, 공경할 15	土 △ 郵 우편, 문서, 역말 [수] 15	土 ○ 遇 만날, 대접할 16	土 X 踽 홀로 갈, 외로울 16	火 ○ 優 넉넉할, 뛰어날 [휴] 17
	火 △ 燠 위로할 [오, 욱] 17	土 △ 隅 구석, 모퉁이 17	金 △ 鍝 톱, 귀 장식 17	土 X 麌 수사슴 18	金 X 譌 망언, 망령될 18	木 △ 藕 연, 연뿌리 21	木 △ 耰 호미, 씨 덮을 21	金 X 齲 충치, 잇병, 덧니 24
욱	火 ○ 旭 빛날, 아름다울 6	火 ○ 昱 햇빛, 빛날, 햇빛 밝을 9	木 △ 栯 산앵두 [유] 10	火 ○ 彧 문채, 문채 빛날 10	土 ○ 勖 힘쓸, 노력할 11	木 △ 稶 서직, 무성할 13	火 ○ 煜 빛날, 불꽃 13	火 X 項 이름, 삼갈, 멍할 13
	土 ○ 郁 성할, 향기, 땅이름 13	木 ○ 稢 서직, 무성할 15	火 △ 燠 빛날, 문채 날 16	火 △ 燠 따뜻할 [오, 욱] 17				
운	水 ○ 云 이를, 말할, 어조사 4	木 ○ 夽 높을, 클 7	土 ○ 妘 성, 여자의 자(字) 7	水 ○ 沄 물, 깊다, 소용돌이칠 8	木 △ 耘 김맬, 제거할 10	木 ○ 芸 많을, 궁궁이 [예] 10	木 X 紜 어지러울, 성하다 10	水 △ 員 더할, 성, 관원 [원] 10
	水 ○ 雲 구름, 성, 높을, 습기 12	火 X 暈 멀미, 어지러울 13	火 △ 惲 도타울, 꾀하다 13	金 △ 韵 운, 소리, 취향 13	火 ○ 煇 노란 모양 14	水 X 殞 죽을, 끊어질 14	水 X 賱 구름이 일 15	木 ○ 橒 나무무늬, 나무이름 16
	木 ○ 篔 왕대, 대이름 16	土 ○ 運 움직일, 운전할 16	金 ○ 賱 넉넉할, 많이 있다 16	水 ○ 澐 큰 물결 16	土 △ 鄖 나라이름 17	木 △ 篔 왕대, 대이름 18	木 △ 蕓 평지, 유채꽃 18	土 X 隕 떨어질, 무너질 [원] 18

운	水 X 霣 떨어질, 천둥 18	火 △ 顒 얼굴빛, 다급할 19	金 △ 韻 운, 운치, 울림 19					
을	木 X 圥 뜻 없음 4	木 △ 宛 쌓일 [완,원] 8	木 ○ 菀 무성할, 울창할 14	木 △ 蔚 고을이름, 빈번할 [위] 17	水 △ 黦 검을, 깊다 18	木 X 鬱 막힐, 답답할 29		
웅	火 ○ 雄 수컷, 승리할 12	火 △ 熊 곰 14						
원	木 ○ 元 으뜸, 근본, 성 4	木 ○ 杬 나무이름 8	水 X 朊 달빛 희미할 [완] 8	水 ○ 沅 강 이름, 물이름 8	木 △ 爰 이에, 성낼, 바꿀 9	火 X 怨 원망할, 미워할 9	土 ○ 垣 담, 담장, 별이름 9	金 ○ 負 관원, 員의 통용어 9
	木 ○ 袁 성, 옷이 길, 옷 치렁거릴 10	木 ○ 笎 대무늬 10	木 ○ 芫 팥꽃나무 10	火 ○ 倇 권할, 즐거울 [완] 10	土 ◎ 原 언덕, 근원, 근본 10	水 X 冤 원통할, 원한 10	水 ○ 員 관원, 둥글, 인원 [윤] 10	水 ○ 洹 물이름 [환] 10
	木 X 寃 원통할, 불평 11	木 ○ 苑 나라 동산, 큰바람 11	土 △ 婉 예쁠, 순할 [완] 11	土 ○ 媛 예쁠, 미녀, 여자 12	土 ○ 阮 나라이름, 관문 [완] 12	木 ○ 援 도울, 구원할 [환] 13	木 X 楥 신골, 느티나무 13	土 ○ 嫄 여자 이름, 사람이름 13
	土 X 猨 원숭이 13	水 ○ 園 동산, 울타리 13	水 ○ 圓 둥글, 둘레, 온전하다 13	水 ○ 湲 물 흐를, 맑을 13	火 ○ 愿 원할, 성실할, 삼갈 14	土 X 猿 원숭이 14	金 ○ 瑗 구슬, 도리옥 [환] 14	水 ○ 源 근원, 이을 14

원	水 X 蜿 꿈틀거릴, 지렁이 14	水 ○ 湲 근원, 물 흐를 14	木 ○ 瑗 노리개 띠, 패옥 띠 15	土 ○ 院 집, 담, 관 이름, 15	火 △ 鴛 원앙, 원앙의 수컷 16	金 △ 鋺 저울, 저울판 [원] 16	火 X 轅 끌채, 수레, 별이름 17	土 ○ 遠 멀, 깊을, 십오할 17
	土 X 黿 자라, 큰 자라 17	金 △ 諢 천천히 말할 17	木 X 園 동산, 뜰, 밭 19	火 ○ 願 원할, 바랄, 하고자 할 19	火 △ 鶢 원추새, 봉황 19	火 X 騵 월따말, 절따말 20	土 △ 邍 넓은 언덕, 넓은 들판 23	
월	水 ○ 月 달, 한 달, 달빛, 세월 4	金 X 刖 벨, 베다, 자르다 6	木 △ 粤 어조사, 두텁다 12	火 △ 越 넘을, 지날, 넘기다 12	金 X 鉞 도끼, 큰 도끼 13			
위	水 X 危 위태할, 두려울 6	火 ○ 位 자리, 벼슬, 지위 7	土 ○ 委 맡길, 버릴, 자세할 8	土 ○ 威 위엄, 세력, 두려움 9	金 ○ 韋 가죽, 성, 부드러울 9	火 ○ 偉 클, 훌륭할 11	土 ◎ 尉 벼슬, 위로할 11	水 X 胃 위, 위장, 별자리 11
	木 △ 幃 휘장, 향낭 12	金 ○ 爲 할, 하다, 다스리다 12	水 △ 圍 둘레, 둘러쌀 12	水 X 喟 한숨, 한숨 소리 12	火 ○ 暐 햇빛, 빛날 13	火 ○ 煒 붉은빛, 빛날 13	金 X 骪 굽힐, 구부리다 13	水 △ 渭 물이름, 속 끓을 13
	水 X 痿 저릴, 마비되다 13	木 △ 萎 마를, 시들 14	火 X 僞 속일, 거짓 [와] 14	金 ○ 瑋 옥 이름, 아름다울 14	木 △ 葳 둥굴레, 초목 무성할 15	木 X 葦 갈대, 거룻배 15	木 ○ 禕 아름다울, 폐슬 [휘] 15	木 △ 緯 씨, 씨줄 15
	火 X 慰 위로할, 울적할 15	火 X 熨 찜질할, 눌러 덥게 할 15	火 △ 衛 지킬, 호위할 15	土 ○ 逶 비틀거릴, 구불구불 갈 15	金 X 諉 번거로울, 핑계 댈 15	水 X 蝟 고슴도치 15	火 △ 衛 막을, 지킬, 호위할 16	土 X 違 어길, 피할, 어긋날 16

위	金 △ 謂 이를, 고할, 생각하다 16	木 △ 聞 문, 대궐, 작은 문 17	水 X 餧 먹일, 기를 17	木 ○ 蔿 애기풀, 성, 고을이름 18	火 ○ 魏 나라이름, 대궐, 성 18	金 ○ 韙 바를, 옳을 18	金 △ 韡 활짝 필, 꽃 활짝 필 21	
유	木 X 尤 망설일, 머뭇거릴 4	火 ○ 幼 어릴, 사랑할 [요] 5	土 ○ 由 말미암을, 좇을, 지날 5	水 ◎ 有 있을, 많을, 존재하다 6	金 ○ 攸 바, 장소, 곳, 다스릴 7	金 X 酉 닭, 술, 열째 지지 7	木 △ 乳 젖, 낳을, 양육할 8	火 ◎ 侑 도울, 짝, 권할 8
	土 △ 臾 잠깐, 성 [용, 궤] 8	水 X 呦 울, 울다, 흐느껴 울 8	木 ○ 兪 대답할, 성, 그럴 9	木 ○ 俞 대답할, 성, 그럴 9	木 ○ 宥 용서할, 너그러울 9	木 ○ 柔 부드러울, 순할 9	木 △ 柚 유자나무 [축] 9	火 ○ 幽 그윽할, 숨을, 깊을 9
	土 ○ 姷 짝 9	水 △ 囿 동산, 얽매일 9	水 △ 油 기름, 윤기날 9	水 X 泑 잿물, 물이름 9	木 ○ 柚 곡식, 무성할 10	水 ○ 洧 물이름, 강 이름 10	木 ○ 帷 휘장, 장막 11	火 △ 悠 생각할, 멀 11
	火 ○ 聈 고요할 11	土 ○ 媭 예쁠, 아름다울 11	水 ○ 唯 오직, 어조사 [수] 11	水 X 蚴 꿈틀거릴 11	水 X 蚰 그리마(지네, 노래기과 동물) 11	木 ○ 庾 곳집, 노적, 성 12	木 △ 楙 꽃, 열매 많이 열릴 12	火 ◎ 惟 생각할, 오직 12
	火 △ 釉 빛날, 광택, 잿물 12	水 △ 喩 깨우칠, 비유할 12	木 ○ 楢 부드러운 나무, 쌀을 13	木 ○ 楡 느릅나무, 별이름 13	木 △ 揄 당길, 야유할 13	木 △ 揉 주무를, 힐, 바로잡을 13	木 X 萮 강아지풀, 추하다 13	木 ○ 裕 넉넉할, 너그러울 13
	火 △ 愈 나을, 즐길, 병 고칠 13	火 △ 愉 노래할, 즐거워 13	火 ○ 歈 노래할, 기뻐하다 13	土 X 猷 꾀할, 계략 13	土 X 猶 오히려, 같을 [요] 13	金 ○ 瑈 옥돌 13	水 △ 游 헤엄칠, 뜰, 놀 13	水 △ 湙 적실, 濡의 통용어 13

	水 ○	木 ○	木 △	土 ◎	金 ○	金 ○	金 △	水 X
	湋	維	綏	逌	瑜	瑈	誘	窬
	물, 물이름	벼리, 바, 밧줄, 맬	갓끈, 늘어지다	웃을, 빙그레 웃는 모양	아름다운 옥, 옥빛	옥 이름	꾈, 꼬다, 달랠	협문, 작은 문
	13	14	14	14	14	14	14	14
	水 X	水 X	水 △	木 △	木 ○	木 X	木 △	水 X
	瘉	瘐	需	牖	萸	糅	褕	窳
	나을, 병 나을	병들, 근심해 앓을	부드러울 [수]	들창, 깨우칠	수유, 풀이름	섞을, 잡곡밥	고울, 황후 옷	게으를, 비뚤어질
	14	14	14	15	15	15	15	15
	水 X	水 X	火 ○	土 △	土 △	土 △	土 X	金 △
	腴	蝣	儒	遊	逾	踰	蹂	諛
	살찔, 아랫배 살찔	꽃게, 하루살이	선비, 유교	놀, 즐길, 나그네	넘을, 지날	넘을, 뛸, 더욱 [요]	짓밟을, 밟을	아첨할
유	15	15	16	16	16	16	16	16
	金 △	金 △	水 △	水 X	水 X	木 X	木 X	火 ○
	諭	錀	孺	鮪	黝	蕤	猶	曘
	깨우칠, 비유할	자연동, 놋쇠	젖먹이, 사모할	다랑어, 강 이름	검푸를, 검은 흙	꽃, 꽃 축 늘어진 모양	누린내풀	햇빛, 빛깔
	16	17	17	17	17	18	18	18
	火 △	金 △	金 △	水 △	水 X	水 X	土 △	土 X
	燸	鞣	謸	濡	癒	鼬	壝	遺
	따뜻할, 태우다	가죽, 무두질할	나아갈, 꾸짖을	적실, 젖을, 베풀다	병 나을	족제비	제단, 울타리	끼칠, 잊을, 남길
	18	18	18	18	18	18	19	19
	水 △	金 X	火 X	木 X				
	瀢	譈	顬	籲				
	물고기 떼 지어 놀	성낼, 노하다	부를, 부르짖다	부를, 부르짖다				
	20	23	26	32				
	水 X	水 △	土 ○	土 ○	火 △			
	肉	育	堉	毓	儥			
육	고기, 몸, 피부	기를, 칠, 자랄	기름진 땅, 기름지다	기를, 어릴, 성	팔, 팔다, 사다			
	6	10	11	14	17			

제4부 인명용 한자 213

음								
	土 ○ 允 맏, 믿을, 진실로 4	水 ○ 尹 믿을, 다스릴, 성 4	金 △ 勻 가지런할 나눌 [균] 4	金 △ 匀 가지런할 나눌 [균] 4	火 ○ 昀 햇빛 8	水 X 沇 향나무 [연] 8	金 △ 玧 귀막이 구슬 [문] 9	火 ○ 亂 이을, 胤의 통용어 11
윤	水 ○ 胤 이을, 씨, 자손 11	火 ○ 閏 윤달, 윤년 12	土 ○ 阭 높을, 땅이름 12	金 X 鈗 창, 병기 [예] 12	木 △ 荺 대순, 연뿌리 13	火 ○ 閠 윤달, 閏의 통용어 13	木 ○ 奫 물 깊고 넓을 15	火 ○ 閨 윤달, 윤년 15
	金 ○ 鋆 금, 황금 15	木 ○ 橍 나무이름 16	水 ○ 潤 윤택할, 부를 16	金 X 贇 아름다울, 예쁠 [빈] 18				
	火 ○ 聿 붓, 스스로, 마침내 6	水 ○ 汩 흐를, 맑을, 물소리 8	金 X 矞 꽃구름, 송곳질할 12	木 △ 颱 큰 바람, 벼슬이름 13	土 △ 逮 걸어가는 모양 13	火 ○ 燏 빛날, 불빛 16	火 ○ 駉 빨리 날, 빠르다 16	水 ○ 潏 물 흐르는 모양 16
율	水 △ 霱 상서로운 구름, [휼] 20							
융	金 X 戎 병장기, 오랑캐 6	土 X 狨 원숭이 이름, 사납다 10	木 ○ 絨 융, 고운 배 12	水 ○ 融 밝을, 화할 16	水 ○ 瀜 물 깊을, 물 깊고 넓을 20			
은	土 △ 圻 언덕, 지경 [기] 7	水 △ 听 웃을, 웃다, 논쟁하다 7	土 △ 垠 언덕, 지경, 가장자리 9	火 ○ 恩 은혜, 사랑할 10	土 X 垽 앙금, 찌꺼기 10	金 ○ 殷 성할, 성, 은나라 [안] 10	金 X 訔 시비할, 논쟁하다 10	水 △ 圁 물이름 10

水 ○ 浪 물가, 물 흐르는 동쪽 10	土 X 狠 으르렁거릴 11	金 ○ 珢 옥돌 11	金 ○ 訢 공손할, 화평할 11	火 X 慇 괴로워할, 애태울 14	金 ○ 銀 은, 돈, 은빛 14	水 ○ 潊 물소리, 물이름 14	水 ○ 溵 물이름 14
金 ○ 磤 옥, 사람이름 15	金 ○ 誾 화평할, 즐거울 15	木 △ 蔇 풀빛 푸른 16	木 ○ 蒽 풀이름 16	火 △ 億 기댈, 의지할 [온] 16	火 X 憖 억지로, 기뻐할 16	木 △ 檃 도지개, 바로잡을 17	土 ○ 嶾 산 높을 17
木 ○ 檼 마룻대, 도지개 18	土 ○ 鄞 땅이름, 고을이름 18	水 ○ 嚚 어리석을, 말 못하다 18	水 ○ 濦 물이름, 물소리 18	金 ○ 闉 즐거울, 誾의 통용어 19	金 X 齗 잇몸, 말다툼하다 19	土 X 隱 숨을, 가릴, 은미할 22	水 X 癮 두드러기, 술 중독 22
木 △ 蘟 인동덩굴, 나물이름 23	金 △ 齦 웃을, 웃어 이 드러날 27						

木 △ 乙 새, 제비, 둘째 천간 1	土 ○ 圪 흙 우뚝할 6	火 X 鳦 제비, 현조(玄鳥) 12					

水 X 吟 읊을, 신음할 [금] 7	金 ○ 音 소리, 음악, 말소리 9	土 X 崟 험준할, 산봉우리 11	水 X 喑 벙어리, 입을 다물다 12	水 X 淫 음란할, 간사할 12	火 ◎ 愔 조용할, 화평할 13	水 △ 飮 마실, 음료, 음식 13	木 △ 廕 덮을, 감싸다 14
土 △ 陰 그늘, 성, 그림자 16	木 X 蔭 그늘, 가릴, 해그림자 17	水 X 噾 크게 외칠, 소리 없이 울 17	水 X 霪 장마, 장맛비 19	金 △ 馨 화할, 소리 화할 20			

제4부 인명용 한자 215

음	土 ○ 邑 고을, 마을, 도읍 7	水 X 泣 울, 울리다 [립] 9	木 ○ 挹 뜰, 뜨다, 당길, 꺼낼 11	火 X 悒 답답할, 근심할 11	水 X 浥 젖을, 적시다 11	木 X 揖 읍할, 사양할 13		
응	水 X 凝 얼, 엉길, 추울, 굳다 16	火 ○ 應 응할, 대답할 17	水 △ 膺 가슴, 마음, 받을 19	木 △ 鷹 말끄러미 볼 22	火 X 鷹 매, 송골매 24			
의	木 ○ 衣 옷, 입을, 가리개 6	金 ○ 矣 어조사(~이다, ~하다 등) 7	水 ○ 医 의원, 의사 [예] 7	木 ◎ 宜 옳을, 마땅할 8	火 ○ 依 의지할, 도울 8	土 ○ 妳 여자 이름자 9	火 ○ 倚 의지할, 믿을 [기] 10	木 ○ 椅 의자, 의나무 12
	火 △ 欹 아!(감탄사) 기울다 12	土 X 猗 거세한 개, 온순할 12	水 △ 漪 눈, 눈서리 쌓이다 12	火 ○ 意 뜻, 의미, 생각 13	土 ○ 義 옳을, 바를, 정의 13	土 X 疑 의심할 [응] 14	火 ○ 儀 거동, 예의, 본받을 15	金 △ 毅 굳셀, 강할, 화낼 15
	金 ○ 誼 정의, 옳을, 다스릴 15	水 △ 漪 물놀이, 잔물결 15	火 X 擬 의심할, 견주다 16	金 X 劓 코 벨, 코를 베다 16	水 X 螘 개미, 말개미 16	土 ○ 嶷 산 이름, 높다 17	木 △ 擬 비길, 헤아릴 18	金 ○ 礒 바위, 돌 모양 18
	金 △ 醫 의원, 병 고칠 18	木 △ 艤 배를 댈, 정박할 19	木 ○ 薏 율무, 연밥 [억] 19	水 X 蟻 개미, 검을 19	金 ○ 議 의논할, 계획할 20	水 X 饐 쉴, 쉬다, 변하다 21	火 ○ 懿 클, 훌륭할, 아름다울 22	
이	木 ○ 二 두, 둘째, 두 번 2	土 X 已 이미, 벌써, 그치다 3	火 △ 以 ~써, ~부터, 까닭, 때문에 5	水 ○ 尔 너, 어조사, 성, 가깝다 5	木 △ 夷 오랑캐, 평평할 6	火 ○ 伊 저, 성, 어조사 6	火 X 耳 귀, 싹나다, 오관의 하나 6	金 △ 弛 풀릴, 느슨할 [치] 6

	水 ○ 而 말 이을, 너, 어조사 6	木 ○ 杝 나무이름, 피나무 7	火 △ 佴 버금, 다음 8	火 X 易 쉬울, 기쁠 [역] 8	水 △ 隶 밑, 미칠, 미치다 8	火 ○ 怡 즐거울, 기쁠, 화할 9	土 ○ 酏 아름다울, 즐거울 [희] 9	土 △ 姨 이모, 서모 9
	土 ○ 姐 여자 이름 9	水 △ 咿 선웃음 칠 9	木 X 栮 목이(버섯) 10	金 △ 珆 옥돌 [태] 10	金 △ 訑 으쓱거릴, 경박할 10	金 ○ 貤 거듭할, 더할 10	水 X 洟 콧물, 눈물 10	木 △ 移 옮길, 바꿀, 옮겨 심다 11
이	木 △ 苡 질경이, 율무 11	土 ○ 異 다를, 성, 뛰어날 11	金 △ 珥 귀고리, 끼울 11	水 X 痍 상처, 벨, 다칠 11	木 X 荑 벨, 베다, 흰 비름 12	火 ○ 聏 화할 [뉴] 12	土 △ 媐 기쁠, 즐거워할 12	土 △ 羡 고울이름 12
	土 △ 迤 비스듬할, 잇닿을 12	金 ○ 貳 두, 둘, 두 마음 12	金 △ 貽 줄, 증여, 끼칠, 남길 12	水 X 胰 힘줄, 질길 12	火 △ 肄 익힐, 노력, 수고 13	木 X 廙 공경할, 삼갈 14	火 △ 爾 너, 어조사 14	水 △ 飴 엿, 단맛, 맛좋은 음식 14
	火 X 頤 턱, 아래턱, 괘 이름 15	火 △ 彛 떳떳할, 彝의 속자 16	火 X 鴯 제비 17	火 △ 彝 떳떳할, 법, 제기 18	木 △ 薾 번성할, 지치다 20	土 △ 邇 가까울, 가까이할 21		
익	金 X 弋 주살, 취할 3	水 ○ 益 더할, 유익할 10	火 ○ 翊 도울, 공경할 11	火 ○ 翌 다음날, 명일, 날개 11	火 ○ 熤 사람이름, 빛날 15	火 △ 翼 날개, 도움 17	金 △ 謚 웃을, 웃는 모양 17	火 X 鷁 새이름, 익조 21
	水 △ 瀷 강 이름, 물결무늬 21							

인	木 △ 儿 어진 사람 2	火 △ 人 사람, 백성, 착한 사람 2	金 X 刃 칼날, 병장기 3	火 ○ 仁 어질, 씨, 착할 4	火 ○ 引 인도할, 이끌, 당길 4	火 △ 仞 길, 길다, 재다, 깊다 5	木 ○ 印 도장, 성, 찍을, 벼슬 6	火 ○ 忈 어질, 仁의 통용어 6
	水 △ 因 인할, 따를, 이어받을 6	火 △ 忍 참을, 강인할, 용서할 7	火 ○ 忎 어질, 仁의 통용어 7	土 X 牣 가득할, 더할 7	水 X 汃 젖어 맞닿을 7	土 ○ 姻 혼인할, 인연, 연분 9	水 X 咽 목, 목구멍 9	木 ○ 芢 씨, 풀이름 10
	水 ○ 氤 천지 기운 어릴, 기운 10	水 ○ 洇 빠질, 잠기다, 막힐 10	水 X 蚓 지렁이 10	木 ○ 寅 범, 동방, 셋째 지지 11	木 △ 秵 벼꽃 11	木 ○ 祵 제사지낼 11	木 ○ 絪 기운, 천지의 기운 12	木 ○ 裀 요(까는 침구), 겹옷 12
	木 △ 茵 자리, 깔개, 풀이름 12	土 X 堙 막을, 묻다 12	土 ○ 婣 혼인, 인연, 인척 12	金 △ 靭 질길, 부드러울 12	金 ○ 鈏 주석, 백철, 백납 12	金 △ 靷 질길, 靭의 통용어 12	金 X 靷 가슴걸이, 잡아당길 13	水 X 湮 잠길, 잠기다, 막힐 13
	木 X 禋 제사지낼, 공경할 14	火 △ 𩐨 작은북, 작은북 소리 14	火 △ 𩐰 작은북, 작은북 소리 14	金 △ 認 알, 알다, 인정할 14	金 △ 夤 조심할, 공경할 14	金 △ 戭 긴 창, 성 15	金 ○ 璌 뜰, 마당, 사람이름 16	金 ○ 諲 공경할, 삼갈 16
	水 X 䑏 등심, 등골뼈 17	水 △ 濥 물줄기, 물문 18						
일	木 ○ 一 한, 처음, 하나 1	火 ○ 日 날, 태양, 해, 햇빛 4	火 △ 佚 편안할, 숨을 [질] 7	土 △ 劮 기쁠, 방탕하다 7	火 △ 佾 춤, 줄춤, 춤추다 8	火 ○ 昳 기뻐할 8	水 X 洢 넘칠, 음탕할 9	木 ○ 壹 한, 하나, 오로지 12

일	火 △ 軼 지날, 앞지르다 12	火 X 馹 역마, 역말 14	土 △ 逸 달아날, 逸의 통용어 14	水 X 溢 넘칠, 가득할 14	土 △ 逸 달아날, 숨을 15	金 △ 鎰 중량, 단위 18		
임	水 △ 壬 북방, 아홉째 천간 4	火 ○ 任 맡길, 맡을, 견딜, 성 6	土 △ 妊 아이 밸, 임신할 7	土 △ 姙 아이 밸, 妊의 통용어 9	木 ○ 衽 옷깃, 옷섶, 여미다 10	火 ○ 恁 생각할, 믿을 10	金 ○ 訂 생각할 11	木 △ 荏 들깨, 콩, 부드럽다 12
	木 △ 絍 짤, 짜다, 길쌈하다 12	木 ○ 稔 곡식 익을, 풍년들, 여물 13	金 △ 諶 믿을, 생각할 13	金 X 賃 품삯 빌릴, 품팔이 13	水 △ 飪 익힐, 삶다, 떡국 13	金 X 錐 젖을, 물이 배어들다 14		
입	木 △ 入 들, 드릴, 받아들이다 2	水 ○ 卄 스물, 20 3	木 ○ 廿 스물, 20 4					
잉	火 △ 仍 인할, 기댈, 거듭할 4	水 △ 孕 아이 밸, 분만하다 5	木 ○ 芿 풀, 새 풀싹 10	金 ○ 剩 남을, 더할, 넉넉할 12	土 △ 媵 보낼, 전송하다 13			
자	水 ○ 子 아들, 자식, 열매 3	火 ○ 仔 자세할, 새끼 5	木 ○ 字 글자 6	木 ○ 自 스스로, 자기, 몸소 6	水 ○ 孖 쌍둥이, 무성해지다 6	水 ○ 孜 힘쓸, 힘쓰는 모양 7	木 ○ 秄 북돋을 8	火 X 炙 구울, 고기구이 8
	土 △ 姉 윗누이, 맏누이 8	土 △ 姊 윗누이, 맏누이 8	金 X 刺 찌를, 가시, 비난할 8	水 X 呰 꾸짖을, 야단치다 8	木 △ 柘 산뽕나무, 적황색 9	木 △ 耔 북돋을, 김맬 9	土 ○ 姿 맵시, 모양, 성품 9	水 △ 咨 물을, 탄식할 9

제4부 인명용 한자 219

水 ○	水 X	木 X	木 X	火 X	火 ○	土 X	水 X
泚	好	眦	眥	恣	玆	牸	疵
강 이름, 맑다	해충, 머루, 지방충	눈초리, 흘길	눈초리, 흘길	방자할, 멋대로	무성할, 이, 이때, 더할	암컷, 암소	병, 허물, 비방할
9	9	10	10	10	10	10	10
木 ○	木 △	土 △	土 X	木 ○	木 △	木 △	木 X
紫	茈	瓷	者	茲	茨	粢	觜
붉을, 자줏빛	패랭이꽃	사기그릇, 오지그릇	놈, 사람, 어조사	무성할, 이, 이때, 더할	지붕 일, 가시나무	기장, 곡식	별이름, 털뿔
11	11	11	11	12	12	12	12
金 X	金 ○	水 X	火 X	火 △	火 X	金 ○	水 △
訾	貲	胾	慈	煮	雌	資	孳
헐뜯을, 싫어하다	재물, 재화, 자본	고깃점, 산적	사랑, 자비, 앙어머니	삶을, 익힐, 구울	암컷, 약할, 패할	재물, 자본	부지런할, 우거질
12	12	12	13	13	13	13	13
水 △	木 X	金 X	火 X	木 △	火 △	金 △	水 X
滋	茨	磁	髭	褯	赭	諮	鮓
맛, 부를, 번식할	까끄라기, 가시	지남석, 자석	윗수염, 코밑수염	어린아이 옷, 포대기 [석]	붉은 흙, 붉은빛	물을, 자문할	젓, 절인 어물
13	14	14	15	16	16	16	16
木 △	火 X	土 △	金 X	木 X	火 △	火 ○	
蔗	顙	孈	鎡	藉	鷀	鴅	
사탕수수, 맛이 좋다	코밑수염	여자 성품이 순할	호미, 괭이	깔, 깔개 [적]	가마우지, 더펄새	자고 (꿩과의 새)	
17	17	17	18	20	21	22	
金 △	火 ○	火 ○	土 X	水 △	土 ○	木 △	木 △
勺	作	灼	犳	汋	岝	柞	芍
구기, 잔, 떠내다	지을, 이룰, 일어날	밝을, 사를, 태우다	짐승이름, 아롱짐승	샘솟을, 떠낼	높을, 산이 높다	떡갈나무, 나무이름	함박꽃, 작약
3	7	7	7	7	8	9	9
火 X	火 △	火 X	金 X	金 X	火 X	火 ○	土 X
怍	昨	炸	斫	酌	雀	焯	舃
부끄러워할, 빨개질	어제, 옛날	터질, 폭발할	찍을, 칠, 성	술, 술 따를, 잔질할	참새, 다갈색	밝을, 빛나다	까치, 신발[석]
9	9	9	9	10	11	12	12

작	金 X 斫 쪼갤, 베다, 자르다 13	金 △ 碏 공경할, 삼갈 13	木 ○ 綽 너그러울, 여유 있을 14	金 △ 爵 벼슬, 작위, 술잔 18	火 X 鵲 까치, 땅이름 19	水 X 嚼 씹을, 맛볼, 술을 강권할 21		
잔	金 X 剗 깎을, 깎다, 베다 10	木 △ 棧 사다리, 다리, 잔교 12	水 X 孱 나약할, 신음할 12	水 X 殘 해칠, 남을, 나머지 12	金 △ 盞 잔, 등잔, 옥 술잔 13	水 X 潺 물 흐를, 눈물 흐를 16	火 X 驏 말, 안장 없는 말 22	
잠	土 △ 岑 봉우리, 높을, 벼랑 7	水 X 涔 괸 물, 큰물, 못 11	木 X 箴 경계, 바늘 15	火 ○ 暫 잠깐, 잠시, 별안간 15	水 X 潛 잠길, 자맥질할 16	水 X 潜 잠길, 자맥질할 16	木 △ 簪 비녀, 꽂을, 빠를 18	水 X 蠶 누에, 양잠, 잠식할 24
잡	火 X 卡 지킬, 관문, 기침을 하다 5	木 X 眨 눈 깜작일, 애꾸눈 10	金 ○ 磼 높을, 산 높을 17	木 X 襍 섞일, 쉬다, 번거롭다 18	火 X 雜 섞일, 쉬다, 번거롭다 18	水 △ 囃 장단, 춤 돕는 소리 21		
장	木 ○ 丈 길, 어른, 길이 단위 3	火 X 仗 병장기, 기댈, 지팡이 5	木 ○ 壯 굳셀, 壮의 통용어 6	木 △ 庄 전장, 농막 [팽] 6	土 ○ 匠 장인, 만들 6	木 ○ 壯 굳셀, 장할, 웅장할 7	木 △ 杖 지팡이, 의지할 7	土 ○ 妝 단장할, 꾸미다 7
	木 ○ 長 길, 어른, 길이, 길다 8	土 ○ 狀 문서, 형상, 모양 8	金 X 戕 죽일, 살해하다 8	木 ○ 奘 클, 건장할 10	木 X 牂 암양, 성할 괴이하다 10	土 ○ 将 장수, 장차, 인솔자 10	土 X 胖 숫양 10	木 ○ 帳 휘장, 장막, 장부책 11
	土 ○ 將 장수, 장차, 인솔자 11	金 ○ 張 베풀, 성, 드러낼 11	金 ○ 章 글, 문장, 밝을, 성 11	木 △ 掌 손바닥, 솜씨, 말을 12	木 △ 粧 단장할, 꾸밀, 분장할 12	土 ○ 場 마당, 곳, 장소 12	木 ○ 莊 씩씩할, 성, 단정할 13	木 ○ 裝 꾸밀, 치장할 13

장	火 △ 偉 놀랄, 두려울 13	木 ○ 奬 권면할, 도울 14	木 ○ 萇 장초나무, 나라 이름 14	火 △ 臧 착할, 곳간, 감출, 종 14	土 △ 嶂 높고 가파른 산 14	木 ○ 樟 녹나무, 예장나무 15	木 X 葬 장사, 장사지낼 15	火 ○ 暲 해 돋을, 밝을 15
	土 X 獐 노루 15	土 △ 奬 권면할, 도울, 이룰 15	水 △ 漿 미음, 음료, 마실 것 15	水 ○ 漳 물이름, 주 이름 15	水 X 腸 창자, 마음 15	木 X 廧 담, 오랑캐 16	土 ○ 墻 담장, 경계 16	土 ○ 嬙 궁녀, 여자 이름 16
	金 ○ 璋 구슬, 홀, 반쪽 홀 16	水 X 瘴 장기, 풍토병 16	木 △ 檣 돛대 17	木 ○ 牆 담장, 墻과 동자 17	木 ○ 蔣 성, 줄, 나라이름 17	木 △ 糚 꾸밀, 단장하다 17	水 △ 餦 경단, 산자, 유과 17	土 ○ 鄣 나라 이름, 둑, 막다 18
	金 △ 醬 장, 된장, 간장, 젓갈 18	木 X 薔 장미 [색] 19	土 X 障 막을, 가로막히다 19	金 △ 鏘 금옥 소리 19	木 △ 藏 감출, 곳간, 간직할 20	金 X 贓 장물, 숨길 21	木 △ 欌 장롱, 의장 22	土 X 麞 노루 22
	水 X 臟 오장, 내장(內臟) 24							
재	木 ○ 才 재주, 근본 4	木 ○ 再 두, 거듭, 두 번할 6	土 ○ 在 있을, 볼, 살필 6	木 ○ 材 재목, 재료, 자질 7	木 △ 扗 제멋대로 할, 있을 7	火 X 災 재앙, 천벌, 화재 7	火 X 灾 재앙, 화재 7	土 ○ 栽 심을, 어린 싹, 묘목 9
	水 ○ 哉 어조사, 비롯할 9	水 ○ 籴 집, 재계하다 9	木 ○ 宰 재상, 주관할 10	木 ○ 栽 심을, 묘목, 분재 10	金 ○ 財 재물, 보배 10	木 ○ 梓 가래나무, 관목 11	木 ○ 捚 손바닥에 받을 11	木 △ 裁 옷 마를, 결단할 12

재	土 X 崽 어린이, 자식 12	火 ○ 載 실을, 탈, 오를 13	水 ○ 溨 맑을, 강 이름 13	木 △ 榟 가래나무, 목수 14	水 ○ 溨 물이름 14	水 X 滓 찌끼, 때, 앙금 14	木 ○ 縡 일, 실을 16	金 ○ 賊 재물, 재화 16
	土 △ 齋 재계할, 집 [자] 17	土 △ 齎 가져올, 가질, 가지다 21	木 △ 纔 겨우, 조금, 적을 23					
쟁	火 X 爭 다툴, 간할, 논쟁하다 8	土 △ 崢 가파를, 높은 산마루 11	土 X 猙 짐승이름, 개털 12	金 ○ 琤 옥 소리, 거문고 소리 13	木 ○ 箏 풍경, 쟁, 악기 14	金 X 諍 송사할, 간할, 다툴 15	金 △ 錚 쇳소리, 징 16	金 X 鎗 종소리, 솥 18
저	木 △ 宁 뜰, 쌓을, 우두커니 설 5	火 △ 氐 근본, 근심하다 5	火 X 低 낮을, 굽힐, 숙일 7	火 △ 佇 기다릴, 우두커니 7	木 X 底 밑, 바닥, 구석 [지] 8	木 △ 杵 공이, 방망이 8	木 △ 杼 북, 얇다, 물통 8	土 △ 姐 누이, 교만할 8
	土 X 岨 돌산, 험하다 8	水 X 咀 씹을, 맛볼, 방자할 8	木 ○ 柢 뿌리, 밑, 근본 9	木 △ 抵 막을, 거스를 9	土 △ 牴 닿을, 부딪칠 9	土 X 狙 원숭이, 교활할 9	水 X 沮 막을, 샐, 적시다 9	水 X 疽 등창, 종기 10
	木 ○ 苧 모시, 모시풀 11	木 X 苴 깔, 삼씨, 신바닥 창 11	木 ○ 紵 모시풀, 모시 베 11	木 △ 袛 속적삼 11	木 ○ 罝 그물, 짐승 그물 11	土 X 羝 숫양 11	水 X 蛆 구더기, 지네 11	木 △ 觝 닥뜨릴, 겨룰, 던질 12
	土 ○ 邸 집, 곳집, 저택, 밑 12	金 X 詛 저주할, 원망할 12	金 X 詆 꾸짖을, 비난하다 12	金 ○ 貯 쌓을, 저축할 12	木 ○ 楮 닥나무, 종이, 돈 13	火 △ 雎 물수리 13	土 X 猪 돼지 13	水 ○ 渚 물가, 모래섬 13

제4부 인명용 한자   223

저	木 X 菹 김치, 절임 14	土 ○ 這 이, 이것, 이때 14	木 △ 樗 가죽나무 15	木 ○ 著 나타날, 분명할 15	木 △ 褚 솜옷, 주머니 15	木 X 箸 젓가락, 나타날 [착] 15	水 X 瀦 웅덩이, 물이 괴다 16	土 △ 陼 모래섬, 삼각주 17
	火 ○ 儲 쌓을, 태자, 저축하다 18	土 X 躇 머뭇거릴 [착] 20	金 X 齟 어긋날, 씹을 20	水 △ 瀦 웅덩이, 물이 괴다 20	木 △ 藷 감자, 참마 22			
적	水 X 吊 이를, 다다를 [조] 6	火 ○ 赤 붉을, 빌 7	火 ○ 炙 구울, 고기구이 8	火 ○ 的 과녁, 표준, 진실 8	土 X 狄 오랑캐, 사악할 8	木 ○ 寂 고요할, 쓸쓸할 11	木 △ 笛 피리, 대나무 11	土 △ 迪 나아갈, 이끌 12
	木 X 荻 물억새, 갈잎 피리 13	火 X 馰 별박이, 준마 13	土 ○ 勣 공적, 업적 13	土 △ 跡 발자취, 흔적 13	土 △ 迹 자취, 발자국 13	金 X 賊 도적, 해칠, 도둑질하다 13	木 △ 菂 연밥, 연실 14	火 X 翟 꿩, 깃옷 [책, 탁] 14
	土 ○ 嫡 아내, 정실, 본처 14	土 X 逖 멀, 근심할 14	木 △ 摘 딸, 지적할, 움직일 15	木 X 樀 처마, 추녀 15	金 X 敵 대적할, 겨룰, 맞설 15	水 △ 滴 물댈, 물방울 15	木 ○ 積 쌓을, 모을, 저축 [자] 16	金 X 磧 자갈, 서덜 16
	木 ○ 績 공, 공적, 길쌈할 17	土 ○ 適 마침, 맞을, 즐길 18	土 ○ 蹟 자취, 사적, 행적 18	金 X 謫 귀양 갈, 유배될 18	金 X 鏑 살촉, 화살촉 19	木 ○ 籍 호적, 문서, 등록할 [자] 20	木 △ 糴 쌀 사들일, 쌀알 22	火 △ 覿 볼, 보다, 면회할 22
전	土 ○ 田 밭, 성, 경작지 5	土 ○ 全 온전할, 전부, 성 6	火 △ 佃 밭 갈, 소작인 7	土 ○ 甸 경기, 구역, 경계 7	水 X 吮 빨, 빨을, 핥다 7	火 ○ 佺 신선 이름, 사람이름 8	金 ○ 典 법, 책, 법전, 경전 8	水 X 屇 구멍 8

土 △ 畋 밭 갈, 사냥하다 9	土 ◎ 畑 화전, 밭 9	金 ○ 前 앞, 먼저, 나아갈 9	木 ○ 栓 나무못, 빗장 10	木 ○ 栴 단향목, 향나무 10	土 △ 旃 기, 깃발, 모직물 10	水 ◎ 展 펼, 퍼다, 나아갈 10	火 △ 悛 고칠, 깨달을 11
土 △ 專 오로지, 마음대로 11	金 X 剪 자를, 가위 11	水 X 痊 병 나을, 병이 낫다 11	木 △ 奠 둘, 정할, 제사지낼 12	木 △ 牋 장계, 종이, 상소 12	木 X 筌 통발, 올가미 12	木 △ 荃 향초, 고운 베 12	水 X 飦 죽, 미음 12
木 X 揃 자를, 뽑을, 나누다 13	火 ○ 傳 전할, 옮길, 알리다 13	火 X 煎 마음 졸일, 달일 13	火 X 輇 상여, 저울질하다 13	火 △ 腆 살찐 고기, 새 살찔 13	土 X 塡 메울, 메우다 [진] 13	金 ○ 殿 대궐, 전각, 큰집 13	金 △ 琠 옥 이름, 귀막이옥 13
金 ○ 詮 갖출, 설명할 13	金 △ 鈿 비녀, 금장식 13	水 △ 湔 씻을, 빨, 더럽히다 13	水 X 電 번개, 전기, 빠를 13	木 △ 箋 기록할, 편지, 쪽지 14	土 △ 塼 벽돌, 땅이름 14	土 ○ 嫥 오로지, 아름다울 14	金 X 戩 멸할, 다할 14
金 △ 銓 저울질할, 평평할 14	水 △ 腆 두터울, 착하다 14	木 △ 廛 가게, 터, 집터 15	木 △ 箭 화살, 화살대 15	木 △ 篆 전자, 도장, 성 15	火 X 翦 자를, 멸할, 가위 15	金 X 鋑 새길, 파다, 새기다 15	金 ○ 腆 넉넉할, 부유할 15
木 △ 靛 청대, 검푸른 물감 16	火 X 靦 부끄러워할, 무안할 16	土 X 甎 벽돌 16	金 X 戰 싸울, 전쟁하다 16	金 X 磚 벽돌 16	金 ○ 錢 돈, 화폐, 자금, 비용 16	金 △ 錪 가마, 가마솥, 추 16	火 △ 氈 모전, 담요, 양탄자 17
火 X 輾 돌아 누울, 구를 17	水 △ 澶 물 고요할, 멋대로 할 17	水 X 澱 앙금, 찌꺼기 17	水 X 膞 저민 고기, 조각 17	水 △ 餞 보낼, 전별할 17	火 X 轉 구를, 회전할 18	火 X 顓 전단할, 어리석을 18	水 X 癜 어루러기 18

전	水 X 饘 죽, 된죽, 범벅 18	火 △ 顚 이마, 머리, 정수리 19	火 X 鬋 살쩍 늘어질 19	土 X 羶 누린내, 비린내 19	土 X 遭 머뭇거릴, 쫓을 20	木 X 纏 묶을, 얽힐 21	金 △ 鐫 새길, 조각, 물리칠 21	水 △ 囀 지저귈, 울림, 새 울 21
	木 △ 箋 대이름, 성, 언치 22	火 X 顫 떨릴, 놀랄 22	土 △ 巔 산꼭대기, 떨어지다 22	土 X 躔 궤도, 자취, 돌다 22	土 X 廛 가게, 터, 집터 22	火 X 鸇 새매, 송골매 24	水 X 癲 미칠, 정신병 24	水 X 鱣 철갑상어 24
절	金 X 切 끊을, 베다, 정성스럽다 4	土 △ 岊 산모롱이 7	木 X 折 꺾을, 쪼갤 8	火 △ 晢 밝을, 뚝뚝할 [제] 11	水 ○ 浙 강 이름, 물이름 11	木 X 絶 끊을, 떨어질 12	木 X 絕 끊을, 떨어질 12	金 X 截 끊을, 다스릴 14
	木 △ 節 마디, 예절, 절개 15	水 X 癤 부스럼 20	水 X 竊 훔칠, 도둑질하다 22					
점	火 X 占 점, 점칠, 차지할, 성 5	火 △ 佔 볼, 엿보다, 차지할 7	木 △ 奌 점, 點의 통용어 8	木 X 店 가게, 주막, 여관 8	土 △ 岾 땅이름, 절이름 [재] 8	火 △ 点 점, 點의 속자 9	金 X 玷 옥티, 이지러지다 10	木 △ 粘 끈끈할, 붙을, 차질 11
	木 △ 笘 회초리, 대쪽 11	木 X 苫 이엉, 거적 11	水 X 蛅 쐐기 11	火 X 覘 엿볼, 몰래 볼 12	木 △ 颭 물결 일, 살랑거리다 14	土 X 墊 빠질, 잠길, 젖을 14	水 X 漸 점점, 들, 스밀 15	水 △ 霑 젖을, 은혜 베풀 16
	水 X 鮎 메기, 은어 16	木 △ 蔪 우거질, 풀 더부룩할 17	木 △ 黏 차질, 풀, 붙다 17	水 △ 點 점, 점찍을 17	木 ○ 簟 삿자리, 대자리 18			

접	木 ○ 接 사귈, 합할, 모을, 대접할 12	木 △ 椄 이을, 나무 접붙일 12	土 X 跕 밟을, 떨어지다 12	木 △ 楪 마루, 평상, 창문 13	水 X 蜨 나비 14	木 △ 摺 접을, 주름 15	水 X 蝶 나비 15	土 X 踥 밟을, 잔걸음하다 16
	水 X 鰈 넙치, 가자미 20							
정	火 ○ 丁 고무래, 장정, 성 2	水 ○ 井 우물, 샘, 별이름 4	土 ○ 正 바를, 바로잡을 5	水 △ 叮 부탁할, 정성스럽다 5	木 △ 朾 칠, 깃대, 땅이름 6	火 ○ 灯 열화, 등잔, 촛불 6	水 △ 汀 물가, 모래섬 6	木 ◎ 廷 조정, 공정할 7
	火 X 征 황급할, 허둥댈 7	土 ○ 姘 엄전할, 암전할 7	土 △ 町 밭두둑, 밭, 경작지 7	金 ○ 玎 옥 소리 7	水 ○ 呈 드릴, 보일, 드러낼 7	水 X 疔 정, 헌데 7	木 ○ 定 정할, 편안할 8	火 △ 征 칠, 치다, 토벌할 8
	土 ○ 妌 단정할, 여자 이름 8	金 ○ 政 정사, 바르게 할 8	木 △ 柾 나무 바를, 널, 관[구] 8	火 ○ 亭 정자, 집, 머무를 9	火 ○ 侹 긴 모양, 평평하다 9	火 X 怔 두려워할, 황겁할 9	火 ◎ 炡 빛날, 불 번쩍거릴 9	金 ○ 訂 평론할, 바로잡을 9
	金 ○ 貞 곧을, 바를, 정조 9	金 X 酊 술 취할 9	水 X 穽 함정, 허방다리 9	木 ○ 庭 뜰, 집안, 조정, 별이름 10	木 X 眐 바라볼 10	金 △ 釘 못, 못을 박다 10	木 △ 挺 뺄, 뽑을, 빼어나다 11	木 △ 桯 탁자, 걸상 11
	木 X 梃 막대기, 지팡이 11	木 ○ 彭 꾸밀, 청정할 11	火 ○ 停 머무를, 쉴, 정할 11	火 △ 偵 정탐할, 탐문할 11	火 ○ 頂 이마, 정수리 11	土 △ 埩 밭 갈, 밭을 갈다 11	土 △ 婧 건장할 [청] 11	土 ○ 旌 기, 나타낼 11

정	水 ○ 涏 곧을, 샘물, 찬물 [전] 11	水 X 胜 새이름 [성] 11	木 △ 幀 그림 족자, 그림틀, 수틀 12	木 △ 掟 펼칠, 펼, 법, 규정 12	木 △ 棖 문설주, 기둥 12	木 ◎ 程 길, 한정, 과정, 성 12	火 ○ 情 뜻, 본성, 사랑, 정성 12	火 ○ 晶 맑을, 빛날, 수정 12
	火 ○ 晸 햇빛, 해가 뜰 12	土 ○ 婷 예쁠, 아리따울 12	金 ○ 珵 옥홀, 패옥, 옥 이름 12	金 ○ 珽 옥 이름, 옥홀 12	金 ○ 証 간할, 충고하다 12	水 ○ 淨 깨끗할, 맑을 12	水 ○ 淀 얕은 물, 앙금, 배 댈 12	木 ○ 楨 광나무, 기둥 13
	木 △ 睛 눈동자, 안구 13	木 △ 筳 가는 대, 대오리 13	木 △ 艇 배, 거룻배, 작은 배 13	木 ○ 莛 줄기, 대들보 13	木 △ 綎 인끈, 띠술 13	木 △ 靖 편안할, 고요할 13	火 △ 鼎 솥, 세발솥 13	金 △ 碇 닻, 배 멈출 13
	金 △ 鉦 징, 징 소리 13	水 △ 淳 물 굄, 물가, 머무를 13	水 △ 湞 물이름, 강 이름 13	木 ◎ 禎 상서, 행복, 바를 14	木 ◎ 精 정할, 깨끗할 14	木 ◎ 艷 검푸른빛 14	木 ○ 静 고요할, 静의 통용어 14	金 X 酲 숙취, 술병, 술 깰 14
	木 ○ 靚 단장할, 정숙할 15	金 X 鋌 쇳덩이, 광석, 판금 15	金 X 鋥 칼날 세울, 칼 갈 15	水 X 霆 천둥소리, 번개 15	木 ○ 靜 고요할, 조용할 16	火 ○ 頲 곧을, 사람이름 16	土 X 遉 엿볼, 정탐할 16	金 ○ 整 정돈할, 가지런할 16
	金 ○ 諪 조정할, 고를 16	金 X 錠 제기 이름, 정제, 신선로 16	木 △ 檉 위성류, 능수버들 17	火 ○ 頳 예쁠, 아름다운 모양 17	土 ○ 鄭 성, 나라이름 19	水 ○ 瀞 맑을, 깨끗할 20	水 ○ 瀞 맑을, 깨끗할 20	
제	水 ○ 弟 아우, 제자, 공경할 7	金 ○ 制 제도, 법, 절제할 8	木 △ 帝 임금, 제왕 9	土 △ 姼 예쁠, 아름답다 9	土 △ 娣 여동생, 손아래 누이 10	木 △ 梯 사다리, 층계, 오를 11	木 ○ 祭 제사, 제사지낼 11	木 X 第 차례, 집, 과거, 시험 11
	火 X 偙 준걸, 못날 11	火 ○ 悌 공경할, 부드러울 11	火 △ 晢 별이 빛날 [절] 11	木 X 睇 흘끗 볼, 훔쳐볼 12	木 X 稊 돌피, 싹, 움 12	土 ○ 堤 둑, 방죽, 막을 12	土 ◎ 媞 예쁠, 고울 12	土 X 猘 미친 개, 거칠다 12

	水 X 啼 울, 울부짖을 12	水 ○ 済 나루, 건널, 濟의 통용어 12	木 △ 提 끌, 당길, 끊을, 던질 13	木 ○ 禔 복, 행복, 편안할 14	木 △ 製 지을, 옷, 마를, 만들 14	土 ○ 齊 모두, 나라, 가지런할 14	金 ○ 瑅 옥 이름 14	木 ○ 緹 붉은 비단, 붉다 15
제	土 X 除 나눌, 덜, 제할, 버릴 15	火 △ 儕 무리, 벗, 동배, 동아리 16	土 X 蹄 굽, 발, 올무, 밟다 16	土 X 踶 찰, 밟을, 발로 찰 16	金 △ 劑 약제, 첩, 약 지을 16	金 ○ 諸 모두, 무릇, 여러, 성 16	金 X 醍 맑은 술 16	土 X 蹏 굽, 발, 올무 17
	土 ○ 隄 둑, 제방, 방죽, 막을 17	金 △ 鍗 큰 가마, 가마솥 17	水 X 鮷 메기, 큰 메기 17	木 △ 擠 물리칠, 밀칠 18	火 ○ 題 이마, 제목, 머리말 18	水 ○ 濟 나루, 건널, 구제할 18	木 ○ 薺 회, 양념, 어채, 나물회 19	土 △ 際 즈음, 가, 끝, 변두리 19
	木 △ 薺 냉이 20	水 X 臍 배꼽, 꼭지 20	水 X 鯷 메기, 큰 메기 20	土 △ 躋 오를, 올리다 21	土 ○ 隮 오를 22	水 △ 霽 비 갤, 날씨 갤 22		
	金 △ 刁 조두, 바라 2	土 X 弔 조상할, 조문할 4	金 X 爪 손톱, 할퀼, 긁다 4	火 X 兆 조(억의 만배), 점괘 6	火 ◎ 早 이를, 새벽, 일찍 6	土 ○ 助 도울, 유익할 7	金 X 皁 하인, 마구간 7	木 △ 找 보충할, 찾을, 채울 8
조	木 △ 朿 대추나무, 棗의 통용어 8	火 X 佻 경박할, 고달플 8	火 △ 徂 갈, 가다, 비로소 8	火 X 俎 도마, 제기, 적대 9	火 △ 昭 밝을 [소] 9	火 △ 炤 비출, 반딧불 [소] 9	水 X 殂 죽을, 죽다, 임금의 죽음 9	木 △ 租 부세, 조세, 세금, 쌀을 10
	木 X 笊 조리, 새집 10	火 ○ 晁 아침, 정사, 문안할 10	火 ○ 曹 무리, 성, 曹의 통용어 10	火 ○ 眺 밝을 10	火 ○ 祚 복, 지위, 자리 10	火 ○ 祖 할아버지, 조상, 근본 10	水 △ 厝 돌, 두다, 쉬다, 성 10	水 X 凋 시들, 슬퍼할 10

水 X	木 X	木 △	木 X	木 X	火 ○	火 ○	火 X
蚤	條	眺	粗	組	彫	曹	桃
벼룩, 손톱, 일찍	가지, 조리, 조목	바라볼, 살필	거칠, 클, 대강, 초막	끈, 인끈, 짤, 만들	새길, 그릴, 꾸밀	무리, 성, 마을, 나라	조묘, 천묘할
10	11	11	11	11	11	11	11
火 △	金 ○	水 △	水 X	木 △	木 △	木 △	金 ○
鳥	釣	窕	胙	措	棗	絩	詔
새, 봉황, 별이름	낚시, 낚을, 구할	안존할, 고요할	제 지낸 고기, 제육	둘, 베풀 [책, 착]	대추나무, 대추, 성	비단실, 오색 실	조서, 고할, 도울
11	11	11	11	12	12	12	12
金 X	水 ○	木 ○	木 X	火 ○	火 ○	土 X	金 ○
鈟	朝	稠	絛	傮	照	阻	琱
낚시, 탐내다	아침, 조정, 왕조	빽빽할, 고를, 많을	끈, 줄	마칠, 끝내다	비칠, 빛, 햇빛	막힐, 험할, 막히다	옥 다듬을, 새길, 그릴
12	12	13	13	13	13	13	13
金 X	火 △	火 ○	土 △	土 ○	金 X	水 X	水 X
誂	肇	趙	嶆	造	銚	嘈	蜩
꾈, 꾀다, 희롱하다	비로소, 시작할	나라, 성, 조나라	깊을, 깊다	지을, 만들, 이룰	가래, 냄비	시끄러울, 떠들썩할	매미, 굼틀거리다
13	14	14	14	14	14	14	14
木 X	金 △	水 X	水 ○	火 X	金 △	水 X	水 ○
槽	調	嘲	漕	雕	銱	噪	潮
구유, 물통, 절구	고를, 가릴, 적합할 [주]	비웃을, 조롱할	배, 수레, 실어 나를	독수리, 새길	불리지 않은 쇠	떠들썩할, 새 지저귈	밀물, 썰물, 조수
15	15	15	15	16	16	16	16
木 ○	木 △	木 △	木 △	木 △	火 X	火 ○	土 ○
操	糟	糙	艚	蔦	懆	燥	嬥
잡을, 움켜쥘	지게미, 찌끼, 성	매조미쌀, 현미	배, 거룻배	겨우살이, 담쟁이덩굴	근심할, 성급할	마를, 녹일, 불에 말릴	날씬할, 곧고 예쁠
17	17	17	17	17	17	17	17
水 ○	土 ○	土 △	金 ○	木 △	火 X	水 X	水 X
澡	遭	曌	璪	繰	鵰	臊	鯛
씻을, 맑게 하다	만날, 상봉할	아침, 바다거북	옥에 새긴 무늬, 면류관	야청 통견 무늬, 야청빛	수리, 독수리	누린내, 개돼지기름	도미
17	18	18	18	19	19	19	19

조	土 X 躁 성급할, 조급할 20	金 X 譟 떠들, 떠들썩할 20	水 X 竈 부엌, 부엌 귀신 21	木 △ 藻 무늬, 꾸밈, 조류, 바닷말 22	木 X 糶 쌀 팔, 쌀 내어 팔다 25			
족	土 X 足 발, 넉넉할 7	木 △ 族 겨레, 일가, 친족 11	水 X 瘯 옴, 피부병 16	木 △ 簇 가는 대, 모일 [착] 17	金 X 鏃 화살촉, 날카로울 19			
존	水 ○ 存 있을, 보전할 6	木 ○ 拵 의지할, 꽂을, 만들 10	木 ○ 尊 높을, 어른, 공경할 12					
졸	水 X 卒 군사, 마칠, 죽을 8	木 X 拙 옹졸할, 어리석을 9	土 X 猝 갑자기, 빠를 12					
종	火 X 𢚪 두려워할, 급할 6	木 ○ 宗 마루, 으뜸, 근원, 성 8	木 ○ 枞 나무이름, 방망이 9	火 X 倧 상고 신인(神人) 10	木 X 終 마칠, 끝낼, 죽을 11	火 △ 從 좇을, 모일, 따를 11	木 ○ 棕 종려나무, 야자나무 12	火 ○ 悰 즐길, 즐거울 12
	水 ○ 淙 물소리, 물을 대다 12	木 △ 椶 종려나무, 야자나무 13	金 ○ 琮 옥홀, 서옥 이름 13	木 ○ 種 씨, 심을, 종류 14	木 ◎ 綜 모을, 통할 14	水 X 瘇 수종다리, 다리가 부을 14	木 △ 樅 전나무, 들쭉날쭉할 15	火 △ 憽 생각할, 심란하다 15
	火 X 慫 놀랄, 권할, 두려워할 15	土 ○ 踪 자취, 발자취 15	水 X 腫 부스럼, 종기 15	土 X 踵 발꿈치, 뒤밟을 16	金 ○ 璁 옥 소리, 패옥 소리 16	木 X 縱 놓을, 세로, 놓아줄 17	金 ○ 鍾 술잔, 모일, 쇠북 17	水 X 螽 누리, 베짱이 17

종	土 X 蹤 발자취, 좇을, 놀을 18	金 ○ 鐘 쇠북, 종, 성 20						
좌	火 ○ 左 왼, 왼쪽, 증거, 성 5	火 ◎ 佐 도울, 권할, 다스릴 7	土 △ 坐 앉을, 무릎 꿇을 7	金 X 剉 꺾을, 부수다 9	木 ○ 座 자리, 지위 10	木 X 挫 꺾을, 결박할 11	水 X 痤 뾰루지, 부스럼 12	木 X 莝 여물, 경소(輕小)할 13
	火 X 髽 북상투(여자 상중에 머리) 17							
죄	木 X 罪 허물, 죄, 형벌 14							
주	木 ◎ 主 임금, 주인, 근본 5	木 X 丟 갈, 잃다, 잃어버릴 6	木 ○ 朱 붉을, 연지, 성 6	木 ○ 舟 배, 실을, 성 6	水 ○ 州 고을, 섬, 모여 살 6	火 ○ 住 머무를, 살, 거처할 7	火 △ 走 달릴, 갈, 달아날 7	木 ○ 宙 집, 하늘, 천지 사이 8
	火 X 侏 속일, 광대, 난쟁이 8	火 X 佛 속일, 가리울 8	土 ◎ 姝 예쁠, 여자 이름자 8	水 X 呪 빌, 빌다, 저주할 8	水 ◎ 周 두루, 성, 구할 8	木 ○ 奏 아뢸, 상소 모이다 9	木 ○ 拄 버틸, 떠받칠 9	木 ○ 柱 기둥, 버틸 9
	木 X 紂 말고삐, 껑거리 끈 9	火 ○ 炷 심지, 피울, 사를 9	土 ○ 姝 예쁠, 순종할 9	土 △ 胄 투구 9	水 ◎ 注 부을, 물댈, 흐를 9	木 ○ 株 뿌리, 그루, 그루터기 10	金 X 酎 전국술, 세 번 빚은 술 10	水 ○ 洲 섬, 물가, 대륙 10

水 X	木 ○	木 ○	火 ○	火 ○	金 ○	金 ◎	金 X
酒	紬	紸	做	晝	珘	珠	硃
술, 냉수, 성	명주, 실 뽑을	댈, 이을, 서로 닿게 할	지을, 만들	낮, 대낮, 땅이름, 성	옥, 사람이름	구슬, 진주	주사 (붉은 물감)
10/11	11	11	11	11	11	11	11
水 X	水 X	水 ○	水 ○	木 △	木 ○	火 ○	火 ○
胕	蛀	冑	湊	椆	絑	晭	睭
팔꿈치, 장부[뷔]	나무좀, 나무굼벵이	자손, 맏아들	물 모일, 항구	영수목, 삿대	붉을, 붉은 비단	밝을	햇빛
11	11	11	11	12	12	12	12
土 △	金 ○	金 X	金 ○	水 X	火 ○	火 X	土 ○
尌	註	詋	貯	蛛	趎	輈	邾
하인, 종	주낼, 기록할	빌, 저주할	재물	거미	사람이름	수레 채, 끌채	나라이름, 땅이름, 성
12	12	12	12	12	13	13	13
金 ◎	金 X	金 ○	水 ○	木 X	木 X	火 X	土 △
睭	誅	鉒	湊	綢	裯	聏	迺
밝을, 비단 휠	벨, 베다, 꾸짖다	광석, 쇳돌	물 모일, 항구	얽힐, 동여맬	홑이불	귀, 귀가 밝다	닥칠, 逎의 속자
13	13	13	13	14	14	14	14
水 X	木 X	火 △	土 ○	金 ○	金 △	水 X	火 ○
喉	廚	駐	週	調	賙	腠	儔
부추길, 선동할	부엌, 주방	말 머무를, 머물게 할	돌, 회전, 두루, 주일	아침 [조]	진휼할, 도와줄	살갗, 살결	짝, 무리, 동아리
14	15	15	15	15	15	15	16
火 ○	土 △	水 △	水 △	水 X	木 △	木 △	火 ○
輳	遒	澍	霌	霔	幬	薵	燽
모일, 한 곳에 모일	다가설, 굳을	단비, 적실, 성	운우 모양, 구름과 비	장마, 적시다	휘장, 덮다	태주, 정월 율명	밝을, 드러날
16	16	16	16	16	17	17	18
土 △	土 X	木 X	木 △	土 X	金 X		
疇	鼄	籌	籒	躊	鑄		
밭, 이랑, 무리	거미	살, 투호살, 꾀, 계책	주문, 전자, 읽다	머뭇거릴, 주저할	쇠 불릴, 쇠 부어 만들		
19	19	20	21	21	22		

죽	木 ○ 竹 대, 대나무, 죽간(竹簡) 6	木 △ 粥 죽, 미음, 성 12						
준	火 ○ 俊 준걸, 뛰어날, 성 9	木 △ 純 가선, 옷선 [순] 10	火 X 俊 물러갈, 머뭇거릴 10	火 X 隼 송골매, 맹금류 10	土 ○ 埈 높을, 陵의 통용어 10	土 ○ 峻 높을, 클, 훌륭할 10	水 ○ 准 준할, 견줄, 승인할 10	火 ◎ 晙 밝을, 이른 아침 11
	火 △ 焌 불 당길, 태울 11	火 ○ 倎 부자, 사람 이름 11	土 ○ 埻 과녁, 법, 법칙 11	水 ○ 浚 깊을, 취할, 물이름 11	木 ○ 睃 볼, 사람이름 12	土 △ 竣 마칠, 그칠, 끝낼 12	土 ○ 畯 농부, 권농관 12	金 X 皴 틀, 트다, 주름, 준법 12
	水 △ 準 법, 準의 통용어 12	水 ○ 濬 깊을, 濬의 통용어 12	火 X 惷 어수선할, 어지러울 13	火 △ 雋 영특할, 뛰어날 [전] 13	土 ○ 逡 앞설, 먼저 13	木 △ 綧 어지러울, 피륙 폭 넓이 14	火 ◎ 僔 모일, 많다, 공손할 14	火 △ 僎 돕는 사람 [선] 14
	土 X 逡 물러갈, 머뭇거릴 14	土 X 踆 마칠, 물러나다 14	水 ○ 準 법, 평평할, 본받을 14	木 △ 葰 클, 꽃술, 왕성할 15	火 ○ 儁 준걸, 뛰어나다 15	土 X 墫 술통, 술 단지 15	土 ○ 陵 높을, 가파를 15	木 ○ 窩 모일, 뛰어날 16
	木 X 撙 누를, 꺾을, 모이다 16	木 X 樽 술통, 술그릇 16	水 X 餕 대궁 (먹다 남긴 밥) 16	火 ○ 憔 똑똑할, 슬기롭다 17	火 ○ 駿 준마, 뛰어날 17	金 ○ 罇 기쁠 17	木 ○ 儁 뛰어날, 빼어날 18	火 △ 駿 금계, 관의 이름 18
	土 X 鐏 술두루미, 술 단지 18	水 ○ 濬 깊을, 심오할 18	土 ○ 遵 쫓을, 지킬, 행할 19	土 X 蹲 쭈그릴, 모을 19	金 X 鐏 창고달 20	水 X 蠢 꿈틀거릴, 어리석을 21	水 X 鱒 송어, 준어 23	

줄	木 △ 埄 줄 9	木 △ 茁 싹, 풀이름, 싹틀[촬] 11						
중	土 ◎ 中 가운데, 중간, 마음 4	火 ○ 仲 버금, 다음, 둘째 6	土 ○ 重 무거울, 거듭할 9	木 △ 眾 무리, 땅, 많은 사람 11	水 ○ 衆 무리, 많을, 백성 12			
즉	水 △ 即 곧, 이제, 가까울 7	水 △ 卽 곧, 이제, 가까울 9	水 X 喞 두런거릴, 소곤거릴 12					
즐	木 △ 櫛 빗, 빗질, 나무이름 19	火 △ 騭 수말, 오르다 20						
즙	水 △ 汁 즙, 진액, 국물 6	木 △ 楫 노, 배, 노를 젓다 13	木 △ 葺 기울, 겹칠, 거듭되다 15	木 △ 檝 노, 배 젓는 기구 17	木 △ 蕺 삼백초, 메밀나물 19			
증	木 ○ 拯 건질, 도울, 구조할 10	火 ○ 烝 찔, 김 오를 10	水 X 症 증세, 증상, 병 증세 10	火 ○ 曾 일찍, 곧, 거듭, 더할 12	土 ○ 增 더할, 많을, 늘릴 15	土 △ 嶒 높을, 산 언틀먼틀할 15	木 △ 蒸 찔, 데울, 증발할 16	火 X 憎 미워할, 증오할 16
	土 X 甑 시루, 고리, 약초 이름 17	金 X 矰 주살, 짧은 화살 17	木 △ 繒 비단, 명주, 주살 18	木 X 罾 그물, 어망 18	金 ○ 贈 줄, 보탤, 선물 19	金 △ 證 증거, 증명할 19		

	土 △ 之 갈, 이를, 어조사 4	土 ○ 支 지탱할, 가지, 가를 4	土 △ 止 그칠, 고요할 4	水 ○ 只 다만, 어조사 5	火 ○ 旨 뜻, 맛있을, 아름다울 6	土 ○ 勼 굴을, 굳건할 6	土 ○ 地 땅, 대지, 바탕 6	土 △ 至 이를, 지극할 6
	火 ○ 志 뜻, 마음, 기록할 7	土 ○ 址 터, 토대, 주춧돌 7	土 X 坁 모래섬, 토대, 물가 7	水 X 底 숫돌, 갈다, 평정할 7	水 X 吱 가는 소리 7	水 ○ 池 못, 성, 연못 7	木 ○ 枝 가지, 버릴 8	木 X 抵 손뼉 칠, 근심하다 8
지	火 △ 怔 믿을 [기] 8	土 X 坻 모래섬, 작은 섬 8	金 ○ 知 알, 깨달을, 주장할 8	水 ○ 沚 물가, 조그만 섬 8	水 △ 泜 불을, 멈출, 가지런할 8	木 △ 枳 탱자나무, 가지, 해칠 9	木 ◎ 祉 복, 행복 9	水 △ 咫 길이, 여덟 치 9
	水 ○ 洔 물이름 9	木 ○ 持 가질, 잡을, 보전할 10	木 △ 指 손가락, 가리킬 10	木 ◎ 祇 공경할, 삼갈 10	木 △ 秪 벼 익을, 마침, 다만 10	木 ○ 紙 종이, 편지 10	木 ○ 芝 지초, 영지, 버섯 10	木 △ 芷 지초, 어수리 10
	木 △ 祗 마침 [기] 10	火 X 舐 핥을, 빨다 10	金 ○ 蚔 알, 知의 통용어 10	金 △ 砥 숫돌, 갈, 평평할 10	水 △ 洔 섬, 물 벅찰 10	水 X 肢 팔다리, 사지, 수족 10	木 ○ 舣 합할, 만날 11	土 X 趾 발, 발꿈치 11
	火 ○ 智 지혜, 슬기로울 12	火 X 軹 굴대 머리, 두 갈래 12	土 △ 阯 터, 토대, 주춧돌 12	水 X 痣 사마귀, 검은 사마귀 12	水 X 脂 기름, 비계, 진 12	木 ○ 榰 주춧돌, 버티다 14	木 △ 摯 버릴, 괴다 14	木 ○ 禔 복, 편안할 14
	木 △ 實 이를, 도달할 [실] 14	火 △ 駆 굳셀 14	金 ○ 誌 기록할, 기억할 14	水 X 蜘 거미 14	木 △ 摯 잡을, 이를, 손으로 쥘 15	土 △ 墀 지대 뜰, 섬돌 위 뜰 15	土 X 踟 머뭇거릴, 주저하다 15	金 ◎ 鋕 새길, 명심할 15

지	水 △ 漬 담글, 적실, 잠기다 15	木 △ 篪 젓대, 피리, 대이름 16	金 ○ 矯 지혜, 智의 통용어 16	水 ○ 塯 땅 젖을 16	水 X 鮨 젓, 젓갈, 물고기 젓 17	金 △ 贄 폐백 18	土 X 遲 더딜, 늦을, 기다릴 19	金 △ 識 적을, 표, 표할 [식] 19
	火 X 鷙 맹금, 사납다 22	土 X 躓 넘어질, 부딪칠 22						
직	木 ○ 直 곧을, 바를 8	木 ○ 稙 올벼, 이를, 일찍 심은 벼 13	木 △ 稷 기장, 피 15	木 ○ 禝 사람이름 15	木 △ 織 짤, 만들, 고운 모시 18	火 ○ 職 직분, 직책, 벼슬 18		
진	水 ○ 尽 다할, 盡의 통용어 6	土 ○ 辰 별, 다섯째 지지 [신] 7	木 △ 构 바디, 사침대 8	木 △ 抮 잡을, 되돌릴 9	火 △ 侲 아이, 착할, 어린이 9	火 ○ 昣 밝을 9	水 X 殄 다할, 끊을 9	木 ○ 眞 참, 진리, 진실할 10
	木 ○ 真 참, 진리, 진실할 10	木 ○ 秦 성, 진나라, 벼슬이름 10	火 ○ 晉 진나라, 성, 나아갈 10	火 ○ 晋 진나라, 晉의 속자 10	土 ○ 畛 두둑, 지경, 본바탕 10	金 ○ 珍 보배, 진귀할 10	金 ○ 珒 보배, 보물, 희귀할 10	水 X 唇 놀랄, 놀라는 소리 10
	水 ○ 津 나루, 언덕, 진액 10	水 X 疹 마마, 홍역, 열병 10	木 ◎ 振 떨칠, 진동할 11	木 ○ 振 대청, 평고대 11	木 X 眹 눈동자, 조짐 11	木 ○ 袗 홑옷, 수놓은 옷 11	火 ○ 昤 밝을, 환할 11	金 △ 做 다스릴 [신] 11
	金 ○ 珒 옥 이름 11	火 X 趁 좇을, 따를, 달릴 12	火 ○ 軫 수레, 움직일 12	金 △ 診 볼, 맥 볼, 진찰할 12	木 ○ 瑨 바를, 품행이 바를 13	火 ○ 愼 땅이름 [신] 13	土 ○ 塡 누를, 진정할 13	金 ○ 鉁 성, 보배, 진귀할 13

제4부 인명용 한자 237

진	水 X 嗔 성낼, 책망할 [전] 13	木 X 搢 꽂을, 흔들 14	木 △ 榛 개암나무, 우거질 14	木 ○ 槇 뿌리 모을, 고울 [전] 14	火 △ 愼 땅 이름 [신] 14	土 X 塵 먼지, 티끌 14	金 △ 盡 다할, 정성 14	金 ○ 賑 넉넉할, 줄, 구휼할 14
	金 △ 誫 움직일 14	水 ○ 溱 많을, 퍼질, 성할 14	水 △ 滇 현 이름 [전] 14	木 △ 稹 빽빽할, 촘촘하다 15	木 X 瞋 눈 부릅뜰, 성낼 15	木 ○ 禛 복 받을 15	土 ○ 進 나아갈, 오를, 힘쓸 15	土 △ 陣 진 칠, 무리, 싸움 15
	金 ○ 瑨 옥돌, 아름다운 돌 15	金 ○ 瑨 옥돌, 瑨의 통용어 15	金 ○ 瑱 귀고리 옥, 옥 이름 15	水 △ 震 진동할, 우레, 천둥 15	木 ○ 縉 분홍빛, 붉은 비단 16	木 ○ 縝 고울, 맺을 16	木 ○ 蓁 무성할, 우거질 16	火 X 儘 다할, 다 없어질 16
	土 △ 臻 모일, 이를, 도달할 16	土 ○ 陳 성, 베풀, 말할 16	木 X 蔯 더위지기, 사철쑥 17	火 △ 轃 이를, 도달하다 17	金 ○ 璡 옥돌, 사람이름 17	水 X 璡 설렐, 불안한 모양 17	金 △ 鎭 진압할, 진정할 18	火 △ 鬢 숱 많을, 머리숱 많을 20
질	水 X 叱 꾸짖을, 책망할 5	木 ○ 帙 책, 책갑 8	火 △ 侄 어리석을, 조카 8	土 △ 姪 조카, 조카딸 9	土 X 垤 개미집, 개밋둑 9	木 X 桎 족쇄, 쐐기, 막힐 10	木 ○ 秩 차례, 녹봉, 벼슬 10	水 X 疾 병, 괴로움 10
	水 X 窒 막을, 막힐, 멈출 11	木 X 絰 수질(상복 머리띠) 12	土 X 跌 넘어질, 거꾸러질 12	土 △ 迭 교대할, 번갈아들다 12	水 X 蛭 거머리, 개밋둑 12	土 X 嫉 시기할, 미워할 13	土 ○ 郅 고을이름, 클, 오를 13	金 △ 質 바탕, 본질, 소박할 15
	木 X 蒺 남가새 (한해살이풀) 16	水 X 膣 새살 돋을, 음문 17	金 ○ 瓆 사람이름 20	金 X 鑕 도끼, 모루, 형구의 하나 23				

짐	水 △ 朕 나, 조짐 10	火 X 斟 짐작할, 술 따를 13	火 X 鴆 짐새, 독조(毒鳥) 15					
집	火 △ 什 세간, 가구, 열[십] 4	水 △ 戢 참소할, 귓속말 9	土 ○ 執 잡을, 가질, 벗 11	火 ○ 集 모일, 이를, 이룰 12	木 △ 楫 노, 모을 [즙] 13	金 △ 戢 거둘, 그칠 13	木 ○ 緝 모을, 모일, 화목할 15	火 ○ 輯 화목할, 모일, 합칠 16
	水 △ 潗 샘솟을, 물 끓을 16	水 △ 潗 샘솟을, 潗의 통용어 16	金 △ 鏶 금속판, 쇳조각 20					
징	火 ○ 徵 부를, 거둘, 구할 15	水 ○ 澄 맑을, 맑게 할 16	水 ○ 澂 맑을, 맑게 할 16	木 △ 瞪 바로 볼, 노려볼 17	火 X 懲 훈낼, 징계할 19	水 ○ 瀓 맑을, 안정될 19	水 X 癥 적취, 어혈, 적병 20	
차	水 △ 叉 깍지 낄, 양 갈래 3	木 X 且 또, 만일, 또한 5	火 ○ 次 버금, 다음, 차례 6	土 △ 此 이, 이에, 이어, 그칠 6	火 ○ 車 성, 수레 [거] 7	土 X 岔 갈림길, 산이 높다 7	火 △ 侘 실의할, 자랑할 8	火 △ 佽 재빠를, 도울 8
	土 ○ 姹 자랑할, 아름다울 9	火 △ 借 빌, 빌릴, 도울 10	火 X 差 다를, 어긋나다 10	火 X 偖 빌릴, 빚, 빌려줄 11	木 △ 茶 차나무, 차 [다] 12	金 X 硨 옥돌, 조개이름[거] 12	土 △ 嵯 우뚝 솟을, 산 가파를 13	水 X 嗟 탄식할, 감탄할 13
	木 X 槎 뗏목, 나무를 벨 14	木 X 箚 찌를, 침 줄, 기록할 14	金 ○ 瑳 고울, 웃을, 옥 깨끗할 15	金 △ 磋 갈, 연마할 15	土 X 蹉 넘어질, 실패할 17	土 X 遮 가릴, 덮을, 막을 18	水 △ 鹺 소금, 몹시 짤 21	木 △ 齹 너그러울, 관대할, 클 24

제4부 인명용 한자

음								
착	水 △ 窄 좁을, 닥칠 10	木 X 捉 잡을, 체포하다 11	土 △ 着 붙을, 옷 입을 12	木 △ 搾 짤, 짜낼, 눌러 짤 14	金 X 斲 깎을, 나무를 베다 14	金 X 錯 섞일, 어긋날 [조] 16	木 X 擉 찌를, 작살 17	金 X 戳 찍을, 찌를, 도장 찍다 18
	金 X 齪 악착할, 촉박할 22	金 X 鑿 끌, 뚫을 [조] 28						
찬	木 ○ 粲 밥, 흰 쌀, 밝을, 환할 13	金 ○ 賛 도울, 밝힐 15	木 ○ 撰 지을, 적을, 기록할 [선] 16	木 X 篡 빼앗을, 잡을 16	水 △ 餐 먹을, 밥, 거들 [손] 16	木 ○ 簒 빼앗을, 篡의 통용어 17	火 ○ 儧 일 공론할, 償의 통용어 17	火 ○ 燦 빛날, 찬란할 17
	水 ○ 澯 물 맑을, 물 출렁거릴 17	金 ○ 璨 옥빛, 아름다운 옥 18	水 X 竄 숨을, 달아날 18	金 ○ 贊 도울, 밝힐, 참례할 19	木 △ 篹 모을, 이을, 붉은 끈 20	火 ○ 儹 모을, 모이다 21	金 X 劗 깎을, 머뭇거리다 21	水 X 饌 반찬, 음식, 차릴 21
	木 X 攛 던질, 내던질 22	土 ○ 巑 높이 솟을, 산 높을 22	土 ○ 孂 희고 환할, 예쁠 22	金 ○ 讃 도울, 기록할 22	木 △ 攢 모일, 모을, 뚫을 23	火 ○ 巑 모을, 땅이름 23	金 ○ 瓚 옥잔, 큰 홀 24	木 ○ 纘 이을, 모을, 계승할 25
	火 X 趲 놀라 흩어질 26	金 ○ 讚 기릴, 도울, 밝을 26	金 X 鑽 뚫을, 끌, 송곳 27	火 X 爨 불 땔, 부뚜막 29				
찰	木 X 札 편지, 일찍 죽을 5	木 X 扎 뺄, 뽑을, 찌르다 5	金 X 刹 절, 탑, 기둥 8	木 △ 紮 감을, 묶을, 머무르다 11	木 ○ 察 살필, 자세하다 14	木 △ 擦 문지를, 마찰할 18		

金 △ 站 일어설, 우두커니 설 10	火 △ 參 참여할, 간여할 [삼] 11	金 X 斬 벨, 끊어질 11	火 X 僭 주제넘을, 어그러질 14	土 X 塹 구덩이, 구덩이 팔 14	土 △ 嶄 높을, 뾰족하다 14	木 ○ 槧 판, 편지, 문서 15	火 X 慘 참혹할, 슬플, 아플 15
火 X 慙 부끄러울, 수치로 여길 15	火 X 慚 부끄러울, 수치로 여길 15	火 X 憯 슬퍼할, 비통할 16	火 X 毚 토끼, 약은 토끼 17	火 X 儳 어긋날, 참견할 19	金 X 譖 참소할, 어긋날 19	金 X 鏨 끌, 새길 19	土 △ 巉 높을, 가파를 20
木 X 攙 찌를, 날카로울 21	木 ○ 欃 살별, 혜성, 박달나무 21	火 X 懺 뉘우칠, 고백할 21	火 △ 驂 곁마, 곁말 세울 21	水 X 黲 썩을, 검푸르죽죽할 23	金 X 讒 헐뜯을, 참소할 24	金 △ 讖 예언, 비결, 뉘우칠 24	金 X 鑱 침, 보습, 돌침 25
水 X 饞 탐할, 재물을 탐할 26							
火 ○ 昌 창성할, 성, 착할 8	金 X 刱 처음, 다칠, 시작할 8	火 ◎ 昶 밝을, 통달할 9	木 X 鬯 울창주, 술이름 10	火 ○ 倉 창고, 성, 곳집 10	火 ○ 倡 광대, 기생, 부를, 인도할 10	火 X 倀 미칠, 귀신 이름 10	土 X 娼 창녀, 몸 파는 여자 11
水 ○ 唱 부를, 노래, 인도할 11	水 △ 窓 창, 창문 [총] 11	火 X 傖 천할, 문란할 12	火 X 悵 슬퍼할, 원망할 12	火 X 惝 놀랄, 경황없을 12	火 ○ 晿 사람의 이름자 12	土 X 猖 날뛸, 미쳐 날뜀 12	金 X 創 찌를, 다칠, 비롯할 12
金 ○ 敞 넓을, 시원할 12	水 X 滄 찰, 춥다 12	水 ○ 淐 물이름 12	水 ○ 淌 큰 물결, 흐르는 모양 12	水 △ 窗 창, 창문, 지게문 12	木 X 搶 부딪칠, 빼앗을 14	木 △ 槍 창, 무기, 성, 나무창 14	木 ○ 菖 창포 14

참

창

창	火 ○ 彰 드러낼, 밝을, 나타낼 14	火 X 愴 슬플, 슬퍼할 14	火 ○ 暢 화창할, 후련할 14	金 X 戧 다칠, 상할 14	水 △ 滄 큰 바다, 싸늘할 14	水 X 脹 부를, 배부를 14	木 ○ 廠 공장, 헛간, 곳집 15	金 ○ 瑲 옥 소리, 악기 소리 15
	水 ○ 漲 넘칠, 넘쳐날 15	水 X 瘡 종기, 상처, 부스럼 15	木 △ 艙 선창, 부두, 선실 16	木 ◎ 蒼 푸를, 무성할 16	木 ○ 閶 문, 천문, 하늘의 문 16	火 △ 氅 새털, 새털 옷 16	金 △ 鎗 날카로울, 예리할 16	土 △ 蹌 추창할, 춤 출 17
	火 X 鶬 재두루미, 왜가리 21							
채	木 ○ 采 캘, 선택할, 가릴, 무늬 8	金 △ 砦 진터, 진칠, 울타리 10	木 ○ 宋 녹봉, 동관 11	木 ○ 祭 나라 이름 [제] 11	火 ○ 彩 채색, 빛날, 윤기 11	土 X 埰 사패지, 무덤 11	土 ○ 婇 여자 이름 11	金 X 責 빚, 빚질 [책] 11
	金 △ 釵 비녀, 인동덩굴 11	木 ○ 採 캘, 취할, 잡을 12	木 ○ 棌 참나무, 원목 12	木 △ 茝 어수리, 궁궁이 싹 12	木 △ 睬 주목할, 속된 말 13	火 X 債 빚, 빚질, 빌릴 13	金 △ 琗 옥빛, 찬란할 13	木 ○ 寨 울타리, 목책 14
	木 ○ 菜 나물, 성, 푸성귀 14	木 ○ 綵 비단, 채색, 무늬 14	木 ○ 蔡 성, 거북, 나라이름 17					
책	木 ○ 冊 책, 문서, 세울 5	木 ○ 册 책, 문서, 세울 5	木 ○ 柵 울타리, 목책 9	木 ◎ 筴 책, 성, 꾀, 계략 11	金 X 責 꾸짖을, 책임 [책] 11	水 X 蚱 벼메뚜기, 말매미 11	木 △ 策 꾀, 계책, 채찍, 대쪽 12	木 △ 幘 건, 꼭대기, 머리쓰개 14

책	水 X 嘖 외칠, 말다툼할 14	金 X 磔 찢을, 열, 능지할 15	木 △ 簀 평상 밥, 살평상 17				
처	水 ○ 処 곳, 처소 (處와 동자) 5	土 △ 妻 아내, 시집보낼 8	水 X 凄 찰, 싸늘할, 쓸쓸할 10	土 △ 處 곳, 처소, 있을, 살 11	火 X 悽 슬퍼할, 애처로울 12	水 △ 淒 쓸쓸할, 찰, 싸늘할 12	木 ○ 萋 우거질, 풀 무성할 14	土 ○ 郪 땅이름 15
	火 X 覷 엿볼, 노리다 19						
척	木 X 尺 자, 길이, 법도 4	金 △ 斥 물리칠, 가리키다 5	土 ○ 圻 기지, 터 8	金 X 刺 찌를, 죽일 [자] 8	木 △ 拓 넓힐, 주울, 확장하다 9	火 ○ 倜 기개 있을, 빼어날 10	火 △ 隻 외짝, 하나, 새 한 마리 10	金 X 剔 바를, 뼈 발라낼 10
	木 X 捗 칠, 때리다 11	金 △ 戚 친척, 친할, 근심할 11	火 X 惕 두려워할, 근심할, 놀랄 12	土 X 跖 발바닥, 밟을 12	水 X 脊 등마루, 등골뼈 12	土 X 堉 박토, 메마른 땅 13	土 ○ 墌 기지, 터, 땅이름 14	水 X 蜴 도마뱀, 속이다 14
	木 △ 摭 취할, 주울, 습득할 15	火 X 慽 근심할, 슬퍼할 15	火 X 慼 근심할, 슬플, 걱정 15	土 ○ 陟 오를, 올릴, 승진할 15	水 △ 滌 씻을, 청소할 15	水 X 瘠 여윌, 메마를 15	土 △ 蹐 밟을, 이를, 발바닥 18	木 X 擲 던질, 내버릴 19
	土 △ 躑 머뭇거릴, 주저하다 22						

천	水 ◎ 千 일천, 많을, 성 3	水 ◎ 川 내, 평원, 고을이름 3	火 △ 天 하늘, 하느님, 임금 4	火 ◎ 仟 일천, 초목 무성할 5	木 X 舛 어그러질, 틀릴 6	金 ◎ 玔 옥고리, 옥팔찌 8	木 ◎ 祆 하늘, 신, 종교 이름 9	木 ◎ 芊 풀 무성할 9
	水 ◎ 泉 샘, 돈, 지하수 9	水 △ 穿 뚫을, 구멍, 통할 9	火 ◎ 倩 예쁠, 남자의 미칭 10	火 △ 俴 얇을, 맨몸 10	土 △ 辿 천천히 걸을 10	水 ◎ 洊 이를, 자주 10	土 ◎ 阡 언덕, 성, 밭두길 11	金 ◎ 釧 팔찌, 가락지 11
	木 △ 茜 꼭두서니 12	木 △ 荐 거듭할, 빈번히 12	土 △ 珎 거듭, 자주 12	水 X 喘 숨, 숨찰, 헐떡거릴 12	水 X 淺 얕을, 물 얕을 12	火 X 舛 어그러질, 근본, 바람 14	火 △ 僐 머뭇거릴, 고요할 15	土 △ 踐 밟을, 오를, 행할 15
	金 X 賎 천할, 업신여길 15	木 △ 蒨 꼭두서니, 나무이름 16	木 △ 擅 멋대로, 마음대로 17	木 △ 蕆 갖출, 경계할 18	木 ◎ 蔵 하늘, 천체 18	木 △ 薦 천거할, 드릴 19	土 △ 遷 옮길, 귀양 보낼 19	水 △ 濺 흩뿌릴, 빨리 흐르다 19
	木 △ 闡 열, 밝힐, 넓힐 20	金 △ 韆 그네 24						
철	水 X 凸 볼록할, 뾰족할 5	土 ◎ 埑 밝을, 슬기로울 10	金 X 剟 깎을, 베다, 찌를 10	水 ◎ 哲 밝을, 슬기로울 10	火 ◎ 悊 밝을, 공경할 11	水 X 啜 마실, 먹을, 훌쩍거릴 11	木 X 掇 주울, 줍다, 삭제할 12	火 X 惙 근심할, 그칠 12
	水 ◎ 喆 밝을, 슬기로울 12	金 ◎ 銕 쇠, 단단할, 鐵의 통용어 13	木 △ 綴 이을, 엮을, 꿰맬, 맺을 14	金 △ 鋮 쇠, 단단하다 14	水 X 飻 탐할, 탐하다 14	火 ◎ 徹 통할, 관통할 15	火 △ 輟 그칠, 버릴, 멈출 15	木 ◎ 撤 거둘, 치울, 제거하다 16

철	金 X 鐵 바늘, 물미, 산가지 16	水 ○ 澈 맑을, 물 맑을 16	木 △ 瞮 눈 밝을 17	水 X 饕 탐할, 식탐하다 18	火 X 歠 마실, 들이마실 19	火 X 轍 바퀴자국, 흔적 19	金 △ 鐵 쇠, 무기, 단단할 21
첨	金 X 尖 뾰족할, 날카로울 6	火 X 忝 더럽힐, 욕보이다 8	水 △ 沾 젖을, 더할, 적실 9	土 △ 甛 달, 맛날, 낮잠 11	土 △ 甜 달, 맛날, 낮잠 11	火 X 惉 팰, 패다, 가락 어지러울 12	水 ○ 添 더할, 덧붙일 12	火 △ 僉 다, 모두, 여러 13
	金 ○ 詹 이를, 성, 도달할 13	金 X 諂 아첨할, 아양 떨 15	木 △ 幨 수레 휘장, 끈을 16	木 △ 檐 처마, 추녀, 평고대 17	木 X 瞻 쳐다볼, 우러러볼 18	木 △ 簽 쪽지, 서명할 19	木 △ 簷 처마, 지붕 기슭 19	木 X 襜 앞치마, 행주치마 19
	木 X 櫼 쐐기, 문설주 21	水 △ 瀸 적실, 멸하다 21	木 X 籤 제비, 시험할 23					
첩	木 ○ 帖 문서, 장부, 표제 8	土 X 妾 첩, 계집, 여자 아이 8	水 △ 呫 소곤거릴, 작은 모양 8	火 △ 怗 고요할, 복종할 9	火 △ 倢 빠를, 민첩할 10	木 △ 捷 빠를, 이길, 승리 12	土 △ 堞 성가퀴 12	金 ○ 貼 붙일, 붙다, 도와주다 12
	水 △ 喋 재잘거릴, 수다스럽다 12	木 △ 牒 편지, 계보, 공문서 13	木 X 睫 속눈썹 13	火 △ 輒 문득, 갑자기 14	金 X 諜 염탐할, 편안히 할 16	木 △ 褺 겹옷, 고을이름 17	土 △ 疊 거듭, 겹칠, 접을 22	
청	木 ○ 青 푸를, 동쪽, 감람, 주 이름 8	木 ○ 靑 푸를, 젊을, 감람, 주 이름 8	水 △ 清 서늘할, 차갑다 10	土 ○ 婧 날씬할, 청결할 [정] 11	水 X 圊 뒷간, 변소 11	火 ◎ 晴 갤, 맑을, 밝을 12	火 ◎ 晴 맑을, 晴과 동자 12	水 ◎ 淸 맑을, 선명할 12

제4부 인명용 한자   245

음								
청	水 ◎ 清 맑을, 清과 동자 12	木 △ 菁 우거질, 무성한 모양 14	水 X 蜻 잠자리, 귀뚜라미 14	金 △ 請 청할, 뫼다, 물을 15	金 △ 請 청할, 물을, 請과 동자 15	火 X 鶄 푸른 백로, 해오라기 19	水 X 鯖 청어 19	火 △ 聽 들을, 판결할 22
	木 △ 廳 관청, 대청, 마을, 마루 25							
체	金 △ 切 온통, 모두 [쳴] 4	金 X 剃 깎을, 머리 깎을 9	金 △ 砌 섬돌, 겹쳐 쌓다 9	金 △ 玼 옥빛 깨끗할 [자] 10	水 X 涕 눈물, 울 11	木 △ 棣 산앵두나무, 통할 12	火 X 彘 돼지, 풀이름 12	火 X 替 바꿀, 폐할, 대신할 12
	木 △ 締 맺을, 꼭 맺을 15	木 △ 蔕 꼭지 (과실 줄기) 15	火 X 髢 머리 깎을, 땋은 머리 15	土 X 逮 잡을, 쫓을 [태] 15	水 X 殢 나른할, 고단할 15	水 X 滯 막힐, 쌓을, 머뭇거릴 15	金 ○ 諦 살필, 이치 [제] 16	金 △ 諟 살필 이[시] 16
	木 △ 蒂 꼭지 (과실 줄기) 17	土 △ 遞 갈마들, 번갈아 17	金 X 體 몸, 근본, 격식 23	水 X 靆 구름 낄, 흐릴 24				
초	木 △ 艸 풀, 草의 본자 6	金 ○ 初 처음, 시작, 옛날 7	木 X 抄 뽑을, 베낄, 가로챌 8	木 △ 杪 나무 끝, 작다 8	火 X 炒 볶을, 떠들, 시끄러울 8	土 ○ 岧 높을, 산 높을 8	土 ○ 玿 여자의 자(字) 8	木 ○ 招 부를, 구할, 불러올 9
	木 △ 秒 초, 분초 (시간 단위) 9	火 ○ 俏 닮을, 예쁠 9	火 X 怊 슬퍼할, 실의 9	水 ○ 肖 같을, 성, 닮을 9	木 X 耖 써레, 밭 거듭 갈 10	土 △ 峭 산 가파를 10	水 X 哨 망볼, 작을, 파수병 10	木 X 梢 나무 끝, 작을[소] 11

초	木 △ 苕 완두, 능초풀 [소] 11	火 △ 愀 근심할, 어질지 못할 11	火 △ 悄 급할, 근심할 11	金 △ 釥 좋은 쇠, 정결할 11	木 ○ 椒 산초나무, 향기로울 12	木 △ 稍 점점, 작을, 벼줄기 끝 12	木 ○ 草 풀, 잡초, 초원 12	火 X 焦 탈, 그을릴, 초조할 12
	火 ○ 超 뛸, 뛰어넘을 12	火 △ 軺 수레, 작은 차 12	土 △ 迢 멀, 높을, 아득할 12	金 △ 硝 초석, 질산칼륨 12	金 △ 酢 초, 신맛 [작] 12	金 X 鈔 노략질할, 베끼다 12	水 X 貂 담비, 담비 가죽 12	木 △ 楚 나라, 고을, 회초리, 아플 13
	木 △ 綃 생사, 생초 얇은 비단 13	火 X 愁 근심할, 정색할 13	土 X 勦 노곤할, 괴롭힐 13	金 X 剿 끊을, 노략질할 13	火 ○ 誚 밝게 볼, 명찰할 14	金 X 誚 꾸짖을, 책망할 14	火 △ 趙 넘을, 뛸, 멀[탁] 15	火 X 髫 다박머리, 늘어뜨린 머리 15
	土 △ 嶕 높을, 산곡대기 15	土 X 憔 야윌, 수척할 15	金 △ 醋 초, 식초 [작] 15	水 △ 噍 먹을, 씹을, 지저귈 15	木 ○ 樵 나무할, 땔나무 16	火 △ 燋 횃불, 그을릴 16	火 X 憔 파리할, 애태울 16	金 X 鞘 칼집, 말채찍 끝 16
	金 △ 礁 암초, 숨은 바윗돌 17	金 X 鍬 가래, 삽, 괭이 17	金 X 鏊 가래, 삽, 괭이 17	木 ○ 蕉 파초, 땔나무 18	金 ○ 礎 주춧돌, 기초, 밑 18	金 X 醮 제사지낼, 초례, 마을 19	金 X 譙 꾸짖을, 책망할 19	金 X 齠 이를 갈 20
	火 X 顦 야윌, 파리할 21	木 ○ 鷦 오색 고운 빛 23	火 X 鷦 뱁새, 황작(黃雀) 23					
촉	火 △ 促 재촉할, 촉박할 9	水 △ 蜀 나라이름, 나비애벌레 13	火 ○ 燭 촛불, 촉광, 비칠 17	木 △ 薥 촉규화, 풀이름 19	木 X 觸 찌를, 닿을, 다 받을 20	土 X 躅 머뭇거릴, 밟다 20	金 X 髑 해골 23	木 △ 矗 우거질, 우뚝 솟을 24

촉	水 △ 囑 부탁할, 당부할 24	火 △ 曬 비출, 비칠 25	火 △ 燭 촛불, 등불, 비출 25	木 △ 矚 볼, 자세히 볼 26				
촌	土 △ 寸 마디, 적을, 촌수 3	水 △ 吋 인치, 꾸짖을 6	木 ○ 村 마을, 시골, 농막 7	火 △ 忖 헤아릴, 쪼갤 7	土 △ 邨 시골, 마을 11			
총	水 X 冢 무덤, 봉토, 크다 10	火 △ 怱 바쁠, 밝다, 허둥댈 11	土 X 塚 무덤, 언덕, 봉토 13	木 ○ 惚 거느릴, 모을 14	火 ○ 聡 귀 밝을, 총명할 14	金 X 銃 총, 도끼 구멍 14	木 ○ 摠 거느릴, 다, 모두, 묶을 15	木 △ 葱 파, 푸를, 파뿌리 15
	火 X 傯 바쁠, 무지할 15	木 ○ 總 거느릴, 다, 모을, 합할 17	木 △ 蔥 파, 푸를 [창] 17	木 △ 藋 우거질, 풀 우거진 모양 17	火 △ 聰 귀 밝을, 민첩할 17	水 △ 叢 모을, 떨기 번잡할 18	木 △ 寵 사랑할, 교만할 [룡] 19	金 X 鏦 창, 찌를 19
	火 X 驄 총이말, 청총마 21							
촬	木 △ 撮 집을, 취할, 모을 16							
최	土 ○ 崔 성, 높을 11	火 ○ 最 가장, 제일, 극진할 12	火 ○ 催 재촉할, 일어날 13	水 X 朘 갓난아이 음부, 고환 13	木 △ 榱 서까래 14	木 △ 摧 꺾을, 누를, 밀칠 15	水 X 嘬 물, 깨물다, 탐하다 15	水 X 灌 깊을, 눈물 흘릴 15

최	木 X 縗 깃옷, 상복 이름 16	金 ○ 璀 빛날, 옥빛 찬란할 16	金 △ 確 산 높고 험한 모양 16					
추	木 △ 帚 비, 댑싸리 8	火 △ 隹 새, 산비둘기 8	木 △ 抽 뽑을, 뺄, 당길 9	木 ○ 秋 가을, 성, 이룰, 결실 9	金 △ 酋 우두머리, 묵은 술 9	木 X 芻 꼴, 짚, 말린 풀 10	土 △ 娵 별이름, 물고기 11	木 △ 推 천거할, 밀, 가릴 12
	木 X 捶 종아리 칠, 채찍 12	木 X 椎 방망이, 어리석을 12	火 X 惆 실심할, 실망할 12	水 X 啾 소리, 작은 소리 12	木 ○ 揫 모을, 묶을 13	木 ○ 楸 가래나무, 바둑판 13	土 ○ 追 쫓을, 따를, 이룰 13	水 △ 湫 다할, 강 이름 13
	木 X 搥 칠, 두드릴 14	木 X 箠 채찍, 태형 14	火 X 僦 빌릴, 세낼, 품삯 14	土 △ 甃 벽돌담, 우물 벽돌 14	木 ○ 樞 지도리, 근본, 고동 15	木 ○ 萩 사철쑥, 가래나무 15	土 X 墜 떨어질, 잃을, 무너질 15	金 X 皺 주름질, 주름 잡힐 15
	金 △ 諏 물을, 꾀할, 상의할 15	木 X 縋 매달릴, 줄에 매달 16	木 X 縐 주름질, 고운 갈포 16	木 X 蒭 꼴, 짐승 먹이 16	土 △ 陬 구석, 모퉁이 16	金 X 錐 송곳, 바늘 16	金 △ 錘 저울추, 무게 [슈] 16	水 △ 瘳 나을, 병이 나아질 16
	木 △ 簉 버금자리, 가지런할 17	火 △ 趨 달릴, 쫓을, 따라 행할 17	土 ○ 鄒 나라이름, 사람이름, 성 17	金 X 醜 추할, 미워할 17	火 X 雛 병아리, 어리다 18	火 △ 騅 오추마, 성 18	火 △ 魋 북상투, 몽치 머리 18	金 △ 鎚 쇠망치, 저울추 18
	金 △ 鞦 그네, 밀치끈 18	火 △ 雖 비둘기, 작은 비둘기 19	火 X 騶 마부, 기수, 승마 20	火 X 鶖 무수리 (황새과 물새) 20	水 X 鰍 미꾸라지, 밟다 20	水 X 鰌 미꾸라지, 능가할 20	木 △ 穐 가을, 결실 21	火 X 鶵 원추새, 병아리 21

추	土 X 麤 큰, 거칠, 현미 33							
축	土 △ 丑 소, 둘째 지지 4	木 ○ 竺 대나무, 나라이름 8	土 △ 妯 동서(同壻) 8	水 X 豖 발 얽은 돼지걸음 8	土 X 畜 기를, 칠, 짐승, 쌓을 10	金 X 祝 빌, 축문, 축하할 10	木 X 舳 고물, 배의 뒤쪽 11	木 △ 筑 비파, 악기 이름 12
축	火 △ 軸 굴대, 나아갈 12	土 △ 逐 쫓을, 달릴, 쫓아낼 14	木 ○ 蓄 쌓을, 모을, 저장할 16	木 ○ 築 다질, 쌓을, 지을 16	木 X 縮 줄일, 오그라들 17	土 X 麈 닥칠, 재촉할 18	土 X 蹢 종종걸음칠, 디딜 18	土 X 鼀 두꺼비 18
	土 X 蹴 찰, 밟을, 쫓을 19							
춘	火 ○ 春 봄, 동녘, 화창할 9	木 ○ 椿 참죽나무 13	金 ○ 瑃 옥 이름 14	金 ○ 賰 넉넉할, 부유할 16				
출	木 ○ 朮 차조, 삽주 5	水 △ 出 날, 나갈, 떠날, 낳을 5	木 ○ 秫 차조, 찹쌀, 붉은 조 10	水 X 黜 내칠, 물리치다 17				
충	木 ○ 充 채울, 가득할 5	水 △ 冲 화할, 어릴, 날아오를 6	水 X 虫 벌레, 蟲의 약자 6	火 ○ 忠 충성, 정성, 곧을 8	火 X 忡 근심할, 걱정할 8	水 △ 沖 화할, 어릴, 날아오를 8	木 ○ 衷 정성, 중앙, 속마음 10	金 ○ 琉 귀고리 옥 11

충	火 X 衝 찌를, 충돌할 15	水 X 蟲 벌레, 충해, 더울 18						
췌	火 X 悴 파리할, 근심할 12	木 △ 揣 헤아릴, 잴, 시험할 13	火 X 惴 근심, 두려워할 13	水 X 瘁 병들, 여위다 13	木 △ 萃 모을, 모일, 풀 모양 14	火 X 顇 야윌, 병들, 파리할 17	金 X 贅 혹, 군더더기 18	水 X 膵 췌장(이자) 18
취	水 ○ 吹 불, 불다, 부추기다 7	火 ○ 炊 불, 불 땔, 밥 지을 8	水 ○ 取 가질, 취할, 받을 8	水 ○ 冣 쌓을, 모을 10	水 X 臭 냄새, 더러울 10	土 ○ 娶 장가들, 아내를 맞을 11	火 △ 毳 솜털, 새 배에 난 털 12	土 △ 就 나갈, 이룰, 마칠 12
	水 X 脆 연할, 무를, 가벼울 12	火 △ 翠 푸를, 비취색 14	火 △ 聚 모을, 모일, 마을 14	火 △ 趣 나아갈, 뜻, 취지 15	金 X 醉 취할, 술 취할 15	水 X 嘴 부리, 주둥이 15	木 X 橇 썰매, 진흙 썰매 16	火 X 鷲 수리, 독수리 23
	火 △ 驟 달릴, 갑작스러울 24							
측	火 △ 仄 기울, 희미하다 4	火 △ 昃 기울, 오후 8	火 X 側 곁, 기울, 배반할 11	水 X 厕 뒷간, 변소 11	木 X 廁 뒷간, 변소 12	火 X 惻 슬퍼할, 간절할 13	水 △ 測 헤아릴, 맑을 13	
층	木 △ 層 층, 계단, 층층대 15							

치	水 X 卮 잔, 술잔, 연지 5	水 X 豸 벌레, 발 없는 벌레 7	火 △ 侈 사치할, 클, 거만할 8	土 ○ 峙 언덕, 우뚝 솟을 9	土 X 致 이를, 다할, 보낼 9	水 X 哆 입 딱 벌릴, 입술 처질 9	水 ○ 治 다스릴, 병 고치다 9	火 △ 値 값, 만날, 지닐 10
	火 X 恥 부끄러울, 욕보이다 10	水 X 蚩 어리석을, 업신여길 10	木 ○ 梔 치자나무, 치자 11	土 △ 時 제사 터, 쌓을 11	土 X 阤 비탈, 벼랑, 사태날 11	水 X 痔 치질 11	水 X 痓 악할, 풍병 11	水 ○ 淄 물이름, 검은빛 12
	木 ○ 寘 둘, 그칠, 멈출 13	木 △ 稚 어릴, 어린 벼 13	木 ○ 絺 칡베, 가는 갈포 13	火 X 雉 꿩 13	火 △ 馳 달릴, 쫓을, 질주할 13	土 △ 跱 머뭇거릴, 갖출, 그칠 13	水 X 嗤 비웃을, 웃음거리 13	水 X 痴 어리석을, 미련할 13
	木 △ 置 둘, 베풀, 용서할 14	木 △ 緇 검을, 검은빛, 승복 14	木 X 菑 묵정밭, 우거진 풀 14	木 △ 幟 기, 깃발, 표기, 표적 15	木 ○ 緻 촘촘할, 고울, 꿰맬 15	火 △ 輜 짐수레, 바퀴살 끝 15	金 X 齒 이, 나이, 어금니 15	木 X 褫 빼앗을, 벗길, 벗다 16
	火 △ 熾 성할, 불사를 16	火 X 鴟 솔개, 수리부엉이 16	火 X 鳾 꿩, 새매 16	金 △ 錙 저울눈, 적은 양 16	木 ○ 穉 어릴, 작은 벼 17	火 X 鵄 솔개, 수리부엉이 17	木 ○ 薙 목련 19	水 △ 癡 미련할, 어리석을 19
	水 X 鯔 숭어, 치어(鯔魚) 19							
칙	土 △ 勅 칙서, 신칙할 9	金 △ 則 법, 법칙, 본받을 9	金 △ 敕 칙서, 삼갈, 신칙할 11	水 △ 飭 삼갈, 경계할 13				

친	火 ○ 親 친할, 일가, 친척 16	木 X 櫬 무궁화나무, 널, 관 20	木 △ 襯 속옷, 가까이할 22					
칠	金 ○ 七 일곱, 일곱 번째 7	木 △ 柒 옻칠, 옻나무 9	水 △ 漆 옻, 검을, 옻칠할 15					
침	木 ○ 枕 베개, 성, 잠자다 8	火 ○ 忱 정성, 믿을 8	水 △ 沈 잠길, 가라앉을 8	火 X 侵 침노할, 범할, 점점 9	金 △ 砧 다듬잇돌, 방치돌 10	金 △ 針 바늘, 침, 바느질 10	水 △ 浸 잠길, 적실, 번질 11	木 △ 棽 나뭇가지 무성할 [림] 12
	木 X 寑 잠길, 젖을 13	木 △ 椹 모탕, 도끼 바탕 13	金 ○ 琛 보배, 옥, 사람이름 13	木 △ 寢 잘, 잠잘, 쉴, 휴식할 14	土 ○ 郴 고을이름, 성 15	金 X 鍼 새길, 송곳, 조각 15	火 X 駸 달릴, 빠를, 말 달릴 17	金 X 鍼 침, 바늘, 침놓을 17
칩	水 X 蟄 숨을, 겨울잠 17							
칭	木 △ 秤 저울, 공평할 10	木 △ 稱 일컬을, 저울질할 14						
쾌	木 △ 夬 정할, 결단할 4	火 ○ 快 쾌할, 상쾌할 8	水 △ 噲 목구멍, 들이마실 16					

火 X 他 다를, 남, 다른 사람 5	木 △ 朶 늘어질, 움직이다 6	木 X 打 칠, 때릴, 한 다스 6	火 △ 佗 다를, 더할, 젊어질 7	土 ○ 妥 편안할, 평온할 7	土 X 坨 비탈길, 험할 [이] 8	木 X 拖 끌, 끌어당길 9	木 X 扡 끌, 이끌 9
木 △ 柁 키, 배의 키, 나무 단단할 9	水 X 咤 꾸짖을, 슬퍼할 9	水 △ 沱 물이름, 물 갈라질 9	木 △ 舵 키, 선박 키 11	水 X 唾 침, 침 뱉을 11	土 X 跢 헛디딜, 때 놓칠 12	金 X 詑 속일 [이, 탄] 12	木 △ 楕 길쭉할, 길고 둥글 13
火 X 惰 게으를, 소홀할 13	火 X 躱 비킬, 피할 13	火 X 馱 짐, 짐 실을 13	土 X 陀 비탈질, 험할 13	金 X 詫 속일, 자랑할 13	火 △ 駝 낙타, 약대, 실을 15	火 X 駞 낙타, 약대, 곱사등이 15	土 X 墮 떨어질, 떨어뜨릴 15
木 △ 橢 길쭉할 16	火 X 鴕 타조, 화식조 16	水 X 鮀 모래무지, 문절망둑 16	土 X 鼉 악어 25				
木 ○ 托 부탁, 밀, 의지할 7	木 ○ 卓 높을, 성, 뛰어날 8	土 △ 坼 터질, 열릴, 갈라질 8	金 △ 矺 돌로 칠, 나무이름 8	木 △ 度 헤아릴, 추측할 [도] 9	木 X 拓 밀칠, 박을 9	木 X 拆 터질, 갈라질 9	木 X 柝 딱따기, 터질, 펼칠 9
水 △ 沰 붉을, 떨어질 9	火 ○ 倬 클, 밝을, 뛰어날 10	金 ○ 託 부탁할, 의지할 10	水 X 啄 쫄, 두드릴 [주] 11	火 ◎ 晫 밝을, 환할 12	水 △ 涿 칠, 물방울 12	金 ○ 琸 사람이름 13	金 ○ 琢 옥 다듬을, 꾸밀 13
木 △ 槖 전대, 槖의 통용어 14	土 X 踔 멀, 탁월할, 절름발이 15	土 △ 逴 멀, 아득하다 15	木 △ 橐 전대, 자루 (주머니) 16	水 X 濁 물 흐릴, 어지러울 17	木 △ 擢 뽑을, 뺄, 제거할 18	水 X 濯 씻을, 빨래할 18	金 △ 鐸 방울, 풍경 21

타

탁

락	木 △ 簩 대 꺼풀, 풀이름 22	木 X 蘀 낙엽, 떨어질 22						
탄	水 X 呑 감출, 삼킬 7	土 ○ 坦 넓을, 너그러울 8	火 △ 炭 숯, 숯불 재, 석탄 9	木 △ 綻 터질, 꿰맬 옷 터질 14	金 △ 誕 낳을, 기를, 속일, 거짓말 14	水 X 嘆 탄식할, 한숨 쉴 14	金 △ 彈 탄알, 탄핵할, 성 15	金 X 歎 탄식할, 한탄할 15
	火 X 憚 꺼릴, 화낼, 미워할 16	火 ○ 暺 밝을 16	水 X 殫 다할, 쓰러지다 16	火 ○ 憻 너그러울, 밝을, 편할 17	火 X 驒 점박이 말 22	木 △ 攤 열, 펼, 펼치다 23	水 △ 灘 여울, 물가 23	水 X 癱 중풍, 마비증 24
탈	火 △ 倪 가벼울, 옳을, 추할 9	水 △ 脫 벗을, 벗어날 13	木 X 奪 빼앗을, 잃어버릴 14					
탐	火 △ 忐 공허할, 마음 허할 7	木 X 眈 노려볼, 얕볼 [침] 9	火 △ 耽 즐길, 빠질 좋아할 10	金 X 貪 탐할, 욕심낼 11	金 X 酖 술 즐길, 술에 빠질 11	木 △ 探 찾을, 정탐할 12	水 △ 噡 소리, 여럿이 먹는 소리 14	
탑	火 X 傝 담담할, 나쁠 12	土 △ 塔 탑, 절 13	土 X 塌 떨어질, 땅이 낮을 13	木 △ 榻 평상, 긴 걸상 14	木 △ 搨 베낄, 본뜰, 박다 14			
탕	木 X 宕 방탕할, 지나칠 8	木 △ 帑 금고, 나라 곳집 8	水 △ 湯 끓일, 물 끓을 13	金 △ 碭 무늬 있는 돌 14	木 △ 糖 사탕, 엿 16	火 △ 燙 데울, 끓는 물에 데울 16	金 △ 盪 씻을, 움직일 17	木 X 蕩 방탕할, 쓸, 쓸어버릴 18

탕	木 X 藼 쓸, 쓸다, 클, 넓을 23							
태	木 ○ 太 클, 처음, 성, 콩 4	水 ○ 台 별, 삼태성, 고을이름 5	火 △ 忲 사치할, 살필 [세] 7	金 ○ 兌 기쁠, 바꿀 곧을, 괘 이름 7	水 X 呔 아이 밸, 잉태할 8	水 ○ 汰 씻을, 물결, 사치할 8	火 X 怠 게으를, 거만할 9	水 X 殆 위태로울, 의심할 9
	水 ○ 泰 클, 통할, 편안할 9	土 ○ 娧 아름다울, 천천히 할 10	金 △ 珆 용무늬 홀, 옥 이름 [이] 10	木 X 笞 볼기칠, 매질하다 11	木 X 苔 이끼 11	土 △ 埭 보, 둑, 방죽 11	水 X 胎 아이 밸, 태아 11	土 X 跆 밟을, 짓밟을 12
	土 △ 迨 미칠, 이르다 12	土 ○ 邰 나라이름 12	金 ○ 鈦 티타늄 12	水 X 脫 천천히, 더딜 [탈] 13	木 X 颱 태풍, 몹시 부는 바람 14	火 △ 態 태도, 모양 14	水 ○ 溙 물, 물에 씻기는 모양 14	火 X 駘 둔마, 둔한 말 15
	水 X 鮐 복어 16							
택	木 △ 宅 집, 대지, 구덩이 [댁] 6	土 ○ 垞 언덕, 성(城) 이름 9	木 ○ 擇 가릴, 고를, 뽑을 17	水 ○ 澤 못, 은혜, 윤택할 17				
탱	金 ○ 掌 버릴, 버팀목 12	木 ○ 撑 버릴, 취할, 버팀목 16	木 △ 撐 버릴, 취할, 버팀목 16					

터	木 ○ 擴 펼, 오를, 베풀 19							
토	土 ○ 土 흙, 땅, 별이름 3	水 X 吐 도할, 펼, 뱉을 6	木 △ 兎 토끼, 달 7	木 △ 兔 토끼, 달 8	金 ○ 討 칠, 찾을, 다스릴 10			
톤	水 △ 噋 입 기운, 느릿할 15							
통	火 X 恫 슬플, 상심할 10	水 △ 洞 밝을, 환할, 통할 [동] 10	木 ○ 桶 통 (엿되들이 통) 11	木 ○ 筒 대통, 통발, 퉁소 12	木 ○ 統 거느릴, 통치할 12	水 X 痛 아플, 아파하다 12	木 ○ 箽 대통, 망 보는 대통 13	土 ○ 通 통할, 형통할 14
	木 ○ 樋 나무이름, 홈 15	火 X 慟 서럽게 울, 슬퍼할 15						
퇴	土 ○ 堆 언덕, 쌓을, 쌓일 11	土 X 退 물러날, 겸손할 13	木 X 槌 던질, 칠, 망치 [추] 14	木 X 褪 빛바랠, 벗을 16	火 X 頹 무너질, 떨어질 16	水 X 腿 다리, 정강이 16	土 X 隤 무너질, 넘어질 20	
투	土 X 妬 투기할, 강샘할 7	木 X 投 던질, 줄, 보낼 8	土 X 妒 샘낼, 강샘하다 8	木 △ 套 씌울, 덮개, 클 10	火 X 偸 훔칠, 구차할 11	水 △ 渝 변할, 달라질 13	土 △ 透 사무칠, 통할, 다할 14	金 X 骰 주사위, 허벅다리 14
	金 X 鬪 싸울, 다툴, 투쟁하다 20							

음								
통	火 ○ 佟 성, 강 이름 7							
특	火 X 忒 변할, 틀릴, 어긋날 7	土 ○ 特 특별할, 다만, 수컷 10	火 X 慝 사특할, 더러울, 재앙 15					
틈	木 X 闖 엿볼, 쑥 내밀 18							
파	土 X 巴 땅이름, 꼬리, 뱀 4	水 X 叵 어려울, 불가하다 5	土 △ 妑 새앙머리, 여자 이름 7	木 ○ 把 잡을, 가질, 지킬 8	木 △ 杷 비파나무, 써레, 갈퀴 8	木 △ 爸 아비, 아버지 8	土 ○ 坡 언덕, 고개, 제방 8	土 △ 岥 비탈, 고개 8
	金 △ 爬 긁을, 잡을 8	火 X 怕 아마도, 두려워할 9	水 ○ 波 물결, 달빛, 물이름 9	木 △ 笆 가시대, 대바자 10	木 X 耙 써레, 쇠스랑 10	木 ○ 芭 파초, 꽃, 풀이름 10	金 X 玻 유리, 파리 10	金 X 破 깨뜨릴, 다할 10
	水 △ 派 물갈래, 나눌, 보낼 10	土 △ 婆 할미, 조모, 늙은 여자 11	土 X 跛 절름발이, 절룩거릴 12	金 ○ 琶 비파 13	木 △ 菠 시금치 14	火 X 頗 자못, 치우칠 14	木 △ 葩 꽃, 화려하다 15	木 ○ 播 뿌릴, 심을, 퍼뜨릴 16
	木 X 罷 파할, 마칠, 그만둘 16	金 △ 皤 흴, 희다, 머리 흴 17	木 △ 擺 열, 벌릴, 헤칠 19	木 X 簸 까부를, 까부르다 19	土 ○ 鄱 고을이름, 땅이름 19	水 ○ 灞 물이름 25		

판	土 ○ **坂** 언덕, 둑, 산비탈 7	金 ○ **判** 판결할, 쪼갤, 성 7	木 △ **板** 널빤지, 판목 8	木 X **版** 조각, 널, 판목 8	金 ○ **販** 장사, 팔, 무역할 11	土 △ **阪** 언덕, 산비탈 12	金 ○ **鈑** 금박, 금화 12	金 ○ **辦** 힘쓸, 갖출, 주관할 16
	木 △ **瓣** 오이씨, 꽃잎 19							
팔	水 △ **叭** 입 벌릴, 나팔 5	木 X **朳** 고무래, 삼태기 6	水 ○ **汃** 물결치는 소리 6	金 ○ **八** 여덟, 팔자형 8	木 △ **捌** 깨뜨릴, 여덟, 나눌 11			
패	金 X **貝** 조개, 자재, 돈, 재물 7	水 ○ **孛** 살별, 혜성, 빛나는 모양 7	火 ○ **佩** 찰, 패옥, 노리개 8	水 △ **沛** 늪, 습지, 비 쏟아질 8	土 ○ **斾** 기, 깃발, 깃발 날릴 10	水 △ **唄** 염불소리, 찬불 10	火 X **悖** 어그러질, 거스르다 11	土 X **狽** 이리, 허겁지겁할 11
	金 X **敗** 패할, 깨뜨릴 11	金 △ **珮** 찰, 노리개, 패옥 11	水 ○ **浿** 물이름, 물가 11	木 X **牌** 패, 방, 호패, 방패 12	木 X **稗** 피, 돌피, 잘다 13	水 X **霈** 비 쏟아질, 큰비 15	金 △ **覇** 으뜸, 두목, 물이름 19	水 △ **霸** 으뜸, 권세 잡을 21
팽	木 X **祊** 제사 이름, 읍 이름 9	金 △ **砰** 돌 구르는 소리 10	火 X **烹** 삶을, 요리 11	火 ○ **彭** 성, 방패, 나라이름 12	水 △ **澎** 물소리, 파도 소리 16	水 △ **膨** 부풀, 불룩해질 18	水 X **蟚** 방게 18	水 X **蟛** 방게 18
퍅	火 X **愎** 강퍅할, 괴팍할 13							

제4부 인명용 한자　259

편	木 X 片 조각, 쪽, 한 쪽, 성 4	木 △ 扁 작을, 낮을, 납작하다 9	火 ○ 便 편할, 공평할 [변] 9	火 △ 偏 치우칠, 기울 11	金 X 區 납작할, 얇은 그릇 11	火 △ 徧 두루, 모두, 널리 12	火 X 惼 조급할, 좁을, 편협할 13	木 ○ 篇 책, 편, 책 편찬할 15
	木 △ 編 엮을, 책 맨 실 15	木 △ 緶 꿰맬, 삼을 꼬다 15	木 △ 艑 거룻배, 배이름 15	木 △ 萹 마디풀 15	木 X 褊 좁을, 성급하다 15	火 △ 翩 나부낄, 펄럭거릴 15	水 X 蝙 박쥐 15	土 △ 遍 두루, 횟수 16
	金 △ 諞 말 잘할, 말 교묘히 할 16	金 X 鞭 채찍, 매질할 18	火 X 騙 속일, 기만할 19					
폄	金 △ 砭 돌침, 경계, 침을 놓다 10	水 X 窆 하관할, 구덩이 10	金 X 貶 덜, 물리칠, 떨어뜨릴 12					
평	木 ○ 平 평평할, 화평할, 성 5	土 ○ 坪 들, 벌판, 평평할 8	木 X 抨 탄핵할 9	木 △ 枰 바둑판, 장기판 9	火 X 怦 조급할, 두근거릴 9	水 ○ 泙 물소리 9	木 △ 苹 개구리밥, 쑥, 갈대 11	金 ○ 評 의논, 품평, 평론할 12
	木 △ 萍 부평초, 개구리밥 14	水 X 鮃 넙치, 비목어 16	木 △ 蓱 부평초, 개구리밥 17					
폐	水 X 吠 짖을, 개 짖을 7	水 X 肺 허파, 폐, 마음 10	木 X 閉 닫을, 막을, 막힐 11	土 X 狴 감옥, 짐승이름 11	金 X 敝 해질, 깨질, 버릴 12	木 ○ 幣 폐백, 돈, 예물, 재물 15	木 X 廢 폐할, 부서질 15	木 X 弊 폐단, 해칠, 나쁠 15

폐	土 ○ 陛 섬돌, 층계, 천자 15	土 △ 嬖 사랑할, 사랑받을 16	土 X 獘 넘어질, 해질 16	水 X 癈 폐질, 고질병 17	木 △ 蔽 덮을, 가릴, 숨길 18	金 X 斃 죽을, 넘어질 18		
포	木 ○ 布 베, 펼, 베풀 5	金 ○ 包 쌀, 감싸다, 꾸러미, 성 5	火 ○ 佈 펼, 널리 알릴 7	木 △ 庖 부엌, 요리사 8	木 X 拋 던질, 내버릴 8	水 X 咆 고함지를, 으르렁거릴 8	木 ○ 抱 안을, 품을, 가질 9	木 X 抛 던질, 버릴 9
	火 X 怖 두려워할, 떨, 위협할 9	火 X 炮 통째로 구울, 싸서 구울 9	火 X 炰 통째로 구울, 거칠다 9	金 △ 匍 길, 기어가다 9	水 ○ 泡 물거품, 강 이름 9	金 △ 砲 대포, 돌쇠뇌 10	水 △ 哺 먹을, 먹일, 음식물 10	水 ○ 圃 채소밭, 넓을, 정원 10
	水 X 疱 천연두, 부르틀 10	木 X 麭 박, 악기, 바가지 11	木 △ 捕 잡을, 구할, 사로잡을 11	木 ○ 苞 쌀, 덤불, 무성할 11	木 △ 袍 솜옷, 속옷, 앞깃, 도포 11	火 △ 晡 신시, 해질 무렵 11	水 ○ 浦 물가, 바닷가 11	水 X 胞 세포, 태, 태보 11
	金 X 鉋 대패, 솔, 말 빗기는 빗 13	水 X 脯 포, 말린 포 13	土 X 逋 도망갈, 달아날 14	金 ○ 誧 도울, 클, 자랑할 14	金 △ 鞄 혁공(가죽 다루는 사람) 14	水 ○ 飽 배부를, 가득 찰 14	木 ○ 葡 포도, 나라이름 15	木 △ 褒 가릴, 포장할 15
	火 X 暴 사나울, 해칠 [폭] 15	金 △ 鋪 펼, 문고리, 베풀, 퍼질 15	木 ○ 蒲 부들, 창포, 냇버들 16	水 △ 餔 새참, 먹을, 저녁밥 16	水 X 鮑 절인 어물, 전복 16	火 △ 儤 번, 숙직, 과외의 일 17	火 X 曓 급할, 갑자기 17	水 X 鯆 돌고래 18
폭	木 △ 幅 폭, 넓이, 가득할 12	火 X 暴 쬘, 드러낼, 나타낼 [포] 15	火 X 輻 바퀴살 16	火 X 曝 쬘, 햇볕에 쬘 19	火 △ 爆 불 터질, 태우다 19	水 X 瀑 폭포 [포] 19		

표	木 △ 杓 자루, 별이름 [작] 7	木 ○ 表 겉, 밖, 성, 옷, 모범 9	火 △ 俵 나누어 줄, 흩을 10	火 X 髟 늘어질, 말갈기 10	水 X 豹 표범 10	木 ○ 票 표, 문서, 빠를 11	火 X 彪 범, 무늬, 밝히다 11	水 X 殍 굶어죽을 11
	火 △ 僄 날랠, 가벼울 13	土 X 勡 으를, 겁탈할 13	金 X 剽 위협할, 사나울 13	木 △ 裱 목도리, 소매 끝 14	土 △ 嫖 날랠, 음란할 14	水 △ 嘌 빠를, 흔들릴 14	木 △ 摽 칠, 칼끝, 떨어질 15	木 ○ 標 표할, 나타낼 15
	火 ○ 慓 날랠, 용맹할 15	火 △ 熛 불똥, 불꽃, 섬광 15	水 ○ 漂 뜰, 가벼울, 빨래할 15	木 △ 瓢 바가지, 박, 표주박 16	木 ○ 縹 옥색, 비단, 휘날릴 17	火 △ 瞟 들을, 겨우 들을 17	金 X 鏢 칼끝, 칼집 끝 장식 19	木 X 飄 질풍, 빠를, 회오리바람 20
	木 X 飇 폭풍, 회오리바람 21	木 X 飆 폭풍, 회오리바람 21	火 △ 驃 누런 말, 날쌜 21	水 X 鰾 부레, 상어, 창난젓 22	金 X 鑣 말 재갈, 성한 모양 23			
품	水 ○ 品 품수, 물건, 법, 품격 9	木 ○ 稟 여쭐, 천품, 받을 13						
풍	木 X 風 바람, 풍속, 경치 9	火 △ 馮 성, 성낼 [빙] 12	木 △ 楓 단풍, 단풍나무 13	木 ○ 豊 풍년, 풍성할 13	水 X 瘋 두풍, 미치광이 14	金 △ 諷 욀, 풍자할 16	木 ○ 豐 풍년, 풍성할 18	
피	金 △ 皮 가죽, 거죽, 성 5	火 △ 彼 저, 저쪽, 저편 8	木 X 披 헤칠, 나눌, 쪼갤 9	水 X 疲 지칠, 피곤할 10	木 △ 被 입을, 덮을, 받다 11	金 X 詖 치우칠, 기울 12	土 X 陂 못, 비탈, 저수지 13	金 X 鞁 가슴걸이, 고삐 14

음								
피	火 X 髮 다리, 가발, 월자 15	土 X 避 피할, 숨을, 면할 20						
핍	水 X 腷 답답할, 물건의 소리 15							
필	水 △ 匹 짝, 필, 짝질, 한 쌍 4	火 ○ 必 반드시, 오로지 5	土 △ 疋 짝, 배필, 하나, 필 5	火 ○ 佖 점잖을, 가득하다 7	水 ○ 咇 향내 날, 향기로울 8	水 X 泌 스며 흐를, 개천 물 9	金 △ 珌 칼 장식 옥 10	木 ○ 苾 풀이름, 향기로울 11
	土 △ 畢 마칠, 다할, 완성할 11	木 ○ 筆 붓, 글씨, 필기구 12	金 ○ 弼 도울, 도지개, 성 12	水 ○ 滭 샘 용솟을 12	金 X 鉍 창 자루 13	木 ○ 馝 향내 날, 향기로울 14	火 X 駜 말 건장한 모양 15	金 △ 熚 다할, 불 모양 15
	水 ○ 潷 샘물이 용솟음칠 15	木 X 篳 피리, 악기 이름 16	木 △ 篳 울타리, 사립문 17	木 X 罼 족대, 토끼그물 17	木 X 蓽 콩, 가시, 사립문 17	土 X 蹕 벽제할, 길 치울 18	火 X 鵯 때까마귀, 직박구리 19	金 X 韠 폐슬, 슬갑 20
	金 X 鞸 슬갑, 수레 밧줄 20							
핍	金 X 乏 모자랄, 가난할 5	火 △ 偪 핍박할, 다가올 11	土 X 逼 가까울, 핍박할 16					

하	木 X 下 아래, 밑, 내릴 3	火 ○ 何 어찌, 무엇, 성 7	土 △ 岈 산 휑할, 산 깊은 모양 7	水 △ 呀 입 벌릴, 텅 빈 모양 7	木 △ 抲 지휘할, 멜 [나, 태] 9	火 ○ 昰 여름, 夏의 고자 9	火 △ 呵 크게 웃을 [가] 9	水 ◎ 河 물, 강물, 성 9
	火 ○ 夏 여름, 성, 나라이름 10	木 ○ 厦 큰 집, 廈의 속자 12	金 ○ 賀 하례할, 경사 12	木 ○ 廈 큰 집, 집, 문간방 13	木 ○ 荷 연꽃, 멜, 짊어질 13	木 △ 閜 크게 열릴, 공허할 13	火 △ 煆 불사를, 데울, 덥다 13	金 X 瑕 허물, 티, 옥의 티 14
	金 X 碬 숫돌, 울퉁불퉁할 14	水 ○ 嘏 클, 길다, 복 받을 14	水 ○ 瘕 인후병, 기생충병 14	火 X 嗬 뜻이 없다 [호] 15	水 X 蝦 두꺼비, 새우 15	火 △ 煆 붉을 16	土 △ 遐 멀, 어찌, 멀리할 16	水 △ 嘪 웃을, 껄껄 웃을 16
	土 X 罅 틈, 금갈, 갈라질 17	金 △ 鍜 목 투구 17	水 X 嚇 웃을, 으를, 성낼 17	水 △ 霞 노을, 안개 17	火 X 懗 속일, 공갈할 18	木 X 薂 연잎, 갈대 [개] 19	金 ○ 謋 사람이름 19	水 X 鰕 새우, 도롱뇽 20
학	水 ○ 学 배울, 공부할 8	木 X 虐 모질, 사나울 9	土 X 狢 오소리, 오랑캐 10	金 X 确 자갈땅, 돌산 12	水 X 嗃 엄할, 냉엄할 13	土 ○ 郝 땅이름, 성 14	水 X 瘧 학질, 말라리아 14	金 X 謔 희롱할, 농담하다 16
	水 ◎ 學 배울, 공부하다 16	土 △ 壑 산골짜기, 도랑, 굴 17	火 ○ 鶴 학, 흴, 두루미 21	金 ○ 皬 흴, 희다, 희고 깨끗할 21	火 X 鷽 비둘기, 메까치 24			
한	木 △ 扞 막을, 덮다 7	火 ○ 忓 착할, 좋을 7	火 X 旱 가물, 육지, 물 없을 7	水 △ 汗 땀, 땀 흐르다 7	木 △ 罕 그물, 드물, 새그물 9	火 X 恨 한할, 뉘우칠 10	土 ○ 邗 땅이름 10	木 △ 捍 막을, 사납다 11

한	木 △ 閈 이문, 마을, 담장 11	火 X 悍 사나울, 성급할 11	木 X 寒 찰, 얼다, 어렵다 12	木 ○ 閑 한가할, 조용할 12	木 △ 閒 한가할, 틈 [간] 12	土 △ 邯 고을 이름 [감, 함] 12	火 X 僩 굳셀, 위엄 있을 14	土 △ 限 한정, 지경, 경계, 막힐 14
	火 △ 暵 마를, 말릴, 덥다 15	土 ○ 嫻 우아할, 아담할 15	土 ○ 嫺 우아할, 아담할 15	水 ○ 漢 한수, 성, 은하수 15	木 ○ 橺 큰 나무 16	木 △ 閾 익힐 16	火 ○ 翰 편지, 글, 날개, 높이 날 16	水 ○ 澖 넓을 16
	火 X 駻 사나운 말, 안장 17	土 △ 豰 산 모양, 높을 17	金 ○ 韓 한나라, 한국, 성 17	金 X 鼾 코 골, 코고는 소리 17	水 △ 澣 빨래할, 발 씻을 17	火 △ 鷴 흰 꿩 18	水 △ 瀚 넓고 클, 넓다 20	火 X 鵰 올빼미, 흰 꿩 23
할	金 X 割 벨, 자를, 나눌 12	木 X 瞎 애꾸눈, 어둡다 15	火 ○ 轄 다스릴, 비녀장 17					
함	水 △ 含 머금을, 품을, 참다 7	木 △ 函 상자, 함, 편지 8	水 ○ 咸 다, 성, 두루 9	水 △ 唅 재갈, 머금을 11	水 △ 喊 소리칠, 고함지를 12	水 X 涵 젖을, 잠길, 받아들일 12	木 ○ 菡 꽃술, 꽃봉오리 13	木 △ 菡 연꽃, 연 봉오리 14
	金 △ 銜 재갈, 직함, 머금을 14	木 △ 緘 봉할, 묶을, 봉투 15	土 X 陷 빠질, 함정, 무너질 16	金 △ 諴 화할, 정성, 화합할 16	木 X 檻 난간, 우리, 잡을 18	木 X 艦 군함, 싸움배 20	木 X 闞 범 소리, 성내는 모양 20	水 X 鹹 소금, 짤 20
	火 X 轞 함거, 수레 소리 21							

제4부 인명용 한자 265

합	水 ○ 合 합할, 짝, 모을, 만날 6	金 X 匌 돌, 두를, 기운이 막힐 8	木 X 柙 우리, 가둘, 짐승우리 9	水 X 哈 마실, 웃는 소리 9	金 △ 盍 덮을, 합할, 어찌 10	金 △ 盒 합, 그릇, 소반 뚜껑 11	水 X 蛤 대합조개, 개구리 12	土 ○ 郃 고을이름, 성 13
	水 △ 嗑 말 많을, 웃음소리 13	木 X 榼 통, 뚜껑, 칼집 14	木 △ 閤 쪽문, 협문, 마을 14	水 X 溘 갑자기, 이를, 잠깐 14	土 X 陝 고을, 좁을 [협] 15	木 △ 闔 문짝, 닫을, 전부 18		
항	水 X 亢 목, 목구멍, 높을 4	木 X 夯 멜, 다질, 달구질 5	火 ○ 伉 짝, 겨룰, 굳셀, 정직할 6	火 △ 行 항렬, 줄, 대열 [행] 6	木 X 抗 겨룰, 막을, 대항할 8	木 △ 杭 건널, 나룻배 8	火 △ 炕 말릴, 마를 8	水 ○ 沆 큰물, 넓을 8
	土 ◎ 姮 여자 이름, 미인, 항아 9	土 X 巷 거리, 골목, 문 밖 9	土 △ 缸 항아리, 질그릇 9	水 X 肛 항문, 배가 부풀 9	木 △ 桁 차꼬, 횃대 [형] 10	木 △ 航 배, 건널, 배다리 10	火 ○ 恒 항상 10	火 △ 恆 항상, 恒의 본자 10
	火 X 項 목덜미, 목 뒤, 크다 12	土 X 缿 투서함, 벙어리저금통 12	火 X 頏 목, 새 날아 내릴 13	水 ○ 港 항구, 뱃길 13	土 ○ 嫦 항아, 여자 이름 14	土 X 降 항복할, 하사할 [강] 14		
해	水 △ 亥 돼지, 열두째 지지 6	水 △ 哈 비웃을, 웃음소리 8	木 ○ 祄 하늘이 도울 9	土 ○ 垓 지경, 땅 끝, 경계 9	土 ○ 姟 백 조(조의 백배) 9	水 △ 孩 어릴, 어린아이 9	水 ○ 咳 기침, 방긋 웃을 9	木 X 害 해할, 해칠, 손해 10
	木 △ 奚 어찌, 종, 종족 이름 10	火 X 欬 기침, 기침하다 10	火 ○ 晐 갖출, 겸할 10	水 X 海 바다, 海의 통용어 10	木 ○ 眙 눈 큰 모양 11	火 ○ 偕 함께, 굳셀, 함께하다 11	水 ○ 海 바다, 클, 세계, 성 11	水 X 痎 학질, 옴 11

음								
해	木 ○ 絯 묶을, 걸다 12	木 ○ 楷 본보기, 곧을, 해서 13	木 X 解 풀, 해부할, 벗을, 가를 13	金 ○ 該 그, 갖출, 넓을 13	土 ○ 陔 층층대, 언덕, 거듭 14	金 ○ 瑎 검은 옥돌 14	火 X 頦 턱, 턱밑 15	木 △ 廨 관아, 공관 16
	火 X 駭 놀랄, 소란스러울 16	土 △ 嶰 골짜기, 산골짜기 16	金 ○ 諧 화할, 화합할 16	金 X 骸 뼈, 신체, 정강이뼈 16	火 X 懈 게으를, 느슨해질 17	土 X 獬 해태, 짐승이름 17	金 X 醢 젓갈, 절일, 젓 17	水 △ 瀣 바다이름, 골짜기 17
	水 X 鮭 어채, 복어[규] 17	木 X 薤 염교, 상엿소리 19	水 X 蟹 게, 꽃게 19	土 ○ 邂 만날, 우연히 만날 20	水 ○ � 이슬 기운, 바다 기운 20			
핵	水 X 劾 꾸짖을, 깨문다 8	木 ○ 核 씨, 실과, 핵심 10	火 △ 翮 깃촉, 죽지, 조류 16	金 △ 覈 핵실할, 엄할, 씨 19				
행	火 ○ 行 다닐, 행할 [항] 6	木 ○ 杏 살구, 은행 7	木 ○ 幸 다행, 요행, 바랄 8	火 △ 倖 요행, 총애할 10	木 △ 荇 노랑어리연꽃, 마름 12	火 X 悻 성낼, 발끈 성낼 12	水 ○ 涬 기운, 큰물 모양 12	
향	水 ○ 向 향할, 나아갈 6	土 △ 享 누릴, 받을, 제사지낼 8	木 ○ 香 향기, 향기로울 9	火 ○ 晑 밝을 10	金 ○ 珦 옥 이름, 사람이름 11	水 △ 餉 건량, 도시락 15	土 ○ 鄕 마을, 시골, 고향 17	木 △ 薌 향기, 곡식, 쇠기름 19
	水 △ 嚮 향할, 접때, 누릴 19	土 ○ 麘 사향사슴 20	金 △ 響 소리, 울릴, 메아리 22	水 △ 饗 잔치할, 제사지낼 22				

제4부 인명용 한자

허	金 ○ 許 허락할, 성, 믿을 11	木 X 虛 빌, 헛될, 공허할 12	土 △ 墟 터, 언덕, 옛터 15	水 X 噓 불, 울, 탄식할 15	火 X 歔 한숨, 흐느낄 16			
헌	火 △ 晅 밝을[훤] 8	火 △ 軒 집, 초헌, 추녀 끝 10	火 ○ 憲 법, 모범, 가르침 16	火 △ 輚 초헌 [혼] 16	木 X 幰 휘장, 수레 휘장 19	木 X 攇 비길, 물건을 맬 20	木 ○ 櫶 나무이름 20	火 △ 憓 총명할, 알, 깨달을 20
	土 △ 獻 바칠, 드릴, 어진이 20	土 X 巘 봉우리, 낭떠러지 23						
헐	火 △ 歇 쉴, 휴업, 휴식할 13							
험	土 X 嶮 험할, 깨뜨릴 16	土 X 獫 오랑캐 이름 17	土 X 險 험할, 위태로울 21	火 △ 驗 증험할, 시험할 23	土 X 玁 오랑캐 이름 24			
혁	火 △ 洫 고요할, 쓸쓸할 8	木 △ 弈 바둑, 도박 9	木 △ 奕 클, 근심할, 아름다울 9	金 ○ 革 가죽, 갑옷, 고칠, 개혁할 9	水 X 洫 논도랑, 봇도랑 10	火 ○ 焃 붉을, 밝을 11	火 △ 焱 불꽃 [염] 12	火 ○ 赫 붉을, 빛날 14
	水 X 嚇 성낼, 무섭게 할 17	火 ○ 爀 빛날, 붉을 18	金 X 鬩 다툴, 싸울, 원망할 18	火 △ 赩 붉은빛 21				

현	火 ○ 玄 검을, 성, 하늘, 깊을 5	火 ○ 見 나타날, 볼[견] 7	火 ○ 弦 활시위, 악기줄 8	土 ○ 炫 절개 있을, 여자 이름 8	水 △ 呟 소리 8	火 X 倪 염탐할, 비유할 9	火 X 怰 팔 9	火 ○ 炫 빛날, 밝을 9
	火 △ 昡 햇빛, 당혹할 9	水 ◎ 泫 물 깊을, 이슬 빛날 9	木 X 眩 어두울, 현혹할 10	土 ○ 峴 고개, 산 이름 10	土 ○ 娊 여자의 이름자 10	金 ◎ 玹 옥돌, 옥 이름 10	水 X 痃 현벽(힘줄 당기는 병) 10	木 ○ 舷 뱃전 11
	木 ○ 絃 줄, 현악기 11	火 △ 發 활, 성, 강한 활 11	火 ◎ 晛 햇살, 밝을 11	火 ○ 衒 자랑할, 선전할 11	木 ○ 棥 땅이름 12	木 X 睍 불거진 눈, 흘쳐볼 12	木 ○ 絢 무늬, 빠를, 문채 날 12	金 ○ 現 나타날, 밝을, 옥빛 12
	金 X 琄 패옥 늘어질 12	金 ○ 䝟 자랑할, 선전할 12	金 ○ 鉉 솥귀, 고리, 활시위 13	水 X 蜆 가막조개, 바지락 13	金 X 誢 간하는 말, 말다툼할 14	火 ◎ 儇 영리할, 빠를 15	土 ○ 䢴 한정할, 땅이름 15	金 ○ 賢 어질, 존경할 15
	金 X 銷 노구솥, 냄비 15	金 △ 鋧 작은 끌, 작은 창 15	木 △ 縣 고을, 매달, 떨어질 16	土 ○ 嬛 정숙할, 얌전할 16	火 X 駽 철총이, 검푸른 말 17	火 ○ 顕 나타날, 顯의 속자 18	木 △ 繯 얽을, 맬, 들릴 19	火 △ 翾 날, 급할, 조금 날 19
	火 X 懸 매달, 헛될, 떨어질 20	金 ○ 譞 깨달을, 지혜 20	金 △ 譴 구할, 뜬소문 22	火 ○ 顯 나타날, 밝을 23	水 ○ 灦 물, 물모양 27			
혈	水 X 子 외로울, 고단할 3	水 X 穴 구멍, 움, 구덩이 5	水 X 血 피, 눈물, 피칠할 6	火 ○ 頁 머리, 목 9	木 △ 絜 헤아릴, 묶을, 재다 12	火 ○ 趐 나아갈, 날아갈 13		

음								
혐	土 X 嫌 싫어할, 의심할 13							
협	水 ○ 叶 화할, 화합할 5	木 ○ 夾 낄, 가질, 가까울 7	水 ○ 協 화할, 도울, 맞을 8	水 ○ 洽 화할, 윤택할 8	木 X 匧 상자, 옷장 9	火 △ 俠 협기, 협객, 의기로울 9	火 △ 恊 화합할, 맞을, 겁낼 10	土 X 峽 골짜기, 산골 10
협	土 ○ 埉 물가 10	木 X 挾 낄, 감출, 도울 11	火 ○ 悏 생각할, 뜻 맞을 11	土 X 狹 좁을, 좁아질 11	水 △ 浹 두루, 통할, 젖을 11	水 X 脇 갈빗대, 곁, 옆구리 12	水 X 脅 갈빗대, 곁, 옆구리 12	木 △ 莢 콩 꼬투리, 조협, 명협 13
협	火 △ 愜 쾌할, 만족할 13	木 △ 篋 상자, 좁은 네모 상자 15	金 △ 鋏 집게, 부젓가락 15	火 △ 頰 뺨, 기분 좋을 16				
형	木 ○ 兄 맏, 형, 뛰어날 5	金 X 刑 형벌, 형벌하다 6	火 △ 形 모양, 얼굴, 몸 7	土 ○ 亨 형통할, 통달할 [팽] 7	火 △ 侀 이룰, 성취하다 8	火 ○ 炯 빛날, 밝을 9	土 △ 型 모형, 거푸집 9	水 ○ 泂 멀, 찰, 깊을, 넓을 9
형	土 ○ 娙 여자 벼슬이름 10	土 ○ 邢 나라이름, 땅이름, 성 11	金 X 珩 노리개, 패옥 11	木 X 荊 가시나무, 곤장(棍杖) 12	土 ○ 逈 멀, 빛날 12	金 △ 詗 염탐할, 똑똑할 12	土 ○ 迥 멀, 빛날 13	火 ○ 熒 등불, 빛날, 반딧불 14
형	土 X 敻 멀, 아득할 14	水 △ 滎 물이름, 실개천 [영] 14	土 △ 陘 지렛목, 성 15	金 X 瑩 의혹할, 옥빛 [영] 15	火 △ 衡 저울대, 저울 [횡] 16	水 X 螢 개똥벌레, 반딧불이 16	金 △ 鎣 줄, 꾸밀, 장식하다 18	水 △ 瀅 물 맑을, 개천 19

형	木 △ 馨 꽃다울, 향기, 향내 20	水 △ 瀅 물 맑을, 물이름 22						
혜	水 △ 匸 감출, 덮을 2	金 △ 兮 어조사, 감탄사 4	木 X 盻 흘겨볼, 돌아볼 9	火 ○ 恵 은혜, 惠의 통용어 10	火 △ 彗 살별, 쓸다, 총명할 [세] 11	金 ○ 訡 진실한 말, 정성된 말 11	火 X 傒 가둘, 묶을, 기다릴 12	火 ◎ 惠 은혜, 인자할 12
	火 △ 徯 샛길, 좁은 길, 기다릴 13	水 ○ 嘒 작은 소리, 반짝거릴 14	木 ○ 寭 밝힐, 깨달을 15	木 X 槥 널, 작은 관 15	火 ○ 慧 슬기로울, 지혜, 총명할 15	火 ○ 暳 별 반짝일, 많은 별 15	金 X 鞋 신, 짚신 15	木 ◎ 橞 나무이름 16
	火 ○ 憓 사랑할, 순종할 16	水 ◎ 潓 물결, 물 이름 16	土 ○ 蹊 지름길, 좁은 길 17	金 X 謑 꾸짖을, 부끄러울 17	木 ○ 蕙 혜초, 난초 아름다울 18	金 △ 醯 초, 식초, 식혜, 육장 19	金 ◎ 譓 순종할, 슬기로울 19	金 X 鏸 큰 솥, 날카로울 20
	金 ○ 譿 슬기로울, 분별할 22							
호	木 △ 戶 지게문, 집, 지킬 4	水 X 互 서로, 어그러질 4	金 ○ 乎 어조사, 온, 감탄사 5	水 ○ 号 이름, 부를, 號의 통용어 5	木 △ 虍 호피무늬 6	土 ○ 好 좋을, 아름다울 6	水 X 冱 얼, 찰, 몹시 춥다 6	木 △ 弧 나무 활, 활모양 기구 8
	木 ○ 虎 범, 용맹스러울 8	木 △ 杲 밝을, 높을 [고] 8	火 ◎ 昊 하늘, 여름 하늘 8	火 ○ 旰 밝을, 환희 8	土 △ 岵 산, 민둥산 8	水 △ 呼 부를, 숨 내쉴 8	水 X 冱 얼, 찰, 몹시 춥다 8	木 △ 芐 지황 [하] 9

火 ○	土 △	木 ○	木 △	土 △	木 △	木 △	火 ◎
怙	狐	祜	芦	瓳	扈	瓠	晧
믿을, 의지할	여우, 성, 의심할	복, 행복, 복이 많을	지황, 부들	큰 기와, 벽돌	뒤따를, 호위할, 성	박, 병, 표주박, 성	밝을, 빛날, 해 돋을
9	9	10	10	10	11	11	11
火 △	土 △	水 ◎	水 △	木 △	金 ○	水 ◎	木 △
毫	婋	浩	胡	壺	皓	淏	號
터럭, 붓끝, 가는 털	여자의 마음 영리할	넓을, 클, 넓고 클	오랑캐, 어찌, 성	병, 항아리	힐, 밝을, 깨끗할	맑을, 맑은 모양	이름, 부를, 부르짖을
11	11	11	11	12	12	12	13
火 △	土 X	金 ○	水 ○	土 ○	土 ○	土 △	金 ○
聕	猢	琥	湖	嫭	嫮	犒	瑚
들릴, 긴 귀	원숭이, 짐승이름	호박, 옥 그릇	호수, 물, 큰 못	아름다울, 자랑할	아름다울, 예쁠, 자랑할	호궤할, 맛좋은 음식	산호
13	13	13	13	14	14	14	14
水 △	水 ○	木 △	木 △	火 ○	金 ○	金 ○	水 X
滈	豪	糊	葫	熇	皞	皜	嘑
장마, 물이름	호걸, 귀인, 뛰어날	풀, 바를, 풀칠하다	마늘, 호리병박	빛날	밝을, 힐, 하늘	힐, 흰 모양	울부짖을, 울다
14	14	15	15	15	15	15	15
水 ○	水 △	水 X	木 ○	木 △	火 ○	金 △	水 ○
滸	滬	蝴	縞	蒿	儫	醐	澔
물가, 물이름	강 이름, 어부, 통발	나비	명주, 흰빛, 흰 비단	쑥, 다북쑥, 고달플	호걸, 영웅	제호, 우락더껑이	넓을, 클, 넉넉하다
15	15	15	16	16	16	16	16
木 △	土 △	土 ○	金 ○	水 ○	水 △	水 X	火 X
蔰	壕	鄗	鎬	濠	頀	餬	鬍
채색할, 빛, 빛날	해자, 못, 땅이름	땅이름	호경, 빛날, 냄비, 땅이름	해자, 호주, 나라이름	퍼질, 낙수 떨어질	죽, 기식할, 입에 풀칠할	수염, 구레나룻
17	17	17	18	18	18	18	19
火 ○	金 ○	金 △	水 △				
顥	護	頀	灝				
클, 빛나는 모양	보호할, 도울, 지킬	풍류, 구할, 지킬	넓을, 크고 넓을				
21	21	23	25				

혹	金 △ 或 혹, 혹시, 있을 8	火 X 惑 미혹할, 의심할 12	火 △ 熇 뜨거울, 불꽃 일 [효] 14	金 X 酷 심할, 독하다 14				
혼	火 X 昏 어두울, 저물, 저녁 8	火 ○ 俒 완전할 9	水 X 圂 뒷간 10	土 ○ 婚 혼인할, 결혼하다 11	火 ○ 焜 빛날, 밝을 12	水 X 混 흐릴, 섞일, 합할 12	水 X 渾 흐릴, 섞일, 혼탁할 13	水 X 溷 어지러울 [민, 면] 13
	火 X 魂 넋, 혼, 정신, 생각 14	金 ○ 琿 옥, 아름다운 옥 14	水 X 溷 어지러울, 흐려질 14	木 △ 闇 문지기, 대궐 문지기 16	火 △ 顐 얼굴빛 혼혼할 19			
홀	水 X 囫 온전할, 막연할 7	火 △ 忽 문득, 잊을, 소홀히 8	木 △ 笏 홀, 피리 가락 맞출 10	火 △ 惚 황홀할, 흐릿할 12				
홍	火 ○ 弘 클, 넓을 5	水 X 汞 수은 7	木 ○ 紅 붉을, 연지 9	水 △ 哄 떠들썩할, 큰 소리 9	水 ○ 泓 물 깊을, 물 맑을 9	水 X 虹 무지개, 공격할 9	火 △ 烘 횃불, 비칠, 불에 말릴 10	火 ○ 晎 먼동 틀, 날 밝으려 할 10
	金 X 訌 어지러울, 무너질 10	水 ○ 洪 넓을, 성, 큰물 10	金 △ 鉄 쇠뇌 고동, 석궁 14	木 △ 簽 통발, 홈통 15	金 X 鬨 싸울, 떠들다 16	水 X 澒 수은, 혼돈하다 16	火 △ 鴻 기러기, 큰기러기 17	
화	火 ○ 化 될, 화할, 성 4	火 △ 火 불, 급할, 불사를 4	木 ○ 禾 벼, 곡식, 화할 5	水 ○ 和 고루, 화할, 순할 8	木 △ 花 꽃, 기생, 아름다울 10	火 ○ 俰 화할 10	金 ○ 貨 재물, 물품 화폐 11	土 △ 畫 그림, 채색 그리다 [획] 12

화	土 △ 畵 그림, 채색, 그리다 13	金 △ 話 이야기, 말할, 말씀 13	金 X 靴 신, 신발, 가죽신 13	木 X 禍 재앙, 재화, 사고 14	木 ○ 華 빛날, 꽃, 동산 이름 14	土 ○ 嬅 여자 이름, 탐스러울 15	水 X 嘩 시끄러울, 떠들썩할 15	木 ○ 樺 자작나무, 벗나무 16
	水 ○ 澕 물 깊을 16	金 X 譁 시끄러울, 떠들썩할 19	火 X 驊 준마 22	火 △ 龢 화목할, 풍류 조화될 22				
확	木 △ 廓 넓힐, 클 14	金 △ 確 확실할, 굳을 15	金 △ 碻 확실할, 굳을 [교] 15	木 ○ 擴 늘일, 넓힐 19	木 △ 穫 거둘, 벼 벨, 수확할 19	木 △ 矍 두리번거릴, 눈이 빛날 20	金 X 礭 회초리, 매 21	金 X 钁 가마솥, 새길, 파다 22
	木 X 攫 움켜쥘, 빼앗을 24	金 X 彠 창, 송곳 25						
환	土 △ 丸 둥글, 알, 알약 3	水 △ 幻 변할, 미혹, 요술 4	木 ○ 奐 빛날, 성할, 클 9	木 △ 宦 벼슬, 배울, 내시 9	木 ○ 紈 맺을, 흰 비단 9	木 X 桓 머뭇거릴, 굳셀, 하관 틀 10	水 X 洹 세차게 흐를 [원] 10	火 X 患 근심, 재앙, 병들 11
	火 ○ 晥 환할, 밝을 11	木 △ 睆 고울, 밝을, 아름다운 12	木 △ 絙 끈, 줄, 느즈러질 12	金 ○ 皖 환할, 샛별, 밝은 별 12	水 △ 喚 부를, 외칠 12	木 ○ 換 바꿀, 교체, 주고받다 13	火 ◎ 煥 빛날, 불꽃, 밝을 13	水 △ 渙 흩어질, 찬란할 13
	水 X 豢 기를, 짐승 기를 13	金 ○ 瑍 환옥(관모에 붙이는 옥) 14	木 ○ 寰 경기 고을, 천하, 대궐 담 16	水 X 圜 두를, 둘러싸다 16	木 ○ 擐 꿸, 입을, 옷을 입다 17	金 △ 鍰 여섯 냥쭝, 고리 17	金 ○ 環 옥고리, 둘레 18	火 X 轘 거열(車裂)할, 거열하는 형벌 20

환	土 △ 還 돌아올, 복귀할 20	金 △ 鐶 고리, 가락지 21	水 △ 鰥 환어, 홀아비 21	火 X 懽 기뻐할, 맞다, 재앙 22	火 ○ 歡 기쁠, 즐거울 22	火 X 鬟 쪽진 머리, 계집종 23	金 △ 瓛 옥홀, 재갈 25	火 X 驩 기뻐할, 말이름 28
활	水 △ 活 살, 소생시킬 10	水 X 蛞 올챙이, 괄태충 12	土 X 猾 교활할, 간사하다 14	水 X 滑 미끄러울, 교활하다 14	木 ○ 闊 넓을, 너그럽다 17	水 △ 豁 골짜기, 열릴, 통할 17	水 ○ 濶 넓을, 너그러울 18	
황	火 X 怳 멍할, 어슴푸레할 9	金 ○ 皇 임금, 클, 성, 높일 9	水 △ 況 하물며, 모양, 형편 9	水 X 肓 명치끝, 흉격 9	火 △ 恍 황홀할, 어슴푸레할 10	火 ◎ 晃 밝을, 빛날 10	火 ◎ 晄 밝을, 빛날 10	木 ○ 凰 봉황, 암 봉황새 11
	木 X 荒 거칠, 폐할, 흉년들 12	火 X 徨 헤맬, 방황할 12	土 △ 堭 당집, 전각, 벽이 없는 집 12	土 ○ 媓 어머니, 여자 이름 12	土 ○ 黃 누를, 성, 누른빛 12	金 △ 貺 줄, 하사품 12	水 X 喤 어린아이 울음, 떠들 12	木 △ 幌 휘장, 덮개, 포장 13
	木 ○ 楻 깃대 13	火 X 惶 두려워할, 당황할 13	火 ○ 煌 빛날, 불빛, 환히 밝을 13	水 △ 湟 물이름, 찬물, 해자 13	木 ○ 榥 책상, 창 14	火 △ 慌 밝을, 마음 밝을 14	火 △ 慌 황홀할, 어렴풋할 14	火 △ 熀 이글거릴, 밝을 〔엽〕 14
	金 ○ 瑝 옥 소리, 종소리 14	水 ◎ 滉 깊을, 물 깊고 넓을 14	木 △ 篁 대숲, 피리, 대이름 15	水 X 蝗 메뚜기, 황충(蝗蟲) 15	土 X 遑 급할, 허둥거릴 16	水 ○ 潢 웅덩이, 은하수 16	土 △ 隍 해자, 공허할 17	金 ○ 璜 패옥, 반달 옥 17
	木 X 簧 피리, 피리 혀 18	金 △ 鐄 종소리, 방울 18						

음								
회	火 ○ 会 모일, 會의 통용어 6	火 X 灰 재, 석회, 먼지 6	水 △ 回 돌아올, 간사할 6	火 X 佪 거닐, 노닐, 어두운 모양 8	木 △ 廻 돌, 피할, 돌아올 9	火 X 徊 머뭇거릴, 어정거릴 9	火 ○ 恢 넓을, 클 10	水 X 洄 돌아 흐를, 거슬러 흐를 10
	火 △ 悔 뉘우칠, 후회할 11	火 X 晦 그믐, 어두울 11	金 △ 盔 주발, 바리, 투구 11	木 ○ 絵 그림, 繪의 속자 12	木 ○ 茴 회향풀, 약 이름 12	水 ○ 淮 물이름, 강 이름 12	水 X 蛔 회충, 거위 12	火 ○ 會 모일, 모을, 조회할 13
	土 X 迴 돌아올, 돌이킬, 돌 13	金 X 詼 조롱할, 비웃을 13	金 ○ 賄 재물, 예물, 뇌물 13	水 X 匯 물 돌아나갈, 물가 13	金 ○ 誨 가르칠, 보일, 교훈 14	火 △ 頮 세수할, 얼굴을 씻다 16	木 ○ 檜 전나무, 나라이름 17	土 X 獪 간교할, 교활할 17
	水 ○ 澮 봇도랑, 물이름 17	木 ○ 繪 그림, 그릴 19	水 X 膾 회, 회칠, 날고기 19	火 △ 懷 품을, 달랠, 생각할 20	水 X 鱠 회, 물고기 이름 24			
획	土 △ 画 그을, 畵의 속자 8	金 △ 劃 그을, 계획할 14	水 X 嚄 외칠, 부르짖을 17	土 X 獲 얻을, 포로 18				
횡	木 ○ 宖 집 울릴, 편안할 8	金 ○ 鈜 쇳소리, 종소리 12	木 △ 橫 비낄, 가로, 가로지를 16	水 X 澋 물이 빙 돌, 물 돌아나갈 16	金 ○ 鐄 종, 종소리, 크게 울릴 20	土 ○ 黌 글방, 학교 25		
효	火 △ 爻 사귈, 육효, 본받을 4	水 ○ 孝 효도, 효도하다 7	土 ○ 効 힘쓸, 본받을, 效의 통용어 8	火 ○ 佼 점잖을, 큰 모양 9	木 ○ 唘 높을, 집 높을 10	木 X 虓 울부짖을, 범이 성낼 10	火 △ 烋 뽐낼, 자긍할 [휴] 10	火 △ 恔 유쾌할, 기분좋을 [교] 10

	金 ○ 效 본받을, 힘쓸 10	水 X 哮 성낼, 큰소리 낼 10	水 ○ 洨 강 이름, 물이름 10	水 X 肴 안주, 술안주 10	木 X 梟 올빼미, 11	土 ○ 婋 여자의 마음 영리할 11	土 ○ 崤 산 이름 11	水 ○ 涍 물이름, 물가, 성 11
효	火 ○ 傚 본받을, 배우다 12	金 X 殽 섞일, 어지러울 12	水 X 淆 흐릴, 뒤섞일 12	水 ○ 窙 높을, 활달할 12	火 △ 熇 엄할, 불김 [혹] 14	火 △ 歊 오를, 김 오를 14	金 X 酵 삭힐, 술지게미 14	火 ○ 皛 나타날, 밝을 15
	火 ○ 曉 새벽, 밝을, 깨달을 16	水 X 嚆 울릴, 외칠, 부르짖을 17	水 X 餚 반찬, 안주 17	金 X 謞 부르짖을 [효] 18	金 ○ 斅 가르칠, 교육할 20	水 △ 嚻 들렐, 소리, 시끄러울 21	火 △ 驍 날랠, 좋은 말 22	
	木 X 朽 썩을, 부패, 썩은 냄새 6	水 ○ 后 뒤, 임금, 왕비 6	水 X 吼 소리, 울, 아우성칠 7	水 X 吽 소 울, 소가 울다 7	土 △ 姁 할미, 예쁠 8	木 ○ 芋 클, 벼슬이름 [우] 9	火 ○ 侯 제후, 임금, 아름다울 9	火 △ 後 뒤, 아들, 동서 9
후	土 ○ 厚 두터울, 후하다 9	土 ○ 垕 두터울, 후하다 9	土 ○ 㕗 두터울, 두껍다 9	金 ○ 矦 임금, 아름다울 9	火 △ 候 기후, 살필, 염탐할 10	火 ○ 欨 즐거워할 10	金 ○ 珝 옥 이름, 사람이름 11	金 X 酗 주정할, 주사 피울 11
	木 △ 帿 과녁 12	土 △ 堠 돈대, 망대, 봉화지기 12	水 △ 煦 불, 데울, 선웃음치다 12	水 X 喉 목구멍, 목 12	火 ○ 煦 따뜻하게 할, 햇빛, 은혜 13	土 X 猴 원숭이 13	土 ○ 逅 만날, 우연히 만날 13	金 ○ 詡 자랑할, 클, 두루 13
	水 X 嗅 맡을, 냄새 맡다 13	木 △ 篌 공후(하프 비슷한 악기) 15	水 △ 餱 건량, 말린 밥 18	金 X 譃 거짓말, 망령된 말 19				

음								
훈	金 ○ 訓 가르칠, 훈계할 10	火 △ 焄 향내, 김 쐴, 불길 오를 11	火 ○ 勛 공훈, 勳의 고자 12	火 X 暈 무리, 햇무리 13	火 △ 熏 더울, 熏의 통용어 13	火 X 煇 구울, 지질 [휘] 13	土 △ 塤 질나팔(흙으로 만든 악기) 13	火 △ 熏 불길, 더울, 뜨거울 14
	木 X 葷 훈채, 매운 채소 15	火 ○ 勳 공훈, 勳의 속자 15	火 ○ 勳 공훈, 업적 16	土 X 壎 흙으로 만든 악기, 질나팔 17	火 △ 曛 석양빛, 황혼 무렵 18	火 X 燻 연기 낄, 질식할 18	土 X 獯 오랑캐 이름 18	木 △ 薫 향풀, 향내, 薰의 속자 19
	木 △ 薰 향풀, 향내, 향기로울 20	木 ○ 纁 분홍빛, 분홍빛 비단 20	木 △ 蘍 향풀, 薰의 통용어 21	金 X 鑂 빛 변할, 금빛 투색할 22				
홀	火 △ 欻 문득, 갑자기, 일어날 12							
훙	木 X 薨 죽을, 훙서할 19							
훤	火 ○ 昍 밝을 [훤] 8	火 ○ 烜 마를, 빛나고 밝을 10	水 X 喧 지껄일, 떠들썩하다 12	火 ○ 愃 너그러울, 쾌할 [선] 13	火 ○ 暄 따뜻할, 온난할 13	火 ◎ 煊 마를, 말릴, 따뜻하다 13	木 △ 萱 풀, 원추리, 망우초 15	金 X 諠 떠들, 잊을, 거짓 16
	金 X 諼 속일, 거짓, 잊을 16							

음								
훼	木 ○ 卉 풀, 초목 5	木 △ 卉 풀, 초목 卉의 통용어 6	木 △ 芔 풀, 초목 9	水 X 虺 살무사, 독사, 큰 뱀 9	水 △ 喙 부리, 숨 쉴, 괴로울 12	金 X 毁 헐, 이지러질 13	金 X 毁 헐, 이지러질 13	火 X 燬 불, 불 성할 17
휘	木 △ 揮 휘두를, 지휘할 13	火 △ 彙 무리, 모을, 고슴도치 13	火 ○ 暉 햇빛, 광채, 빛날 13	火 △ 煇 빛, 빛날 [휘] 13	火 △ 煒 빛, 빛날 [위] 13	木 △ 麾 기, 대장기 15	火 X 翬 훨훨 날, 꿩, 날개 15	火 ○ 輝 빛날, 빛 15
	木 △ 撝 찢을, 겸손할 16	金 X 諱 숨길, 피할, 꺼릴 16	火 ○ 徽 아름다울, 표기 17					
휴	火 ○ 休 쉴, 쉬다, 아름다울 6	木 △ 庥 그늘, 덮다, 쉬다 9	水 X 咻 떠들, 앓다, 신음 소리 9	火 ○ 烋 아름다울, 경사로울 10	土 △ 畦 밭두둑, 경계, 선 이랑 11	木 △ 携 끌, 이끌, 가질 14	火 X 髹 옻칠할, 검붉은 빛 16	木 X 虧 이지러질, 부족할, 줄 17
	火 X 鵂 수리부엉이, 수알치새 17	土 X 隳 무너질, 무너뜨릴 23						
휼	水 △ 卹 진휼할, 가엾게 여길 8	火 X 恤 근심할, 동정할 10	土 X 遹 좇을, 비뚤, 편벽되다 19	金 X 譎 속일, 변할, 간사할 19	金 X 鐍 걸쇠(고리 를 거는 쇠) 20	水 △ 霱 상서로운 구름 [율] 20	火 △ 鷸 도요새, 물총새 23	
흉	水 X 凶 흉할, 재앙 4	木 X 兇 흉악할, 두려워할 6	金 X 匈 가슴, 흉흉할 6	火 X 恟 두려울, 두려워할 10	水 △ 洶 용솟음칠, 물 솟을 10	水 X 胸 가슴, 마음 12	水 X 臅 가슴, 마음 12	

음								
흑	水 △ 黑 검을, 어두울 12							
흔	火 ○ 忻 기쁠, 기뻐할 8	火 ○ 欣 기쁠, 좋아할 8	火 △ 炘 화끈거릴, 불사를 8	火 ◎ 昕 새벽, 밝을, 해 돋을 8	火 X 很 패려궂을, 어길, 다툴 9	水 X 痕 흉터, 흔적, 자취 11	木 △ 掀 번쩍 들, 치켜들 12	火 ○ 惞 기쁠, 즐거워할 12
	金 X 釁 피 바를, 틈, 허물 25							
흘	火 ○ 仡 날랠, 높을 5	土 ○ 屹 높을, 산 우뚝 솟을 6	水 X 吃 말 더듬을, 먹을 6	水 X 汔 거의, 물 마를 7	水 X 疙 쥐부스럼, 어리석을 8	木 X 紇 묶을, 질 낮은 명주실 9	土 ○ 迄 이를, 도달할 10	金 ○ 訖 이를, 마칠, 다할 10
	金 X 齕 깨물, 씹을, 깨물다 18							
흠	火 X 欠 하품, 모자랄 4	火 ○ 欽 공경할, 존경하다 12	火 △ 歆 흠향할, 부러워할 13	木 X 廞 일, 포진할, 벌여놓을 15	金 ○ 鑫 기쁠, 사람이름 24			
흡	水 △ 吸 마실, 빨, 숨 들이쉴 7	火 △ 恰 흡족할, 마음쓸 10	水 ○ 洽 화합할, 적실, 두루 10	火 △ 翕 합할, 성할, 모을 12	火 △ 翖 합할, 성할, 모을 12	水 △ 噏 숨 들이쉴, 거둘 15	火 X 歙 숨 들이쉴, 거둘 16	水 △ 潝 물 빨리 흐르는 소리 16

흥	土 ○ 興 일, 흥할, 일어날 15							
	木 ◎ 希 바랄, 드물 7	火 X 俙 비슷할, 소송할 9	土 ○ 姬 계집, 아가씨 9	土 ○ 姫 계집, 姬의 통용어 9	土 △ 妃 즐거워할 [이] 9	水 △ 咥 웃을, 웃음소리 9	水 X 唏 슬퍼할, 탄식할 10	火 X 悕 원할, 슬퍼할 11
	火 ○ 晞 마를, 말릴, 밝을 11	火 ○ 烯 불빛, 별 쬘 11	火 X 欷 한숨 쉴, 흐느낄 11	木 △ 稀 드물, 성길, 적을 12	水 ○ 喜 기쁠, 즐거울 12	火 ○ 熙 빛날, 넓을, 熙의 통용어 13	火 ○ 煕 빛날, 말릴, 넓을 13	火 ○ 僖 기쁠, 즐거울 14
희	火 ○ 熈 밝을, 熙의 통용어 14	水 X 豨 돼지, 멧돼지 14	土 ○ 嬉 아름다울, 희롱할, 예쁠 15	水 X 凞 화할, 빛날 (자전은 16획) 15	水 △ 嘻 화락할, 억지로 웃을 15	木 ○ 樨 큰 나무, 나무이름 16	火 ○ 憙 기뻐할, 좋아할 16	火 ○ 憘 기쁠, 기뻐할 16
	火 ◎ 暿 빛날, 성할, 더울 16	火 ○ 熺 빛날, 밝을, 성할 16	火 ○ 熹 빛날, 밝을, 성할 16	土 △ 羲 기운, 복희, 사람이름 16	金 X 戲 희롱할, 놀, 연극 16	水 X 噫 탄식할, 한숨 쉴 16	木 ◎ 禧 복, 행복, 길할 17	土 ○ 嬫 기쁠, 즐거울 17
	金 X 戱 희롱할, 놀, 연극 17	火 X 燨 불, 들불, 야화 18	金 △ 譆 감탄할, 뜨겁다 19	水 X 饎 보낼, 희생, 쌀 19	火 ○ 曦 햇빛, 빛날, 일광 20	火 ○ 爔 불, 햇빛 20	土 X 犧 희생할, 짐승 20	水 △ 囍 쌍희, 기쁨 22
히	水 X 屎 끙끙거릴 [시] 9							

| 힐 | 土 X
犵
오랑캐
이름
7 | 金 △
詰
다스릴,
물을, 꾸짖을
13 | 火 △
頡
곧은 목,
날아오를
15 | 水 △
點
영리할,
약을 [힐]
18 | 木 X
纈
맺을,
홀치기염색
21 | 木 △
襭
옷깃,
옷자락 걷을
21 | | |

※ 이름 선택 시 주의해야 할 자

자전에 따라서 2개의 획수로 혼용되는 자, 2개의 변의로 나오는 자는 전문 작명가 입장에서도 다를 수 있으므로 작명 시 凶으로 나올 수 있기에 자의 판정에서 불가로 표시하였다.

음	자	풀이	획수	참고 내용
구	求	구할, 청할, 부를	6	2개의 획수로 혼용되는 자
구	龜	땅이름[귀, 균]	16	주의해야 할 자
구	龜	땅이름[귀, 균]	18	주의해야 할 자
구	鬮	제비, 추첨, 쟁취할	26	2개의 획수로 혼용되는 자
몽	朦	흐릴, 어렴풋할	18/20	부수 月(18), 肉(20)
반	肦	나눌[분]	8/10	부수 月(8), 肉(10)
빈	斌	빛날, 아롱질	11	2개의 획수로 혼용되는 자
빈	贇	예쁠, 빛날[윤]	18	2개의 획수로 혼용되는 자
소	嘯	휘파람 불, 울부짖다	16	2개의 획수로 혼용되는 자
소	簫	퉁소, 조릿대	19	2개의 획수로 혼용되는 자
소	蕭	맑은대쑥, 쓸쓸할	19	2개의 획수로 혼용되는 자
소	瀟	맑고 깊을, 비바람 칠	21	2개의 획수로 혼용되는 자
수	繡	수놓을, 비단	18,19	자전에 두 획수로 나오는 자
숙	橚	줄지어 설, 밋밋할	17	2개의 획수로 혼용되는 자
숙	潚	빠를, 성	17	2개의 획수로 혼용되는 자

숙	驌	말이름, 좋은 말	23	2개의 획수로 혼용되는 자
숙	鷫	신조, 기러기 종류	24	2개의 획수로 혼용되는 자
연	淵	못, 깊을, 북소리	13	2개의 획수로 혼용되는 자
연	蝝	벌레이름, 나비애벌레	15	2개의 획수로 혼용되는 자
우	覨	날, 날아갈	13	2개의 획수로 혼용되는 자
유	臾	잠깐, 성[용, 궤]	8	2개의 획수로 혼용되는 자
윤	贇	예쁠, 아름다울[빈]	18	2개의 획수로 혼용되는 자
자	慈	사랑, 자비, 양어머니	13	2개의 획수로 혼용되는 자
자	滋	맛, 부를, 번식할	13,14	자전에 두 획수로 나오는 자
자	磁	지남석, 자석	14	2개의 획수로 혼용되는 자
정	政	정사, 바르게 할	8	2개의 획수로 혼용되는 자
주	胄	투구, 맏아들, 혈통	9/10	부수 月(9),肉(10)
주	酒	술, 냉수, 성	10/11	부수 水(10),酉(11)
지	墀	지대 뜰, 섬돌 위 뜰	15	2개의 획수로 혼용되는 자
지	遲	더딜, 늦을, 기다릴	19	2개의 획수로 혼용되는 자
치	致	이를, 다할, 보낼	9,10	자전에 두 획수로 나오는 자
치	穉	어릴, 작은 벼	17	2개의 획수로 혼용되는 자
팽	膨	부풀, 불룩해질	16,18	부수 月(16),肉(18)
학	瘧	학질, 말라리아	14,15	자전에 두 획수로 나오는 자
학	謔	희롱할, 농담하다	16,17	자전에 두 획수로 나오는 자
허	墟	터, 언덕, 옛터	14,15	자전에 두 획수로 나오는 자
허	嘘	불, 울, 탄식할	15	2개의 획수로 혼용되는 자

1) 아호(雅號)에 쓰이는 한자

1획	木 ○ 一 한, 처음, 하나 일							
2획	火 △ 人 사람, 백성, 착한 사람 인	水 ◎ 又 또, 다시, 용서할 우						
3획	木 ○ 三 석, 셋, 거듭 삼	水 ◎ 凡 무릇, 평범할 범	木 ◎ 士 선비, 벼슬, 사내 사	土 △ 山 뫼, 성, 분묘 산	水 △ 夕 저녁, 밤 [사] 석	水 ○ 小 적을, 작을, 삼갈 소	水 ○ 也 잇기, 어조사 야	水 ○ 川 내, 평원, 고을이름 천
	土 △ 寸 마디, 적을, 촌수 촌							
4획	火 ○ 今 이제, 바로, 오늘 금	火 ○ 丹 붉을, 주사, 마음, 예쁠 단	火 ○ 斗 말(용량단위), 별이름 두	木 △ 木 나무, 관, 별이름 목	木 ◎ 文 글월, 성, 문자, 문서 문	木 ○ 夫 지아비, 남편, 성 부	水 ○ 少 젊을, 적을 소	水 ○ 水 물, 강물, 별이름 수
	火 ○ 心 마음, 생각, 가슴 심	火 ○ 午 낮, 남쪽 오	水 ○ 友 벗, 우애, 사랑할 우	水 ○ 云 이를, 말할, 어조사 운	木 ○ 元 으뜸, 근본, 성 원	水 ○ 月 달, 한 달, 달빛, 세월 월	火 ○ 仁 어질, 씨, 착할 인	火 ○ 日 날, 태양, 해, 햇빛 일
	水 △ 壬 북방, 아홉째 천간 임	水 ○ 井 우물, 샘, 별이름 정	土 ◎ 中 가운데, 중간, 마음 중	土 △ 之 갈, 이를, 어조사 지				

5획

水 ◎	土 ◎	木 ○	火 ◎	水 ○	土 △	火 ○	木 △
可	加	甲	巨	古	丘	旦	未
옳을, 허락할	더할, 베풀	갑옷, 첫째 천간	클, 어찌, 많을	옛, 옛날, 오래되다	언덕, 성, 많이	아침, 새벽, 밝을	아닐, 못할, 아직
가	가	갑	거	고	구	단	미
火 ○	金 ○	木 ◎	木 ○	金 ○	火 △	木 ○	土 ○
民	白	本	生	石	仙	世	央
백성, 벼슬이름	흰, 밝을, 깨끗할	근본, 뿌리, 근원	낳을, 기를, 나아갈	돌, 비석, 성	신선, 선고, 가볍게 날	인간, 세상, 세대, 시대	가운데, 오랠, 선명할
민	백	본	생	석	선	세	앙
水 ◎	金 ○	水 ○	火 △	土 ○	土 ○	水 ○	木 ○
永	玉	右	以	田	正	台	平
길, 오랠, 성	구슬, 성, 소중히 여길	오른쪽, 숭상할	~써, ~부터, 까닭, 때문에	밭, 성, 경작지	바를, 바로잡을	별, 삼태성, 고을이름	평평할, 화평할, 성
영	옥	우	이	전	정	태	평
火 ○	火 ○	金 ○	火 ○				
必	玄	乎	弘				
반드시, 오로지	검을, 성, 하늘, 깊을	어조사, 온, 감탄사	클, 넓을				
필	현	호	홍				

6획

金 ◎	火 ○	水 ◎	水 ◎	土 △	水 ○	金 ○	木 ○
共	光	吉	多	老	百	西	先
한가지, 공손할, 함께	빛, 빛날, 경치	길할, 성, 행복	많을, 넓을	늙을, 어른, 노련할	일백, 많을 [맥]	서쪽, 사양, 성	먼저, 선생, 앞설
공	광	길	다	로	백	서	선
木 ○	木 ◎	土 ○	木 ○	火 ○	水 ◎	火 ○	水 ○
守	安	如	宇	旭	有	伊	而
지킬, 벼슬, 보살필	편안할, 고요할, 성	같을, 같다, 만일	집, 천지, 하늘	빛날, 아름다울	있을, 많을, 존재하다	저, 성, 어조사	말 이을, 너, 어조사
수	안	여	우	욱	유	이	이
土 ○	火 ◎	木 ○	木 ○	水 ○	木 ○	土 ○	火 ○
在	早	朱	舟	州	竹	至	行
있을, 볼, 살필	이를, 새벽, 일찍	붉을, 연지, 성	배, 실을, 성	고을, 섬, 모여 살	대, 대나무, 죽간(竹簡)	이를, 지극할	다닐, 행할 [항]
재	조	주	주	주	죽	지	행

획수								
6획	水 ○ 向 향할, 나아갈 향							
7획	金 ○ 七 일곱, 일곱 번째 칠	木 ◎ 杠 깃대, 작은 다리 강	水 ◎ 江 물, 강, 큰 내, 성 강	水 ○ 谷 골, 계곡, 성 곡	水 ○ 君 임금, 남편, 군자 군	水 ○ 呂 성, 음률, 풍류 려	土 ○ 里 마을, 고향, 이웃 리	土 ○ 每 매양, 늘, 우거질 매
	土 ○ 妙 묘할, 예쁠, 젊을 묘	木 ○ 序 차례, 학교, 순서 서	火 ○ 成 이룰, 성, 성숙할 성	木 ◎ 秀 빼어날, 무성할 수	水 ○ 冶 풀무, 불릴, 단련할 야	水 ○ 汝 너, 물이름 여	金 ○ 攸 바, 장소, 곳, 다스릴 유	火 ○ 赤 붉을, 빌 적
	木 ◎ 廷 조정, 공정할 정	火 ○ 住 머무를, 살, 거처할 주	火 ○ 志 뜻, 마음, 기록할 지	金 ○ 初 처음, 시작, 옛날 초	木 ○ 村 마을, 시골, 농막 촌	金 ○ 兌 기쁠, 바꿀 곧을, 괘 이름 태	火 ○ 何 어찌, 무엇, 성 하	木 ○ 杏 살구, 은행 행
	木 ◎ 希 바랄, 드물 희							
8획	金 ○ 八 여덟, 팔자형 팔	火 ◎ 佳 아름다울, 좋을 가	木 ◎ 杰 뛰어날, 출중하다 걸	土 ◎ 京 서울, 도읍, 수도 경	金 ○ 庚 별, 길, 일곱째 천간 경	水 ○ 季 계절, 끝, 막내 계	土 ○ 考 생각할, 살필, 상고할 고	水 △ 孤 외로울, 배반할 고
	土 ○ 坤 땅, 여성, 괘 이름 곤	火 ◎ 供 이바지할, 받들다 공	水 △ 空 빌, 비다, 공간, 하늘 공	火 ◎ 佶 건장할, 헌걸찰 길	木 ○ 松 소나무, 향풀, 성 송	土 ○ 岸 언덕, 섬돌, 낭떠러지 안	土 ○ 岩 바위, 巖의 속자 암	木 △ 艾 쑥, 성, 늙을 [예] 애

8획	土 △ 厓 언덕, 끝 애	水 △ 夜 밤, 성 [액] 야	土 △ 於 어조사, 대신할 어	火 ◎ 旿 밝을, 대낮 오	水 ○ 雨 비, 비 올 우	火 ◎ 侑 도울, 짝, 권할 유	木 ○ 長 길, 어른, 길이, 길다 장	木 ○ 宙 집, 하늘, 천지 사이 주
	水 ◎ 周 두루, 성, 구할 주	金 ○ 知 알, 깨달을, 주장할 지	木 ○ 直 곧을, 바를 직	火 ○ 昌 창성할, 성, 착할 창	木 ◎ 靑 푸를, 동쪽, 감람, 주 이름 청	火 ○ 忠 충성, 정성, 곧을 충	木 ○ 卓 높을, 성, 뛰어날 탁	土 ○ 坡 언덕, 고개, 제방 파
	木 ○ 虎 범, 용맹스러울 호	水 ○ 和 고루, 화할, 순할 화						
9획	水 ○ 九 아홉, 많을 구	火 ◎ 昛 밝을 거	木 ◎ 建 세울, 일으키다 건	水 ○ 癸 북방, 겨울, 열째 천간 계	金 △ 故 연고, 까닭 고	土 ○ 奎 별, 별이름 규	火 ○ 南 남녘, 성, 남쪽 남	木 ○ 度 법, 자, 정도 [탁] 도
	木 ○ 柳 버들, 성, 별이름 류	土 ○ 美 아름다울, 예쁠, 좋을 미	火 ○ 思 생각할, 어조사 사	火 ○ 星 별, 세월, 성 성	火 ◎ 昭 밝을, 나타날 소	火 ◎ 是 이, 옳을, 바를 시	火 ○ 信 믿을, 진실, 성실하다 신	木 ○ 室 집, 방, 아내 실
	火 ○ 耶 어조사, 아버지 [사] 야	木 ○ 約 맺을, 묶을, 약속할 약	火 ◎ 彦 선비, 글, 재덕이 뛰어날 언	火 ○ 映 비출, 비칠 영	水 ○ 盈 찰, 차다, 가득할 [앙] 영	金 △ 玩 희롱할, 보배, 놀 완	土 ○ 勇 날랠, 용기, 용감할 용	火 △ 幽 그윽할, 숨을, 깊을 유
	金 ○ 音 소리, 음악, 말소리 음	水 ○ 哉 어조사, 비롯할 재	火 ○ 亭 정자, 집, 머무를 정	土 ○ 重 무거울, 거듭할 중	水 ○ 泉 샘, 돈, 지하수 천	木 ○ 秋 가을, 성, 이룰, 결실 추	火 ○ 春 봄, 동녘, 화창할 춘	水 ○ 治 다스릴, 병 고치다 치

9획	水 ○ 泰 클, 통할, 편안할 태	水 ○ 波 물결, 달빛, 물이름 파	水 ◎ 河 물, 강물, 성 하	木 ○ 紅 붉을, 연지 홍	火 △ 後 뒤, 뒤질, 아들, 동서 후	土 ○ 厚 두터울, 후하다 후		
10획	木 ○ 家 집, 집안, 계집[고] 가	金 ◎ 剛 굳셀, 단단할 강	金 ◎ 兼 겸할, 쌓을, 성, 아우를 겸	土 ○ 耕 밭갈, 농사, 일할 경	木 ○ 桂 계수나무, 성, 달 계	火 ○ 高 높을, 성, 뛰어나다 고	火 ○ 起 일어날, 시작할 기	金 ○ 記 기록할, 적을, 기억할 기
	土 ○ 島 섬, 도서 도	木 ○ 桐 오동나무, 거문고 동	水 ○ 洞 고을, 골, 마을 [통] 동	木 ○ 栗 밤, 밤나무, 공손할 률	火 △ 馬 말, 성, 벼슬이름 마	木 ○ 芳 꽃다울, 향기 방	土 ○ 峰 봉우리, 고을이름 봉	木 △ 芙 연꽃, 부용 부
	木 △ 芬 향기로울, 어지러울 분	木 ○ 師 스승, 어른, 본받을 사	水 ○ 栖 쉴, 棲의 속자 서	火 ◎ 書 글, 문장, 기록할 서	土 △ 城 재, 성, 나라 성	木 ◎ 素 흴, 근본, 바탕, 정성 소	木 ○ 笑 웃을, 웃음 소	火 ○ 修 닦을, 다스릴 수
	火 ○ 時 때, 계절, 기회 시	火 △ 翁 늙은이, 아버지 옹	木 △ 耘 김맬, 제거할 운	土 ◎ 原 언덕, 근원, 근본 원	火 ○ 恩 은혜, 사랑할 은	木 ○ 宰 재상, 주관할 재	木 ○ 栽 심을, 묘목, 분재 재	水 ○ 洲 섬, 물가, 대륙 주
	水 △ 酒 술, 냉수, 성 주	木 ○ 芝 지초, 영지, 버섯 지	木 ○ 眞 참, 진리, 진실할 진	金 ○ 珍 보배, 진귀할 진	木 ○ 芭 파초, 꽃, 풀이름 파	火 ○ 夏 여름, 성, 나라이름 하	木 △ 奚 어찌, 종, 종족 이름 해	木 ○ 祜 복, 행복, 복이 많을 호
	木 ○ 花 꽃, 기생, 아름다울 화	木 △ 桓 머뭇거릴, 굳셀, 하관 틀 환	金 ○ 效 본받을, 힘쓸 효					

	金 ○ 乾 하늘, 남자, 괘 이름 건	土 ○ 堂 집, 대청, 마루 당	水 ○ 浪 물결, 성, 방랑할 랑	水 ◎ 朗 밝을, 맑을, 달 밝을 랑	木 △ 梨 배, 배나무 리	木 △ 麻 삼, 성, 대마, 참깨 마	火 △ 晚 늦을, 저물, 저녁 만	水 △ 望 바랄, 원망할 망
	木 ○ 梅 매화, 성, 매화나무 매	木 ○ 茂 무성할, 힘쓸, 풍성할 무	水 ○ 問 물을, 찾을, 문안할 문	火 ○ 烽 봉화, 경계 봉	水 ○ 雪 눈, 씻을, 결백할 설	木 △ 庵 암자, 초막 암	土 △ 崖 언덕, 벼랑, 낭떠러지 애	土 △ 野 들, 성 밖 [여, 서] 야
11획	火 ◎ 悟 총명할, 깰, 깨달을 오	木 ◎ 庸 떳떳할, 항상 용	木 ○ 寅 범, 동방, 셋째 지지 인	木 ○ 紫 붉을, 자줏빛 자	金 ○ 章 글, 문장, 밝을, 성 장	木 △ 笛 피리, 대나무 적	金 ○ 珠 구슬, 진주 주	水 △ 窓 창, 창문 [총] 창
	土 △ 處 곳, 처소, 있을, 살 처	水 ○ 海 바다, 클, 세계, 성 해	水 △ 胡 오랑캐, 어찌, 성 호	水 ○ 浩 넓을, 클, 넓고 클 호	火 ○ 晥 환할, 밝을 환	木 ○ 凰 봉황, 암 봉황새 황		
	火 ○ 街 거리, 대로, 한길 가	火 ○ 景 볕, 경치, 성, 밝을 경	木 ○ 茶 차, 차나무[차] 다	水 △ 單 홑, 홀로, 성 [선] 단	金 △ 覃 깊을, 미칠, 퍼질 담	火 △ 無 없을, 아닐 무	火 ◎ 普 넓을, 클, 두루 보	水 △ 象 형상, 코끼리 상
12획	水 ◎ 善 착할, 좋을, 훌륭할 선	火 ○ 雅 맑을, 바를 아	火 ○ 然 그러할, 옳을, 허락할 연	金 ○ 琓 서옥, 옥 이름 완	木 ○ 寓 머무를, 숙소, 집 우	水 ○ 雲 구름, 성 운	火 ○ 雄 수컷, 높을, 승리할 웅	火 ◎ 惟 생각할, 오직 유
	火 ○ 晶 맑을, 빛날, 수정 정	水 ○ 朝 아침, 조정, 왕조 조	火 ○ 智 지혜, 슬기로울 지	木 ○ 草 풀, 잡초, 초원 초	木 ○ 閑 한가할, 조용할 한	火 ◎ 惠 은혜, 인자할 혜	水 ○ 喜 기쁠, 즐거울 희	

13획	金 △ 琴 거문고, 성 금	木 ◎ 祺 복, 길할, 길조, 편안할 기	火 ○ 暖 따뜻할 [훤] 난	水 ○ 湳 물이름 남	土 ○ 農 농사, 심을, 힘쓸 농	金 ○ 詩 시, 글, 시경 시	金 ○ 新 새, 처음, 친할 신	土 △ 阿 언덕, 고개 [옥] 아
	火 ○ 愛 사랑, 아낄, 사랑하다 애	火 △ 愚 어리석을, 고지식할 우	水 ○ 園 동산, 울타리 원	木 ○ 裕 넉넉할, 너그러울 유	火 ○ 意 뜻, 의미, 생각 의	土 ○ 義 옳을, 바를, 정의 의	木 ○ 靖 편안할, 고요할 정	火 △ 鼎 솥, 세발솥 정
	火 ○ 照 비칠, 빛, 햇빛 조	水 ○ 港 항구, 뱃길 항	木 ○ 楷 본보기, 곧을, 해서 해	水 ○ 湖 호수, 물, 큰 못 호				
14획	金 △ 歌 노래, 가곡, 노래하다 가	水 ◎ 嘉 아름다울, 경사, 기쁠 가	水 ○ 溪 시내, 시냇물 계	土 △ 逑 짝, 배우자, 모을 구	木 ○ 菊 국화, 풀이름 국	金 ○ 端 단정할, 끝, 바를 단	水 △ 圖 그림, 그릴, 꾀할 도	土 ○ 郞 사내, 남편 랑
	木 ○ 綠 푸를, 초록빛 록	水 △ 溟 바다, 아득할 명	水 ○ 夢 꿈, 환상 몽	金 ○ 碧 푸를, 푸른 옥 벽	火 ○ 鳳 새, 봉황새 봉	金 ◎ 瑞 상서, 경사 서	金 ◎ 誠 정성, 진실 공경할 성	水 ○ 壽 목숨, 수명, 장수 수
	木 ◎ 禔 편안할, 복 시	木 ◎ 實 열매, 넉넉할 실	金 ○ 語 말씀, 가르칠 어	土 ○ 與 더불, 줄, 참여할 여	火 △ 熊 곰 웅	木 ○ 維 벼리, 바, 밧줄, 맬 유	金 ○ 銀 은, 돈, 은빛 은	火 ○ 暢 화창할, 후련할 창
	火 △ 翠 푸를, 비취색 취	水 ○ 豪 호걸, 귀인, 뛰어날 호	木 ○ 華 빛날, 꽃, 동산 이름 화					

15획	火 ○ 儉 검소할, 소박할 검	火 ○ 慶 경사, 복, 성, 착할 경	火 ○ 德 큰, 복, 은혜, 오를 덕	木 ○ 萬 일만, 성, 많을 만	水 ○ 滿 찰, 가득할, 풍족할 만	木 ○ 靚 단장할, 정숙할 정	土 ○ 週 돌, 회전, 두루, 주일 주	金 △ 醉 취할, 술 취할 취
	水 ○ 漢 한수, 성, 은하수 한	火 ○ 慧 슬기로울, 총명할, 지혜 혜	火 ○ 皛 나타날, 밝을 효					
16획	金 ○ 錦 비단, 아름답다 금	金 ○ 堪 옥, 고깔 꾸미개 옥 기	水 △ 潭 못, 연못, 깊을 담	土 ○ 道 길, 성, 도리, 근원 도	土 △ 龍 용, 성, 별이름 룡	木 △ 蒙 어두울, 어릴, 입을 몽	水 △ 默 잠잠할, 고요하다 묵	水 ◎ 學 배울, 공부하다 학
	金 ○ 諧 화할, 화합할 해	火 ○ 憲 법, 모범, 가르침 헌						
17획	水 ○ 館 집, 객사, 마을, 묵을 관	木 ○ 檀 박달나무, 단향목 단	木 ○ 蓮 연꽃, 연밥 련	土 △ 齋 재계할, 집 [자] 재	土 ○ 鄕 마을, 시골, 고향 향	火 △ 鴻 기러기, 큰기러기 홍		
18획	木 ○ 蕙 혜초, 난초, 아름다울 혜	金 ○ 鎬 호경, 빛날, 냄비, 땅이름 호						
19획	火 ○ 鵬 붕새, 대붕, 큰 새 붕	金 ◎ 譓 순종할, 슬기로울 혜						

제4부 인명용 한자

20획	土 ◎ 勸 권할, 도울, 권장하다 권							
21획	水 ○ 瀾 물결, 큰 물결 란	火 ○ 鶴 학, 흴, 두루미 학						
22획	土 △ 隱 숨을, 가릴, 은미할 은	火 ○ 歡 기쁠, 즐거울 환						
23획	土 △ 巖 바위, 가파를 암	火 ○ 顯 나타날, 밝을 현						
24획	水 △ 靈 신령, 하늘, 영혼, 정신 령	金 △ 讓 겸손할, 사양할 양						
25획	火 ○ 觀 볼, 많을, 나타내다 관							
30획	火 △ 鸞 방울, 새, 난새 란							

32획	木 △ 籲 부를, 부르짖다 유							

아호는 주로 소처이호(所處以號 - 생활하고 있거나 인연이 있는 처소), 소지이호(所志以號 - 이루어진 뜻이나 이루고자 하는 뜻)라 하여, 자신이 간직하고 있는 것, 간직하고 싶은 것, 특히 좋아하는 것으로 주로 쓴다. 여기에 더하여 뜻이 있는 글자, 직업이나 적성에 맞는 글자, 그리워하는 고향이나 지명, 산과 바위, 개성과 의지, 이상과 신념의 표현 등에 따라서 주로 짓는다.
사주나 수리에 잘 맞는 아호나 상호 사호를 지어 사랑과 행복이 가득한 삶을 영위하기를 기원한다.
(아호나 상호, 사호가 여기에 제시된 자가 아니어도 무방하다.)

2) 상호(商號), 사호(社號)에 쓰이는 한자

획수								
1획	木 ○ 一 한, 처음, 하나 일	木 △ 乙 새, 제비, 둘째 천간 을						
2획	水 ◎ 又 또, 다시, 용서할 우	火 △ 人 사람, 백성, 착한 사람 인	火 ○ 丁 고무래, 장정, 성 정					
3획	木 ○ 三 석, 셋, 거듭 삼	火 ◎ 工 장인, 벼슬, 공교할 공	水 ○ 久 오랠, 변하지 않을 구	土 △ 山 뫼, 성, 분묘 산	木 ○ 上 윗, 높을, 오를 상	水 ○ 小 적을, 작을, 삼갈 소	水 ○ 子 아들, 자식, 열매 자	水 ○ 川 내, 평원, 고을이름 천
	土 △ 寸 마디, 적을, 촌수 촌	土 ○ 土 흙, 땅, 별이름 토						
4획	火 ○ 斗 말(용량단위), 별이름 두	木 △ 木 나무, 관, 별이름 목	木 ◎ 文 글월, 성, 문자, 문서 문	土 ○ 方 모, 방위, 방법, 성 방	水 ○ 水 물, 강물, 별이름 수	木 ◎ 升 되, 오를 승	火 ○ 心 마음, 생각, 가슴 심	火 ○ 午 낮, 남쪽 오
	水 ○ 友 벗, 우애, 사랑할 우	水 ○ 云 이를, 말할, 어조사 운	木 ○ 元 으뜸, 근본, 성 원	水 ○ 月 달, 한 달, 달빛, 세월 월	火 ○ 仁 어질, 씨, 착할 인	火 ○ 日 날, 태양, 해, 햇빛 일	水 △ 壬 북방, 아홉째 천간 임	水 ○ 井 우물, 샘, 별이름 정
	土 ◎ 中 가운데, 중간, 마음 중	火 △ 天 하늘, 하느님, 임금 천	水 X 互 서로, 어그러질 호	火 ○ 化 될, 화할, 성 화				

5획

木 ○ 甲 갑옷, 첫째 천간 갑	火 ◎ 巨 클, 어찌, 많을 거	土 △ 丘 언덕, 성, 많이 구	火 ○ 旦 아침, 새벽, 밝을 단	火 ○ 代 대신, 번갈아 대	金 ○ 立 설, 세울, 정할, 임할 립	土 ○ 戊 천간, 무성할 무	火 ○ 民 백성, 벼슬이름 민
金 ○ 白 흰, 밝을, 깨끗할 백	火 ○ 丙 남쪽, 밝을 병	木 ○ 本 근본, 뿌리, 근원 본	水 ○ 北 북녘, 북쪽 [배] 북	木 ○ 生 낳을, 기를, 나아갈 생	木 ○ 世 인간, 세상, 세대, 시대 세	水 ○ 承 이을, 받들 승	土 ○ 央 가운데, 오랠, 선명할 앙
水 ◎ 永 길, 오랠, 성 영	金 ○ 玉 구슬, 성, 소중히 여길 옥	金 ○ 王 임금, 으뜸, 성 왕	水 ○ 用 쓸, 쓰다, 베풀다 용	水 ○ 右 오른쪽, 숭상할 우	土 ○ 田 밭, 성, 경작지 전	土 ○ 正 바를, 바로잡을 정	木 ○ 平 평평할, 화평할, 성 평
木 ○ 兄 맏, 형, 뛰어날 형	火 ○ 弘 클, 넓을 홍						

6획

土 ○ 六 여섯 륙	金 ◎ 共 한가지, 공손할, 함께 공	火 ○ 光 빛, 빛날, 경치 광	火 ◎ 交 사귈, 벗, 섞일 교	火 ◎ 企 바랄, 꾀할, 발돋움할 기	水 ○ 吉 길할, 성, 행복 길	水 ○ 多 많을, 넓을 다	水 ○ 同 한가지, 함께, 모을 동
金 ○ 列 벌일, 베풀, 차례 렬	木 ○ 米 쌀, 성, 미터 미	水 ○ 百 일백, 많을 [맥] 백	金 ○ 西 서쪽, 사양, 성 서	木 ○ 守 지킬, 벼슬, 보살필 수	木 ◎ 安 편안할, 고요할, 성 안	土 ○ 如 같을, 같다, 만일 여	木 ○ 宇 집, 천지, 하늘 우
水 ◎ 有 있을, 많을, 존재하다 유	土 ○ 全 온전할, 전부, 성 전	火 ◎ 早 이를, 새벽, 일찍 조	水 ○ 州 고을, 섬, 모여 살 주	水 ○ 合 합할, 짝, 모을, 만날 합	火 ○ 行 다닐, 행할 [항] 행	水 ○ 向 향할, 나아갈 향	

획수							
7획	金○ 七 일곱, 일곱 번째 칠	水◎ 江 물, 강, 큰 내, 성 강	水○ 求 구할, 청할, 부를 구	金○ 利 이로울, 편리할 리	火○ 成 이룰, 성숙할 성	木◎ 秀 빼어날, 무성할 수	木○ 完 완전할, 지킬 완	火○ 佑 도울, 우대할 우
	木○ 材 재목, 재료, 자질 재	火○ 志 뜻, 마음, 기록할 지	金○ 兌 기쁠, 바꿀 곧을, 괘 이름 태	水○ 孝 효도, 효도하다 효	木◎ 希 바랄, 드물 희			
8획	火◎ 佳 아름다울, 좋을 가	土◎ 京 서울, 도읍, 수도 경	火◎ 炅 빛날, 나타날 경	金○ 庚 별, 길, 일곱째 천간 경	金○ 金 쇠, 금, 돈, 황금, 성[김] 금	土○ 奇 기이할, 성, 이상할 기	木○ 東 동녘, 봄, 성, 주인 동	火○ 來 올, 부를, 돌아올 래
	木○ 林 수풀, 성, 빽빽할 림	火○ 明 밝을, 성, 똑똑할 명	水○ 味 맛, 뜻, 기분 미	火○ 旼 온화할, 하늘 민	金◎ 尙 높일, 성, 숭상할 상	火◎ 昇 오를, 성, 해 돋을 승	土○ 始 처음, 비로소 시	火○ 亞 버금, 아세아 [압] 아
	土○ 岩 바위, 巖의 속자 암	火◎ 旺 왕성할, 고울 왕	水○ 雨 비, 비올 우	木○ 長 길, 어른, 길이, 길다 장	木○ 宙 집, 하늘, 천지 사이 주	水◎ 周 두루, 성, 구할 주	金○ 知 알, 깨달을, 주장할 지	火○ 昌 창성할, 성, 착할 창
	木○ 靑 푸를, 동쪽, 감람, 주 이름 청	火○ 忠 충성, 정성, 곧을 충	木○ 虎 범, 용맹스러울 호	水○ 和 고루, 화할, 순할 화				
9획	水◎ 泔 쌀뜨물 감	木◎ 建 세울, 일으키다 건	土○ 界 지경, 경계, 한계 계	水○ 癸 북방, 겨울, 열째 천간 계	火○ 南 남녘, 성, 남쪽 남	土○ 美 아름다울, 예쁠, 좋을 미	火○ 保 지킬, 보전할 보	木◎ 宣 펼칠, 베풀, 성 선

획								
9획	火 ○ **星** 별, 세월, 성 성	火 ◎ **昭** 밝을, 나타날 소	火 ○ **信** 믿을, 진실, 성실하다 신	火 ○ **映** 비출, 비칠 [앙] 영	水 ○ **盈** 찰, 차다, 가득할 영	金 ○ **音** 소리, 음악, 말소리 음	木 △ **帝** 임금, 제왕 제	木 ○ **柱** 기둥, 버틸 주
	土 ○ **重** 무거울, 거듭할 중	木 ◎ **祉** 복, 행복 지	火 ◎ **昶** 밝을, 통달할 창	水 ○ **泉** 샘, 돈, 지하수 천	木 ○ **秋** 가을, 성, 이룰, 결실 추	火 ○ **春** 봄, 동녘, 화창할 춘	水 ◎ **河** 물, 강물, 성 하	木 ○ **香** 향기, 향기로울 향
	金 ◎ **剛** 굳셀, 단단할 강	火 ○ **高** 높을, 성, 뛰어나다 고	木 ○ **根** 뿌리, 근본 근	火 ○ **起** 일어날, 시작할 기	水 ○ **氣** 기운, 힘, 숨, 공기 기	土 ○ **島** 섬, 도서 도	土 ○ **城** 재, 성곽, 나라 성	火 ○ **時** 때, 계절, 기회 시
10획	水 ○ **洋** 바다, 넓을, 물결 양	土 ◎ **原** 언덕, 근원, 근본 원	火 ○ **恩** 은혜, 사랑할 은	水 ○ **益** 더할, 유익할 익	火 ○ **祚** 복, 지위, 자리 조	水 ○ **洲** 섬, 물가, 대륙 주	水 ○ **眞** 참, 진리, 진실할 진	金 ○ **珍** 보배, 진귀할 진
	水 ○ **津** 나루, 언덕, 진액 진	火 ○ **夏** 여름, 성, 나라이름 하	水 ○ **洪** 넓을, 성, 큰물 홍					
11획	火 ◎ **健** 건강할, 굳셀, 튼튼할 건	金 ○ **乾** 하늘, 남자, 괘 이름 건	水 ○ **國** 나라, 국가, 세상 국	土 ◎ **基** 터, 바탕, 근본 기	木 △ **梨** 배, 배나무 리	火 △ **晚** 늦을, 저물, 저녁 만	木 ○ **茂** 무성할, 힘쓸, 풍성할 무	土 ○ **邦** 나라, 수도, 성 방
	木 ○ **産** 낳, 낳을, 생산하다 산	木 ◎ **祥** 상서로울, 복, 착할 상	水 ○ **商** 장사, 몫 상	金 ○ **設** 베풀, 세울, 만들 설	火 ◎ **晟** 밝을, 환할, 빛날 성	木 △ **英** 꽃부리, 영웅 영	木 ○ **苑** 나라 동산, 큰바람 원	火 ○ **翊** 도울, 공경할 익

획수								
11획	木 ○ 寅 범, 동방, 셋째 지지 인	木 ◎ 振 떨칠, 진동할 진	水 ○ 海 바다, 클, 세계, 성 해	水 ◎ 浩 넓을, 클, 넓고 클 호	木 ○ 凰 봉황, 암 봉황새 황			
12획	木 △ 開 열, 펴다, 개척할 개	火 ○ 景 볕, 경치, 성, 밝을 경	水 ◎ 喬 높을, 뛰어날 교	金 ○ 貴 귀할, 소중할 귀	木 ○ 棟 마룻대, 용마루 동	金 ○ 理 다스릴, 깨달을 리	金 ○ 貿 무역, 바꾸다 무	火 ○ 發 필, 일어날, 들어낼 발
	火 ◎ 普 넓을, 클, 두루 보	木 ○ 森 삼엄할 나무 빽빽할 삼	水 △ 象 형상, 코끼리 상	水 ◎ 善 착할, 좋을, 훌륭할 선	火 ○ 雅 맑을, 바를 아	火 ○ 雄 수컷, 승리할 웅	火 ○ 晶 맑을, 빛날, 수정 정	水 ○ 朝 아침, 조정, 왕조 조
	火 ○ 智 지혜, 슬기로울 지	金 ○ 現 나타날, 밝을, 옥빛 현	火 ◎ 惠 은혜, 인자할 혜	水 ○ 喜 기쁠, 즐거울 희				
13획	土 ◎ 建 세울, 베풀 건	木 ○ 楠 녹나무, 매화나무 남	水 ○ 湳 물이름 남	火 ○ 聖 성인, 거룩할 성	金 ○ 新 새, 처음, 친할 신	木 ○ 業 업, 직업 업	水 ○ 圓 둥글, 둘레 온전하다 원	金 ○ 資 재물, 자본 자
	水 ○ 湖 호수, 물, 큰 못 호							
14획	水 ◎ 嘉 아름다울, 경사, 기쁠 가	水 ○ 溪 시내, 시냇물 계	木 ○ 福 복, 행복, 상서로울 복	火 △ 鳳 새, 봉황새 봉	金 ○ 瑞 상서, 경사 서	金 ◎ 碩 클, 단단할, 충실할 석	金 ◎ 誠 정성, 진실, 공경할 성	木 ○ 實 열매, 넉넉할 실

14획	木 ○ 榮 영화, 꽃, 명예 영	火 △ 熊 곰 웅	水 ○ 源 근원, 이을 원	木 ○ 維 벼리, 바, 밧줄, 맬 유	金 ○ 銀 은, 돈, 은빛 은	木 ◎ 禎 상서, 행복, 바를 정	木 ◎ 精 정할, 깨끗할 정	金 ○ 誌 기록할, 기억할 지
	火 ○ 彰 드러낼, 밝을, 나타낼 창	火 ○ 暢 화창할, 후련할 창	土 ○ 通 통할, 형통할 통	木 ○ 華 빛날, 꽃, 동산 이름 화				
15획	火 ○ 價 값, 가치 가	火 ○ 慶 경사, 복, 성, 착할 경	木 ○ 葵 해바라기, 헤아리다 규	木 ○ 槿 무궁화, 무궁화나무 근	土 ○ 畿 경기, 서울, 경계 기	火 ○ 德 큰, 복, 은혜, 오를 덕	木 ○ 樂 즐거울 [악, 요] 락	木 ○ 萬 일만, 성, 많을 만
	水 ○ 滿 찰, 가득할, 풍족할 만	木 ◎ 範 본보기, 법, 모범 범	土 ○ 進 나아갈, 오를, 힘쓸 진	水 ○ 漢 한수, 성, 은하수 한	土 ○ 興 일, 흥할, 일어날 흥			
16획	木 ○ 篙 상앗대 고	土 ○ 都 도읍, 성, 서울 [저] 도	火 ○ 頭 머리, 시초 우두머리 두	土 △ 龍 용, 성, 별이름 룡	土 ○ 運 움직일, 운전할 운	火 ○ 勳 공훈, 업적 훈	火 ○ 熹 빛날, 밝을, 성할 희	
17획	木 ○ 檀 박달나무, 단향목 단	土 ○ 隆 높을, 성할, 클 륭	水 ◎ 鮮 생선, 성, 깨끗할 선	火 ○ 翼 날개, 도움 익	金 ○ 鍾 술잔, 모일, 쇠북 종	金 ○ 韓 한나라, 한국, 성 한	土 ○ 鄗 땅이름 호	木 ◎ 禧 복, 행복, 길할 희
18획	金 ○ 謹 삼갈, 공경할 근	火 ○ 雙 쌍, 두, 둘, 한 쌍, 짝수 쌍	木 ○ 豐 풍년, 풍성할 풍	金 ○ 鎬 호경, 빛날, 냄비, 땅이름 호				

제4부 인명용 한자

19획	金 ○ 鏡 거울, 비출, 밝힐 경							
22획	木 ○ 權 권세, 권력, 성 권							
23획	土 △ 麟 기린, 큰 사슴 린	土 △ 巖 바위, 가파를 암						
26획	火 △ 䜌 이을 련							
27획	水 △ 寶 보배, 귀할, 돈 보							

3) 성씨별 본관(姓氏別 本貫)

가씨 價氏　고산(高山) 마령(馬靈) 진안(鎭安)
가씨 賈氏　소주(蘇州)
간씨 干氏　나주(羅州) 남양(南陽)
간씨 竿氏　동주(東州) 해주(海州)
간씨 簡氏　가평(加平) 경주(慶州) 남양(南陽) 서산(瑞山) 인동(仁同)
갈씨 葛氏　남양(南陽) 서원(西原)
갈씨 碣氏　모평(牟平) 함평(咸平)
감씨 甘氏　합포(合浦) 회산(檜山)
강씨 姜氏　금천(衿川) 경주(慶州) 광주(光州) 동복(同福) 백천(白川)
　　　　　　　진주(晉州) 진양(晉陽)
강씨 康氏　강령(康翎) 순천(順天) 신천(信川) 영강(永康) 용인(龍仁)
　　　　　　　재령(載寧) 진주(晉州)
강씨 彊氏　괴산(槐山) 진주(晉州) 충주(忠州)
개씨 介氏　여주(驪州)
개씨 蓋氏　여남(汝南)
건씨 乾氏　송화(松禾)
견씨 堅氏　김포(金浦) 사량(沙梁) 천녕(川寧) 충주(忠州)
견씨 甄氏　상주(尙州) 전주(全州) 황간(黃磵)
결씨 決氏　남양(南陽)
겹씨 袷氏　연풍(延豊) 장풍(長豊)
경씨 慶氏　청주(淸州)
경씨 景氏　태인(泰仁) 해주(海州)
계씨 溪氏　신계(新溪)
계씨 啓氏　함양(咸陽)
계씨 季氏　강화(江華) 신평(新平) 홍주(洪州)
계씨 桂氏　수안(遂安)
고씨 高氏　개성(開城) 고흥(高興) 안동(安東) 용담(龍潭) 장흥(長興)

		전주(全州) 제주(濟州) 횡성(橫城) 청주(淸州)
곡씨	曲氏	면천(沔川) 용궁(龍宮)
곡씨	谷氏	서화(瑞和)
공씨	公氏	김포(金浦) 문천(文川) 창원(昌原)
공씨	孔氏	곡부(曲阜)
공씨	空氏	김포(金浦)
공씨	貢氏	수원(水原) 인천(仁川)
과씨	瓜氏	평강(平康)
곽씨	藿氏	청주(淸州)
곽씨	郭氏	봉산(鳳山) 선산(善山) 의령(宜寧) 청주(淸州) 포산(苞山)
		해미(海美) 현풍(玄風)
관씨	官氏	동양(東洋)
관씨	寬氏	하서(河西)
광씨	光氏	강군(絳郡)
광씨	廣氏	옹진(瓮津) 용담(龍潭)
괴씨	槐氏	창원(昌原)
구씨	丘氏	평해(平海)
구씨	邱氏	은진(恩津)
구씨	瞿氏	옹진(瓮津)
구씨	裘氏	제주(濟州)
구씨	仇氏	의령(宜寧) 창원(昌原)
구씨	具氏	능성(綾城) 창원(昌原)
국씨	國氏	금성(金城) 대명(大明) 담양(潭陽) 풍천(豊川) 전주(全州)
		현풍(玄風) 영양(英陽)
국씨	鞠氏	담양(潭陽) 죽성(竹城)
군씨	君氏	남원(南原)
궁씨	宮氏	자산(慈山) 함열(咸悅)
궁씨	弓氏	태원(太原) 토산(兎山)
권씨	鴌氏	순창(淳昌) 선산(善山)

권씨	權氏	안동(安東)	예천(醴泉)			
귀씨	歸氏	경조(京兆)				
극씨	克氏	영천(永川)				
근씨	斤氏	청주(淸州)				
금씨	琴氏	강화(江華)	계양(桂陽)	봉화(奉化)		
기씨	箕氏	고양(高陽)	행주(幸州)			
기씨	起氏	서원(西原)	옥천(沃川)	한양(漢陽)		
기씨	奇氏	남원(南原)	덕양(德陽)	행주(幸州)		
기씨	祈氏	평양(平陽)				
길씨	吉氏	선산(善山)	해평(海平)			
김씨	金氏	강릉(江陵)	강서(江西)	강진(康津)	강화(江華)	개성(開城)
		경산(慶山)	경주(慶州)	고령(高靈)	고성(固城)	공주(公州)
		광산(光山)	광양(光陽)	광주(廣州)	교하(交河)	금녕(金寧)
		금산(錦山)	금화(金化)	김제(金堤)	김해(金海)	나주(懦州)
		낙안(樂安)	남양(南陽)	남평(南平)	남포(藍浦)	능주(陵州)
		당악(唐岳)	당진(唐津)	대구(大邱)	덕수(德水)	도강(道康)
		도주(道州)	동래(東萊)	등주(登州)	명주(溟州)	명천(皿川)
		무장(茂長)	문화(文化)	밀양(密陽)	백천(白川)	보령(保寧)
		보은(報恩)	부안(扶安)	부평(富平)	분성(盆城)	사천(泗川)
		삼척(三陟)	상산(商山)	상주(尙州)	서흥(瑞興)	선산(善山)
		선성(宣城)	설성(雪城)	수안(遂安)	수원(水原)	순천(順天)
		시흥(始興)	신주(愼州)	신천(信川)	아산(牙山)	안동(安東)
		안로(安老)	안산(安山)	안성(安城)	안악(安岳)	야성(野城)
		양근(楊根)	양산(梁山)	양주(楊州)	언양(彦陽)	여수(麗水)
		연기(燕岐)	연안(延安)	연주(燕州)	영광(靈光)	영덕(盈德)
		영동(永同)	영산(永山)	영암(靈巖)	영양(英陽)	영월(寧越)
		영성(寧城)	영천(永川)	영해(寧海)	예안(禮安)	예천(醴泉)
		오성(筬城)	영장(靈藏)	오천(烏川)	옥천(沃川)	용궁(龍宮)
		용담(龍潭)	용택(龍澤)	우록(友鹿)	우봉(牛峰)	울산(蔚山)

　　　　　웅천(熊川) 원주(原州) 월성(月城) 은율(殷栗) 은진(恩津)
　　　　　의성(義城) 이천(伊川) 의주(義州) 장연(長淵) 적성(積城)
　　　　　전의(全義) 전주(全州) 정산(定山) 정주(貞州) 진도(珍島)
　　　　　진위(振威) 진례(進禮) 진령(鎭岺) 진잠(鎭岺) 진주(晉州)
　　　　　진천(鎭川) 창원(昌原) 창평(昌平) 청도(淸道) 청주(淸州)
　　　　　청풍(淸風) 축안(逐安) 춘양(春陽) 충주(忠州) 칠원(漆原)
　　　　　태원(太原) 통천(通川) 파평(坡平) 평양(平壤) 평해(平海)
　　　　　풍기(豊基) 풍덕(豊德) 풍산(豊山) 하음(河陰) 함창(咸昌)
　　　　　해주(海州) 해평(海平) 해풍(海風) 홍천(洪川) 화순(和順)
　　　　　희천(熙川) 안동구신(安東舊新)

나씨 羅氏　군위(軍威) 금성(錦城) 나주(羅州) 능성(綾城) 수성(壽城)
　　　　　안정(安定)
나씨 那氏　보령(保寧) 제천(堤川) 행주(幸州)
남씨 南氏　고성(固城) 영양(英陽) 영양(穎陽) 의령(宜寧)
남궁씨 南宮氏　함열(咸悅)
낭씨 浪氏　양주(楊州) 진주(晋州)
낭씨 朗氏　양주(楊州) 혹운(或云) 진주(晉州)
내씨 奈氏　나주(羅州)
내씨 來氏　풍천(豊川)
내씨 乃氏　개성(開城) 연안(延安)
노씨 魯氏　강화(江華) 광주(廣州) 밀양(密陽) 함평(咸平)
노씨 盧氏　곡산(谷山) 광산(光山) 교하(交河) 만경(萬頃) 밀양(密陽)
　　　　　신창(新昌) 안강(安康) 안동(安東) 연일(延日) 의주(義州)
　　　　　장연(長淵) 파주(坡州) 풍천(豊川) 해주(海州) 황만(黃萬)
노씨 路氏　개성(開城) 대원(大元) 충주(忠州)
녹씨 綠氏　경산(慶山)
뇌씨 雷氏　교동(喬桐)
뇌씨 賴氏　영주(潁州)

능씨	能氏	태원(太原)

단씨	段氏	연안(延安) 강음(江陰)
단씨	單氏	연안(延安)
단씨	端氏	한산(韓山)
당씨	唐氏	밀양(密陽)
대씨	大氏	밀양(密陽) 대산(大山)
대씨	戴氏	영해(寧海)
대씨	對氏	제주(濟州)
덕씨	德氏	경주(慶州) 밀양(密陽) 별량(別良) 병양(兵陽) 순천(順天) 유곡(楡谷) 죽청(竹靑)
도씨	道氏	고성(固城)
도씨	都氏	성주(星州) 팔거(八莒) 서제(西齊) 전주(全州)
도씨	陶氏	남양(南陽) 밀양(密陽) 병양(兵陽) 순천(順天) 양주(楊州) 진주(晋州) 풍양(豊壤)
독씨	獨氏	단성(丹城)
독고씨	獨孤氏	광릉(廣陵) 남원(南原)
돈씨	敦氏	서원(西原) 청주(淸州)
돈씨	頓氏	목천(木川)
돈씨	豚氏	목천(木川)
동씨	董氏	개성(開城) 광천(廣川) 남원(南原) 남해(南海) 등주(登州) 수원(水原) 안동(安東)
동씨	童氏	덕천(德川) 부령(富寧) 원주(原州) 청주(淸州) 태원(太原)
동씨	東氏	청주(淸州)
동씨	仝氏	시진(市津)
동방씨	東方氏	진주(晉州)
두씨	杜氏	두릉(杜陵) 두산(杜山) 진산(珍山) 만경(萬頃) 해주(海州)
등씨	登氏	고성(固城)

마씨	馬氏	목천(木川) 장흥(長興)
마씨	麻氏	간성(杆城) 상곡(上谷) 열산(烈山) 영평(永平)
만씨	萬氏	강릉(江陵) 강화(江華) 개성(開城) 광주(廣州) 영풍(永豊) 익곡(翼谷) 진강(鎭江) 홍주(洪州)
매씨	梅氏	충주(忠州)
맹씨	孟氏	신창(新昌) 온양(溫陽)
명씨	明氏	서촉(西蜀) 연안(延安)
모씨	牟氏	공산(公山) 공주(公州) 광주(光州) 김해(金海) 서산(瑞山) 진주(晋州) 함평(咸平)
목씨	睦氏	사천(泗川)
목씨	木氏	오흥(吳興)
몽씨	蒙氏	봉화(奉化) 토산(兎山)
묵씨	墨氏	광녕(廣寧) 요동(遼東) 요원(遼原)
문씨	文氏	감천(甘泉) 강릉(江陵) 개령(開寧) 남평(南平) 명주(溟州) 안동(安東) 장연(長淵) 정선(旌善) 창원(昌原) 취성(鷲城) 하양(河陽)
문씨	門氏	송림(松林) 인동(仁同) 인천(仁川)
물씨	物氏	괴산(槐山)
미씨	米氏	공주(公州) 방산(方山) 송림(松林) 유성(儒城) 장단(長湍) 재령(載寧)
미씨	彌氏	신풍(新豊)
민씨	閔氏	여흥(驪興) 여주(驪州) 영주(榮州) 영천(榮川) 해려(海驪) 황려(黃驪)
박씨	朴氏	강릉(江陵) 개성(開城) 경주(慶州) 고령(高靈) 고성(固城) 공주(公州) 광주(廣州) 구산(龜山) 군위(軍威) 나주(羅州) 노성(魯城) 면천(沔川) 무안(務安) 문의(文義) 문주(文州) 밀양(密陽) 반남(潘南) 봉산(鳳山) 비안(比安) 사천(泗川) 삼척(三陟) 상산(商山) 상주(尙州) 선산(善山) 성주(星州)

		순창(淳昌)	순천(順天)	여주(驪州)	영암(靈巖)	영해(寧海)
		오천(汚川)	운봉(雲峰)	울산(蔚山)	웅진(熊津)	월성(月城)
		은풍(殷豊)	음성(陰城)	음죽(陰竹)	의창(儀昌)	의흥(義興)
		인제(麟蹄)	전주(全州)	정선(旌善)	죽산(竹山)	진원(珍原)
		창원(昌原)	춘천(春川)	충주(忠州)	태안(泰安)	태인(泰仁)
		평산(平山)	평주(平州)	평택(平澤)	함안(咸安)	함양(咸陽)
		해주(海州)				
반씨	潘氏	거제(巨濟)	결성(結城)	광산(光山)	광주(光州)	남평(南平)
반씨	班氏	개성(開城)	고성(固城)	평해(平海)		
방씨	芳氏	개경(開慶)	안협(安峽)	이천(伊川)	익곡(翼谷)	철원(鐵原)
		호계(虎溪)				
방씨	邦氏	광주(光州)				
방씨	房氏	남양(南陽)	수원(水原)	용성(龍城)		
방씨	方氏	군위(軍威)	상주(尙州)	신창(新昌)	온양(溫陽)	
방씨	龐氏	갈양(褐陽)	개성(開城)	태원(太原)		
배씨	裵氏	경산(京山)	경주(慶州)	곤산(昆山)	김해(金海)	남해(南海)
		달성(達城)	대구(大丘)	분성(盆城)	성주(星州)	영암(靈巖)
		협계(俠溪)	흥해(興海)			
백씨	白氏	남포(藍浦)	대흥(大興)	수성(隋城)	수원(水原)	양산(梁山)
		임천(林川)	직산(稷山)	태인(泰仁)	해미(海美)	
백씨	柏氏	포천(抱川)				
범씨	范氏	광주(光州)	금성(錦城)	나주(羅州)	안주(安州)	
범씨	泛氏	복룡(伏龍)				
범씨	凡氏	안주(安州)				
변씨	卞氏	개성(開城)	밀양(密陽)	초계(草溪)	팔계(八溪)	
변씨	邊氏	가은(加恩)	원주(原州)	장연(長淵)	전주(全州)	해주(海州)
		황주(黃州)				
별씨	別氏	평창(平昌)				
보씨	甫氏	공주(公州)	홍주(洪州)			

복씨 卜氏 면천(沔川)
봉씨 奉氏 하음(河陰) 강화(江華)
봉씨 鳳氏 경주(慶州)
부씨 附氏 동성(童城)
부씨 傅氏 양근(楊根)
부씨 夫氏 제주(濟州)
부씨 斧氏 풍각(豊角)
부씨 部氏 풍천(豊川)
북씨 北氏 현토(玄兎)
비씨 丕氏 휘주(徽州) 수원(水原) 충주(忠州) 서원(西原)
빈씨 彬氏 달성(達城) 담양(潭陽) 대구(大丘)
빈씨 賓氏 달성(達成) 대구(大邱) 밀양(密陽) 수성(壽城) 영광(靈光)
　　　　　의성(義城)
빈씨 嬪氏 달성(達城) 영광(靈光)
빙씨 氷氏 경주(慶州) 곡성(谷城)

사씨 史氏 거창(居昌) 임강(臨江) 장사(長沙) 전주(全州) 진주(晋州)
　　　　　청주(靑州)
사씨 舍氏 태안(太安) 활천(活川) 부평(富平)
사씨 謝氏 한산(韓山) 진주(晉州)
사씨 思氏 초군(楚郡)
사공씨 司空氏 군위(軍威) 효령(孝令)
산씨 山氏 하남(河南)
삼씨 森氏 가수(嘉壽) 삼가(三嘉)
상씨 嘗氏 고양(高陽)
상씨 尙氏 목천(木川)
상씨 象氏 목천(木川)
상씨 相氏 밀양(密陽)
상씨 桑氏 안변(安邊)

상씨 常氏 　평원(平原)
서씨 徐氏 　남양(南陽) 남평(南平) 달성(達城) 당성(唐城) 대구(大丘)
　　　　　　부여(扶餘) 연산(連山) 이천(利川) 장성(長城) 절강(浙江)
　　　　　　평부(平富)
서씨 西氏 　안음(安陰)
서씨 書氏 　안평(安平)
서문씨 西門氏 　안음(安陰)
석씨 席氏 　강화(江華) 통진(通津)
석씨 釋氏 　경주(慶州) 광산(光山) 김해(金海) 남원(南原) 수원(水原)
　　　　　　영광(靈光)
석씨 昔氏 　월성(月城)
석씨 石氏 　광주(光州) 양주(楊州) 충주(忠州) 해주(海州) 홍주(洪州)
　　　　　　화원(花園)
선씨 宣氏 　광주(光州) 보성(寶城) 이천(利川) 전주(全州)
선씨 先氏 　진성(晋城)
선씨 善氏 　하동(河東)
선씨 鮮氏 　협계(俠溪)
선우씨 鮮于氏 　태원(太原)
설씨 高氏 　경주(慶州)
설씨 薛氏 　경주(慶州) 순창(淳昌)
설씨 偰氏 　경주(慶州)
섭씨 葉氏 　경주(慶州)
섭씨 攝氏 　하동(河東)
성씨 成氏 　창녕(昌寧)
소씨 素氏 　광주(廣州) 풍덕(豊德)
소씨 逍氏 　광주(廣州) 풍덕(豊德)
소씨 召氏 　대동(大同)
소씨 蘇氏 　진주(晉州)
소씨 邵氏 　가량(加良) 경주(慶州) 공주(公州) 남양(南陽) 인천(仁川)

		전주(全州)	청산(靑山)	평산(平山)		
손씨 孫氏	경주(慶州)	나주(羅州)	밀양(密陽)	부평(富平)	비안(比安)
	수주(樹州)	안동(安東)	월성(月城)	일직(一直)	청주(淸州)
	평해(平海)				
송씨 宋氏	김해(金海)	남양(南陽)	덕산(德山)	문경(聞慶)	서산(瑞山)
	신평(新平)	야로(冶爐)	야성(冶城)	양주(楊州)	여산(礪山)
	연안(延安)	영주(榮州)	용성(龍城)	은진(恩津)	진천(鎭川)
	철원(鐵原)	청주(淸州)	합천(陜川)	현주(見州)	홍산(鴻山)
	홍주(洪州)				
송씨 松氏	동완(東莞)	충무(忠武)	화순(和順)		
수씨 水氏	강남(江南)	강릉(江陵)	강원(江原)	고산(高山)	김해(金海)
	운제(雲梯)				
수씨 守氏	개성(開城)	경주(慶州)	광주(光州)		
수씨 洙氏	달성(達城)	밀양(密陽)			
수씨 壽氏	문등(文登)				
수씨 輸氏	충주(忠州)				
순씨 舜氏	임천(林川)	파주(坡州)	파천(坡川)		
순씨 荀氏	연곡(連谷)	임천(林川)	창원(昌原)	홍산(鴻山)	
승씨 承氏	광산(光山)	연일(延日)			
승씨 勝氏	부윤(富潤)	연일(延日)			
승씨 昇氏	송도(松都)	창평(昌平)	남원(南原)		
승씨 僧氏	경주(慶州)	영산(靈山)	청주(淸州)	함안(咸安)	
시씨 時氏	장풍(長豊)				
시씨 施氏	성주(星州)	절강(浙江)			
시씨 柴氏	금화(金化)	능향(綾鄕)	태인(泰仁)		
신씨 愼氏	거창(居昌)				
신씨 申氏	고령(高靈)	아주(鵝洲)	영월(寧越)	영천(永川)	영해(寧海)
	은풍(殷豊)	죽산(竹山)	천안(天安)	평산(平山)	
신씨 辛氏	영산(靈山)	영월(寧越)	창녕(昌寧)		

신씨	信氏	문등(文登)				
신씨	新氏	하인(河因)				
실씨	實氏	태안(泰安)				
심씨	尋氏	개령(開寧)				
심씨	沈氏	부유(富有)	삼척(三陟)	의령(宜寧)	전주(全州)	청송(靑松)
		풍산(豊山)				
쌍씨	雙氏	천수(天水)				
악씨	岳氏	강양(江陽)				
안씨	安氏	공산(公山)	광주(廣州)	동주(洞州)	순흥(順興)	안산(安山)
		안성(安城)	죽산(竹山)	지곡(池谷)	충주(忠州)	탐진(耽津)
		태원(太原)	흥녕(興寧)			
앙씨	仰氏	연일(延日)				
애씨	艾氏	연풍(延豊)	영주(榮州)	장연(長延)	전주(全州)	철원(鐵原)
		한양(漢陽)				
야씨	夜氏	개성(開城)	봉성(峯城)	석천(石淺)	원본(原本)	원평(原平)
		직산(稷山)	파평(坡平)			
양씨	樑氏	남양(南陽)				
양씨	良氏	제주(濟州)	채운(彩雲)			
양씨	凉氏	홍산(鴻山)				
양씨	陽氏	금화(金化)	김해(金海)	상음(箱陰)	파천(派川)	
양씨	梁氏	남원(南原)	남해(南海)	제주(濟州)	청주(淸州)	충주(忠州)
양씨	楊氏	남원(南原)	밀양(密陽)	안악(安岳)	제주(濟州)	중화(中和)
		청주(淸州)	하음(河陰)	통주(通州)		
어씨	於氏	강릉(江陵)				
어씨	魚氏	충주(忠州)	함양(咸陽)	함종(咸從)		
엄씨	嚴氏	경원(慶源)	광주(廣州)	상주(尙州)	영월(寧越)	파주(坡州)
		하음(河陰)				
여씨	余氏	의령(宜寧)				

여씨	呂氏	곡산(谷山)	성주(星州)	함양(咸陽)
여씨	盧氏	교하(交河)	돌산(突山)	정주(定州)
여씨	汝氏	안산(案山)		
여씨	旅氏	진천(鎭川)		
역씨	力氏	강화(江華)	하음(河陰)	
연씨	延氏	개성(開城)	경주(慶州)	곡산(谷山)	남양(南陽)	청주(淸州)
연씨	燕氏	곡산(谷山)	덕원(德原)	영평(永平)	전주(全州)	정평(定平)
		평주(平州)				
연씨	連氏	나주(羅州)	전주(全州)		
염씨	廉氏	곡성(曲城)	봉성(峰城)	서원(瑞原)	파주(坡州)
염씨	閻氏	태원(太原)			
엽씨	葉氏	공촌(公村)	수원(水原)	이파(泥波)	인의(仁義)	증미(憎尾)
		처인(處仁)	평해(平海)	해평(海平)		
영씨	永氏	강령(康翎)	경주(慶州)	평해(平海)	
영씨	榮氏	영천(永川)	영평(永平)		
영씨	靈氏	하남(河南)			
영씨	英氏	진릉(晋陵)			
예씨	乂氏	장연(長淵)			
예씨	芮氏	남양(南陽)	부계(缶溪)	수원(水原)	의흥(義興)	청풍(淸風)
오씨	吾氏	고성(高城)			
오씨	午氏	밀양(密陽)			
오씨	伍氏	복흥(復興)	백천(白川)		
오씨	吳氏	고창(高敞)	군위(軍威)	금성(金城)	나주(羅州)	낙안(樂安)
		동복(同福)	두원(荳原)	보성(寶城)	연일(延日)	울산(蔚山)
		장흥(長興)	전주(全州)	평해(平海)	함양(咸陽)	함평(咸平)
		해주(海州)	화순(和順)	흥양(興陽)		
옥씨	玉氏	반성(班城)	의령(宜寧)		
온씨	溫氏	경주(慶州)	금구(金溝)	봉성(鳳城)	서원(西原)	온양(溫陽)
		종정(從政)	진주(晋州)			

옹씨 翁氏	개령(開寧)	김포(金浦)			
옹씨 邕氏	순창(淳昌)	옥천(玉川)	의령(宜寧)		
옹씨 雍氏	옹진(饔津)	파평(坡平)			
왕씨 王氏	강릉(江陵)	개성(開城)	안동(安東)	제남(濟南)	제주(濟州)
	청주(淸州)	해주(海州)			
요씨 要氏	대구(大邱)				
요씨 堯氏	상당(上黨)				
요씨 姚氏	서원(西原)	수원(水原)	충주(忠州)		
요씨 尿氏	황조(荒調)				
용씨 龍氏	광천(光川)	청주(淸州)	홍천(洪川)		
우씨 羽氏	고려(高麗)				
우씨 祐氏	동성(童城)	장풍(長豊)	재양(載陽)		
우씨 于氏	목천(木川)				
우씨 遇氏	성주(星州)				
우씨 禹氏	강주(剛州)	단양(丹陽)	목천(木川)	영주(榮州)	예안(禮安)
운씨 雲氏	청주(淸州)	장흥(長興)	함흥(咸興)		
운씨 芸氏	전주(全州)				
원씨 員氏	덕수(德水)				
원씨 原氏	상원(祥原)				
원씨 元氏	원주(原州)				
원씨 袁氏	비안(比安)	비옥(比屋)			
위씨 韋氏	강화(江華)				
위씨 魏氏	수녕(遂寧)	수안(遂安)	장흥(長興)		
위씨 尉氏	태원(太原)				
위씨 位氏	통진(通津)				
유씨 柳氏	경주(慶州)	고흥(高興)	문화(文化)	서산(瑞山)	선산(善山)
	영광(靈光)	유주(儒州)	전주(全州)	정주(貞州)	진주(晉州)
	풍산(豊山)	흥양(興陽)			
유씨 兪氏	강진(康津)	고령(高靈)	금산(金山)	기계(杞溪)	무안(務安)

		인동(仁同) 창원(昌原) 천녕(川寧)
유씨	劉氏	강릉(江陵) 강화(江華) 거창(居昌) 문화(文化) 백천(白川)
		중원(中原) 충주(忠州) 한양(漢陽)
유씨	庾氏	무송(茂松)
유씨	有氏	동해(東海)
육씨	六氏	창녕(昌寧)
육씨	陸氏	관성(管城) 옥천(沃川)
윤씨	尹氏	경주(慶州) 고창(高敞) 기계(杞溪) 나주(羅州) 남원(南原)
		무송(茂松) 서흥(瑞興) 양주(楊州) 영천(永川) 예천(醴泉)
		옥과(玉果) 칠원(漆原) 파평(坡平) 포주(抱州) 함안(咸安)
		해남(海南) 해주(海州) 해평(海平) 현풍(玄風)
율씨	律氏	괴산(槐山)
은씨	隱氏	북해(北海)
은씨	殷氏	태인(泰仁) 신주(辛州) 행주(幸州) 연안(延安)
을씨	乙氏	의주(義州)
음씨	陰氏	괴산(槐山) 죽산(竹山)
이씨	伊氏	은천(銀川) 태원(太原)
이씨	李氏	가평(加平) 가평(嘉平) 강릉(江陵) 강양(江陽) 강진(康津)
		강화(江華) 강흥(江興) 개성(開城) 견주(見州) 결성(結城)
		경산(京山) 경원(慶源) 경주(慶州) 고령(高靈) 고부(古阜)
		고성(固城) 공주(公州) 광산(光山) 광양(光陽) 광주(廣州)
		광평(廣平) 교하(交河) 금구(金溝) 금마(金馬) 금산(金山)
		기장(機張) 길주(吉州) 김포(金浦) 김해(金海) 나주(羅州)
		남평(南平) 농서(隴西) 단성(丹城) 단양(丹陽) 담양(潭陽)
		대흥(大興) 덕산(德山) 덕수(德水) 덕영(德永) 덕은(德恩)
		도안(道安) 문의(文義) 벽진(碧珍) 보령(保寧) 봉산(鳳山)
		부안(扶安) 부여(扶餘) 부평(富平) 사천(泗川) 상산(商山)
		서림(西林) 서주(西州) 서산(瑞山) 서천(舒川) 설성(雪城)
		성산(星山) 성주(星州) 수안(遂安) 수원(水原) 수주(樹州)

		순천(順天) 신평(新平) 아산(牙山) 안산(安山) 안성(安城)
		안악(安岳) 양산(梁山) 양성(陽城) 양주(楊州) 여주(驪州)
		여흥(驪興) 연안(延安) 염주(鹽州) 영성(靈城) 영월(寧越)
		영주(永州) 영주(瀛州) 영천(寧川) 영천(永川) 영해(寧海)
		예안(禮安) 옥구(沃溝) 온양(溫陽) 완산(完山) 용구(龍駒)
		용궁(龍宮) 용인(龍仁) 우계(羽溪) 우봉(牛峰) 울산(蔚山)
		원율(原栗) 원주(原州) 월성(月城) 음죽(陰竹) 익산(益山)
		익양(益陽) 인천(仁川) 인제(麟蹄) 인주(仁州) 인천(仁川)
		임강(臨江) 장기(長鬐) 장수(長水) 장천(長川) 장흥(長興)
		재령(載寧) 적성(積城) 전의(全義) 전주(全州) 정선(旌善)
		정읍(井邑) 정주(貞州) 지평(砥平) 진보(眞寶) 진성(眞城)
		진안(鎭安) 진위(振威) 진주(晉州) 진천(鎭川) 차성(車城)
		창녕(昌寧) 천안(天安) 철성(鐵城) 청송(靑松) 청안(淸安)
		청양(靑陽) 청주(淸州) 청해(靑海) 초산(楚山) 충주(忠州)
		축안(逐安) 태안(泰安) 태원(太原) 통진(通津) 평산(平山)
		평창(平昌) 평양(平壤) 풍덕(豊德) 하빈(河濱) 하음(河陰)
		학성(鶴城) 한산(韓山) 함안(咸安) 함평(咸平) 합천(陜川)
		해남(海南) 해주(海州) 화산(花山) 회덕(懷德) 홍주(洪州)
		흥양(興陽)
이씨	異氏	밀양(密陽)
익씨	益氏	기계(杞溪)
익씨	翌氏	음죽(陰竹)
인씨	印氏	교동(喬洞) 교수(喬樹) 연안(延安)
인씨	仁氏	창성(彰城)
일씨	日氏	정선(旌善)
임씨	任氏	곡성(谷城) 관산(冠山) 장흥(長興) 정안(定安) 평산(平山)
		풍산(豊山) 풍천(豊川)
임씨	林氏	경주(慶州) 금성(錦城) 길안(吉安) 나주(羅州) 보주(甫州)
		밀양(密陽) 부안(扶安) 선산(善山) 순창(淳昌) 안동(安東)

		안음(安陰)	안의(安義)	양양(襄陽)	예천(醴泉)	옥구(沃溝)
		옥야(沃野)	울진(蔚珍)	은진(恩津)	익산(益山)	장흥(長興)
		전주(全州)	조양(兆陽)	진천(鎭川)	평택(平澤)	풍천(豊川)
		회성(檜城)	회진(會津)			
자씨	柘氏	영흥(永興)				
자씨	慈氏	요양(遼陽)	해주(海州)	중원(中原)		
장씨	張氏	결성(結城)	구례(求禮)	나주(羅州)	단양(丹陽)	대원(大元)
		덕수(德水)	목천(木川)	무안(務安)	부안(扶安)	순천(順天)
		안동(安東)	영동(永同)	예산(禮山)	옥구(沃溝)	옥산(玉山)
		울진(蔚珍)	인동(仁同)	장연(長淵)	전주(全州)	절강(浙江)
		지례(知禮)	진안(鎭安)	진주(晉州)	진천(鎭川)	창녕(昌寧)
		청송(靑松)	평양(平壤)	풍덕(豊德)	해주(海州)	홍천(洪川)
		흥덕(興德)	흥성(興城)	흥양(興陽)	흥해(興海)	
장씨	章氏	거창(居昌)				
장씨	莊氏	금천(衿川)	장연(長連)	천궁(川矜)		
장씨	蔣氏	김포(金浦)	아산(牙山)			
장씨	長氏	연기(燕岐)	연풍(延豊)			
적씨	狄氏	천수(天水)				
전씨	全氏	감천(甘泉)	경산(慶山)	경주(慶州)	계림(鷄林)	기장(機張)
		나주(羅州)	부여(扶餘)	성산(星山)	성주(星州)	옥산(玉山)
		옥천(沃川)	완산(完山)	용궁(龍宮)	용성(龍城)	정선(旌善)
		죽산(竹山)	천안(天安)	태곡(泰谷)	팔거(八莒)	팔관(八菅)
		평강(平康)	함창(咸昌)	황간(黃澗)		
전씨	田氏	개성(開城)	남양(南陽)	남원(南原)	담양(潭陽)	연안(延安)
		영광(靈光)	우봉(牛峰)	태산(泰山)	평택(平澤)	하음(河陰)
전씨	錢氏	문경(聞慶)	지례(知禮)			
점씨	占氏	괴산(槐山)	나주(羅州)	압해(押海)	영광(靈光)	창원(昌原)
		한산(韓山)				

정씨	丁氏	금성(錦城)	나주(羅州)	압해(押海)	영광(靈光)	창녕(昌寧)
		창원(昌原)				
정씨	井氏	부풍(扶風)				
정씨	貞氏	양주(楊州)				
정씨	廷氏	임강(臨江)				
정씨	程氏	하남(河南)				
정씨	鄭氏	경주(慶州)	고성(固城)	곤양(昆陽)	광산(光山)	금성(錦城)
		김포(金浦)	나주(羅州)	낭랑(瑯琅)	동래(東萊)	봉화(奉化)
		삼가(三嘉)	서산(瑞山)	야성(野城)	연일(延日)	영덕(盈德)
		영일(迎日)	예천(醴泉)	온양(溫陽)	장기(長鬐)	장흥(長興)
		전주(全州)	정산(定山)	정주(貞州)	진주(晉州)	창녕(昌寧)
		철산(鐵山)	청산(靑山)	청주(淸州)	초계(草溪)	팔계(八溪)
		하동(河東)	함평(咸平)	합천(陜川)	해주(海州)	
제씨	堤氏	원산(猿山)				
제씨	諸氏	고성(固城)	의성(義城)	칠원(漆原)		
제갈씨	諸葛氏	남양(南陽)				
조씨	曹氏	가흥(嘉興)	옥천(玉川)	용담(龍潭)	장흥(長興)	창녕(昌寧)
		탐진(耽津)				
조씨	趙氏	광주(廣州)	가림(嘉林)	김제(金堤)	밀양(密陽)	백천(白川)
		상주(尙州)	순창(淳昌)	양주(楊州)	옥과(玉果)	옥천(玉川)
		임천(林川)	직산(稷山)	진보(眞寶)	창녕(昌寧)	태원(太原)
		평산(平山)	평양(平壤)	평일(平一)	풍양(豊壤)	한산(韓山)
		한양(漢陽)	함안(咸安)	횡성(橫城)		
종씨	宗氏	모압(毛押)	이파(泥波)	인의(仁義)	임진(臨津)	통진(通津)
		황원(黃原)	감진(監津)			
종씨	鍾氏	두원(荳原)	영암(靈岩)	정의(旌義)	천안(天安)	통진(通津)
		풍덕(豊德)	하음(河陰)			
좌씨	佐氏	대정(大靜)				
좌씨	坐氏	흥덕(興德)				

좌씨	左氏	제주(濟州) 청주(淸州)				
주씨	珠氏	경산(慶山)				
주씨	周氏	상산(商山) 상주(尙州) 안의(安義) 철원(鐵原) 초계(草溪)				
주씨	朱氏	나주(羅州) 능성(綾城) 신안(新安) 장수(長水) 전주(全州)				
준씨	俊氏	청주(淸州)				
중씨	重氏	남원(南原) 봉주(鳳州) 영천(榮川) 진주(晋州) 창원(昌原)				
즉씨	則氏	행주(幸州)				
증씨	曾氏	진강(鎭江)				
지씨	知氏	이천(利川)				
지씨	遲氏	태원(太原)				
지씨	智氏	괴주(槐州) 봉산(鳳山)				
지씨	池氏	단양(丹陽) 청주(淸州) 충주(忠州)				
직씨	直氏	괴산(槐山)				
진씨	震氏	강화(江華)				
진씨	晉氏	기계(杞溪) 남원(南原)				
진씨	秦氏	대광(大光) 대원(大元) 중원(中原) 진주(晉州) 풍기(豊基)				
진씨	陳氏	강릉(江陵) 광동(廣東) 나주(羅州) 남해(南海) 덕창(德昌) 복주(福州) 부여(扶餘) 양산(梁山) 여양(驪陽) 청주(淸州)				
차씨	車氏	남해(南海) 연안(延安) 용성(龍城) 태인(泰仁) 평산(平山)				
창씨	倉氏	아산(牙山) 여산(礪山) 장성(長城)				
창씨	昌氏	강릉(江陵) 거창(居昌) 공주(公州) 아산(牙山) 여산(礪山) 장성(長城)				
채씨	蔡氏	광주(光州) 음성(陰城) 이천(利川) 인천(仁川) 진천(鎭川) 평강(平康)				
채씨	菜氏	영양(穎陽)				
채씨	采氏	여산(礪山)				
책씨	冊氏	두모촌(豆毛村)				
척씨	拓氏	곡산(谷山)				

천씨	遷氏	경주(慶州)	김해(金海)	원주(原州)	전주(全州)	
천씨	千氏	금계(金溪)	영양(潁陽)			
천씨	天氏	연안(延安)	우봉(牛峰)			
초씨	楚氏	강릉(江陵)	성주(星州)	청주(淸州)	파릉(巴陵)	
초씨	肖氏	제주(濟州)				
최씨	崔氏	간성(杆城)	강릉(江陵)	강화(江華)	개성(開城)	경성(鏡城)
		경주(慶州)	계림(鷄林)	고부(古阜)	곡강(曲江)	공주(公州)
		광주(廣州)	괴산(槐山)	나주(羅州)	낭주(郎州)	동주(東州)
		등주(登州)	명주(溟州)	무주(茂朱)	부안(扶安)	삭녕(朔寧)
		상원(祥原)	상주(尙州)	수성(隋城)	수원(水原)	승령(僧嶺)
		아산(牙山)	양주(楊州)	양천(陽川)	여수(麗水)	연풍(延豊)
		영암(靈巖)	영주(永州)	영천(永川)	영흥(永興)	완산(完山)
		용강(龍崗)	용궁(龍宮)	용주(龍州)	우봉(牛峰)	원주(原州)
		월성(月城)	전의(全義)	전주(全州)	직산(稷山)	진산(珍山)
		창원(昌原)	천녕(川寧)	청송(靑松)	청주(淸州)	초계(草溪)
		충원(忠原)	충주(忠州)	탐진(耽津)	태인(泰仁)	통천(通川)
		하동(河東)	한남(漢南)	해주(海州)	화순(和順)	황주(黃州)
		회령(會寧)	흥해(興海)			
추씨	追氏	개성(開城)				
추씨	秋氏	전주(全州)	추계(秋溪)			
충씨	充氏	풍익(豊翊)				
탁씨	卓氏	광산(光山)	광주(光州)			
탁씨	濯氏	정읍(井邑)				
탄씨	呑氏	연안(延安)				
탄씨	憚氏	연안(延安)				
탄씨	炭氏	연안(延安)	인천(仁川)	진주(晋州)		
탄씨	彈氏	전주(全州)	진주(晋州)	해주(海州)		
태씨	太氏	남원(南原)	영순(永順)	협계(陜溪)	진주(晉州)	풍기(豊基)

태씨	泰氏	남원(南原)
태씨	苔氏	풍각(豊角)
택씨	宅氏	괴산(槐山)
택씨	澤氏	효령(孝靈)

파씨	巴氏	고평(高平)
판씨	板氏	동래(東萊)
판씨	判氏	해주(海州)
팽씨	彭氏	강령(康翎) 신평(新平) 영천(榮川) 용강(龍崗)
편씨	片氏	금천(衿川) 남양(南陽) 양주(楊州) 양천(陽川) 절강(浙江) 청주(淸州) 통진(通津)
평씨	平氏	가흥(嘉興) 부평(富平) 순천(順天) 예산(禮山) 인천(仁川) 충주(忠州) 평원(平原)
포씨	包氏	순천(順天) 풍덕(豊德)
표씨	表氏	신창(新昌)
표씨	標氏	임진(臨津)
풍씨	馮氏	경주(慶州) 산동(山東) 임구(臨朐) 장단(長湍)
피씨	皮氏	강릉(江陵) 경주(慶州) 공주(公州) 광주(廣州) 괴산(槐山) 안동(安東) 홍천(洪川)
필씨	弼氏	대흥(大興) 전주(全州)

하씨	河氏	강화(江華) 안음(安陰) 진주(晉州)
하씨	夏氏	달성(達城) 대구(大邱)
하씨	賀氏	옹진(甕津)
한씨	漢氏	담양(潭陽) 옥천(沃川) 충주(忠州)
한씨	韓氏	가주(嘉州) 개성(開城) 곡산(谷山) 단주(湍州) 당진(唐津) 대흥(大興) 삼화(三和) 서원(西原) 신평(新平) 안변(安邊) 정평(定平) 청주(淸州) 한양(漢陽) 함흥(咸興)
함씨	咸氏	강릉(江陵) 양근(楊根) 항양(恒陽)

합씨 合氏	교동(喬桐)	
해씨 海氏	김해(金海) 영해(寧海)	
해씨 解氏	평양(平陽)	
행씨 幸氏	영월(寧越) 장평(長平)	
향씨 香氏	제군(齊郡)	
향씨 鄕氏	흥덕(興德)	
허씨 許氏	공암(孔巖) 김해(金海) 수원(水原) 양천(陽川) 태인(泰仁) 하양(河陽)	
혁씨 赫氏	영풍(永豊)	
현씨 玄氏	남원(南原) 성주(星州) 수원(水原) 순천(順天) 연주(延州) 창원(昌原) 천녕(川寧) 팔거(八筥)	
현씨 懸氏	부풍(扶風)	
협씨 俠氏	신계(新溪)	
형씨 荊氏	반성(斑城) 상주(尙州) 안심(安心)	
형씨 邢氏	반성(班城) 장흥(長興) 진주(晉州)	
호씨 扈氏	보안(保安) 전주(全州) 나주(羅州) 백천(白川) 신평(新平)	
호씨 胡氏	가평(加平) 나주(羅州) 백천(白川) 아산(牙山) 조종(朝宗) 토산(兎山) 파릉(巴陵)	
호씨 好氏	대구(大邱) 해주(海州)	
홍씨 洪氏	개령(開寧) 개성(開城) 경주(慶州) 남양(南陽) 당성(唐城) 당홍(唐洪) 부계(缶溪) 상홍(上洪) 악계(岳溪) 염주(鹽州) 청주(淸州) 풍산(豊山) 홍주(洪州) 회인(懷仁)	
홍씨 弘氏	전주(全州)	
화씨 化氏	나주(羅州) 대룡(代龍) 진양(晋陽) 진주(晉州)	
화씨 和氏	동복(同福)	
화씨 華氏	임하(臨河) 장양(長陽)	
화씨 花氏	천안(天安) 풍세(豊歲)	
환씨 桓氏	음죽(陰竹)	
황씨 黃氏	강화(江華) 경주(慶州) 관성(管城) 단양(丹陽) 덕산(德山)	

　　　　　두주(杜州) 상주(尙州) 성주(星州) 우주(紆州) 의창(義昌)
　　　　　장수(長水) 제안(濟安) 창원(昌原) 평해(平海) 항주(杭州)
　　　　　황주(黃州) 회덕(懷德)

황보씨 皇甫氏　영천(永川) 황주(黃州)

효씨 孝氏　평원(平原)

후씨 后氏　기인(器寅) 당인(唐寅)

흔씨 昕氏　예천(醴泉)

희씨 喜氏　구허(丘墟)

4) 부수 명칭과 오행

一획	一 한 일 / 木	ㅣ 뚫을 곤 / 木	丶 점 주 / 木	丿 삐침 별 / 金	乙[乚] 새 을 / 木	亅 갈고리 궐 / 金			
二획	二 두 이 / 木	亠 돼지 해 두 / 火	人 사람 인 / 火	儿 어진 인 / 木	入 들 입 / 木	八 여덟 팔 / 金 8	冂 멀경 몸 경 / 土	冖 민갓머리 멱 / 水	冫 이수 변 빙 / 水	几 안석 궤 / 水
	凵 위튼입구 감 / 水	刀 칼 도 / 金	力 힘 력 / 土	勹 쌀포 몸 포 / 金	匕 비수 비 / 金	匚 튼입구몸 방 / 土	匸 감출혜몸 혜 / 水	十 열 십 / 水	卜 점 복 / 火	卩[㔾] 병부 절 / 水
	厂 민엄호 엄 / 水	厶 마늘 모 사 / 木	又 또 우 / 水							
三획	口 입 구 / 水	囗 큰입구 / 水	土 흙 토 / 土	士 선비 사 / 木	夂 뒤쳐져올 치 / 水	夊 걸을 쇠 / 土	夕 저녁 석 / 水	大 큰 대 / 木	女 계집 녀 / 土	子 아들 자 / 水
	宀 갓머리 면 / 木	寸 마디 촌 / 土	小 작을 소 / 水	尢[兀,允] 절름발이 왕 / 土	尸 주검 시 / 水	屮 왼손 좌 / 木	山 뫼 산 / 土	巛[川] 개미허리 천 / 水	工 장인 공 / 火	己 몸 기 / 土
	巾 수건 건 / 木	干 방패 간 / 木	幺 작을 요 / 水	广 엄호 엄 / 木	廴 민책받침 인 / 木	廾 스물입발 공 / 木	弋 주살 익 / 金	弓 활 궁 / 火	彐[彑] 튼가로왈 계 / 火	彡 터럭 삼 / 火
	彳 두인변 척 / 火	忄[心] 심방변 / 火	扌[手] 재방변 수 / 木	氵[水] 삼수변 / 水	犭[犬] 개사슴록 견 / 土	阝[邑] 우부 방 읍 / 土	阝[阜] 좌부 변 부 / 土			

四획	心[忄] 마음 심 火	戈 창 과 金	戶 지게 호 木	手 손 수 木	支 지탱할 지 土	攴 칠 복 金	文 글월 문 木	斗 말 두 火	斤 날 근 金	方 모 방 土
	无 없을 무 火	日 날 일 火	曰 가로 왈 火	月[⺼] 달 월 水	木 나무 목 木	欠 하품 흠 火	止 그칠 지 土	歹[歺] 죽을 사 알 水	殳 등글월문 수 金	毋 말 무 土
	比 견줄 비 火	毛 터럭 모 火	氏 각시 씨 火	气 기운 기 水	水[氺] 물 수 水	火[灬] 불 화 火	爪[爫] 손톱 조 金	父 아비 부 木	爻 점괘 효 火	爿 장수 장 木
	片 조각 편 木	牙 어금니 아 金	牛 소 우 土	犬 개 견 土	尣[尢] 절름발이왕 土	王[玉] 구슬 옥 왕 金	礻 보일 시 木	耂 늙을 로 土	艹 초 두 木	辶[辵] 책받침 착 土
	罒[网] 그물 망 木									
五획	玄 검을 현 火	玉 구슬 옥 金	瓜 오이 과 木	瓦 기와 와 土	甘 달 감 土	生 날 생 木	用 쓸 용 水	田 밭 전 土	疋 필 필 土	疒 병들 엄 녁 水
	癶 필 발 水	白 흰 백 金	皮 가죽 피 金	皿 그릇 명 金	目[⽬] 눈 목 木	矛 창 모 金	矢 화살 시 金	石 돌 석 金	示 보일 시 木	内 짐승 유 木
	禾 벼 화 木	穴 구멍 혈 水	立 설 립 金	衤 옷 의 木	罒[网] 그물 망 木					

六획	竹[⺮] 대 죽 木	米 쌀 미 木	糸 실 사 멱 木	缶 장군 부 土	网[罓,罒,㓁] 그물 망 木	羊[⺷] 양 양 土	羽 깃 우 火	老 늙을 로 土	而 말 이을 이 水	耒 쟁기 뢰 木
	耳 귀 이 火	聿 오직 율 火	肉[月] 고기 육 水	臣 신하 신 火	自 스스로 자 木	至 이를 지 土	臼 절구 구 土	舌 혀 설 火	舛 어그러질 천 木	舟 배 주 木
	艮 괘이름 간 土	色 빛 색 土	艸 초두 초 木	虍 범 호 木	虫 벌레 충 水	血 피 혈 水	行 다닐 행 火	衣 옷 의 木	襾[西] 덮을 아 金	
七획	見 볼 견 火	角 뿔 각 木	言 말씀 언 金	谷 골 곡 水	豆 콩 두 木	豕 돼지 시 水	豸 벌레 치 水	貝 조개 패 金	赤 붉을 적 火	走 달릴 주 火
	足[⻊] 발 족 土	身 몸 신 火	車 수레 거 火	辛 매울 신 金	辰 별 진 土	辵 책받침 착 土	邑[阝] 고을 읍 土	酉 닭 유 金	釆 분별할 변 火	里 마을 리 土
	镸[長] 긴 장 木									
八획	金 쇠 금 金	長[镸] 긴 장 木	門 문 문 木	阜[阝] 언덕 부 土	隶 미칠 이 水	隹 새 추 火	雨 비 우 水	靑 푸를 청 木	非 아닐 비 水	
九획	面 낯 면 火	革 가죽 혁 金	韋 다룸가죽 위 金	韭 부추 구 木	音 소리 음 金	頁 머리 혈 火	風 바람 풍 木	飛 날 비 火	食[飠] 밥 식 水	首 머리 수 水

九획	香 향기 향 木								
十획	馬 말 마 火	骨 뼈 골 金	高 높을 고 火	髟 터럭 발 표 火	鬪 싸울 투 金	鬯 울창주 창 木	鬲 막을 격 土	鬼 귀신 귀 火	
十一획	魚 물고기 어 水	鳥 새 조 火	鹵 짠땅 로 水	鹿 사슴 록 土	麥 보리 맥 木	麻 삼 마 木			
十二획	黃 누를 황 土	黍 기장 서 木	黑 검을 흑 水	黹 바느질 치 木					
十三획	黽 맹꽁이 맹 민 土	鼎 솥 정 火	鼓 북 고 金	鼠 쥐 서 水					
十四획	鼻 코 비 金	齊 가지런할 제 土							
十五획	齒 이 치 金								
十六획	龍 용 룡 土	龜 거북 귀 水							
十七획	龠 피리 약 火								

1. 사주팔자(四柱八字)란 ?

사주(四柱:넉 사, 기둥 주)는 사람이 태어난 연월일시의 네 기둥이고, 팔자는 네 기둥의 여덟 글자를 말한다. 그러므로 사주, 팔자는 천간(天干)과 지지(地支)를 말하는데 약칭하여 간지(干支)라고 한다. 즉 간(干)은 천간(天干)의 약칭이고, 지(支)는 지지(地支)의 약칭이다. 사주팔자는 60갑자 네 간지 사주에 근거하여 양음오행의 생극제화(生剋制化) 원리를 분석하여 사람의 길흉화복을 알아보는 통계학문이다. 그러나 사주원국은 천간과 지지로 구성되어 있지만 지지(지장간) 속에 감추어져 있는 천간도 있으므로 이는 밖으로 드러나지 않은 잠재된 능력이므로 잘 살펴야 한다.

예) 남자 2016년 9월 25일 4시 출생의 사주 (양력 : 가공의 사주)

4시	25일	9월	2016년	양력
時柱	日柱	月柱	年柱	사주(四柱)
무(戊)	경(庚)	정(丁)	병(丙)	천간(天干)
인(寅)	술(戌)	유(酉)	신(申)	지지(地支)

1) 천간(天干)

천간은 눈에 보이지 않는 양의 기운, 하늘의 기운을 말하며 木 火 土 金 水 오행으로 분류하고 이를 양과 음으로 분류하니 10간이라 하고 아래와 같다.

```
  목       화       토       금       수
 ⌒       ⌒       ⌒       ⌒       ⌒
甲 乙    丙 丁    戊 己    庚 辛    壬 癸
갑 을    병 정    무 기    경 신    임 계
```

천간의 甲乙은 木이요 나무고, 丙丁은 火요 불이고, 戊己는 土요 흙이고, 庚辛은 金이요 쇠이고, 壬癸는 水요 물이다.

① 천간 조견표

天干	甲	乙	丙	丁	戊	己	庚	辛	壬	癸
순서	1	2	3	4	5	6	7	8	9	10
양음	양	음	양	음	양	음	양	음	양	음
지지	寅	卯	巳	午	辰戌	丑未	申	酉	亥	子
오행	木		火		土		金		水	
물상	동량목	화초목	태양화	등촉화	성곽토	전원토	철부금	주옥금	대양수	우로수
건강	머리, 쓸개	목,간	어깨, 소장	눈,심장	위	비장	대장	폐	방광	신장
성질	仁		禮		信		義		智	
성향	리더십	부드러움	명랑,성급	희생정신	중용	중용	냉철	섬세	학자기질	참모역할
방향	동		남		중앙		서		북	
색	청		적		황		백		흑	
계절	봄		여름		계절 끝		가을		겨울	

② 천간의 양음과 뜻의 분류

甲 +	양목	곧은 나무, 큰 나무, 소나무, 우레, 호랑이
乙 −	음목	꽃, 잔디, 풀, 덩굴, 바람, 토끼
丙 +	양화	태양, 큰불, 화재, 뱀
丁 −	음화	촛불, 성냥불, 작은 불, 별, 말
戊 +	양토	산, 큰 땅, 들판, 논, 용, 개
己 −	음토	뜰, 밭, 작은 땅, 소, 양
庚 +	양금	광석, 대형 금속, 큰 쇳덩이, 큰 바위, 원숭이
辛 −	음금	금속 제품, 목걸이, 반지, 작은 쇳덩이, 닭
壬 +	양수	바다, 큰물, 강, 돼지
癸 −	음수	시냇물, 작은 물, 이슬비, 쥐

③ 천간의 특징과 기본성격

甲木갑목 : 우레[雷]에 속하고 동량목(棟樑木)이며 대림목(大林木)이다. 다 자란 양목(陽木)에 속하고 성격은 적극적이고 추진력이 있으며 지도자 기질, 구속받는 것을 싫어하며 바른말을 잘한다. 어질고 착해 남에게 잘 베푼다. 부모님을 잘 봉양하고 장남노릇을 많이 하고 리더십이 있고 우두머리 기질이 있다.

乙木을목 : 바람[風]에 속하고 화초목(花草木), 새싹에 속한다. 외유내강으로 감각이 섬세하고 유행과 멋을 추구, 문학, 예술방면에 재주가 있다. 온화하고 부드럽고 인자하며 급하지 않고 성질을 잘 내지 않는다. 말을 조리 있게 잘한다.

丙火병화 : 태양(太陽)이며 천하를 고루 밝게 비추어 준다. 명랑 쾌활하며 비밀이 적고 개방적이며, 예의가 바르며 자존심이 강하다. 참을성 부족하고 성격이 급한 편이라 용두사미 격이 되기 쉽다. 뒤끝은 없으나 때론 경솔한 행동에 후회한다. 정열적이고 말하기를 좋아한다.

丁火정화 : 타는 불과 같으며 등화(燈火), 등촉화(燈燭火)이고 달에 비유한다. 자기 몸을 아끼지 않고 남을 돌보며, 진취적이고 실속파로 다소 급한 편이다. 극을 받으면 우울증을 동반하고, 안경 착용자가 많다. 미세하고 정밀 분야, 수학, 과학, 전기, 전자, 컴퓨터 등에 재주가 있고 갑목(甲木)을 만나면 만사가 좋다.

戊土무토 : 높은 산과 산성(山城)과 제방(堤防)에 비유하고 무(戊)는 만물이 무성하다는 뜻이다. 적응력이 뛰어나고 심지가 깊고 신의가 있으며, 효성이 지극하다. 자아가 강하고 직장, 가정에 충실하고 아첨을 싫어하며 주체성이 강해 흔들리지 않는 무게가 있다.

己土기토 : 논과 밭, 전원토(田園土)로 기름진 땅을 말하며 천간의 비겁이나 화의 생조(生助)가 없으면 신약하여 어려움을 겪는다. 순진하고 부드러우며 세심한 편이나 남을 잘 믿지 않으며, 직장과 가정에 충실하고 인정이 많고 종교인이 많다.

庚金경금 : 제련되지 않은 사람의 손길이 필요한 원석이다. 냉정하고 위엄이 있으며 겉모습은 모질고 강해 보이나 인정에 약한 편이다. 성품이 조급한 편이며 조그만 일에도 화를 잘 낸다. 물질, 명예를 중히 여기고 정의와 의리가 있다. 무인이나 경찰이 많다.

辛金신금 : 사람의 손길로 다듬어진 보석이나 주옥에 비유한다. 신사숙녀타입으로, 온순하고 겸손하며 책임감이 있다. 미용, 요리 방면에 재주가 있고, 새롭게 꾸미는 것을 좋아하고 깨끗하고 멋쟁이이며 예쁜 여자가 많다.

壬水임수 : 바다와 같이 그 마음이 넓고 크다. 융통성이 있고 말을 잘하며 사교성이 있어 남과 잘 어울리고 지혜가 출중하다. 그러나 속을 알 수 없고, 인내심이 약하고 주색을 좋아하는 사람이 많다. 교수, 학자, 연구원이 많다.

癸水계수 : 우로수(雨露水)로 비와 이슬, 작은 시냇물이며, 흐르는 물과 샘을 말한다. 인정이 많고 깨끗한 것을 좋아하며 정직하다. 학문에 대한 연구심이 대단하고 예술이나 기술, 창의력이 뛰어나다. 기획력이 좋고 참모 역할을 잘한다. 약간 내숭적인 면도 있으나 지혜롭고 영리하다.

2) 지지(地支)

지지는 천간과 달리 뿌리를 내려야 땅의 기운을 받고 지탱할 수 있다고 해서 '支(지탱할 지)'라고 한다. 지지 역시 양음이 있고 木 火 土 金 水 오행이 있다. 지지의 순서는 아래와 같다.

자	축	인	묘	진	사	오	미	신	유	술	해
子	丑	寅	卯	辰	巳	午	未	申	酉	戌	亥
쥐	소	범	토끼	용	뱀	말	양	원숭이	닭	개	돼지

지지의 寅卯는 木이요 나무고, 巳午는 火요 불이고, 辰戌丑未는 土요 흙이고, 申酉는 金이요 쇠이고, 亥子는 水요 물이다.

① 지지 조견표

地支	子	丑	寅	卯	辰	巳	午	未	申	酉	戌	亥
순서	1	2	3	4	5	6	7	8	9	10	11	12
양음	양	음	양	음	양	음	양	음	양	음	양	음
오행	水	土	木	木	土	火	火	土	金	金	土	水
계절	겨울		봄			여름			가을			겨울
월(음력)	11월	12월	1월	2월	3월	4월	5월	6월	7월	8월	9월	10월
시간	23:30-1:30	1:30-3:30	3:30-5:30	5:30-7:30	7:30-9:30	9:30-11:30	11:30-13:30	13:30-15:30	15:30-17:30	17:30-19:30	19:30-21:30	21:30-23:30
띠	쥐	소	범	토끼	용	뱀	말	양	원숭이	닭	개	돼지
절기	대설	소한	입춘	경칩	청명	입하	망종	소서	입추	백로	한로	입동
방향	북	동북	북동	동	남동	동남	남	서남	남서	서	북서	서북
건강	방광, 비뇨기	비장	머리	간,쓸개	피부	얼굴	심장,눈	위	폐,대장	난소, 소장	명문, 소화기	신장

② 12지지의 기본성격

子 : '孕(아이 밸 잉)'자에서 子만 취하였다. 자수(子水)는 한랭(寒冷)한 물이고 음력 11월을 상징하며 동지이다. 자수는 밖으로 나다니기를 좋아하고 유혹에 약하고 의심이 많고 잘 놀란다. 주색에 잘 빠지고 유흥업, 문학, 교육, 예술분야에 관계가 있고 지혜롭고 영리하다.

丑 : '紐(끈 뉴)'자에서 丑만 취하였다. 축토(丑土)는 음토(陰土)이며 한랭한 흙이고 음력 12월이므로 따뜻함을 원한다. 소띠는 대체로 신경통 관절염 등이 자주 걸리며, 몸이 고달프고 분주하게 움직여 재물이 묵묵히 쌓인다. 성실하고 근면하나 구두쇠이고 몸가짐이 깨끗하지 못해 냄새나고 비린내 나는 음식을 좋아하는 경향이다.

寅 : '演(멀리 흐를, 넓을 연)'자에서 인(寅)자만을 취하였다. 인목(寅木)은 동량(棟樑)의 재목이고 음력 정월을 상징하고 절기로는 입춘이다. 스케일이 크고 외향적이며 솔직한 편이고 의협심이 많고 인중(寅中)에 병화(丙火)가 있어 세상을 밝히듯이 남을 잘 도와주고 인덕이 많다.

卯 : '柳(말뚝 앙)'자에서 卯자만을 취하였다. 묘목(卯木)은 살아있는 나무

이고 화초목(花草木)이며 습목(濕木)에 해당한다. 짓밟히고 잘리어도 금방 자라나는 풀처럼 강인한 성격이며 감정기복이 심하고 걱정을 사서 하고 세속에 파묻혀 사는 것보단 평온한 생활을 더 선호한다. 본성이 모질지 못해 인정을 베풀기도 한다. 이사 변동이 많은 편이다.

辰 : '震(진동할 진)'자에서 辰자만을 취하였다. 진토(辰土)는 진흙과 같은 토이고 습토(濕土)이다. 지혜와 포부가 크고 노력형으로 매사에 활동적이고 변화가 많다. 남녀 모두 음식을 탐하고 색(色)을 보면 탐하고 놀기도 좋아하고 싸움도 잘한다. 인체로는 피부, 가슴에 해당된다.

巳 : '起(일어날 기)'자에서 취하였다. 사화(巳火)는 양화이며 태양광선이고 천지 만물을 고루 비쳐 자생(自生)하게 한다. 색은 적색이며 맛은 쓴맛이고 인체는 얼굴, 인후에 해당된다. 또한 지략과 권모술수가 뛰어나고 지혜롭고 영리하나 변덕이 심하고 의심이 많다.

午 : '矢(화살 시)'자에서 취하였다. 오화(午火)는 타는 불이고 생화이고 등촉화이다. 색은 적색이고 맛은 쓴맛이고 인체는 심장, 눈에 해당된다. 독립심이 강하고 외모에 대한 관심이 많고 남녀 모두 정력가이다.

未 : '味(맛 미)'에서 취하였다. 미토(未土)는 만물이 자생하기 어려운 건조한 조토(燥土)이다. 색은 황색이고 맛은 단맛이고 인체는 위, 등, 척추에 해당된다. 대체로 순하고 은혜를 아는 동물로서 성격이 온화하며 동정심이 많고 교육자나 학구적인 자가 많다.

申 : '伸(다스릴 신)'자에서 취하였다. 신금(申金)은 강금(剛金)이고 제련 안 된 무쇠이다. 색은 백색이고 맛은 매운맛이고 인체는 대장, 폐에 해당된다. 성품이 단순하고 우직하고 과감하다. 머리가 좋아 손재주도 있고 임기응변 순발력이 좋고 타인을 잘 돕는다.

酉 : '綣(줄 선)'자에서 취하였다. 유금(酉金)은 제련되고 가공된 주옥과 보석이다. 색은 백색이고 맛은 매운맛이며 인체는 난소, 대장, 소장에 해당된다. 이기적이며 속박을 싫어하며 큰소리를 내는 특성이 있어 소리 내는 일에 적합하다. 유금은 보석이므로 자기만 값지다고 생각하고 남을 천시하는 경향이 있다.

戌 : '成(이룰 성)' '絨(베 융)'자에서 취하였다. 무토(戌土)는 만물이 자생

하기 어려운 건조한 조토(燥土)이고 왕성한 흙이며 제방과 산이다. 색은 황색이고 맛은 단맛이며 인체는 명문, 소화기에 해당된다. 조용한 것을 좋아하고 충직하고 사회적인 질서를 유지하는 직업에 어울린다. 겨울 한랭한 사주에 戌이 있으면 좋다.

亥 : '垓(땅끝, 지경 해)'자에서 취하였다. 해수(亥水)는 양수(陽水)이며 호수(湖水)이며 큰물이다. 색은 흑색이고 맛은 짠맛이며 인체는 고환, 난소, 신장에 해당된다. 행운과 재물을 상징하고 욕심이 많지 않고 단순하고 충실하다. 사주에 亥가 있는 사람은 깊이 생각에 잠기고 명상을 좋아한다.

3) 지장간(地藏干)

지지 속에 감추어져 있는 천간을 지장간이라고 하는데, 지지암장(地支暗藏), 지지장간(地支藏干)이라고도 한다.

地支	子	丑	寅	卯	辰	巳	午	未	申	酉	戌	亥
여기 (餘氣)	壬	癸	戊	甲	乙	戊	丙	丁	戊	庚	辛	戊
관장일수	10	9	7	10	9	7	10	9	7	10	9	7
중기 (中氣)		辛	丙		癸	庚	己	乙	壬		丁	甲
관장일수		3	7		3	7	9	3	7		3	7
정기 (正氣)	癸	己	甲	乙	戊	丙	丁	己	庚	辛	戊	壬
관장일수	20	18	16	20	18	16	11	18	16	20	18	16

지장간이 천간에 투출되면 그 능력이 밖으로 드러난 것이고, 투출되지 못했으면 잠재된 능력으로 본다.

4) 대운(大運)수 구하는 법

대운은 사주, 지장간과 더불어 중요한 요소이다.

대운이란 인생의 긴 세월의 변화를 길게는 10년, 작게는 5년 주기로 인생의 길과 흉을 살펴본다. 이를 사주의 운로(運路)라 하기도 한다.

10년마다 크게 바뀌는 것은 태양의 흑점이 크게 변하는 것에 근거한다. 사주가 자동차라면 대운은 고속도로이다. 사주가 아무리 좋아도 대운 좋은 것만 못하다는 말이 있다. 차가 아무리 좋아도 도로가 좋지 않으면 힘들다는 말이다.

대운은 출생한 연간이 양인 남자와 음인 여자는 순행하고, 연간이 음인 남자와 양인 여자는 역행한다. (양남음녀는 순행, 음남양녀는 역행)

대운수는 대운의 흐름이 몇 세부터 시작되는가를 알아내는 법칙으로, 대운이 순행하는 자는 생일부터 다가오는 첫 절기일까지의 일수를 3으로 나누어 나온 수이고, 대운이 역행하는 자는 지나온 첫 절기일부터 생일까지의 일수를 3으로 나누어 나온 수이다.

일수를 3으로 나누어 1이 남으면 버리고, 2면 대운수에 1을 더한다.

2. 60갑자(六十甲子)

60갑자는 천체운행 60년을 하나의 주기로 삼은 것이다.

천간의 10자와 지지의 12자를 순차적으로 배합해서 만들어진 것으로, 갑자(甲子)로 시작해서 계해(癸亥)로 60년 만에 끝난다 해서 60갑자이다. 또한 갑(甲)이 6번 만난다 해서 육갑이라고도 한다.

甲子 1984	乙丑 1985	丙寅 1986	丁卯 1987	戊辰 1988	己巳 1989	庚午 1990	辛未 1991	壬申 1992	癸酉 1993
甲戌 1994	乙亥 1995	丙子 1996	丁丑 1997	戊寅 1998	己卯 1999	庚辰 2000	辛巳 2001	壬午 2002	癸未 2003
甲申 2004	乙酉 2005	丙戌 2006	丁亥 2007	戊子 2008	己丑 2009	庚寅 2010	辛卯 2011	壬辰 2012	癸巳 2013
甲午 2014	乙未 2015	丙申 2016	丁酉 2017	戊戌 2018	己亥 2019	庚子 2020	辛丑 2021	壬寅 2022	癸卯 2023
甲辰 2024	乙巳 2025	丙午 2026	丁未 2027	戊申 2028	己酉 2029	庚戌 2030	辛亥 2031	壬子 2032	癸丑 2033
甲寅 2034	乙卯 2035	丙辰 2036	丁巳 2037	戊午 2038	己未 2039	庚申 2040	辛酉 2041	壬戌 2042	癸亥 2043

1) 육십갑자 납음오행(納音五行)

육십갑자의 간지가 합성(合成)되어 나온 오행을 납음오행이라 한다. 납음오행은 남녀 생년으로 궁합보는 데 필요하고 음택(陰宅)과 장택(葬擇)에 많이 쓰인다.

甲子乙丑 해중금(海中金)	丙寅丁卯 노중화(爐中火)	戊辰己巳 대림목(大林木)	庚午辛未 노방토(路傍土)	壬申癸酉 검봉금(劍鋒金)
甲戌乙亥 산두화(山頭火)	丙子丁丑 간하수(澗下水)	戊寅己卯 성두토(城頭土)	庚辰辛巳 백랍금(白鑞金)	壬午癸未 양류목(楊柳木)
甲申乙酉 천중수(泉中水)	丙戌丁亥 옥상토(屋上土)	戊子己丑 벽력화(霹靂火)	庚寅辛卯 송백목(松栢木)	壬辰癸巳 장류수(長流水)
甲午乙未 사중금(砂中金)	丙申丁酉 산하화(山河火)	戊戌己亥 평지목(平地木)	庚子辛丑 벽상토(壁上土)	壬寅癸卯 금박금(金箔金)
甲辰乙巳 복등화(覆燈火)	丙午丁未 천하수(天河水)	戊申己酉 대역토(大驛土)	庚戌辛亥 차천금(釵釧金)	壬子癸丑 상자목(桑柘木)
甲寅乙卯 대해수(大海水)	丙辰丁巳 사중토(沙中土)	戊午己未 천상화(天上火)	庚申辛酉 석류목(石榴木)	壬戌癸亥 대해수(大海水)

… 참 고

海(바다 해)　爐(화로 로)　林(수풀 림)　傍(곁 방)　鋒(칼끝 봉)
頭(머리 두)　澗(시내 간)　城(큰성 성)　鑞(땜납 랍)　柳(버들 류)
泉(샘 천)　屋(집 옥)　霹靂(벼락 벽, 벼락 력)　栢(나무 백)
沙(모래 사)　河(강물 하)　地(땅 지)　壁(벽 벽)　箔(발 박)
覆(덮을 복)　燈(등잔 등)　驛(역참 역)　釵(비녀 차)　釧(팔찌 천)
桑(뽕나무 상)　柘(산뽕나무 자)　　　榴(석류나무 류)

2) 숫자와 연주로 납음오행 찾는 법

① 숫자와 오행표

1	2	3	4	5
木	金	水	火	土

먼저 오행 순서와 천간 지지의 순서를 숫자로 정하여 표시하였으므로 연주의 간지의 수를 합하여 오행에 적용하면 된다.

예를 들어 갑자(甲子)년에 태어난 사람은 아래 표를 보면 甲은 1, 乙도 1이다. 甲과 乙의 숫자를 합하면 2가 된다. 위의 오행표를 보면 2는 金이다. 이와 같이 갑자생의 오행은 金, 즉 **해중금(海中金)**이다.

② 간지와 숫자표

甲乙	丙丁	戊己	庚申	壬癸
1	2	3	4	5

子丑	寅卯	辰巳	午未	申酉	戌亥
1	2	3	1	2	3

3. 24절기와 시간

24절기란 태양황경영도(太陽黃經零度)에서 15도 간격으로 나눠 24절기를 나타낸 것이다.

절기란 계절의 기운을 뜻하며 한 달에 두 번씩 들어있고 1년의 절기는 입춘(立春)부터 대한(大寒)까지 24개로 나누어 사용하고 있으며 월이 바뀌는 절기는 월초의 처음 들어오는 절기를 쓴다. 사주는 절기를 사용하므로 한 해의 시작 절기인 입춘 인월(寅月)이 시작되면 한 해의 연주가 바뀌게 된다. 입춘은 양력으로 2월 4일, 또는 5일경이다.

입춘은 24절기의 첫째이며, 음력으로는 12월(섣달)일 때도 있고 구정이 지난 정월인 경우도 있다. 인월(寅月)의 첫 번째 절기다. 동양에서는 이날부터 봄이라고 하지만, 날씨는 아직도 쌀쌀하다. 입춘에는 집의 출입문에 '입춘대길 건양다경(立春大吉 建陽多慶 : 입춘이 되어 크게 길하고, 따스한 기운이 도니 경사가 많으리라)'이라는 글귀를 붙여 한 해 동안의 길운을 기원하기도 한다. (24절기의 양력 날짜는 매년 비슷하다)

1) 음력월과 24절기의 계절 변화

계절	월지	음력	절기	절기 날짜와 계절 변화	
春 봄	寅	1월	입춘(立春)	양력 2월 4일경	정월, 봄의 시작
			우수(雨水)	양력 2월 18일경	봄비가 내림
	卯	2월	경칩(驚蟄)	양력 3월 5일경	겨울잠에서 벌레나 개구리 등이 깨어남
			춘분(春分)	양력 3월 20일경	밤낮의 길이가 같고 낮이 길어지기 시작
	辰	3월	청명(淸明)	양력 4월 4일경	천지가 맑은 공기로 가득하다, 농사 준비 시작
			곡우(穀雨)	양력 4월 20일경	봄비가 내리는 시기
夏 여름	巳	4월	입하(立夏)	양력 5월 5일경	여름의 시작
			소만(小滿)	양력 5월 21일경	농사 준비에 바쁨
	午	5월	망종(芒種)	양력 6월 5일경	보리 추수, 모 파종시기
			하지(夏至)	양력 6월 21일경	낮이 가장 길고 밤이 가장 짧음
	未	6월	소서(小暑)	양력 7월 7일경	여름 더위 시작
			대서(大暑)	양력 7월 22일경	여름 더위가 가장 심할 때
秋 가을	申	7월	입추(立秋)	양력 8월 7일경	가을의 시작, 결실의 계절
			처서(處暑)	양력 8월 23일경	더위가 수그러진다.
	酉	8월	백로(白露)	양력 9월 7일경	이슬이 내리고 가을 시작
			추분(秋分)	양력 9월 23일경	낮과 밤의 길이가 같고 밤이 길어지기 시작
	戌	9월	한로(寒露)	양력 10월 8일경	찬 이슬이 내리기 시작
			상강(霜降)	양력 10월 23일경	서리가 내리기 시작
冬 겨울	亥	10월	입동(立冬)	양력 11월 7일경	겨울의 시작
			소설(小雪)	양력 11월 22일경	눈이 내리기 시작
	子	11월	대설(大雪)	양력 12월 7일경	눈이 많이 내리는 시기
			동지(冬至)	양력 12월 22일경	밤이 가장 길고 낮이 가장 짧음
	丑	12월	소한(小寒)	양력 1월 5일경	겨울 추위 시작
			대한(大寒)	양력 1월 20일경	한 해의 가장 추운 때

2) 24절기의 변화

입춘(立春)

24절기의 첫째이며, 음력으로는 정월의 절기에 해당한다. 동양에서는 이 날부터 봄이라고 하지만, 추위는 아직도 강하다. 입춘에는 집안의 기둥이나 벽에 '입춘대길(立春大吉)'이라는 글귀를 붙여 한 해 동안의 길운을 기원하기도 한다.

우수(雨水)

입춘 후 15일 후에 해당하고, 양력으로는 2월 18일경이 된다. 우수에는 날씨가 거의 풀리고 봄바람이 불기 시작하면서 새싹이 난다. 우수라고 해도 비와 눈이 엇갈리며, 아직도 동장군의 마지막 안간힘은 남아 있다. 예로부터 우수와 경칩(驚蟄)에는 대동강 물이 풀린다고 하였다. 우수나 경칩에는 추위가 물러나 얼었던 대동강 물의 얼음이 전부 녹아버리게 된다는 뜻이다.

경칩(驚蟄)

계칩(啓蟄)이라고도 하며 우수와 춘분 사이에 있다. 음력으로는 2월의 절기이고, 양력으로는 3월 5일 전후가 된다. 이 무렵에는 날씨가 따뜻해서 초목의 싹이 돋아나고, 겨울잠을 자던 동물들이 땅속에서 잠을 깨어 꿈틀거리기 시작한다는 뜻에서 경칩이라는 이름을 붙였다. 그러나 우리나라의 경우 개미는 3월 하순, 개구리는 4월 초, 뱀은 4월 하순에 나온다.

이 시기에는 얼음과 눈 등의 겨울 자취는 감춰지기 시작하고, 매화에 이어 개나리와 진달래가 한창이다. 이날 흙일을 하면 1년 내내 탈이 없다고 하여 벽을 바르거나 담을 쌓는 풍습이 있다. 또한 경칩에 벽을 바르면 빈대가 없어진다고 해서 일부러 벽을 바르기도 하였고, 보리싹의 성장 상태를 보고 1년의 풍흉(豊凶)을 점치기도 하였다.

춘분(春分)

양력으로 3월 20일경이며, 음력으로는 춘분이 2월 중기이므로 음력 2월에는 반드시 춘분이 있게 된다. 춘분은 봄의 중앙이 되고 추분은 가을의 중앙이 되며, 하지는 여름의 중앙이고 동지는 겨울의 중앙이 된다.

청명(淸明)

양력으로 4월 5일경에 해당하고, 황하의 물이 연중 가장 맑은 무렵이다.

기온은 10℃를 넘어 벚꽃이 피고 한층 봄기운을 느끼게 한다. 청명이란 이름은 날씨가 맑고 밝음을 뜻한다.

곡우(穀雨)

청명과 입하 사이에 있는 마지막 봄 절기로 음력으로는 3월 중순경이고, 양력으로는 4월 20일이나 21일이 된다. 곡우는 봄비가 내려 백곡이 윤택해진다는 뜻이며, 이때가 되면 농가에서는 못자리를 마련하는 등 본격적인 농사철이 시작된다. 옛말에 '곡우에 가물면 땅이 석자나 마른다'는 말이 있는데, 이 말은 곡우에 가뭄이 들면 그해 농사가 치명적이라는 말이다. 이 무렵에 흑산도 근처에는 겨울을 보낸 조기 떼가 북상해서 충남 격렬비열도 근처까지 올라오므로 서해에서는 조기잡이가 한창이다. 이때 잡힌 조기를 특별히 '곡우살이'라고 하는데, 조기의 살은 적지만 연하고 맛이 좋다.

입하(立夏)

양력으로는 5월 6일경이며, 음력으로는 4월의 절기에 해당하고 곡우 후 15일이다. 여름에 들어섰다는 뜻으로 입하라고 한다. 녹음이 차츰 짙어지고, 아카시아꽃과 오동꽃이 피며, 농촌에서는 못자리판이 거의 끝난다. 그러나 여름이라고 하기에는 아직 늦은 봄이다.

소만(小滿)

양력으로 5월 21~22일경에 해당한다. 입하의 15일 후, 망종의 15일 전에 있다. 소만은 만물이 점차로 생장하여 가득 찬다는 뜻을 가졌다. 기후는 초여름이고, 모내기가 시작되며, 보리 베기에 적당한 시기이다.

망종(芒種)

양력으로 6월 5~6일경에 해당한다. 망종이란 벼 등 곡식의 종자를 뿌려야 할 적당한 시기란 뜻이다. 이 시기에는 모내기와 보리 베기에 바쁘다.

하지(夏至)

태양이 황도상에서 가장 북쪽 점에 있을 때인데 이 점을 특히 하지점이라고 부르며 6월 21일경이 된다. 하지 날에는 북반구에서는 낮의 길이가 가장 길고, 남중 때의 태양 고도가 가장 높다. 하지 때는 일반적으로 태양의 고도가 높고 또 낮의 길이가 길므로 북반구의 지구 평면이 받는 열량은 1년 중에서 가장 많다. 이 열량에서 방사열을 감한 나머지가 쌓이고 쌓여서

하지 이후에도 기온이 상승하고 삼복 때에 가장 더워진다.

소서(小暑)

음력으로는 6월절, 하지의 15일 후이며 우리나라에서는 이 시기에 본격적인 더위가 시작되는 때로 온갖 과일과 채소가 풍성해지고 밀과 보리도 먹게 되고, 장마전선이 한반도에 머물러 있어 습도가 높고 장마철을 이루는 경우가 많다.

대서(大暑)

양력 7월 23일경이다. 이 시기는 대개 중복 때로 더위가 가장 심한 시기이다. 소서와 대서 무렵에는 논밭의 잡초를 뽑을 때로, 이때가 과일 맛이 가장 좋은데 비가 적게 와야 더욱 맛이 좋다.

입추(立秋)

양력 8월 8일경이며 동양의 역(曆)에서는 이날부터 입동 전까지를 가을로 한다. 아직은 덥지만, 아침저녁의 바람이 가을 소식을 알려준다. 이때부터는 가을 채비를 시작해야 하고, 특히 무, 배추를 심고 서리가 내리기 전에 거두어서 김장에 대비하게 된다.

처서(處暑)

입추 15일 이후로 8월 23일경이 되며 음력으로는 7월의 중기이다. 입추도 지나고 백로로 향하는 도중에 있는 더위가 물러가는 시기이며, 가을 채소의 씨앗을 파종하는 시기이다. 옛말에 처서에 비가 오면 독의 곡식도 준다는 말이 있는데, 이 뜻은 처서 날에 비가 오면 흉년이 든다는 말이다.

백로(白露)

양력 9월 8일경에 시작되어 추분 전날까지의 약 15일간이다. 이 시기에는 밤에 기온이 내려가고 대기중의 수증기는 엉겨서 이슬이 되어 풀잎에 맺힌다. 추석 때가 되어 낮에도 서늘하고 만곡이 무르익는 시기이며 코스모스가 한창이다.

추분(秋分)

양력으로 9월 23일경이며 음력으로는 9월 절기의 시작일이다. 밤낮의 길이가 같으며 이 시기는 추수기로 온갖 곡식이 풍성한 때이다.

한로(寒露)

북서 계절풍이 불기 시작하면서 하늘이 높고 푸르러 전형적인 가을 날씨가 계속된다. 양력 10월 8일경으로, 이 시기에는 이슬이 찬 공기를 만나서 서리가 되려는 직전이며 단풍이 짙어진다.

상강(霜降)
이 시기에는 쾌청한 날씨가 계속되며 밤에는 기온이 매우 낮아지므로 수증기가 지표에서 엉겨 첫서리가 내리며 첫얼음도 언다. 산에서 단풍이 아름답게 물들고 국화의 향기가 그윽한 늦가을의 계절이다.

입동(立冬)
이날부터 겨울이라는 뜻에서 입동이라 부르고, 동양에서는 입동 이후 3개월을 겨울이라고 한다. 늦가을을 지나 낙엽이 쌓이고 찬바람이 살 속에 스며든다. 김장 시기는 입동 전후 1주일간이 적당하다고 예로부터 전해 내려오고 있지만 요즘에는 김장철이 늦어지고 있다.

소설(小雪)
양력 11월 22~23일 정도이며 평균 기온은 5℃ 이하로 내려가고 첫추위가 닥친다. '초순의 홑바지가 하순의 솜바지로 변한다'는 속담처럼 기온이 급강하하는 계절이며 가정에서는 김장이 한창이다.

대설(大雪)
태양력에서 매년 12월 7일 또는 8일이고, 태음력으로는 10월 중기, 소설을 지난 반 달 후에 있게 된다. 이 시기에 눈이 많이 쌓인다는 뜻에서 이름이 유래되었다. 그러나 눈이 많이 쌓이는 것은 장소와 시기에 따라 다르므로 꼭 이 시기에 적설량이 많다고는 볼 수 없다.

동지(冬至)
24절기의 22번째 절기로 태양이 천구상으로는 황도의 가장 남쪽에 위치하고 하지점과는 정반대에 위치한다. 1년 중 해가 가장 짧고 밤이 가장 길며 남반구에서는 그 반대이다. 우리나라에서는 동지를 '다음 해가 되는 날', 또는 '작은설'이라 해서 크게 축하하여 궁중에서는 원단(元旦)과 동지를 같이 으뜸 되는 축일로 생각하고 군신과 황세자가 모여 잔치를 하는 '회례연'이 베풀어졌으며 해마다 중국에 예물을 갖추어 동지사를 파견, 이날을 축하하였고, 지방에 있는 관원들은 국왕에게 전문을 올리어 진하하였다. 민가에서는 붉은 팥으로 죽을 쑤어 그 속에 찹쌀로 새알심을 만들어 넣어 먹었다. 그리고 '역귀를 쫓는다'하여 팥죽 국물을 벽이나 문짝에 뿌렸다.

소한(小寒)

양력으로는 1월 5일경으로 음력으로는 12월절이다. 소한 때가 우리나라에서 1년 중 가장 춥다. 속담에 '대한이 소한 집에 놀러갔다가 얼어 죽었다'는 말은 이런 데서 나온 말이다.

대한(大寒)

대한은 매년 1월 20일경으로 겨울의 매듭을 짓는 절기이다. 우리나라에서 1년 중 가장 추운 시기는 1월 15일경이므로 다소 사정이 다르다. 대한의 마지막 날을 절분이라 하여 계절적으로 연말에 해당한다. 옛날에는 이날 밤을 해넘이라 하였으며, 콩을 방이나 마루에 뿌리면서 마귀를 쫓아내고 새해를 맞이하는 풍습이 있었다고 한다.

3) 썸머타임(Summer Time)

일광절약을 위해서 낮이 긴 여름에 1시간 앞당겨 실시하고, 썸머타임이 끝나면 바늘을 1시간 뒤로 미루는 것을 말한다. 썸머타임을 실시한 기간 중에 태어난 사람은 미래로 1시간 당겨서 태어난 것이므로 과거로 1시간 미뤄서 사주를 뽑아야 한다. 썸머타임을 실시한 기간은 아래와 같다.

연도	시작	종료
1948년	5월 31일 23시	9월 13일 0시
1949년	4월 2일 23시	9월 11일 0시
1950년	3월 31일 23시	9월 10일 0시
1951년	5월 6일 23시	9월 9일 0시
1955년	5월 5일 0시	9월 9일 1시
1956년	5월 20일 0시	9월 30일 1시
1957년	5월 5일 0시	9월 22일 1시
1958년	5월 4일 0시	9월 21일 1시
1959년	5월 3일 0시	9월 20일 1시
1960년	5월 1일 0시	9월 18일 1시
1987년	5월 10일 2시	10월 11일 3시
1988년	5월 8일 2시	10월 9일 3시

4) 한국의 표준시

정오는 오후 12시이며 해가 가장 높이 떴을 때를 말하는데 일본 도쿄는 오후 12시 정각에 가장 높이 뜬다. 그러나 한국 서울의 시간은 오후 12시 30분이 되어야 해가 가장 높이 뜬다. 이는 한국의 표준시를 동경시에 맞추고 있기 때문이다. 약 30분의 차이가 난다.

현재는 동경표준시를 쓰고 있고 한국천문연구원에서 발표한 만세력의 24절기 절입 시각 또한 동경 135도 기준 시각이다.

① 한국의 표준시 보는 법

시	태어난 시간
조자시(朝子時)	0시 30분 ~ 1시 30분까지
축시(丑時)	1시 30분 ~ 3시 30분까지
인시(寅時)	3시 30분 ~ 5시 30분까지
묘시(卯時)	5시 30분 ~ 7시 30분까지
진시(辰時)	7시 30분 ~ 9시 30분까지
사시(巳時)	9시 30분 ~ 11시 30분까지
오시(午時)	11시 30분 ~ 13시 30분까지
미시(未時)	13시 30분 ~ 15시 30분까지
신시(申時)	15시 30분 ~ 17시 30분까지
유시(酉時)	17시 30분 ~ 19시 30분까지
술시(戌時)	19시 30분 ~ 21시 30분까지
해시(亥時)	21시 30분 ~ 23시 30분까지
야자시(夜子時)	23시 30분 ~ 0시 30분까지

② 한국의 표준시 사용기간

표준 자오선	사용 기간	관련 법령
동경 127도 30분	1908. 4. 1 ~ 1911. 12. 31	관보 제3994호(칙령 제5호)
동경 135도	1912. 1. 1 ~ 1954. 3. 20	조선총독부 관보 제367호(고시 제338호)
동경 127도 30분	1954. 3. 21 ~ 1961. 8. 9	대통령령 제876호(1961. 8. 7)
동경 135도	1961. 8. 10 ~ 현재	법률 제676호(1961. 8. 7) 법률 제3919호(1986. 12. 31)

4. 간지 정하는 법

1) 연(年)의 간지 정하는 법

출생한 해의 천간과 지지를 연주, 또는 연의 간지라고 한다. 연주를 정하는 방법은 만세력에서 입춘 절기를 기점으로 정하면 된다. 예를 들어 음력 2017년 1월 7일(양력 2월 3일) 10시에 태어난 경우 만세력을 찾아보면 입춘일이 양력 2월 4일 0시 33분(음력 1월 8일 0시 33분)이므로 전년도 2016년 병신년을 연주로 쓰고 월주 역시 절기 일시를 넘지 못했으므로 전달의 월건(月建)을 쓴다.

2) 월(月)의 간지(월두법) 정하는 법

월두법이란 월지(月支) 위에 천간을 올려놓고 그해의 월건을 붙여나가는 법이다.

출생한 달의 천간과 지지를 월주, 또는 월의 간지라고 한다. 월주 정하는 방법은 만세력에서 절기 시기를 기점으로 하면 된다. 또는 월지는 (음력 1월) 인(寅)월 시작이 고정되어 있으므로 월건은 그해의 천간으로 정월의 간지를 찾을 수 있다.

年干 合의 五行을 生하는 陽干부터 인월(寅月)에 붙여 시작하면 된다.

甲己 合은 土이므로 土를 生하는 火의 陽干인 丙火부터 시작하면 된다.

甲己 合은 土, 乙庚 合은 金, 丙辛 合은 水, 丁壬 合은 木, 戊癸 合은 火이므로 이를 生하는 陽干을 인월(寅月)부터 월지 위에 붙여 나가면 된다. 월의 간지 찾는 법은 아래와 같다.

갑기(甲己)년	병인두(丙寅頭) 月시작
을경(乙庚)년	무인두(戊寅頭)
병신(丙辛)년	경인두(庚寅頭)
정임(丁壬)년	임인두(壬寅頭)
무계(戊癸)년	갑인두(甲寅頭)

■ 월 간지 조견표

절입 월 년	입춘 1월	경칩 2월	청명 3월	입하 4월	망종 5월	소서 6월	입추 7월	백로 8월	한로 9월	입동 10월	대설 11월	소한 12월
甲己	丙寅	丁卯	戊辰	己巳	庚午	辛未	壬申	癸酉	甲戌	乙亥	丙子	丁丑
乙庚	戊寅	己卯	庚辰	辛巳	壬午	癸未	甲申	乙酉	丙戌	丁亥	戊子	己丑
丙辛	庚寅	辛卯	壬辰	癸巳	甲午	乙未	丙申	丁酉	戊戌	己亥	庚子	辛丑
丁壬	壬寅	癸卯	甲辰	乙巳	丙午	丁未	戊申	己酉	庚戌	辛亥	壬子	癸丑
戊癸	甲寅	乙卯	丙辰	丁巳	戊午	己未	庚申	辛酉	壬戌	癸亥	甲子	乙丑

3) 일(日)의 간지 정하는 법

출생한 날의 천간과 지지를 일주, 또는 일의 간지라고 한다. 일주 정하는 방법은 만세력에서 자(子)시를 기점으로 하면 된다. 자시는 두 가지로, 야(夜)자시는 23시 30분부터 0시 30분 직전까지이며, 조(朝)자시는 0시 30분부터 1시 30분 직전까지이다. 그러므로 야자시는 오늘 밤이라는 뜻이므로 일주는 조자시 시작점을 기준으로 쓴다.

예를 들어 양력 2017년 1월 7일 0시 10분에 태어난 경우 0시 30분 직전까지 야자시이므로 전일 계사(癸巳)일로 쓰고, 0시 30분 이후부터는 갑오(甲午)일로 쓴다.

4) 시(時)의 간지(시두법) 정하는 법

시두법이란 시지(時支) 위에 천간을 올려놓고 그날의 시건(時建)을 붙여나가는 법이다.

출생한 시의 천간과 지지를 시주, 또는 시의 간지라고 한다. 시의 간지 정하는 방법은 출생한 날 일간에 의해 결정된다.

일간에 간합이 가리키는 오행을 극(剋)하는 오행의 陽干에 子를 붙여 시작하면 된다.

甲 일주는 甲己合土가 되니 土를 극하는 木의 陽干을 子에 붙이면 시주(時柱)는 甲子가 된다. 시의 간지 찾는 법은 아래와 같다.

갑기일(甲己日)	갑자시(甲子時)
을경일(乙庚日)	병자시(丙子時)
병신일(丙辛日)	무자시(戊子時)
정임일(丁壬日)	경자시(庚子時)
무계일(戊癸日)	임자시(壬子時)

■ 시 간지 조견표

시\일간	子	丑	寅	卯	辰	巳	午	未	申	酉	戌	亥
甲己	甲子	乙丑	丙寅	丁卯	戊辰	己巳	庚午	辛未	壬申	癸酉	甲戌	乙亥
乙庚	丙子	丁丑	戊寅	己卯	庚辰	辛巳	壬午	癸未	甲申	乙酉	丙戌	丁亥
丙辛	戊子	己丑	庚寅	辛卯	壬辰	癸巳	甲午	乙未	丙申	丁酉	戊戌	己亥
丁壬	庚子	辛丑	壬寅	癸卯	甲辰	乙巳	丙午	丁未	戊申	己酉	庚戌	辛亥
戊癸	壬子	癸丑	甲寅	乙卯	丙辰	丁巳	戊午	己未	庚申	辛酉	壬戌	癸亥

예) 양력(陽曆) 2016년 9월 19일 2시 출생

2시	19일	9월	2016년
時柱	日柱	月柱	年柱
乙	甲	丁	丙
丑	辰	酉	申

5. 육친(六親)과 십신(十神) 찾는 법

1) 육친

육신(六神)이라고도 하며, 사주의 주인인 일간(日干)을 명주(命主), 일주(日主)를 아신(我身)이라고도 한다.

일간 나[我]를 기준으로 오행의 생극제화에 따라 크게 5가지 성질을 비겁(比劫), 식상(食傷), 재성(財星), 관성(官星), 인성(印星)으로 나눌 수 있다. 이를 친족관계에 비유해 부(父) 모(母) 형제(兄弟) 자매(姉妹) 처(妻) 자(子)를 육친이라고 한다.

 비화자 형제(比和者 兄弟) : 나와 같은 형제 **(비견, 겁재)**
 아생자 자손(我生者 子孫) : 내가 낳은 자, 자손 **(식신, 상관)**
 아극자 처재(我剋者 妻財) : 내가 극하는 자, 처재 **(편재, 정재)**
 극아자 관귀(剋我者 官鬼) : 편관(扁官)은 일주와 양음이 같은 것으로 제압되지 않으면 칠살(七殺)이라 하고, 제압되거나 인수로 화(化)하면 편관이라 한다. **(편관, 정관)**
 생아자 부모(生我者 父母) : 편인(偏印)은 일주와 양음이 같은 것으로 제압되지 않으면 효신(梟神)이라 하고, 식신을 극하면 도식(倒食)이라 하며 설기되면 편인이라 한다. **(편인, 정인)**

2) 십신(十神)

십신은 육친의 다섯 가지를 양음의 기준으로 각각 둘로 다시 나눈 것 즉 비견(比肩), 겁재(劫財), 식신(食神), 상관(傷官), 편재(偏財), 정재(正財), 편관(偏官), 정관(正官), 편인(偏印), 정인(正印)의 10개를 말한다.

① 십신 찾는 법

십신을 찾을 때에는 반드시 일간(日干)을 기준으로 해야 한다.
비겁(比劫) 양음으로 분류하면 비견, 겁재가 되고
식상(食傷) 양음으로 분류하면 식신, 상관이 되고
재성(財星) 양음으로 분류하면 편재, 정재가 되고
관성(官星) 양음으로 분류하면 편관, 정관이 되고
인성(印星) 양음으로 분류하면 편인, 정인이 된다.

② 십신 분류법

일간과 오행이 같고 陽陰이 같으면 비견(比肩)이고,
　　　　　　　　　　　　다르면 겁재(劫財)이다.
일간이 생(生)하고 陽陰이 같으면 식신(食神)이고,
　　　　　　　　　　　다르면 상관(傷官)이다.
일간이 극(剋)하고 陽陰이 같으면 편재(偏財)이고,
　　　　　　　　　　　다르면 정재(正財)이다.
일간을 극(剋)하고 陽陰이 같으면 편관(偏官)이고,
　　　　　　　　　　　다르면 정관(正官)이다.
일간을 생(生)하고 陽陰이 같으면 편인(偏印)이고,
　　　　　　　　　　　다르면 정인(正印)이다.

③ 십신과 육친의 뜻과 직업

십신	남/여	육친	뜻	직업
비견 (比肩)	남	남자형제, 친구, 동료	형제, 동료	자영업, 전문직 신약 사주 : 동업 신강 사주 : 동업 불가
	여	여자형제, 친구, 동료		
겁재 (劫財)	남	여자형제, 이복형제	재물을 탐하는 자	
	여	남자형제, 시아버지		
식신 (食神)	남	손자, 아랫사람	베풀다, 사교성, 낙천적	요식업, 유흥업, 서비스업, 연구직, 말하는직업
	여	딸, 아랫사람		
상관 (傷官)	남	할머니	손재주, 문학, 예술, 다재다능	예술, 기술, 방송, 연예인, 말소리와 연관된 직업
	여	아들		
편재 (偏財)	남	아버지, 첩	유통, 재물, 횡재	설계, 사업가
	여	시어머니		
정재 (正財)	남	처	근면, 성실, 정당한 재물, 월급 같은 돈	직장인, 회사원
	여	친정아버지		
편관 (偏官)	남	아들	직업, 명예, 강압, 폭력, 법	무관, 경찰, 검찰 법관, 외과의사, 운동선수
	여	애인		
정관 (正官)	남	딸	직업, 명예, 법, 신사, 예의바르다	일반 공무원, 행정직, 회사원
	여	남편		
편인 (偏印)	남	새어머니	머리 총명, 임기응변	종교학, 철학, 무속 공부
	여	새어머니		
정인 (正印)	남	어머니	학문, 문서, 계약, 인장, 지혜	학자, 교사, 교육, 언론가
	여	어머니		

3) 육친과 십신의 상생상극(相生相克)

비겁(比劫) → 식상(食傷) 生   비겁(比劫) → 재성(財星) 剋
식상(食傷) → 재성(財星) 生   식상(食傷) → 관성(官星) 剋
재성(財星) → 관성(官星) 生   재성(財星) → 인성(印星) 剋
관성(官星) → 인성(印星) 生   관성(官星) → 비겁(比劫) 剋
인성(印星) → 비겁(比劫) 生   인성(印星) → 식상(食傷) 剋

4) 육친과 십신의 특성

■ 비겁(比劫)

비겁은 주체성이 강하고 주관이 강해 독립하는 경향이 많으므로 고독할 수 있고 주위의 도움과 덕이 있고 타인을 배려할 줄 아는 동료애가 있다. 그러나 비겁이 많으면 독선적이고 남의 말을 잘 듣지 않고 쓸데없는 자존심이 강해 남을 이기려는 경우가 있다. 또한 화류계 여성을 아내로 맞게 되고 이복형제도 있다. 비겁운이 오면 주체성이 강화되니 창업이나 분가, 가족과의 이별 등이 생길 수 있다.

비견(比肩) : 비견은 나의 일간과 오행과 양음이 동일하다 하여 견줄 비(比), 어깨 견(肩)으로 나와 어깨를 나란히 할 수 있다 하여 붙여진 이름이다. 비겁은 주체성, 독립성이 강하며 고집이 있다. 주위의 도움과 인덕이 있고 타인을 배려할 줄 아는 동료애가 있다. 그러나 비겁이 너무 많고 설기되지 못하면 아집이 강하고 독선적이고 남의 말을 듣지 않고 쓸데없는 자존심이 강하여 따르는 사람이 적어 고독하고 외롭다. 비겁운이 오면 주체성이 강해 창업, 분가, 가족과 이별 등이 생길 수 있고 나와 같으므로 친구, 동료, 형제라고도 한다.

비견이 사주에 많으면 남의 밑에 있기를 꺼리고, 또한 여자가 생기고 재물이 들어올 때 군비쟁재(群比爭財)라 하여 서로 차지하려고 다투고 사이가 멀어질 수 있고, 식상이 있어 일간을 설기하고 재성을 생해주면 식신생재(食神生財)가 되어 통관(通關)을 시키니 부자가 된다. 재성은 여자, 재물, 부친에 해당하니 사주가 신약하고 재성이 많으면 재다신약(財多身弱)하여 부옥빈인(富屋貧人)이 되어 이 경우 비견을 만나야 득비이재(得比利財)하여 아내와 재물을 얻고 부친의 덕을 입게 된다.

직업 · 특성 - 자영업, 전문직. 자유업을 주로 한다. 법률, 정치, 외교, 꽃꽂이, 예술, 기획, 무용, 종교, 비서, 피아노, 기술직, 확장, 분가, 창업을 한다.

겁재(劫財) : 겁재는 나의 일간과 오행이 같고 양음이 다르므로 나의 재물을 겁탈해 간다고 하여 겁탈할 겁(劫), 재물 재(財)를 써서 겁재라 한다. 겁재는 솔직하고 가식이 없고 용감하고 의협심이 있다. 그러나 겁재는 재물 욕심이 많고 지배욕구가 강하고 재물을 겁탈하는 것으로 육친으로는 경쟁자, 거래업체, 이복형제 등을 뜻한다. 겁재는 성품이 오만불손하고 거만하여 안하무인(眼下無人)으로 상대방을 무시하기도 한다. 시비나 투쟁이 많고 친구나 형제와 불화하고 기신으로 편재, 칠살, 상관과 어울리면 사기 도박 등 재산범죄를 저지를 가능성이 크다.

직업 · 특성 - 인기업, 의사, 비서직, 운동, 관리인, 영업, 꽃집, 찻집, 장신구점, 자영업이나 전문직, 자유업을 주로 한다.

■ 식상(食傷)

식상은 활동성, 창조성, 복덕이다. 식상운이 좋으면 재물이 생기고 이성관계가 이루어지고 나쁘면 실직하고 명예가 실추되고 재물을 잃는다.

식신(食神) : 식신은 다른 말로는 수성이라고도 하고 사람의 신체를 기르는 신이며 여성에게는 자녀의 신이기도 하다. 나를 극하는 신이 편관인데, 일간이 편관의 극을 받으면 장수할 수가 없다. 그러나 식신이 편관을 극하여 일간을 보호하니 식신 또는 수성이라고 한다. 식신은 재물을 생하는 근원이 되고 식신유기승재관(食神有氣勝財官)이라 하여 식신이 건왕하면 재관보다 낫다고 한다. 식신은 천성이 명랑하고 활동적이므로 사람들과 잘 어울리고 대인관계가 좋고 낙천적인 성향이므로 먹을 복이 있어 굶고 살지는 않는다. 그러나 효신에 의해 파극되면 밥그릇을 빼앗기는 형국이니 막힘이 많다.

직업·특성 - 교육, 예술, 창조예술 분야, 어린이 대상 업종, 식생활, 의약, 탐험, 발명, 사업가, 요식업 등 연구직이다.

상관(傷官) : 관을 상하게 한다 하여 상관이다. 남명에 상관이 많으면 자식 문제가 많고, 여명에 상관이 많으면 남편을 극해 남편 문제가 많다고 한다. 상관은 남녀 공히 정관을 깨트리는 흉신이고 일간의 기운을 설기하고 나의 가장 중요한 정관을 극제하니 법과 남편을 무시하는 경우가 있다. 여명에 식상이 많고 관성이 약하면 상관견관(傷官見官) 위화백단(爲禍百端)이라 하여 과부가 될 운명이라 백년해로하기 어렵다. 또한 상관은 말도 조리 있게 잘하고 총명하고 재주가 많으므로 연예계, 예술 계통에서 창조적인 일을 하는 경우가 많다. 그러나 상관은 브로커, 사치, 허영심이 많으므로, 관재구설, 명예손상 등을 조심해야 한다.

직업·특성 - 호기심, 애교, 예능, 종교, 정치, 교육, 창의력, 예지력, 예술가, 사상가, 발명가, 탐험가, 달변가이다.

■ **재성(財星)**

재성의 특성은 계획성과 풍요성이 있고 재물이 떠나지 않는다. 그러나 재성이 너무 많고 설기를 못하면 인성을 극하므로 공부하는데 어려움이 많다. 또한 부모덕도 없고 이성문제로 인해 곤란한 일이 많고 좋은 여자가 생겨도 쉽게 헤어진다.

편재(偏財) : 편재는 인정이 많고 사교적이며 풍류 기질이 있어 일확천금을 꿈꾼다. 사주가 강하고 편재가 있으면 재능이 뛰어나고 융통성이 있으므로 자유자재로 활용하여 큰 재물을 얻는다. 편재가 많으면 재다신약(財多身弱)하게 되고 부옥빈인(富屋貧人)이 되니 공처가이고 욕심이 많으며 이성관계가 복잡하다. 편재는 인정이 많고 약한 사람을 잘 돕는다. 그러나 결단이 빠르고 성급하게 판단하는 경향이 있어 모든 거래에 협상을 잘한다. 사주가 신왕하고 편재가 왕하면 식상대운에 타향에서 사업을 일으켜 큰 돈을 벌수 있으며, 편재가 약하면 재물이 모이지 않으며 부친과 일찍 사별하거나 아내와 인연이 박하다. 사주에 식신, 생재가 적당하면 처덕이 있고 재물운이 있어 일생 부자로 산다. 재성이 형충되면 여자로 인하여 관재 시비가 많으니 주색을 조심하고, 여명에 재다신약(財多身弱)하고 관살이 많으면 남편이나 시동생에게 구타당하는 경우가 많고 시부모와 불화가 있어 부부이별수가 있다.

직업·특성 - 통치, 관찰력, 정리, 상업, 금전, 금융업, 운수업, 고물업, 모험, 일확천금 등 사업하는 경우가 많다.

정재(正財) : 정재는 정직한 재물을 말하고 정당한 노력의 대가를 통해 얻은 돈, 정기적으로 들어오는 봉급과 같으므로 보수적이며 융통성이 부족하다. 그러나 정직하고 신용이 있으며 책임감이 강하고 성실하고 노력파다. 자상하고 꼼꼼하며 실용주의자이며 낭비를 싫어하고 근면 검소하여 투기를 하지 않고 부정한 재물을 싫어한다. 재성이 천간에 뿌리가 없으면 낭비가 심하고 실속이 없다. 그러나 지장간에 재성이 있으면 돈관리가 빈틈이 없고 실속 있는 구두쇠 알부자이다. 사주에 정재가 많고 신약하면 인색할 수 있고 공처가로서 여자로 인해 쥐어 산다.

직업·특성 - 근면, 노력, 성실, 정확, 검소, 저축, 현금, 정치, 법률, 군경, 재계, 의사, 교육, 예능, 종교, 직장인은 금전과 관계되는 일을 한다.

■ 관성(官星)

관성은 윤리나 도덕을 바탕으로 만들어진 권리와 의무 법률 등을 뜻한다.
관성이 청하면 출세하거나 관직을 얻고, 여명은 남편이 똑똑하고 남명은 자녀가 똑똑하고 사업이 잘되고 재물을 얻거나 직장을 얻고 승진한다. 관성이 태왕(太

旺)한데 제압되지 않거나 설기되지 않거나 관살 혼잡이 되면 가난하고 질병을 얻어 고통스럽다. 또한 실직하거나 좌천되고 명예가 실추되고 형제동료 간에 불화가 생긴다.

편관(偏官) : 의협심이 있고 통솔력이 있어 두뇌가 총명하고 상황 판단이 빠르므로 조직 관리를 잘한다. 칠살이 있으면 직장생활이나 장사를 하게 되고 칠살이 제압된 사주는 권력을 얻는 공직자나 사법관이 된다. 여자는 칠살이 있으면 주로 사회생활을 하게 된다. 칠살과 인성이 있으면 살인상생이라 하며 관살이 인성을 통관하여 일간을 보호하니 탐생망극(貪生忘剋)이라 귀하게 되고, 칠살을 식상이 제압하면 식신제살이라 하여 일간이 강할 경우 반드시 부귀한다. 칠살이 겁재로 합하는 것을 탐합망극(貪合忘剋)이라고도 하며 칠살이 겁재와 합을 하려고 일주를 극하는 것을 잊는다 하여 매씨합살(妹氏合煞)이라고도 한다. 편관이 나쁘게 작용하면 폭력적인 성향이 있고 무례하며 과시욕과 허세를 부리는 경향이 있고 관재구설 등 재앙이 많다. 상관운에 형충을 겸하면 관재구설이 발생한다.

직업·특성 - 강압, 폭력, 인내, 의협심, 권력자, 혁명가, 대수술의사, 정치, 법률, 군경, 무역, 발명, 정보, 경찰, 검찰, 관리, 기술, 건축, 토목, 강제성, 복종, 관재구설 칠살(七殺)이라고 한다.

정관(正官) : 정관은 길신이므로 바른생활을 하고 품위가 있고 겁재를 제압하니 나의 재물도 보호한다. 정관은 일간을 극하면서도 피해가 없고 오히려 좋은 작용을 한다. 음금(陰金)이 가위가 되어 양목(陽木)인 나무를 다듬어주는 이치이다. 육친으로는 남자는 자식과 명예, 여성은 남편에 속한다. 여명에 관성이 합하면 다정하고 애교가 많으며 항상 표정이 밝다. 관성과 인성이 있으면 관인상생(官人相生)이 되어 부귀하고 장수하며 부모의 사랑과 상사의 인정을 받는다. 관성과 식상이 일주와 합하면 혼전에 임신하거나 탈선하게 된다. 정관은 상관의 극이나 형충 당하는 것을 가장 싫어한다.

직업·특성 - 신사로서 올바르고 공정하다. 정의, 명예, 권세, 정치, 외교, 법률, 군경, 학자, 판사, 성실, 근면, 합격, 당선, 직장인, 편견이 없고 전형적인 공직자의 성품으로 품행이 단정하고 법질서를 존중하고 예의가 바르다.

■ 인성(印星)

인성은 문서, 자비심, 명예, 지혜를 뜻한다. 또한 윗사람을 공경하고 예의가 바르므로 부모로부터 재산도 물려받고 결혼을 하기도 한다. 그러나 인성이 태왕(太旺)하고 제압이나 설기되지 않으면 식상을 극하니 매사에 일이 뜻대로 되지 않고 재물이 흩어지고 문서계약으로 손재가 생긴다. 인성이 형충되면 모친에게 신병이 있거나 문서로 인한 소송이 발생하고, 여명에 인성이 많으면 게으르고 산액이 있거나 자연유산이이 되고 자식이 질병을 앓게 되며 자식 키우기가 어렵다.

편인(偏印) : 편인은 재성이 없어 극제하지 못하면 나의 귀중한 식신을 극하므로 일명 도식(倒食)이라 한다. 그러나 재성이 있어 극제하면 편인이라 한다. 사주가 신약하면 편인도 일간을 방신하니 이때는 길신이 된다. 칠살이 강하고 일간이 약할 때 편인으로 통관되면 탐생망극(貪生忘剋)으로 흉이 변하여 길이 된다.
직업·특성 - 철학, 학자, 예술가, 의사, 종교, 점술, 세탁, 미용사, 운동, 학문, 명예욕이 있으며 권모술수에 능하고 고독하다.

정인(正印) : 정인은 음양이 다른 오행이 나의 일간을 생하므로 공부 또는 부모신이라고도 한다. 또한 지혜가 많고 학문을 좋아하며 박식하고 선량하며 예의가 바르다. 정인은 보수적이고 전통을 중시하니 적극성이 부족할 수 있고 윗사람이 시키는 일만 할 수 있다. 인수가 재성과 암합하면 어머니가 부정하고, 상관과 같이 있으면 부모와 의견대립이 심하고, 신약할 때 재로 인하여 인수가 파극되면 모친과 이별하거나 중도에 학업을 포기하게 된다. 기혼자는 어머니와 처가 불화가 심해 어려움이 많다.
직업·특성 - 문서, 계약, 인장, 유가증권, 허가증, 합격증, 자격증, 지도자, 학문, 예술, 교육, 예능, 정치, 종교, 의약, 군경, 법률, 공부 등을 말한다.

6. 간지의 합충(合沖)과 형(刑) 파(破) 해(害)

오행은 상생(相生)과 상극(相剋)을 반복하여 이동하며 상생의 순리를 지킨다. 상생은 평화, 질서와 은혜를 아는 것이고, 상극은 순리를 무시하고 불법, 폭력, 파괴, 투쟁 등을 말한다.

상생	상극
목생화(木生火)	목극토(木剋土)
화생토(火生土)	화극금(火剋金)
토생금(土生金)	토극수(土剋水)
금생수(金生水)	금극목(金剋木)
수생목(水生木)	수극화(水剋火)

1) 천간(天干)의 합(合), 충(沖)

십간(十干)은 합과 충 두 가지 작용뿐이다. 합은 서로 화합을 이루는 것이고, 충은 서로 충돌하고 대립하는 관계를 말한다. 사주에서는 합과 충의 작용으로 길흉을 본다.

天干合	天干沖
甲己合 - 土	甲庚沖
乙庚合 - 金	乙辛沖
丙辛合 - 水	丙壬沖
丁壬合 - 木	丁癸沖
戊癸合 - 火	戊己沖

천간 합은 자기(自己)로부터 6번째 만나면 합이 된다.

천간 충은 자기(自己)로부터 7번째 만나면 충이 된다. 간충은 양은 양과, 음은 음과 충이 되는데 무기토는 양음이 중앙에서 자리다툼하는 충돌이다.

① 간합(干合)의 작용

갑기합(甲己合)이 사주에 있으면 중정지합(中正之合)이라 하여 어질고 공명정대하여 존경을 받는다. 갑기합은 오행이 土로 변하여 신의(信義)는 있으나 지혜나 지능이 부족하고 순박하고 정직하나 나태한 면이 있다.

을경합(乙庚合)이 사주에 있으면 인의지합(仁義之合)이라 하여 인자한 마음과 의리로써 나아가고 부드러움과 강함이 조화를 이루어 과감하고 강직하다. 을경합은 오행이 金으로 변하여 과감하고 강직하여 인의가 두텁다. 그러나 예의가 없고 결단성이 부족한 면이 있다.

병신합(丙辛合)이 사주에 있으면 위엄지합(威嚴之合)이라 하여 외모는 위엄이 있으나 호색(好色)하고 재물을 좋아한다. 병신합은 오행이 水로 변하여 지혜와 능력이 있고 모사를 잘 쓰며 예의가 없다.

정임합(丁壬合)이 사주에 있으면 **음욕지합(淫慾之合)**이라 하여 애교가 많고 감정적이고 깨끗하고 공주병이다. 그러나 고결하지 못하고 여색을 즐긴다. 정임합은 오행이 木으로 변하여 순박하고 정직하나 마음이 좁고 질투심이 있다.

무계합(戊癸合)이 사주에 있으면 **무정지합(無情之合)**이라 하여 화려하고 사치를 좋아하며 나이 차이가 많은 사람과 혼인하는 경우가 많다. 무계합은 오행이 火로 변하여 총명하고 다정한 듯하나 마음이 무정하여 사람 사귀기가 어렵다.

② 천간의 충(沖), 극(剋)

충이란 서로 부딪치고 대립하는 것이므로 충을 받게 되면 한쪽은 크게 손상을 입게 된다. 천간 충은 자기(自己)로부터 7번째 만나면 충,극이 된다.

甲과 庚은 沖하면 나무가 부러지게 된다.
乙과 辛이 沖하면 초목이 베어지게 된다.
丙과 壬이 沖하면 불이 꺼지게 된다.
丁과 癸가 沖하면 불이 꺼지게 된다.
戊와 甲은 서로 극한다.
己와 乙은 서로 극한다.
庚과 丙은 서로 극한다.
辛과 丁은 서로 극한다.
壬과 戊는 서로 극한다.
癸와 己는 서로 극한다.

甲	乙	丙	丁	戊	己	庚	辛	壬	癸
庚	辛	壬	癸	甲	乙	丙	丁	戊	己
沖	沖	沖	沖	剋	剋	剋	剋	剋	剋

2) 지지(地支)의 합(合), 충(沖)

지지 합

지지 충

① 지지의 합(合)

지지의 합은 천간의 합보다 합하는 힘이 더욱 강력하다. 방합은 삼합보다 역량이 크고, 삼합은 육합보다 역량이 크다.

方合	三合	半合	六合	相沖
寅卯辰 - 木	亥卯未 - 木	亥卯, 卯未, 亥未	子丑合 - 土	子午
巳午未 - 火	寅午戌 - 火	寅午, 午戌, 寅戌	寅亥合 - 木	丑未
申酉戌 - 金	巳酉丑 - 金	巳酉, 酉丑, 巳丑	卯戌合 - 火	寅申
亥子丑 - 水	申子辰 - 水	申子, 子辰, 申辰	辰酉合 - 金	卯酉
			巳申合 - 水	辰戌
			午未合 - 火	巳亥

방합(方合)

寅卯辰은 木局의 동방(東方)이요

巳午未는 火局의 남방(南方)이요

申酉戌은 金局의 서방(西方)이요

亥子丑은 水局의 북방(北方)이다.

방합은 세 개씩 모여 봄, 여름, 가을, 겨울을 형성한다 해서 계절합이라고도 하고, 또는 방국(方局)이라고 한다. 사주에서 방합이 희신이 되면 길하고, 기신이면 흉이 된다.

삼합(三合)
亥卯未는 木局
寅午戌은 火局
巳酉丑은 金局
申子辰은 水局

삼합은 子午卯酉의 사정신(四正神)이 위주가 된다. 삼합은 반드시 3개가 있어야 하고 하나가 없고 두 개만 있으면 반합(半合)이라 한다. 삼합은 3개씩 한 쌍으로 묶여 네 가지 합이 나오며 모여서 화합하다, 변화하다 등으로 해석된다.

반합(半合)
亥卯, 卯未, 亥未는 木局이고
寅午, 午戌, 寅戌은 火局이고
巳酉, 酉丑, 巳丑은 金局이고
申子, 子辰, 申辰은 水局이다.

반합은 삼합보다 힘이 약하고 亥未는 木局이므로 천간에 甲이나 乙이 투출되어 있을 때, 寅戌은 火局이므로 丙이나 乙이 투출되어 있을 때, 巳丑은 金局이므로 庚이나 辛이 투출되어 있을 때, 申辰은 水局이므로 壬이나 癸가 투출되어 있을 때 힘의 능력을 발휘한다.

육합(六合)
子丑合-土, 寅亥合-木, 卯戌合-火, 辰酉合-金, 巳申合-水, 午未合-火
육합은 12개의 지지가 서로 다른 오행이 2개씩 쌍을 지어 6개의 합을 이루어 다른 오행으로 변하는 것을 말한다.

② 지지의 육충(六沖)
子午, 丑未, 寅申, 卯酉, 辰戌, 巳亥沖을 말한다. 12개의 지지가 서로 다른 오행이 2개씩 쌍을 지어 6개의 충을 이루는 것을 말한다.
子午沖 심장, 신장, 생식기 등이 약하다.

丑未沖 소와 양의 뿔이 부딪치니 싸움이 잦고 형제불화, 토지매매 등의 손재가 있고 위장병, 위염에 약하다.
寅申沖 정에 약하고 애정이 많아 구설수가 있고 교통사고가 잦고 욕심이 많고 간장, 호흡기 기능이 약하다.
卯酉沖 친구와 우애가 없고 부부싸움이 잦고 육친과 우애가 없고 근심 걱정이 많다. 담이나 폐 기능이 약하다.
辰戌沖 용이 승천하다 개 짖는 소리에 떨어지니 풍파가 많고 뜻하지 않은 일로 막힘이 많아 괴로움을 많이 느낀다. 부부싸움, 가정이 불안하고 형제도 불화하니 고독하다. 허욕이 강하며 피부질환에 약하다.
巳亥沖 매사에 근심걱정이 많고 사소한 걱정으로 신경을 많이 쓴다. 하는 일마다 손해가 많고 교통사고, 신경질환이나 신장질환에 약하다.

③ 육파(六破)
子酉, 午卯, 巳申, 寅亥, 辰丑, 戌未破를 말한다.
파(破)란 글자 뜻 그대로 파괴, 분리, 이별, 절단 등 일을 망친다는 의미다. 연지가 파하면 부모와 일찍 헤어져 고향을 떠나게 되고, 월지가 파하면 일찍부터 객지생활을 하게 되고, 일지가 파하면 고독하고 처자식과 불화하거나 이별하게 되고, 시지가 파하면 인생황혼기에 외롭게 산다.
子酉破 육친과 인연이 없다.
午卯破 주색으로 실패한다.
巳申破 합도 되고 파도 되니 이중성격이 될 수 있다.
寅亥破 합도 되고 파도 되니 이중성격이 될 수 있다.
辰丑破 적극적인 성격이나 위장병으로 고생한다.
戌未破 독선적이고 고집이 세다.

④ 육해(六害)
子未, 丑午, 寅巳, 卯辰, 申亥, 酉戌害를 말한다.
해(害)는 천(穿)이라고도 한다. 서로 해치고 손해를 끼친다는 뜻이다. 해는 갑자기 쪼개지고 분리되고 사고 당하는 것을 말한다.

子未害 子중의 癸水는 未중의 丁火를 沖하고 未중의 己土는 子중의 癸水를 극한다. 미일(未日)생이 子運에는 부인 신변의 액난을 주의하고 척추, 자궁질환을 조심해야 한다.

丑午害 丑중의 癸水가 午중의 丁火를 沖하고 丁火는 丑중의 辛金을 극한다. 중풍, 정신병, 신경장애나 건망증 등의 질병을 주의해야 한다.

寅巳害 寅중의 甲木이 巳중의 戊土를 극하고 巳중의 庚金이 寅중의 甲木을 충한다. 중상모략, 시비구설수, 폭발사고, 황달, 편도염, 소장염 등을 주의해야 한다.

卯辰害 卯는 辰土에 뿌리를 내리고 살기 때문에 신세를 지는 처지에서 원망하고 배신하는 마음이다. 고독, 배신, 중상모략, 위장이나 간장 질환에 주의해야 한다.

申亥害 申중의 庚金이 亥중의 甲木을 충하고 亥중의 甲木이 申중의 戊土를 극한다. 물로 인한 재앙을 조심하고 낙태, 산후 질병, 부인과 질환, 대장, 백혈병 등을 주의해야 한다.

酉戌害 戌중의 丁火가 酉중의 辛金을 剋하고 酉金은 戊土의 氣를 설기(泄氣)한다. 배신, 경쟁, 질투, 언어장애, 간장, 신장 등을 주의해야 한다.

⑤ 원진살(怨嗔殺)

신살의 하나로 흉신이며, 부정, 재앙, 이별을 관장한다. 원진(怨嗔)이란 서로 미워하고 원망하고 성낸다는 뜻으로 대모(大耗 : 줄, 없애다, 쓰다 모)살이라고도 한다. 서로 원망하며 한(恨)을 간직하고 살아가니 부부의 금슬(琴瑟)이 좋지 않다고 한다.

12지에 속한 짐승끼리 서로 미워하는 관계를 말한다.

子未 쥐는 양 머리의 뿔을 꺼리고,

丑午 소는 말이 농사일을 않고 노는 것을 싫어하고,

寅酉 범은 닭의 벼슬(부리가 짧은 것)을 싫어하고,

卯申 토끼는 원숭이의 등이 굽은 것을 싫어하고,

辰亥 용은 돼지 얼굴이 검은 것을 혐오한다.

巳戌 뱀은 개 짖는 소리에 놀라서 미워한다고 하였다.

⑥ 지지의 삼형(三刑)

삼형살은 상충 다음으로 흉한 살이고 사주에 삼형이 있으면 정신력이 강하고 다소 냉정한 편이고 정의롭고 의리가 있으며 군인이나 경찰, 의사, 간호사, 법관이 많다. 대운이나 세운에서 삼형살이 오면 각종 돌발사고나 수술을 받게 되며 흉터가 생기고, 삼형이 많으면 항상 바쁘다.

寅巳申刑 오행의 녹지(祿地)여서 세력만 믿고 함부로 행동하다 화를 당한다 하여 **시세형(恃勢刑)**이라 한다. 교통사고, 가스나 약물중독, 자살을 기도하기도 하고 신왕하면 상처를 주고 신약하면 당하고 맞고 산다.

丑戌未刑 형제끼리 서로 다투고 은혜를 모른다 하여 **무은형(無恩刑)**이라 한다. 위장병이나 피부질환으로 고생하기도 한다.

子-卯刑 수생목하나 자식이 어머님을 해한다 하여 **무례형(無禮刑)**이라 한다. 성격이 강하고 신장, 방광, 비뇨기 질환이 약하고 부모와 인연이 박하다.

⑦ 자형(自刑)

辰辰自刑 물로 인한 피해나 구설수, 육친과 인연이 없다.
午午自刑 불로 인한 사고나 전기, 폭발사고, 부부인연, 자식운이 약하다.
酉酉自刑 교통사고를 당하거나 생리통으로 고생한다.
亥亥自刑 물로 인한 사고나 신장이나 방광 질환을 조심해야 된다.

7. 일간(日干)으로 보는 신살

천을귀인(天乙貴人)

천을귀인은 사주뿐 아니라 모든 방면에 다 적용되는 좋은 길신이다. 천을귀인이 있는 사람은 어려움에 처해도 항상 귀인의 도움이 있게 되므로 신기할 정도로 어려움에서 벗어나는 경우가 많다.

일간	甲,戊,庚	乙,己	丙,丁	辛	壬,癸
천을귀인	丑,未	子,申	亥,酉	寅,午	巳,卯

건록(建祿)

녹(祿)이라고도 하며 국가의 녹을 받아 살아간다. 또한 정록(正祿)이라고도 한다. 녹은 고정적으로 들어오는 의식주라 벼슬에 올라 녹봉을 받거나, 기업이나 회사에서 주는 녹봉을 받는다는 뜻이다.

일간	甲	乙	丙,戊	丁,己	庚	辛	壬	癸
건록	寅	卯	巳	午	申	酉	亥	子

암록(暗祿)

건록(建祿)과 육합(六合)이 되는 지지로서 작용도 건록과 비슷하고 뒤에 숨어서 주인공을 돕는다 하여 암록[暗, 어두울 **암**]이다.

일간	甲	乙	丙,戊	丁,己	庚	辛	壬	癸
암록	亥	戌	申	未	巳	辰	寅	丑

금여록(金輿錄)

금여(金輿)란 금으로 만든 수레로 고급관리나 귀족, 왕족이 타는 것을 말한다. 천간을 지지로 바꿔 세 번째가 금여이다. 甲 = 寅 卯 辰이다.

일간	甲	乙	丙,戊	丁,己	庚	辛	壬	癸
금여	辰	巳	未	申	戌	亥	丑	寅

甲日干이 연월일시에 辰을 만나면 금여이다. 사주에 금여가 있으면 성격이 온화하고 품행이 단정하며 재주와 재치를 겸하였으므로 남녀노소를 막론하고 존경과 사랑을 받게 되고, 좋은 배우자를 만나게 되며 금여가 시지(時支)에 있으면 부모에게 효도하고, 훌륭한 자녀가 된다.

양인살(羊刃殺)

천간을 지지로 바꿔 두 번째가 양인이다. 양인살은 칼, 총, 살상에 비유된다. 육친의 겁재와 강력한 라이벌로서 재물, 지위, 명예, 배우자 등을 빼앗고자 항상 투쟁하는 경쟁자이므로 주인공은 얻는 게 없을 뿐 아니라 자신도 냉혹하게 된다.

일간	甲	乙	丙,戊	丁,己	庚	辛	壬	癸
양인	卯	辰	午	未	酉	戌	子	丑

백호대살(白虎大殺)

백호살이라고도 하고 연주를 제외하고 월, 일, 시에 모두 해당된다. 백호살이 있으면 몸을 크게 다치거나 수술을 받거나 항상 위험이 따르므로 조심해야 한다.

간(干)	甲	乙	丙	丁	戊	壬	癸
지(支)	辰	未	戌	丑	辰	戌	丑

생년(生年)으로 보는 살

도화살(桃花殺)

도화는 함지(咸池)라고도 하는데 12신살의 연살(年殺)과도 같다.

도화는 연지(年支)와 일지(日支)에 기준을 같이 본다.

연일지(年日支)	亥卯未	寅午戌	巳酉丑	申子辰
지지	子	卯	午	酉

8. 12신살(神殺)과 12운성(運星)

12신살	劫殺	災殺	天殺	地殺	年殺	月殺	亡身	將星	攀鞍	驛馬	六害	華蓋
12운성	絶	胎	養	生	浴	帶	祿	旺	衰	病	死	墓
亥卯未	申	酉	戌	亥	子	丑	寅	卯	辰	巳	午	未
寅午戌	亥	子	丑	寅	卯	辰	巳	午	未	申	酉	戌
巳酉丑	寅	卯	辰	巳	午	未	申	酉	戌	亥	子	丑
申子辰	巳	午	未	申	酉	戌	亥	子	丑	寅	卯	辰

1) 12신살

연지(年支) 기준으로 다른 지지(地支)와 대조하여, 간단하게 운수나 그 외 여러 가지 사항을 알아보는 것으로 사용된다.

    신자진(申子辰)생은 사(巳)에서 겁살이 시작되어 순행(順行)으로 본다.
    인오술(寅午戌)생은 해(亥)에서 겁살이 시작되어 순행으로 본다.
    해묘미(亥卯未)생은 신(申)에서 겁살이 시작되어 순행으로 본다.
    사유축(巳酉丑)생은 인(寅)에서 겁살이 시작되어 순행으로 본다.

겁살(劫殺) : 일명 대살(大殺)이라 하며 오행이 절지(絶地)되는 곳을 말한다. 이 살은 살 중에서 가장 으뜸으로 작용하여 힘이 강하다. 불의의 사고로 재물을 빼앗기거나 강탈당하고 흉악하고 탐욕스러워 인정이 없다.

재살(災殺) : 일명 수옥살(囚獄殺, 감옥에 갇히는 살)이라 하는데, 격렬한 싸움이나 사고를 암시한다. 사주에 이 살이 있으면 송사, 소송, 납치를 당하거나 포로가 되어 감금생활을 하는 수도 있고, 갑작스런 사고를 당해 피를 많이 흘리게 된다.

천살(天殺) : 사주에 천살이 있으면 자연재해로 피해를 보게 된다. 태풍이나 홍수, 벼락, 암, 항공기 추락, 정신질환, 화재 등 하늘이 내리는 재앙이라고 생각하면 이해가 쉽게 될 것이다.

지살(地殺) : 역마와 같은 뜻이 있어서 사주에 이 살이 있으면 이사나 자리 변동, 유학, 이민, 여행 및 타향살이로 동분서주(東奔西走)하며 개인적인 일보다도 공적인 임무를 띤 이동이 많게 된다. 지살은 땅에서 일어나는 재앙이라고 생각하면 이해가 쉽게 될 것이다.

연살(年殺) : 일명 도화(桃花)살이라 한다. 또는 함지(咸池)나 욕지(浴池)라고 하여 색난(色難)을 암시하는 살이다. 화려하고 아름다운 것을 좋아하며 이성문제가 복잡하고 성욕이 강한 편이고 주색을 즐긴다. 재난, 색난, 주색, 방탕하므로 신용이 없고 폐결핵에 약하다.

월살(月殺) : 일명 고초살(枯焦殺)이라고 한다. 이것은 만물이 고갈되어 윤기를 잃고 결국 말라서 죽게 된다는 뜻으로 여러 가지 장애나 병액(病厄) 등의 불운을 당하게 되는 것을 말하고 그 월의 재앙을 말한다. 자금이 막히고, 사업이 부진하고, 분쟁이 있고 산액, 소아마비, 고혈압 등을 조심해야 한다.

망신살(亡身殺) : 암투로 인해 패가망신하고 명예를 크게 손상하므로 일명 관부살(官符殺) 또는 파군살(破軍殺)이라고 한다. 주로 주색(酒色)으로 다른 사람들의 입에 오르내리며 수치를 당하고, 가정폭력, 관재구설, 사리분별이 미숙하고 극단적이다.

장성살(將星殺) : 일명 장군살(將軍殺)이라고도 한다. 권위(權威)를 상징하며 사주에 장성(將星)이 있으면 문무(文武)를 겸비하고 승진이나 출세를 하거나 하는 사업이 번창한다. 편관이나 양인이 같이 있으면 군인, 경찰, 법관이 좋다.

반안살(攀鞍殺) : 말 위에 얹은 안장을 의미한다. 승진과 출세를 상징하며 좋은 운세로서 일명 금여록(金輿祿)이라고도 한다. 이는 12신살 중에서 가장 으뜸가는 길신으로 어떠한 불행이 닥치더라도 구원자가 나타나며 일생 동안 복록을 누릴 수 있는 좋은 살이다.

역마살(驛馬殺) : 달리는 말을 의미한다, 여기저기 돌아다니기를 좋아하며 임기응변(臨機應變)에 능하고, 재능이 뛰어나다. 자리 변동이 많고 여행이나 국내외 출장 등도 빈번하다. 타향살이, 운수업, 기자, 통신, 정보, 이사 등이 많다.

육해살(六害殺) : 여섯 가지의 해로운 일이 생긴다는 살로, 육액(六厄)이라고도 하며 육친을 말하는데 부모, 형제, 자매, 처자가 해당된다. 사주에 육해가 있으면 육친에게 어려움이 생기고, 질병에 걸리면 오랫동안 고생하고 잔병이 많다.

화개살(華蓋殺) : 귀한 손님이 앉는 방석(꽃방석)이라고도 한다. 학문과 예술, 종교 등을 상징하는데 이 살이 사주에 들면 문학, 예술, 종교계로 진출하는 사람이 많다. 연월에 화개가 있으면 조상 때부터 신앙심이 깊고, 일지에 있으면 종교에 깊이 빠지게 되고, 시지에 있으면 말년에 종교나 예술가, 학문, 문화 사업에 진출하면 능력을 발휘할 수 있다.

2) 12운성

① 12운성의 의미
12운성은 일간으로 보며 양간은 순행, 음간은 역행한다.
사주의 성품과 일간의 강약을 쉽게 알 수 있고, 사주의 통변(通辯)이 가능하며 길흉화복과 수명까지도 볼 수 있는 기초이다. 또한 일간의 힘을 파악하는데 중요한 방법 중 하나이다. 삼재(三災)는 포태법으로 병(病), 사(死), 묘(墓)가 닿는 해이다. 申子辰生은 寅卯辰年이 삼재이다.

② 12운성의 해석
절(絶) : 포(胞)라고도 한다. 영혼과 육체가 분리되어있는 상태이며 사람의 일생에 비유하면 부부가 교합하기 직전의 상태가 절(絶)이고, 절은 종식(終熄)으로 끝이 된다. 변동이 생겨 시작을 하여도 형체가 없는 시작이 되어 생각만 있지 실질적으로 행동으로 옮길 수 없는 힘이고 마음이 제일 허약할 때이다.
태(胎) : 교합해서 잉태된 것이 태(胎)이므로 시작은 틀림없으나 행동으로 옮길 수 없다. 태운(胎運)에 오면 결정적인 변동이 불가피하게 온다.
양(養) : 모태에서 자라나는 시기가 양(養)이므로 성장한 것은 사실이니 태로써 생각한 것이 좀 더 굳어지며 마음과 협동의 과도기이다.
생(生) : 장생(長生). 열 달을 채워 모태에서 세상 밖으로 나오는 것이 생(生)이고 어머니 젖을 먹을 때가 가장 착하다. 그러므로 인덕이 있고 후덕하며 실질적인 행동으로 옮겨져 활동하게 되고 매사에 원만하게 뜻을 이루게 된다.
욕(浴) : 목욕(沐浴). 태어난 어린아이의 옷을 갈아입히고 목욕시키는 것으로, 목욕하게 되면 옷을 벗게 되니 나체, 풍류, 방황, 음란, 주색으로 인한 곤욕을 치르며 미성년 시기라 철이 없는 천방지축 어린아이의 모습이다.
대(帶) : 관대(冠帶). 목욕한 다음 옷을 입고 띠를 두르게 되듯이 성인으로서의 관례(冠禮)를 치르는 것이 관(冠)이므로 의복을 갖추는 것과 같이 목욕의 악운을 정리하는 단계가 되어 내실을 기하는 사춘기 모습이다.

녹(祿) : 건록(建祿), 임관(臨冠)이라고도 한다. 세상에 나아가 벼슬에 오르고 다스리고 한창 녹을 쌓고 행복을 느끼는 시기이다. 식록이 풍부하고 정당성을 추구하는 전성기이다.

왕(旺) : 제왕(帝王). 인생의 한창때로 성공과 출세를 위해 부지런히 활동하는 시기이다. 힘을 얻어 세력을 형성하며 사(邪)에 현혹되지 않고 주체의식을 찾아 나를 내세우니 전성기를 맞아 기세등등하고 인생에 있어 가장 노련하고 왕성한 시기를 말한다.

쇠(衰) : 왕성한 시기를 지나면 자연 기력이 쇠약해지니 이때가 쇠이고 매사에 의욕이 상실되는 시기이다. 육체는 늙었으나 정신은 살아있어 온순하고 착실하며 이해성은 있으나 사교성과 적극성이 떨어지고 추진력이 없다.

병(病) : 몸이 쇠약해지기 시작하여 점점 세월이 지나면서 온갖 아픈 데가 많으니 이것이 병이다. 겉으로는 명랑하고 사교적이나 속으로는 근심 걱정이 많다. 항상 건강을 조심해야 된다.

사(死) : 병이 진전되어 중병으로 변하면 결국 죽는 것이니 매사가 동결되어 불능에 빠져 패망에 이르러 죽는 것이 사(死)이다. 매사가 동결되었으니 마음을 비우고 학문을 연구하고 공부해라.

묘(墓) : 죽으면 땅속에 묻어 장사지내니 이것이 묘(墓)이다. 감추어지고 덮어두니 비밀이 많고, 사업의 실패나 해당 육친의 이별이 있을 수 있다. 그러나 매사에 침착하고 낭비와 허례허식을 하지 않는 소박한 생활을 하는 절약형이다.

③ 12운성 암기법

그동안 12운성 암기법은 갑에서는 갑의 삼합은 亥卯未이므로 亥에서 長生, 卯에서 宰旺, 未에서 墓, 이렇게 찾는다.

그러나 또 다른 암기법은 아래와 같이 왕지만 암기한다.

④ 12운성 암기 순서

-갑은 묘에서 왕지가 시작된다

旺자리(甲의 왕은 卯, 乙의 왕은 寅, 丙의 왕은 午, 丁의 왕은 巳, 庚의 왕은 酉, 辛의 왕은 申, 壬의 왕은 子, 癸의 왕은 亥)
일간 기준으로 '양간이면 순행'이고, '음간이면 역행'하며 '쇠병사묘 절태양생 욕대건왕'이라고 암기한다.

예) 그림 참고
- 甲(양)이면 卯에서 辰 방향으로 출발하며
- 쇠병사묘 절태양생 욕대건왕~

- 乙(음)이면 寅에서 丑 방향으로 출발하며
- 쇠병사묘 절태양생 욕대건왕~

- 丙,戊(양)이면 午에서 未 방향으로 출발하며
- 쇠병사묘 절태양생 욕대건왕~

- 丁,己(음)이면 巳에서 辰 방향으로 출발하며
- 쇠병사묘 절태양생 욕대건왕~

- 庚(양)이면 酉에서 戌 방향으로 출발하며
- 쇠병사묘 절태양생 욕대건왕~

- 辛(음)이면 申에서 未 방향으로 출발하며
- 쇠병사묘 절태양생 욕대건왕~

- 壬(양)이면 子에서 丑 방향으로 출발하며
- 쇠병사묘 절태양생 욕대건왕~

- 癸(음)이면 亥에서 戌 방향으로 출발하며
- 쇠병사묘 절태양생 욕대건왕~

○ 12운성은 사주와 성품과 서로의 힘을 파악하는 데 중요한 방법 중 하나다.
○ 12운성은 인간이 태어나서 살다 죽고 다시 태어나는 과정을 비유하여 만든 것이다. 잘 이해하고 암기하여 사용하면 적중률이 상당히 높은 편이다.

- 12운성의 힘 암기 순서

12운성	絶	胎	養	長生	沐浴	冠帶	建祿	帝旺	衰	病	死	墓
힘	1	3	6	9	7	10	11	12	8	4	2	5
12운성	절	태	양	장생	목욕	관대	건록	제왕	쇠	병	사	묘

1. 절태양생 욕대건왕 쇠병사묘의 순서로 암기한다.
2. 쇠병사묘 절태양생 욕대건왕의 순서로 암기한다.

예) 지지수 합하여 4로 나누어 6 이하는 신약, 6 이상은 신강으로 보는 경우도 있다.

○ 絶은 영혼과 육체가 분리되어 있는 상태이며
○ 胎는 분리되었던 영육이 다시 만나 잉태된 모습이며
○ 養은 엄마 뱃속에서 양육되는 모습이고
○ 長生은 엄마로부터 태어나는 모습이고
○ 沐浴은 태어난 어린아이들을 목욕시켜 놓은 모습과 같고
○ 冠帶는 목욕시켜 자라난 사춘기 모습이고
○ 建祿은 모두 자라서 관직에 나아가 나라에 국록을 받는 것과 같고

○ 帝旺은 인간의 가장 노련하고 왕성한 시기를 말한다.
○ 衰는 인간이 가장 왕성한 시기를 지나 쇠약해져 가는 시기이며
○ 病은 나이 들어 병들어 있는 모습이며
○ 死는 병이 들어 죽음에 다다른 모습이며
○ 墓는 죽어서 묘에 들어 있는 상태다.

9. 공망(空亡)

공망이란 비다, 헛되다, 다하다, 모자라다, 망하다, 달아나다 등의 뜻이다. 천간은 열 개이고 지지는 열두 개이므로 천간과 지지를 아래 순서와 같이 일정하게 배합하면 천간의 둘이 모자라고 지지의 두 개 술(戌), 해(亥)가 남는다. 두 개는 짝이 없이 비어 망했다 하여 공망이라 한다.

① 천간과 지지 순서 공망

천간	甲	乙	丙	丁	戊	己	庚	辛	壬	癸	공망(空亡)
	1	2	3	4	5	6	7	8	9	10	
지지	子	丑	寅	卯	辰	巳	午	未	申	酉	戌	亥
	1	2	3	4	5	6	7	8	9	10	11	12

갑자(甲子) 일주는 먼저 갑 밑에 자(子)를 놓고 순행하면 계유(癸酉)로 끝나고 나머지 술(戌), 해(亥)가 年, 月, 時, 공망이고 일지 공망은 年柱를 기준으로 같은 방법으로 찾는다. 다음의 갑자 순을 참고해도 좋다.

② 육갑 순(六甲 旬) 공망

甲子 旬	甲子	乙丑	丙寅	丁卯	戊辰	己巳	庚午	辛未	壬申	癸酉	戌亥 空亡
甲戌 旬	甲戌	乙亥	丙子	丁丑	戊寅	己卯	庚辰	辛巳	壬午	癸未	申酉 空亡
甲申 旬	甲申	乙酉	丙戌	丁亥	戊子	己丑	庚寅	辛卯	壬辰	癸巳	午未 空亡
甲午 旬	甲午	乙未	丙申	丁酉	戊戌	己亥	庚子	辛丑	壬寅	癸卯	辰巳 空亡
甲辰 旬	甲辰	乙巳	丙午	丁未	戊申	己酉	庚戌	辛亥	壬子	癸丑	寅卯 空亡
甲寅 旬	甲寅	乙卯	丙辰	丁巳	戊午	己未	庚申	辛酉	壬戌	癸亥	子丑 空亡

甲子旬 중에는 戌亥가 공망이고
甲戌旬 중에는 申酉가 공망이고
甲申旬 중에는 午未가 공망이고
甲午旬 중에는 辰巳가 공망이고
甲辰旬 중에는 寅卯가 공망이고
甲寅旬 중에는 子丑이 공망이 된다.

③ 각 오행의 공망

木 … 절(折)이라 부러지고 꺾어진다. 썩으니 피해가 있다.
火 … 소(燒)라 더 잘 탄다. 더욱 빛을 발하니 피해가 적다.
土 … 붕(崩)이라 무너지고 구멍이 나니 붕괴되어 나쁘다.
金 … 성(聲)이라 소리가 울리게 되니 피해가 적다.
水 … 유(流)라 잘 흐르고 맑아진다 해석하니 피해가 적다.

사주에 같은 오행이 많고 십신의 정편(正偏)이 혼잡되어 있을 경우 한쪽이 공망이면 좋은 것으로 볼 수 있다.

1) 공망의 성립

사주팔자에 있거나 대운 혹은 세운에서 들어올 때 공망이 성립하는데 대운에서 들어오는 것은 별 영향이 없고 연운(年運)이 가장 충격이 크며 월운, 일운 순으로 작용한다. 공망은 地는 있고 天은 텅 비었다는 뜻으로 이것을 다른 말로는 천중살, 순공(旬空)이라고도 한다.

- 공망 (천중살) 결혼은 가정을 지키기 어렵고, 혼자 될까 두려우며 독신을 면하기 어렵다.
- 공망은 지장간도 공망이고 천간도 공망이다. 반드시 손볼 일이 생긴다. 손재, 관재구설, 건강, 부부 갈등의 일이 생길 수 있다.
- 공망을 해공(解空)시키는 것은 삼합, 지합, 반합, 충(沖), 형(刑)이고 공망의 작용에 따라 진공(眞空)과 반공(半空)으로 분류한다.

① 기본적인 분석

年의 공망 조부의 혜택과 인연이 순조롭지 못하고 설사 번영했다 하더라도 조상 덕이 없으며 유산이나 조업을 물려받기 어렵다. 자신에게 혜택이 돌아오지 못하고, 건강상으로는 두부 손상이 있거나 소년에 재기(才技)가 뛰어나도 써 먹지 못한다. 그럴 경우 조상의 품을 떠나야 현달한다.

月의 공망 부모와 형제 덕이 없고 고향을 떠나 사는 경우가 많고, 죽을 때까지 효도를 한다고 해도 고맙게 생각지 않는다. 건강상으로는 내장 계통의 손상을 조심해야 하고 여자는 남편의 덕이 없다.

日의 공망 일의 공망은 年에서 일을 봤을 때 공망이 되면 상호 공망이 되므로 조부와 동거하기 어렵고 본인이 현달하지 못한다. 부부궁 부실에 공방을 지켜야 하고 배우자를 극할 염려가 있다.

時의 공망 자식과 생산의 결과가 공망이 되므로 자손에게 불길하고 흠이 있으며 심하면 무자(無子)가 되기 쉽고 본인의 말년이 고독하고 쓸쓸하다. 무역과 장사 등은 대문 밖의 일이므로 별로 좋지 않고 제조, 임대, 서비스 등의 일이 좋다. 건강상으로는 생식 계통이 좋지 않다.

② 육친과 십신의 공망

[비겁 공망]
형제자매 간에 이상이 있으며 형제나 친구의 도움을 받기 어렵다. 잃어버린 형제가 있을 수 있고 경쟁의 논리가 약하다. 횡적인 인간관계의 조력이 끊어지므로 경쟁보다는 다른 방법을 선택하는 경우가 많다.

비견 공망 – 독선적이며 직업에 변동이 많고 실속이 없으며, 횡적인 인간관계의 조력이 끊어지므로 경쟁보다는 다른 방법을 선택하는 경우가 많다. 조상으로부터 유산을 받기 어렵고 오히려 부친의 채무를 승계하기도 한다. 형제 사이가 좋지 않고 혹 형제를 잃는 경우와 가출하는 경우도 있다.
겁재 공망 – 심성이 변덕이 심하고 냉정하고 인정이 없고 남이 잘되는 것을 싫어하고, 신체가 허약하거나 수면 부족으로 위장병이 염려된다. 업무상 과실로 인하여 금전적인 손해를 볼 일도 발생하게 된다.

[식상 공망]
자손과 수하(手下)의 덕이 없고 자신의 활동력이 공망이 되므로 손 안 대고 코 풀려고 한다. 그러므로 비상한 재주가 될 수 있다. 식신(食神) 상관(傷官)이 공망되면 수명이 짧고 실자(失子)가 있을 수 있고 건강을 조심해야 한다.

식신 공망 - 소극적인 사람이고 식록이 박하며, 여자는 자녀와 인연이 박하다. 만일 여자가 식신이 공망되면 산액(産厄)과 낙태의 위험이 있고 자식이 신병으로 고생하거나 가출하는 등 부모의 속을 썩이고, 충(沖)에 의하여 해공(解空)될 경우는 다소 흡족하지 못하므로 수술하는 경우가 있다.

상관 공망 - 영감(靈感)이 뛰어나 문학이나 예술 등 창작 분야에 종사하는 것이 이롭다. 여성은 임신이 잘 되지 않고 자손에게 흉화(凶禍)가 발생할 가능성이 크다. 사랑하는 사람과 결혼하기 어려워 이로 인해 비관을 하거나 순정(純情)적인 비극을 맞을 수도 있다. 구설이 많고 수술을 받기도 한다. 부모덕이 적으며 일찍 부모와 이별하는 경우가 많다.

[재성 공망]
처덕이 없음은 물론 금전이 모이지 않고 심하면 상처(喪妻) 할 수 있다. 또한 일반적인 활동무대를 상실하므로 일반적인 시장을 통하지 않고 비상수단을 동원하게 된다. 음적인 시장(사채시장, 검은돈)에 종사하는 경우가 많고, 재물 또는 여자에 집착하는 경우가 많다.

편재 공망 - 부친이나 아내가 병약하거나 허약하다. 여행중에 돈을 잃어버리는 등 금전적인 손해를 당하기 쉽고 보증이나 금전 사기 사건에 연루되어 손해를 볼 가능성이 크므로 항상 조심해야 한다. 수면 부족과 음주 운전으로 인한 교통사고가 우려되고, 사기 결혼에 휘말릴 가능성이 있고 이혼할 가능성도 있다. 일반적인 활동무대를 상실하므로 일반적인 시장을 통하지 않고 비상수단을 동원하게 된다.

정재 공망 - 신체가 허약하거나 수면 부족으로 위장병이 염려되고, 업무상 과실로 인하여 금전적인 손해를 볼 일도 발생하게 된다. 양(陽) 일간의 경우 아내가 신병이나 사고를 당하여 사별(死別)할 가능성이 있고, 음(陰) 일간의 경우 아내의 부정으로 인하여 중도에 파경을 맞을 수도 있다. 재산이 흩어지기 쉬우며 부동산 및 유산을 탕진할 수 있다.

[관성 공망]
부부간에 별거하거나 관계가 깨끗하지 못하고 조직사회의 인연 과정이 불안하고 각종 구설수에 시달리고 주변의 평이 좋지 않다.

편관 공망 - 공명을 구하지 않으면 자녀를 두기 어렵고, 여자는 남편 덕이 없고 만혼(晩婚)한다. 여성은 남자 문제가 복잡하고 좋은 남자를 만나지 못한다. 부부간에 별거하거나 작첩(作妾) 또는 정부(情夫)를 두는 등 남녀 관계가 깨끗하지 못하다. 신체가 허약하거나 질병으로 고생하는 경우가 많다. 인성이 있고 관(官)이 공망이면 학문이 있고 벼슬이 없다.

정관 空亡 - 각종 사업과 직장생활이 순탄치 못하여 남성은 직장 구하기가 어렵고 상사의 덕이 없다. 여성은 남편 덕이 없고 마음에 맞는 사람과 결혼하기 어렵고 각종 구설과 헛소문에 시달리고 주변의 평이 좋지 않다. 신체가 허약하거나 가출, 교통사고를 당하는 등 문제가 많으므로 항시 조심해야 한다.

[인성 공망]
부모덕이 없으며 열심히 배우고자 하나 뜻을 이루지 못하고 학업을 중단할 수 있고, 지구력과 인내심이 없으므로 모든 계획이 부실할 수 있다. 도덕을 버리더라도 목적을 성취하고자 하는 경우가 많다.

편인 공망 - 원조를 원하지 않는 자립적인 사람으로 부모와 인연이 박하고, 학문으로 대성할 수 없다. 현실 도피적인 생활을 많이 하게 되고 불면증이나 신경 쇠약 등에 걸리기 쉽고 모친과 인연이 없어 타가(他家)에서 양육되거나 일찍 부모와 헤어지는 경우도 있다. 법을 지키지 않고 목적을 성취하고자 한다.

정인 공망 – 부모덕이 없으며 일찍 이별하거나 떨어져 살게 되고 고향을 떠나 타향 생활을 하는 경우가 많고 경제적으로 많은 어려움을 겪게 되고 여러 가지 직업을 전전하기 쉽다. 아무리 어려워도 인덕이 없으니 도움을 청할 데가 없고 대개 자수성가하는 사람이 많다.

2) 공망의 운(運) 분석

子午卯酉 공망은 도화, 장성에 해당하므로 피해가 가장 크고,
寅申巳亥 공망은 역마 지살에 해당되므로 운수, 유통, 무역, 사업 등이 불리하고,
辰戌丑未 공망은 고(庫)에 해당하므로 피해가 가장 적다.

12신살로 분석할 경우, 장성 공망은 권위는 있으나 실질적인 권위가 없고 역마가 공망이면 운수, 유통, 무역, 사업 등이 불리할 수 있는 등으로 해석한다.

① 공망의 안타까움은 지지 위에 앉아 있는 천간까지 공망이다

甲子旬中, 甲子·乙丑 … 癸亥가 있을 때 戌과 亥를 공망이라 한다. 주로 甲子旬中 戌亥**空亡**, **甲戌旬中 申酉空亡** 식으로 해당 순중과 그에 따른 공망을 외워두는 것이 좋다. 공망은 일주를 기준하여 年月時支를 살피며, 일지는 年柱를 기준으로 공망을 살핀다. 일주를 기준하여 공망이 되는 지지는 사주 중에 없더라도 그 영향력이 약한 것이 되니, 운이나 인연법에서 공망에 해당하는 지지를 만날 때 그 작용을 살펴볼 필요가 있다.
공망에 해당하는 두 지지 중 공망을 기준하는 간지의 천간과 **양음**이 동일한 공망의 지지를 진공(眞空)이라 하여 공망의 작용력이 크다고 보고, 양음이 다른 공망의 지지를 반공(半空)이라 하여 공망의 작용력이 약하다고 본다.

예) 甲子는 戌亥가 공망인데, 甲과 **양음**이 같은 戌이 진공이 되고, 亥는 반공에 해당한다. 戌은 재(財)가 되니 재를 쉽게 여기는 경향이 있으며 육친의 인연도 박(薄)할 수 있다. 戌土의 희기(喜忌)를 따지는 것이 우선이다.

공망은 사주에 공망에 해당하는 글자가 있느냐 없느냐에 달려 있고 만일 투출한 천간이 공망 글자에 통근하여 있다면 공망의 영향력은 거의 끼치지 않는다. 다만 공망 글자 자체가 지지에만 있을 경우에 공망의 위력이 나타나 실질적인 공망의 역할을 담당한다. 만약 남자 사주에 지지에서만 있는 재공망이면 여자를 만나도 이상적인 여자를 만나기 어렵고, 여자 사주에 지지에만 관성이 공망이면 남자는 만나더라도 좋은 남자를 기대하거나 덕을 보기란 어려운 일이다.

② 해공(解空)
사주 공망 또는 운 공망은 合과 沖과 刑에 의해서 해공된다. 대체로 충은 70%, 삼합은 50%, 육합과 형은 30% 정도 해소된다. 방합은 해공이 안 된다.

③ 절로 공망
일간을 위주로 시지(時地)를 대조한다. 時干이 壬癸가 된다.

　甲己일 申酉시　　丁壬일 寅卯시
　乙庚일 午未시　　戊癸일 子丑시
　丙辛일 辰巳시

살펴보면 알겠지만, 시상에 壬癸가 놓이게 된다. 인생행로가 수류(水流)가 범람하여 전진할 수 없고 건널 수 없는 것과 같이 힘들다고 한다.

10. 용신(用神)

1) 용신의 이해
용신이란 사주 가운데서 일간[我]을 돕는 가장 중요한 역할을 해주는 육친이며 가장 시급한 문제를 해결해주는 육친이므로 기본 원리를 정확하게 판단해야 한다. 그러나 역학자들의 말에 의하면 용신 정할 줄 알면 배울 것 다 배웠다 할 정도로 용신 정하기가 어렵다고 한다.
용신을 찾으려면 일간을 뺀 나머지 글자 중에서 사주의 균형을 이루는데 가장 필요한 오행이 어떤 오행인지 판단하여 부여하는 것이다. 용신에는 희용기구한(喜用忌仇閑)이 있다. **용(用)신**은 주인공인 일간에게 가장 중요한 오행의 기운을 주고 보호하는 수호신이고, **희(喜)신**은 용신을 생해주고 도움을 주는 오행이고, **기(忌)신**은 희신을 극하는 오행이고, **구(仇)신**은 기신을 돕는 오행을 말하고, **한(閑)신**은 희신이나 기신에 영향을 주지 않는 오행을 말한다.

2) 용신 찾는 방법

용신이 맡은 일은 예를 들어 설명한다면 신강에는 재성, 관성이 용신이고, 태강에는 재성, 관성, 식상이 용신이며, 극왕에는 비겁이 용신이다. 신약에는 인수나 비겁이 용신이고, 태약에는 인수, 비겁이 용(用)하거나 또한 식상, 재성, 관성에 복종해야 한다. 또한 한랭하고 조열한 사주가 있으니 이런 경우 한랭한 사주는 木, 火가 필요하고, 조열한 사주는 金, 水가 필요한 오행이 된다.

억부(抑扶)용신 자신을 도와주는 오행이 많은 신강 사주는 강한 힘을 빼주거나 극하는 오행을 용신으로 찾고, 신약 사주의 경우는 자신을 생조해주는 오행을 찾는 것이다. 결국엔 강한 자의 힘은 빼고 약한 자는 도와주는 것이 억부용신이다.

조후(調候)용신 비가 오지 않아 땅이 메마르면 초목이 성장할 수 없고 너무 냉하고 습하면 병들고 살 수 없듯이, 겨울에 태어난 사람은 불[火]이 필요하고 여름에 태어난 사람은 물[水]이 필요하다.

통관(通關)용신 싸움을 중간에서 화해시켜주고 말리는 역할을 통관이라 한다. 비슷한 세력으로 서로 극하는 세력이 팽팽히 서로 싸울 때 이를 화해시킬 수 있는 오행이 통관용신이다.

전왕(專旺)용신 사주의 오행이 일방적으로 강하거나 약할 때 이에 대항하지 않고 강하면 강한 대로, 약하면 약한 대로 따라가는 것을 말한다. 사주가 종격에 해당되면 종(從) 용신을 우선한다.

병약(病藥)용신 좋은 사주를 만들고자 하는데 자신을 도와주는 오행을 가로막고 방해하는 경우 이 방해하는 오행을 억제하는 오행을 찾는 것이다.

병에는 사주의 병과 용신의 병 두 가지가 있다. 사주의 오행을 가로막는 행위와 용신을 극하거나 합해서 용신 구실을 제대로 못하도록 하는 행위이다. 용신을 바르게 판단하는 것은 작명에 있어서 가장 중요하고, 양음이나 생극제화를 정확하게 판단하여야 한다. 용신은 일간의 기운을 보호해주는 것인데 이름에 자음오행이 아닌 한문의 자원오행으로 필요한 오행을 보충하여 배열을 갖추어야 한다.

11. 격국론(格局論)

1) 격이란 무엇인가?
격국이란 인간에게 있어 성명(姓名)과 같다. 이름 없는 사람이 없듯이 격국 없는 사주도 없다. 이름에 길흉(吉凶)이 있듯이 격국에도 상중하 등급이 있어 부귀빈천(富貴貧賤)이 발생한다. 상급이면 부귀하고, 중급이면 평범하고, 하급이면 빈천하다.
다만 주위 환경이나 형편에 자연스럽게 어울리는 분수나 품위를 말하듯이 사주의 격이란 사람마다 다르게 타고난 사주 구성의 대명사로 격국이 이루어지면 모든 길흉의 윤곽을 쉽게 판단할 수 있다. 격을 건물에 비유하면 한옥, 연립, 아파트, 빌딩 등으로 건물의 명칭만 들어도 어떤 구조의 건물 모양인지를 알 수 있듯이 사주의 격도 그 특징만 술어로 나타내는 데 불과할 뿐 격의 명칭이 좋다 해서 길격 사주가 아니고, 격의 명칭이 나쁘다 해서 흉격 사주가 아니라는 점을 알아야 한다.

2) 격의 분류
사주의 격을 분류하면 크게는 월지(月支)에서 형성되는 내격(內格)과 월지외(月支外)에서 형성되는 외격(外格) 등으로 분류된다. 내격이 대부분이고 외격 안에는 종격(從格)·별격(別格)·특수격(特殊格) 등 많은 격이 있는데 오행의 법칙이 무시되는 점이 많고 난해하여 많은 혼동을 주고 있다.

① 내격(內格)
내격은 정격(正格)이라고도 하는데 모두 육친의 명칭으로 격명을 붙이도록 되어있다. 즉 식신격·상관격·편재격·정재격·편관격·정관격·편인격·정인격의 팔격이다. 단 편인, 정인격은 인수격으로 통칭한다.

② 외격(外格)
비겁은 일간과 오행이 같으므로 내격으로 삼지 않고, 외격에 포함시켜 건록격·양인격 등으로 이루어지는 수가 있다. 이 격은 일주의 입장에서는 타육친이 아닌 비겁에 속하므로 내격에 포함시키지 않는다. 크게 말하면 내격에 속하지 않은 모든 격을 외격이라 할 수 있다.

3) 격(格)을 정하는 원칙
이 격을 정하는 원칙은 내격(內格)에 한해서다.
격은 강한 자를 격으로 삼는다 하였으니 월지를 기준으로 한다.
첫째, 월지(月支)의 정기(正氣)가 월이나 시간에 투출되어 있으면 그 투출된 간으로 격을 삼는다.
예) 壬日에 寅月이면 寅의 正氣인 甲목이 月이나 時干에 있으면 식신격(食神格)이라 한다.
둘째, 월지(月支)의 정기(正氣)가 干에 없으면 월지에 암장된 간이 月干이나 時干에 투출한 것으로 격을 삼는데, 단 寅中의 戊土, 丑中의 癸水, 巳中의 庚金, 申中의 戊土 등은 마땅치 않다. 단 암간이 투출해도 격을 삼지 못하는 것이 있다.
셋째, 월지(月支)의 암장된 정기(正氣)로써 격을 삼는다. 예를 들어 甲日에 申月이고, 申中의 庚金, 申中의 壬水가 干에 없으면 그냥 월지 申의 正氣인 申中의 庚金으로 편관격(偏官格)이라 한다.
단, 월지의 정기가 干에 투출하더라도 비겁이면 격을 놓지 않는 것이 원칙이고, 건록이나 양인에 해당할 경우 내격이 아닌 외격으로 별격 명칭을 붙일 수 있다.
寅月 : 寅中의 甲木이 우선이고 寅中의 丙火가 다음이다. 단 寅中의 戊土는 寅木의 克을 받아 격을 놓을 수 없다.

卯月 : 卯中의 乙木으로 격을 정한다. 干의 투출 유무는 관계없다.
辰月 : 辰中의 戊土로 격을 삼는다. 辰中의 癸水나 辰中의 乙木이 있으나 乙癸는 투출했더라도 격을 삼기가 마땅치 않다.
巳月 : 巳中의 丙火가 우선이고, 丙火가 투출이 없으면 巳中戊土의 투출이 그다음이며, 투출된 干이 없으면 巳中의 丙火로 격명을 붙인다. 단 巳中의 庚金은 비록 干에 있더라도 자체 내에서 火克金이 되어 격을 삼기가 마땅치 않다.
午月 : 午中의 丁火가 우선이고, 午中의 己土가 그다음이다.
未月 : 未中의 己土가 우선이고, 未中의 丁火가 그다음이다.
申月 : 申中의 庚金이 우선이고, 申中의 壬水가 다음이다. 단 申中의 戊土는 干에 있더라도 미약해서 격을 정하기가 마땅치 않다.
酉月 : 酉中의 辛金뿐이다.
戌月 : 戌中의 戊土가 우선이고, 戌中의 辛金이 다음인데 戌中의 丁火는 미약해서 격을 정하기가 마땅치 않다.
亥月 : 亥中의 壬水가 우선이고, 亥中의 甲木이 다음이다.
子月 : 子中의 癸水가 우선이고, 子中의 壬水가 다음이다.
丑月 : 丑中의 己土가 우선이고, 丑中의 申金이 다음이다.
예) 亥月에 壬水가 干에 없고 甲木이 투출한 경우 亥의 正氣인 壬水를 취하느냐 中氣 투출한 甲木으로 격을 삼느냐 하는 점이 고민이다. 이 경우 필자의 견해로는 타의 육친에 손상되지 않은 육친을 취하는 것이 옳다고 본다.

4) 종격(從格)

종격이란 사주 육친 가운데 어느 한 가지 세력이 왕성해 있을 때 왕성한 세력을 견제하는 것이 불가능하므로 그의 세력에 고분고분 항복하여 종(從)하는 것을 말한다.
종격에는 종비(從比)·종인(從印)·종아(從兒)·종재(從財)·종살(從殺) 등 육친에 종하는 것이 있고, 日干과 干合한 오행에 종하는 종화(從化)격이 있다.

① 종비(從比)격

종비란 일주(日主)의 기(氣)가 태왕(太旺)하여 지극히 왕성한 것으로 재나 관살이 없고, 있더라도 무근 혹은 파극이 되어 일주를 억제하지 못하면 왕성한 일간에 종(從)하게 되니 이를 종강(從强) 또는 종비라고 한다.

예)
甲乙日生의 종비는 곡직격(曲直格) 또는 곡직인수격(曲直仁壽格)이라 하며,
丙丁日生의 종비는 염상격(炎上格)이라 하며,
戊己日生의 종비는 가색격(稼穡格)이라 하며,
庚辛日生의 종비는 종혁격(從革格)이라 하며,
壬癸日生의 종비는 윤하격(潤下格)으로 이루어진다.

비겁에 종(從)하는 경우 日干 오행에 따라 명칭이 다르다. 甲乙일은 곡직격, 丙丁일은 염상격, 戊己일은 가색격, 庚辛일은 종혁격, 壬癸일은 윤하격이라 한다.

모든 종격(從格)은 부격(富格)이므로 길격(吉格)에 속한다.

곡직격 곡직인수격(曲直仁壽格)에서 곡직이란 甲乙木을 나무에 비유하여 하늘을 향하여 곧게 자라는 나무의 특성을 나타낸 말이고, 인수(仁壽)란 甲乙木의 위치는 동방인데 동방(五德-仁義禮智信)은 중에 인(仁)에 해당하므로 인(仁)자를 쓰고, 동방의 생기(生氣)를 보급받으면 장수(長壽)하는 까닭에 수(壽)자를 써서 인수(仁壽)라 생각한다.

곡직격이 이루어지려면 甲乙日 인수(印綬) 비겁(比劫)으로 인해 日主가 태왕된 가운데 木을 극(克)하는 관살(官殺)이 없어야 한다. 대운이나 세운에서 水木火 만나는 것을 기뻐하고 土金 만나는 것을 꺼린다.

염상격이 이루어지려면 丙丁日生이 인수 비겁으로 인해 日主가 태왕된 가운데 火를 극(克)하는 壬癸亥子의 水에 관살이 없어야 한다. 대운이나 세운에서 木火土 만나는 것을 기뻐하고 金水 만나는 것을 꺼린다.

가색격이 이루어지려면 戊己日生이 인수 비겁으로 인해 日主가 태왕된 가운데 土를 극(克)하는 甲乙寅卯의 관살이 없어야 한다. 대운이나 세운에서 火土金 만나는 것을 기뻐하고 水木 만나는 것을 꺼린다.

종혁격이 이루어지려면 庚辛日生이 인수 비겁으로 인해 日主가 태왕된 가운데 金을 克하는 丙丁巳午의 관살이 없어야 한다. 대운이나 세운에서 土金水 만나는 것을 기뻐하고 木火 만나는 것을 꺼린다.

윤하격이 이루어지려면 壬癸日生이 인수 비겁으로 인해 日主가 태왕된 가운데 水를 克하는 戊己辰戌丑未의 관살이 없어야 한다. 대운이나 세운에서 金水木 만나는 것을 기뻐하고 火土 만나는 것을 꺼린다.

② 종인(從印)격
종인이란 인수에 從한다는 뜻이다. 인수와 비겁의 비율이 4대 1 정도라면 일간이 많은 인수의 생을 감당할 수 없고 사주 대부분이 인수이고 비겁이 없거나 하나뿐이며, 財가 없으면 인수에 從해야 된다. 종인격이 이루어지면 재운 만나는 것을 꺼리고 비겁운을 좋아한다.

③ 종아(從兒)격
종아란 식상에 從한다는 뜻이다. 부모가 자식을 낳고 자녀를 아이[兒]라고 하므로 일간이 생하는 자가 식상이라 식상을 아(兒)라 하여, 식상에 종하는 것은 말한다. 종아격은 종재나 종살과 달리 자기의 자식인 육친에 종하는 까닭에 한두 개의 비겁이 착근(着根-甲寅, 乙卯, 丙午) 등 일간을 돕더라도 자식이 태왕(太旺)하여 기쁘게 從한다는 뜻이다. 종아격은 운에서 인수 만나는 것을 가장 싫어하고, 비겁이나 식상을 좋아한다.

④ 종재(從財)격
종재란 재성에 從한다는 뜻이다. 日主가 매우 미약한 상태에서 재성(財星)이 태왕하면 財에 從해야 되니 이를 종재라 한다. 또한 미약한 인수가 있더라도 도움이 못 되어 재에 종하면 기인종재(棄印從財)가 되고, 비겁이 있어도 파나 극을 당하면 버리고 재에 從해야 되니 기명종재(棄命從財)라 하여 가종성(假從性)이라 한다. 인수 비겁이 없이 從하게 되면 진종(眞從)이다. 진종은 어느 대운을 만나도 두렵지 않으나, 가종성이 되는 종재는 인수와 비겁 대운을 크게 꺼린다.

⑤ 종살(從殺)격
종살이란 종살에 從한다는 뜻이다. 살(殺)이란 편관(偏官)의 별칭으로 日主가 가장 두려워하는 육친이다. 일주가 태약하고 관살이 태왕하면 살에 종하는 수밖에 없다. 종살도 인수나 비겁이 순수하게 종하면 진종이고, 근(根)이 없이 무력하나 인수나 비겁 등이 있으면 망설이다 힘이 없어 종하는 것을 기명종살(棄命從殺) 또는 기인종살(棄印從殺)이라 하여 역시 가종성(假從性)이다.

⑥ 진종(眞從)과 가종(假從)
종이란 타의 세력에 항복해서 복종하는 것이므로 진심이 아닌 거짓으로 마음속에 감추고 從하는 경우가 적지 않다. 그러므로 사주에서 종격을 놓을지라도 진종인지 가종인지를 알아야 한다. 진종이란 어떤 육친의 세력이 매우 왕성할 때 그 세력에 대항할 자가 전혀 없어 초지일관 從하는 마음이고, 가종이란 어떤 육친의 세력이 정도 이상으로 왕성한 경우 그 세력을 견제하는 육친이 있어도 힘이 모자라서 종할까 말까 망설이다가 그 왕성한 세력에 대항할 자신이 없어 종하게 되는 것을 말한다. 가종에 있어 종비와 종인과 종아는 모두 일간과 친밀한 사이라서 가종의 운에서 용에 대항하여 파격이 될지라도 크게 두렵지 않으나, 종재와 종살은 가종격을 놓는 경우 운에서 용에 대항하다가 파격되면 무서운 재난이 따르게 된다.

5) 별격(別格)
격(格)을 놓을 때 정격(正格)이 이루어지면 정격을 우선하는 게 원칙이나, 내격 이외에 특수하게 구성된 격을 별격이라 하는데 모두 길격이 된다.

금신격(金神格)
금신이란 巳酉丑으로 甲이나 己日生이 巳酉丑時中에 출생한 것으로 巳酉丑은 三合으로 금국(金局)을 이루므로 금신격이라 하는데 日主가 태왕(太王)하여 식상(食傷)으로 설기용(泄氣用)이면 사주 구성이 좋아 귀격을 놓는다.

시마격(時馬格)
시마격에서 마(馬)는 역마(驛馬)가 아닌 재(財)를 일컫는 말이다. 시지(時支)에 재성을 놓은 것으로 모두 신왕(身王)이어야 길격으로 작용할 수 있다.

시묘격(時墓格)

시묘격은 시지(時支)에 辰戌丑未를 놓은 것으로 모두 신왕이어야 길격으로 작용할 수 있다. 이 격을 좋게 여기는 것은 辰戌丑未에는 3개의 암장이 있어 食 財 官에 대개는 해당되기 때문이다.

예) 甲日에 戌時면 戌中戊土 재, 戌中丁火 식상, 戌中辛金 관에 해당되기 때문이다.

日＼時	辰時	戌時	丑時	未時
甲乙日	比劫, 財星, 印綬	食傷, 財星, 官星	財星, 官星, 印綬	財星, 食傷, 比劫
丙丁日	食傷, 官星, 印綬	比劫, 食傷, 財星	食傷, 財星, 官星	比劫, 食傷, 印綬
戊己日	比劫, 財星, 官星	比劫, 食傷, 印綬	比劫, 食傷, 財星	比劫, 官星, 印綬
庚辛日	食傷, 財星, 印綬	比劫, 官星, 印綬	比劫, 食傷, 印綬	財星, 官星, 印綬
壬癸日	比劫, 食傷, 官星	財星, 官星, 印綬	比劫, 官星, 印綬	食傷, 財星, 官星

6) **공협격**(拱挾格)

공협이란 日과 시지(時支) 사이에 건록·재·正官 및 천을귀인 등을 끼고 있는 것으로, 본래 사주에 없는 녹이나 재나 귀인을 끼고 있으면 사주가 기이해서 길격으로 여긴다는 뜻이다.

공록격(拱祿格) : 日과 時支 사이에 사주 내에 없는 건록을 끼고 있는 것

丙辰日
甲午時
日과 時支 사이에 일간 丙火의 건록 巳를 끼고 공(拱)하고 있음

丁巳日
丁未時
日과 時支 사이에 일간 丁火의 건록 午를 끼고 공(拱)하고 있음

癸亥日
癸丑時
日과 時支 사이에 일간 癸水의 건록 子를 끼고 공(拱)하고 있음

己未日
己巳時 ― 日과 時支 사이에 일간 己土의 건록 午를 끼고 공(拱)하고 있음

戊辰日
戊午時 ― 日과 時支 사이에 일간 戊土의 건록 巳를 끼고 공(拱)하고 있음

공귀격(拱貴格) : 사주 내에 없는 正官 혹은 天乙貴人을 日과 時支 사이에 끼고 있는 것

甲寅日
甲子時 ― 日과 時支 사이에 일간 甲木의 天乙貴人 丑을 끼고 공(拱)하고 있음

乙未日
乙酉時 ― 日과 時支 사이에 일간 乙木의 天乙貴人 申을 끼고 공(拱)하고 있음

丙戌日
丙申時 ― 日과 時支 사이에 일간 丙火의 天乙貴人 酉를 끼고 공(拱)하고 있음

戊申日
戊午時 ― 日과 時支 사이에 일간 戊土의 天乙貴人 未를 끼고 공(拱)하고 있음

壬辰日
壬寅時 ― 日과 時支 사이에 일간 壬水의 天乙貴人 卯를 끼고 공(拱)하고 있음

공재격(拱財格) : 日과 時支 사이에 재고(財庫)를 끼고 있되 사주 내에 日

과 時支와 재고를 沖하는 것이 없어야 한다. 이 격을 협구공재(挾丘拱財)라고도 한다.

甲寅日
甲子時 — 日과 時支 사이에 甲일의 재고 丑을 끼고 공(拱)하고 있음

丙寅日
戊子時 — 日과 時支 사이에 丙일의 재고 丑을 끼고 공(拱)하고 있음

己卯日
己巳時 — 日과 時支 사이에 己일의 재고 辰을 끼고 공(拱)하고 있음

庚午日
甲申時 — 日과 時支 사이에 庚일의 재고 未를 끼고 두 손을 맞잡고 있음

癸酉日
癸亥時 — 日과 時支 사이에 癸일의 재고 戌을 끼고 공(拱)하고 있음

7) 기타

건록격(建祿格) : 月支가 건록인 것
전록격(專祿格) : 日支가 건록인 것
귀록격(貴祿格) : 時支가 건록인 것
양인격(羊刃格) : 月支가 양인인 것 (단 陽干日에만 해당)
일인격(日刃格) : 日支가 양인인 것. 丙午 戊午 壬子일

이 외에도 기격(奇格), 특수격(特殊格) 등 많은 격이 있다.

● 참고문헌

명문당, 明文漢韓大字典, 김혁제·김성원
명문당, 漢韓明文大玉篇, 김혁제·김성원
명문당, 인명용 한자 사전, 이찬구
명문당, 자원한자의 정석, 송영일
현대 성명학, 한중수
명문당, 사주학연의, 한중수
대유학당, 작명연희, 최인영
동반인, 이름짓기 사전, 한중수
신지평, 정통현대성명학, 최해성
기독지혜사, 성경전서개혁한글판, 강도환
명문당, 만방 生活易學 전과, 유방현·한중수
명문당, 陽陰五行과 人名用 漢字 辭典, 채현우

부 록

출생신고서 / 392-393

개명허가 신청서 / 394-397

개명신고서 / 398

[양식 제1호]

출생신고서
(년   월   일)

※ 뒷면의 작성방법을 읽고 기재하시되, 선택항목은 해당번호에 "○"으로 표시하여 주시기 바랍니다.

① 출생자	성명	*한글	(성) / (명)	본 (한자)		*성별	①남 ②여	*①혼인중의 출생자 ②혼인외의 출생자
		한자	(성) / (명)					

*출생일시   년   월   일   시   분 (출생지 시각: 24시각제)
*출생장소   ①자택 ②병원 ③기타
부모가 정한 등록기준지
*주소   세대주 및 관계   의
자녀가 복수국적자인 경우 그 사실 및 취득한 외국 국적

② 부모	부	성명	(한자:)	본(한자)	*주민등록번호	-
	모	성명	(한자:)	본(한자)	*주민등록번호	-

*부의 등록기준지
*모의 등록기준지
* 혼인신고시 자녀의 성·본을 모의 성·본으로 하는 협의서를 제출하였습니까? 예□ 아니요□

③친생자관계 부존재확인판결 등에 따른 가족관계등록부 폐쇄 후 다시 출생신고하는 경우

폐쇄등록부상 특정사항	성 명		주민등록번호	-
	등록기준지			

④기타사항

⑤ 신고인	*성 명	㉔ 또는 서명 주민등록번호 -
	*자 격	①부 ②모 ③동거친족 ④기타(자격:)
	주 소	
	*전 화	이메일

⑥ 제출인   성 명   주민등록번호   -

※ 타인의 서명 또는 인장을 도용하여 허위의 신고서를 제출하거나, 허위신고를 하여 가족관계등록부에 실제와 다른 사실을 기록하게 하는 경우에는 **형법에 의하여 처벌**받을 수 있으며, *표시 자료는 인구동향조사 목적으로 통계청에서도 수집하고 있는 자료임을 알려드립니다.

※ 아래 사항은 통계청의 인구동향조사를 위한 것으로, 「통계법」제32조 및 제33조에 의하여 성실응답의무가 있으며 개인의 비밀사항이 철저히 보호되므로 사실대로 기입하여 주시기 바랍니다.

인구동향조사

출생자에 관한 사항

⑦임신주(週)수	임신 ☐☐ 주 ☐ 일	⑧신생아체중	☐☐.☐☐ kg

⑨다태아 여부 및 출생순위	①단태아 ②쌍태아(쌍둥이)	→	쌍둥이 중 ①첫번째 ②두번째
	③삼태아(세쌍둥이) 이상	→	☐쌍둥이 중 ☐번째

	출생자의 부(父)에 관한 사항	출생자의 모(母)에 관한 사항
⑩국적	①대한민국(출시 국적취득) ②대한민국(귀화·수반취득·인지 국적취득, 이전국적:) ③외국(국적)	①대한민국(출시 국적취득) ②대한민국(귀화·수반취득·인지 국적취득, 이전국적:) ③외국(국적)
⑪실제 생년월일	양력 / 음력 년 월 일	양력 / 음력 년 월 일
⑫최종졸업학교	①무학 ②초등학교 ③중학교 ④고등학교 ⑤대학(교) ⑥대학원 이상	①무학 ②초등학교 ③중학교 ④고등학교 ⑤대학(교) ⑥대학원 이상
⑬직 업	①관리자 ②전문가 및 관련종사자 ③사무종사자 ④서비스종사자 ⑤판매종사자 ⑥농림어업 숙련 종사자 ⑦기능원 및 관련 기능 종사자 ⑧장치·기계 조작 및 조립 종사자 ⑨단순노무 종사자 ⑩학생 ⑪가사 ⑫군인 ⑬무직	①관리자 ②전문가 및 관련종사자 ③사무종사자 ④서비스종사자 ⑤판매종사자 ⑥농림어업 숙련 종사자 ⑦기능원 및 관련 기능 종사자 ⑧장치·기계 조작 및 조립 종사자 ⑨단순노무 종사자 ⑩학생 ⑪가사 ⑫군인 ⑬무직

⑭실제결혼생활시작일   년   월   일 부터
⑮모의 총출산아 수   이 아이까지 총   명 출산 (명 생존,   명 사망)

※ 아래 사항은 신고인이 기재하지 않습니다.

읍면동접수	가족관계등록관서 송부	가족관계등록관서 접수 및 처리
	*주민등록번호 년 월 일(인)	

작 성 방 법

※ 등록기준지 : 각 란의 해당자가 외국인인 경우에는 그 국적을 기재합니다.
※ 주민등록번호 : 각 란의 해당자가 외국인인 경우에는 외국인등록번호(국내거소신고번호 또는 출생연월일)를 기재합니다.
①란: 출생자의 이름에 사용하는 한자는 대법원규칙이 정하는 범위내의 것(인명용 한자)으로, 이름자는 5자(성은 포함 안 됨)를 초과해서는 안 되며, 사용가능한 인명용한자는 대한민국 법원 전자민원센터에서 확인할 수 있습니다.
　: 출생일시는 24시각제로 기재합니다. (예: 오후 2시 30분 → 14시 30분)
　: 우리나라 국민이 외국에서 출생한 경우에는 그 현지 출생시각을 서기 및 태양력으로 기재하되, 서머타임 실시기간 중 출생하였다면 그 출생지 시각 옆에 "(서머타임 적용)"이라고 표시합니다.
　: 자녀가 복수국적자인 경우 그 사실 및 취득한 외국 국적을 기재합니다.
　: 출생장소의 기재는 최소 행정구역의 명칭(시·구의 '동', 읍·면의 '리') 또는 도로명주소의 '도로명'까지만 기재하여도 됩니다.
②란: 부(父)에 관한 사항 - 혼인외 출생자를 모(母)가 신고하는 경우에는 기재하지 않으며, 전혼 해소 후 100일 이내에 재혼한 여자가 재혼성립 후 200일 이후, 직전 혼인의 종료 후 300일 이내에 출산하여 모가 출생신고를 하는 경우에는 부의 성명란에 "부미정"으로 기재합니다.
③란: 친생자관계 부존재확인판결, 친생부인판결 등으로 가족관계등록부 폐쇄후 다시 출생신고하는 경우에만 기재합니다.
④란: 아래의 사항 및 가족관계등록부에 기록을 분명하게 하는 데 특히 필요한 사항을 기재합니다.
　　- 후순위 신고의무자가 출생신고를 하는 경우 : 선순위자(부모)가 신고를 못하는 이유
　　- 출생전에 태아인지 한 사실 및 태아인지 신고한 관서
　　- 외국에서 출생한 경우: 현지 출생시각을 한국시각으로 환산하여 정하여지는 출생일시를 기재합니다. 그 현지 출생시각이 서머타임이 적용된 시각인 경우에는 그에 관한 사실을 기재합니다.
　　- 외국인인 부(父)의 성을 따라 외국식 이름으로 외국의 등록관서에 등재되어 있으나 한국식 이름으로 출생신고 하는 경우: 외국에서 신고된 성명
⑥란 : 제출자(신고인 여부 불문)의 성명 및 주민등록번호 기재[접수담당공무원은 신분증과 대조]
⑦~⑨란: 출생자란 : 출생자에 관한 사항입니다.
⑨란 : 다태아(쌍둥이 이상)여부는 실제로 출생한 아이의 수와 관계없이 임신하고 있던 당시의 태아수에 "○"표시하며, 다태아 중 출생신고 대상 아이마다 출생순위가 몇 번째인지를 표시합니다.
⑩~⑮ 부모란 : 출생당시 출생자 부모에 관한 사항입니다.
⑫란 :교육부장관이 인정하는 모든 정규교육기관을 기준으로 기재하되, 각급 학교의 재학 또는 중퇴자는 최종 졸업한 학교의 해당번호에 "○"으로 표시합니다.
　　<예시> 대학교 3학년 재학(중퇴) : 고등학교에 "○"표시
⑬란 : 아이가 출생할 당시의 부모의 주된 직업을 기준으로 기재합니다.

```
1 관리자: 정부, 기업, 단체 또는 그 내부 부서의 정책과 활동을 기획, 지휘 및 조정(공공 및 기업고위직 등)
2 전문가 및 관련종사자: 전문지식을 활용한 기술적 업무(과학, 의료, 교육, 종교, 법률, 금융, 예술, 스포츠 등)
3 사무종사자: 관리자, 전문가 및 관련 종사자를 보조하여 업무 추진(경영, 보험, 감사, 상담안내통계 등)
4 서비스종사자: 공공안전, 신변보호, 의료보조, 아미용, 혼례 및 장례, 운송, 여가, 조리와 관련된 업무
5 판매종사자 : 영업활동을 통해 상품이나 서비스판매(인터넷, 상점, 공공장소 등), 상품의 광고·홍보 등
6 농림어업 숙련 종사자: 작물의 재배수확, 동물의 번식사육, 산림의 경작 및 개발, 수생 동식물 번식 및 양식 등
7 기능원 및 관련 기능 종사자: 광업, 제조업, 건설업에서 손과 수공구를 사용하여 기계 설치 및 정비, 제품 가공
8 장치·기계 조작 및 조립 종사자: 기계를 조작하여 제품 생산조립, 컴퓨터에 의한 기계제어, 운송장비의 운전 등
9 단순노무 종사자: 주로 간단한 수공구의 사용과 단순하고 일상적이며 육체적 노력이 요구되는 업무
11 가사: 전업주부 등   12 군인: 의무복무 중인 장교 및 사병 제외, 직업군인 해당   13 무직: 특정한 직업이 없음
```

⑮란 : 모의 총 출산아수 - 신고서상 아이를 포함하여 모두 몇 명의 아이를 출산했고 그 중 생존아와 사망아 수를 기재하며, 모가 재혼인 경우에는 이전의 혼인에서 낳은 자녀까지 포함합니다.

첨 부 서 류

1. 출생증명서 1통(다음 중 하나).
　- 의사나 조산사가 작성한 것.
　- 출생자가 병원 등 의료기관에서 출생하지 않은 경우에는 출생사실을 알고 있는 자가 작성한 것(출생증명서 양식은 가족관계등록예규 제283호에 따로 정함).
　- 외국의 관공서가 작성한 출생신고수리증명서(또는 출생증명서)와 번역문.
※ 아래 2항 및 3항은 가족관계등록관서에서 전산으로 그 내용을 확인할 수 있는 경우에는 등록사항별 증명서의 첨부를 생략합니다.
2. 출생자의 부(父) 또는 모(母)의 혼인관계증명서 1통.
　- 부(父)가 혼인외의 자를 출생신고하는 경우에는 반드시 모(母)의 혼인관계증명서 첨부.
　- 출생자의 모의 가족관계등록부가 없거나 등록이 되어 있지 아니한 사람인 경우에는 그 모가 유부녀(有夫女)가 아님을 공증하는 서면 또는 2명 이상의 인우인 보증서.
3. 자녀의 출생당시 모(母)가 한국인임을 증명하는 서면(예: 모의 기본증명서) 1통(1998. 6. 14. 이후에 외국인 부와 한국인 모 사이에 출생한 자녀의 출생신고를 하는 경우).
4. 자녀의 출생당시에 대한민국 국민인 부(父) 또는 모(母)의 가족관계등록부가 없거나 분명하지 아니한 사람인 경우 부(父) 또는 모(母)에 대한 성명, 출생연월일 등 인적사항을 밝힌 우리 나라의 관공서가 발행한 공문서 사본 1부(예: 여권, 주민등록등본, 그 밖의 증명서).
5. 자녀가 복수국적자인 경우 취득한 국적을 소명하는 자료 1부.
6. 신분확인[가족관계등록예규 제23호에 의함]
　- 신고인이 출석한 경우 : 신분증명서
　- 제출인이 출석한 경우 : 신고인의 신분증명서 사본 및 제출인의 신분증명서
　- 우편제출의 경우 : 신고인의 신분증명서 사본
※ 신고인이 성년후견인인 경우에는 6항의 서류 외에 성년후견인의 자격을 증명하는 서면도 함께 첨부해야 합니다.

(성년자용)

개명허가 신청서

등록기준지 :
(기본증명서 상단에 표시되어 있음, 주로 본적과 일치)

주민등록등본 주소 :

송달(등기우편)희망주소 :

사건본인의 성   명 :   (한자:)

　　　　　주민등록번호 :   －

　　　　　전 화 번 호 : (휴대폰)   (자택)

신 청 취 지

등록기준지 : _____의 가족관계등록부 중

사건본인의 이름 " (현재이름)   (한자:)"을(를)

　　　　　 " (바꿀이름)   (한자:)"(으)로

　　　　　개명하는 것을 허가하여 주시기 바랍니다.

* 주 의
1. 개명하고자 하는 이름은 대법원확정 표준 인명용 한자를 사용하여야 합니다.
2. 모든 글씨(한자)는 또박또박 바르게 써주시기 바랍니다(정자로 기재).

신 청 이 유
(신청이유를 구체적으로 기재하시기 바랍니다.)

필 수 소 명 자 료

1. 사건본인의 기본증명서(상세) 1통. (동사무소 또는 구청)
2. 사건본인의 가족관계증명서(상세) 1통. (동사무소 또는 구청)
3. 사건본인 **부(父)**와 **모(母)** 각각의 가족관계증명서(상세)(2007년 이전에 사망시 사망일시 표시된 제적등본, 2008년 이후 사망시 가족관계증명서) 1통. (동사무소 또는 구청)
4. 사건본인 자녀[**성인(19세 이상)인 경우만**]의 가족관계증명서(상세) 각 1통. (동사무소 또는 구청)·
5. 사건본인의 주민등록등본 (동사무소 또는 구청) 1통.
6. 소명자료(신청이유를 증명할 수 있는 객관적인 자료 및 개명하고자 하는 이름으로 사용하고 있는 객관적인 자료)

※ 대리인이 제출 할 때에는 사건본인의 위임장, 사건본인의 신분증, 도장 지참.

년   월   일

위 신청인   (인)

_____ 법원   귀중

(미성년자용)

개명허가 신청서

등록기준지 :
(기본증명서 상단에 표시되어 있음, 주로 본적과 일치)

주민등록등본 주소 :

사건본인의 성   명 :   (한자:)

　　　　　주민등록번호 :   -

　　　　　전 화 번 호 : (휴대폰)   (자택)

법정대리인(친권자) 부 :   (한자:)

　　　　　　　　　　모 :   (한자:)

법정대리인의 송달(등기우편)희망주소 :

전화번호 : (휴대폰)   (자택)

신 청 취 지

등록기준지 : _____ 의 가족관계등록부 중

사건본인의 이름 " (현재이름)   (한자:)" 을(를)

         " (바꿀이름)   (한자:)" (으)로

　　　　　개명하는 것을 허가하여 주시기 바랍니다.

* 주 의
1. 개명하고자 하는 이름은 대법원확정 표준 인명용 한자를 사용하여야 합니다.
2. 모든 글씨(한자)는 또박또박 바르게 써주시기 바랍니다(정자로 기재).

신 청 이 유
(신청이유를 구체적으로 기재하시기 바랍니다.)

필 수 소 명 자 료

1. 사건본인의 기본증명서(상세) 1통. (동사무소 또는 구청)
2. 사건본인의 가족관계증명서(상세) 1통. (동사무소 또는 구청)
3. 사건본인 **부(父)**와 **모(母)** 각각의 가족관계증명서(상세)(2007년 이전에 사망시 제적등본, 2008년 이후 사망시 가족관계증명서) 1통. (동사무소 또는 구청)
4. 사건본인의 주민등록등본 (동사무소 또는 구청) 1통.
※ 부(父)또는 모(母)가 단독으로 제출 할 때에는 배우자의 위임장, 배우자의 신분증 및 도장 지참.

년   월   일

미성년자의 법정대리인 친권자   부 :   (인)

　　　　　　　　　　　　　　　　모 :   (인)

_____ 법원   귀중

[양식 제27호]

개 명 신 고 서
(년   월   일)

※아래의 작성방법을 읽고 기재하시되 선택항목은 해당번호에 "○"으로 표시하여 주시기 바랍니다.

①개명자	본인 성명	개명 전 이름		②개명 후 이름	
		한글 (성/ (명)	한자 (성/ (명)	한글 (성/ (명)	한자 (성/ (명)
	본(한자)		주민등록번호		-
	등록기준지				
	주 소				

| ③허가일자 | 년   월   일 | 법원명 | |

| ④기타사항 | |

⑤신고인	성 명		㊞ 또는 서명	주민등록번호	-
	자 격	①본인 ②법정대리인 ③기타(자격 :)			
	주 소		전화	이메일	

| ⑥제출인 | 성 명 | | 주민등록번호 | - |

작 성 방 법

※ 이 신고는 개명허가결정등본을 받은 날로부터 1개월 이내에 신고하여야 합니다.
①란 : 본인의 성명은 개명 전 이름과 개명 후 이름을 나누어 기재합니다.
②란 : 개명 후 이름(개명허가결정등본에 기재된 개명허가를 받은 이름)을 기재 하며, 한자가 없는 경우는 한글란에만 기재합니다.
③란 : 개명허가일자는 개명허가결정등본에 기재된 연월일을 기재합니다.
④란 : 가족관계등록부에 기록을 분명하게 하는데 특히 필요한 사항을 기재합니다.
⑤란 : 신고인의 성명은 개명 후의 이름을 기재합니다.
⑥란 : 제출자(신고인 여부 불문)의 성명 및 주민등록번호 기재[접수담당공무원은 신분증과 대조]

첨 부 서 류

1. 개명허가결정등본 1부.
2. 신분확인[가족관계등록예규 제23호에 의함]
 - 신고인이 출석한 경우 : 신분증명서
 - 제출인이 출석한 경우 : 제출인의 신분증명서
 - 우편제출의 경우 : 신고인의 신분증명서 사본
※ 신고인이 성년후견인인 경우에는 2항의 서류 외에 성년후견인의 자격을 증명하는 서면도 함께 첨부해야 합니다.

양음오행 人名用 漢字 성명학 개론

초판 발행 — 2017년 12월 20일
2 쇄 발행 — 2019년 4월 15일
수정증보판 발행 — 2025년 4월 18일

편저자 — 채 현 우
발행인 — 金 東 求
발행처 — 명 문 당(창립 1923년 10월 1일)
　　　　서울시 종로구 윤보선길 61(안국동)
　　　　우체국 010579-01-000682
　　　　전 화 (02) 733-3039, 734-4798
　　　　FAX　(02) 734-9209
　　　　Homepage www.myungmundang.net
　　　　E-mail　mmdbook1@hanmail.net
　　　　등록 1977. 11. 19. 제1-148호

* 낙장 및 파본은 교환해 드립니다.
* 불허 복제
* 정가 25,000원
ISBN 979-11-94314-17-2　13140